INTRODUCCIÓN AL LATÍN VULGAR

BIBLIOTECA ROMÁNICA HISPÁNICA
FUNDADA POR
DÁMASO ALONSO
III. MANUALES, 82

Sánchez Pacheco, 85. 28002 Madrid
www.editorialgredos.com

[Editado por primera vez en esta colección]
SEGUNDA EDICIÓN (de la 3.ª francesa), 1985
TERCERA EDICIÓN, 1988
2.ª REIMPRESIÓN

Título original:
Introduction au latin vulgaire,
troisième édition revue et augmentée

Diseño gráfico e ilustración:
Manuel Janeiro

Ilustración sobre un fragmento de una miniatura de los
Estatutos de los notarios

Depósito Legal: M. 40315-2003
ISBN 84-249-2399-5
Impreso en España. Printed in Spain
Encuadernación Ramos
Gráficas Cóndor, S. A.
Esteban Terradas, 12. Polígono Industrial. Leganés (Madrid), 2003

VEIKKO VÄÄNÄNEN

INTRODUCCIÓN AL LATÍN VULGAR

VERSIÓN ESPAÑOLA DE
MANUEL CARRIÓN

TERCERA EDICIÓN REVISADA Y CORREGIDA

GREDOS
BIBLIOTECA ROMÁNICA HISPÁNICA

A la memoria de O. J. Tuulio

PRÓLOGO A LA PRIMERA EDICIÓN FRANCESA

Es, ciertamente, una empresa difícil trazar, con datos positivos iluminados por la gramática comparada de las lenguas romances, una descripción exhaustiva del latín vulgar. (A. Meillet, *BSL* 61, 1930, pág. 116).

Neque... artem grammaticam componere aggressi sumus, sed cum in ordinem incurreret, inhonoratam transire noluimus. (Quint. *Inst.* 1, 5, 54).

¿Una introducción más al latín vulgar? Si hay en verdad algo de que admirarse, no es del hecho de que aparezca una más, sino de que haya podido llegar ya la última. Estamos todavía lejos de haber sacado partido de todos los textos que reflejan el aspecto del latín que nos interesa; los hay todavía —y ningún latinista lo ignora— que están esperando una edición crítica. Sin embargo, entre manual y manual, nuestra disciplina ha podido poner en su activo un buen número de serias contribuciones. De este modo, el autor del último estudio puede presumir de aportar algo a los que le precedieron, aun reconociendo de buena gana lo que ellos han aportado en cuanto a materiales y progreso del método.

Por otra parte, cada cual tiene sus gustos. A diferencia de algunos compañeros, el autor de la presente *Introducción* se ha atenido, en la medida de lo posible, al testimonio directo de los monumentos escritos, apoyándose tanto en materiales reunidos por otros como sobre hallazgos personales; no ha utilizado la reconstrucción más que accidentalmente y con las reservas que le parecieron oportunas, sin renunciar por ello, cuando se presentó el caso, a seguir paso a paso la evolución de los hechos latinos hasta las lenguas romances. Por lo demás, cualquiera puede darse cuenta de que el autor no se hace ilusión alguna sobre la noción tan controvertida de latín vulgar; su punto de vista está expuesto en el primer capítulo; a lo largo de los siguientes capítulos, no volveremos a toparnos con este término, reemplazado casi siempre por otro que corresponde más exactamente a cada fenómeno estudiado. Por fin, debemos advertir al lector novato que se requieren conocimientos básicos de latín.

Este libro está destinado a llenar una laguna: no había en lengua francesa manual alguno de este género. Ésta es la razón que ha movido a Paul Imbs, fundador y primer director del Centro de Filología románica de Estrasburgo, a incorporarlo a la serie de Manuales y Estudios lingüísticos del Centro. El proyecto ha sido proseguido por Georges Straka, sucesor de Imbs como director del Centro. ¡Ojalá no sea este volumen demasiado indigno de la confianza que le han concedido los dos insignes romanistas!

El autor debe agradecer de manera especial la cortesía de Straka, que sobrepasa con mucho las obligaciones de todo director de una serie de publicaciones científicas. Varios puntos de principio y de detalle han sido discutidos con fruto a lo largo de amistosas entrevistas; sobre todo, Straka ha revisado el manuscrito y las pruebas de la obra, contribuyendo así a evitar numerosas imperfecciones.

Alfred Ernout ha tenido a bien leer el manuscrito de esta obra; con sus observaciones la ha hecho beneficiaria de su saber lingüístico. El autor debe recordar con sentimiento de respetuosa y profunda gratitud el apoyo prestado por el venerado maestro.

A lo largo del trabajo, cuyo resultado tienen delante, el pensamiento del autor se ha remontado con reconocimiento más de una vez a la época, ya muy lejana, en que fue iniciado en el estudio de las lenguas románicas por el llorado maestro y amigo O. J. (TALLGREN-) TUULIO. A su memoria está dedicado este volumen.

Villa Lante, Roma, marzo de 1962.

Esta segunda edición, debida a la favorable acogida que ha encontrado nuestra *Introducción* entre profesores y estudiantes, ha sido objeto de una completa revisión. No obstante, dado que el editor se había decidido por el expeditivo procedimiento de la reproducción fotográfica, se han debido limitar al mínimum posible las correcciones y adiciones. En la medida de lo posible han sido tenidas en cuenta las recensiones constructivas que colegas, a quienes estamos agradecidos, han consagrado a la primera edición[1]. La antología, añadida para responder a un deseo expresado por profesores de filología románica, es nueva. ¡Ojalá este complemento haga aumentar la utilidad de este libro!

Helsinki, junio de 1966.

[1] Las críticas formuladas por J. Nuchelmans, en *Latomus,* XXIII, pág. 868, respecto a la exclusión del latín arcaico, nos parecen tanto menos justificadas cuanto que el mismo Nuchelmans y R. A. Haadsma — alumno de nuestro curso de latín vulgar en Estrasburgo, en 1956-57 — han seguido el mismo procedimiento en su *Précis de latin vulgaire;* en este libro no se trata, que sepamos, ni de los diptongos *ai, ei, oi, ou,* ni de las desinencias *-os, -om, -od,* ni de otras características del latín arcaico. No debe confundirse este último con el latín preclásico.

Esta tercera edición es, de alguna manera, la cuarta, ya que la segunda edición italiana[2] constituye una refundición de la segunda francesa. La presente edición es una puesta al día que tiene en cuenta no sólo los retoques efectuados en la edición italiana, sino también, hasta donde ha sido posible, los estudios realizados en nuestra ciencia durante los últimos años[3]. Haciendo caso a los deseos formulados por varios colegas, la antología se ha visto aumentada en algunos textos (la parodia de la *Lex Salica* y una de las cartas latinas en papiro de Karanis) que son del más alto interés lingüístico.

El Prof. Georges Straka ha tenido una vez más la amabilidad de prestarme su generosa y experimentada ayuda para la preparación de mi texto.

Helsinki, junio de 1978.

---

[2] *Introduzione al latino volgare,* a cura di Alberto Limentani, trad. Annamilla Grandeso Silvestri, Bolonia, Casa Ed. Prof. Riccardo Pàtron, 1974 (con pról. de A. Limentani).

[3] Hemos podido aprovechar algunas recensiones, sobre todo la de B. Löfstedt, *IF,* 77, 2/3 (1972), págs. 319-324. Dos interpretaciones a contrapelo: Según E. Pulgram en *American Journal of Philology,* 90, 2 (1969), págs. 231-234, presentaríamos el latín vulgar como un «post-classical non-standard Latin, (...) something evolved out of Classical latin». Esta afirmación, repetida en su *Latin-Romance phonology,* podría pasar por un error, de no ir unida en su recensión a una cita de nuestro capítulo primero donde se dice claramente que el latín vulgar «comprende los estados sucesivos desde la fijación del latín común...» (más abajo, págs. 33-34). Por su parte, Chr. Schmitt, en recensión de la versión italiana en *ZRPh,* 89 (1973), págs. 517-520, cree reconocer en el latín vulgar tal como lo concebimos no ya el estadio primitivo del romance común («den Vorläufer des Romanischen»), sino más bien una lengua especial y estática («eine Fachsprache, die jeder Steinmetz erlernen musste»), cosa que se da evidentemente de bofetadas con los puntos de vista expuestos en nuestro capítulo I A y a todo lo ancho y largo de la obra.

PRÓLOGO A LA SEGUNDA EDICIÓN ESPAÑOLA

La buena acogida de este manual en su versión española ha tenido como consecuencia la realización de cuatro reimpresiones desde el año 1971. Sin embargo, la necesidad de una nueva edición se hacía cada vez más imperiosa. Por una parte, se advirtieron ciertos errores de traducción, y, por otra, el texto había quedado anticuado en comparación con las ediciones francesas e italianas que seguían refundiéndose y completándose.

Por consiguiente, la presente edición española ha sido objeto de amplia revisión. A los numerosos retoques efectuados por el autor, se añaden bastantes correcciones sugeridas por el Prof. S. MARINER BIGORRA, a quien expresamos nuestro sincero agradecimiento.

VEIKKO VÄÄNÄNEN.

Helsinki, septiembre de 1985.

EXPLICACIÓN DE ALGUNOS SIGNOS Y ABREVIATURAS

La cantidad larga de las vocales se señala por un pequeño trazo horizontal: *ī, ē, ā, ō, ū.* La cantidad breve no se indica más que excepcionalmente con un pequeno semicirculo: *ĭ, ĕ, ă, ŏ, ŭ.*

El timbre abierto de *e, o,* como en el fr. *vert, mort,* está señalado por *ę, ǫ;* el timbre cerrado, como en el fr. *dé, dos,* por *ẹ, ọ.*

Los signos *y* (o *i̯*) y *w* (o *u̯*) representan las semivocales correspondientes a las vocales *i, u,* como en el fr. *bien, fille; oui, loi;* los signos β, δ, γ, las cons. constrictivas sonoras bilabial, dental y velar, como en el esp. *haba, vida, lago;* ŋ la cons. oclusiva nasal velar, como en el al. *lang;* χ, la cons. constrictiva velar, como en el al. *ach* o en el esp. *jota.*

Todo signo que designe un sonido es metido entre corchetes para distinguirlo de un signo alfabético, p. ej.: [*z*] = la cons. constrictiva sonora en el fr. *zéro.*

Las abreviaturas relativas a hechos lingüísticos son de tipo convencional: al. = aléman; camp. = campidanés; cat. = catalán; eng. = engadino; esp. = español; log. = logudorés, etcétera; a. fr. = francés antiguo; a. rét. = rético antiguo, etcétera; ac. = acusativo; dat. = dativo; etc.; m. = masculino; f. = femenino; n. = neutro; sg. = singular; pl. = plural; imper. = imperativo; impf. = imperfecto.

Otras abreviaturas:

def. tab. = *defixionum tabella(e)* (tablilla(s) de execración)
glos. = glosas, glosario(s)
gramm. = gramático(s) antiguo(s)
inscr. = inscripción(es)
s. v. = *sub voce; s. v: bus* = *sub vocibus* (en la(s) palabra(s))
tab. cer. = *tabulae ceratae* (tablillas enceradas).

Títulos de *revistas* y de *colecciones* (véase también la Bibliografía):

ALLG = *Archiv für lateinische Lexikographie und Grammatik,* Leipzig, 1884-1908.
ALMA = *Archivum Latinitatis medii aevi (Bulletin Ducange),* Bruselas, desde 1924.
BSL = *Bulletin de la Société de Linguistique de Paris,* París, desde 1869.
CGL = *Corpus glossariorum Latinorum* I-V, ed. G. Loewe y G. Goetz, Leipzig, 1889-1923.
CIL = *Corpus inscriptionum Latinarum* I-XVI, Berlín, desde 1862.
CLE = *Carmina Latina epigraphica* I-II, ed. F. Buecheler (= *Anthologia Latina sive poesis Latinae supplementum,* II), Leipzig, 1895 y 1897.
CSEL = *Corpus scriptorum ecclesiasticorum Latinorum,* Viena, desde 1866.
Glotta = *Glotta, Zeitschrift für Griechische und Lateinische Sprache,* Göttingen, desde 1909.
Gnomon = *Gnomon, Kritische Zeitschrift für die gesamte Klassische Altertumswissenschaft,* Munich, desde 1924.
Gramm. = *Grammatici Latini* I-VII, ed. H. Keil, Leipzig, 1857-1880.
ICVR = *Inscriptiones christianae urbis Romae saec. VII antiquiores* I, ed. I. B. de Rossi, 1857-1861; suppl. I, Gatti, 1915; nova se-

ries, De Rossi - A. Silvagni - A. Ferrua, I-IV, 1922-1964; V, 1971, Ciudad del Vaticano.

IF = *Indogermanische Forschungen,* Berlín, desde 1892.

MGH = *Monumenta Germaniae historica,* Hannover y Berlín, desde 1826.

NM = *Neuphilologische Mitteilungen — Bulletin de la Société Néophilologique,* Helsinki, desde 1898.

NSA = *Notizie degli Scavi di Antichità,* Roma, desde 1876.

REL = *Revue des Études Latines,* París, desde 1923.

RFE = *Revista de Filología Española,* Madrid, desde 1914.

RIB = *The roman inscriptions of Britain.* I. *Inscriptions on stone,* ed. R. G. Collingwood - R. P. Wright, Oxford, 1965.

RICG = Nancy Gauthier, *Recueil des inscriptions chrètiennes de la Gaule antérieures à la Renaissance carolingienne.* Publicado bajo la dirección de H. I. Marrou, I. *Première Belgique,* París, 1975.

RLiR = *Revue de Linguistique Romane,* Estrasburgo, desde 1925.

RLR = *Revue des Langues Romanes,* Montpellier, desde 1870.

Thes. = *Thesaurus linguae Latinae,* Leipzig, desde 1900.

TraLiLi = *Travaux de linguistique et de littérature,* Université de Strasbourg, Centre de Philologie et de Littératures Romanes.

ZRPh = *Zeitschrift für Romanische Philologie,* Tübingen, desde 1877.

BIBLIOGRAFÍA

N. B.: Sólo se mencionan los textos y las obras citadas en extracto o de especial importancia para el tema. Autores y textos latinos son designados generalmente, a lo largo del presente libro, con las abreviaturas empleadas por el Thes.

Para las citas de autores romanos, se ha utilizado, a menos que se avise en contrario, las ediciones de la Asociación G. Budé y, en su defecto, las de Teubner.

1. AUTORES Y TEXTOS LATINOS

Anthimus = *Anthimi De observatione ciborum epistula ad Theudericum regem francorum.* Ed. E. Liechtenhan (Corpus medicorum Latinorum VIII, 1), Leipzig, 1928.

Apicius = *Apicius, l'art culinaire,* Texte établi, traduit et commenté par J. André, nueva edición, París, 1974.

Chronicon Salernitanum (a. 747-974). Ed. G. H. Pertz (MGH, Scriptorum, vol. III).

Cod. Dipl. Long. = *Codice diplomatico Longobardo,* I-II. Ed. L. Schiaparelli, Roma, 1929-1933.

Edictus Rothari. Ed. F. Bluhme (MGH, Legum vol. IV).

Form. And., Form. Marculfi, Form. Sen. = *Formulae Andecavenses, Marculfi, Senonicae.* Ed. K. Zeumer (MGH, Legum sectio V; para Marculfo utilizar la ed. de A. Uddholm, *Marculfi formularum libri duo*. Rec. francogallice vertit adnot. instruxit..., Upsala, 1962).

Fredeg. = *Fredegarii chronica.* Ed. B. Krusch (MGH, Scriptores rerum Merov. II).

Greg. Tur. = Gregorio de Tours, *Gregorii Turonensis opera.* Ed. Arndt, Krusch y Bonnet (MGH, Scriptores rerum Merov. I).

Itala = *Bibliorum sacrorum Latinae versiones antiquae seu vetus Itala.* Ed. P. Sabatier, Reims, 1743-1749; para los evangelios, v. la edición de Jülicher-Matzkow-Aland, Berlín, 1938-63.

LAUER-SAMARAN = P. LAUER y Ch. SAMARAN, *Les diplômes originaux des mérovingiens,* París, 1908.

Lex Alam. = *Lex Alamannorum.* Ed. K. Lehmann (MGH, Legum sectio I:5).

Lex Rib. = *Lex Ribuaria.* Ed. R. Buchner y Fr. Beyerle (MGH, Legum sectio I:3).

Lex Sal. = *Lex Salica.* Ed. K. A. Eckhardt, Göttingen, 1955-56.

Marcellus = *Marcelli Empirici De medicamentis liber.* Ed. M. Niedermann, Leipzig, 1916.

Peregr. = *Itinerarium Egeriae (Peregrinatio Aetheriae).* Ed. P. Maraval, Sources Chrétiennes, París, 1982.

Quirón = *Mulomedicina Chironis.* Ed. E. Oder, Leipzig, 1901.

Tablettes Albertini, Actas privadas de la época vándala (fin del siglo v). Ed. C. Courtois, L. Leschi, Ch. Perrat y Ch. Saumagne, París, 1952. Estudio: v. V. Väänänen más adelante.

TARDIF = J. TARDIF, *Monuments historiques (Cartons des rois),* París, 1866.

Vulg. = *Vulgata,* La Vulgata, Antiguo Testamento: *Biblia sacra iuxta vulgatam versionem ad codicum fidem,* 12 vols. publicados, Roma, 1926-63; Nuevo testamento: Wordsworth-White, *Novum Testamentum... Latine secundum editionem s. Hieronymi,* Oxford, desde 1889.

2. GRAMÁTICOS Y GLOSARIOS LATINOS

App. Pr. = *Appendix Probi.* Ed. W. Heraeus, en ALLG 11, 1899, págs. 301-304; W. A. BAEHRENS (ver más adelante, 5, BAEHRENS); Díaz y Díaz, págs. 55-63.

Festus = *Sex. Pompei Festi De verborum significatu.* Ed. W. M. Lindsay, Leipzig, 1913.

Consentius = *Consentii De barbarismis et metaplasmis liber.* Ed. M. Niedermann, Neuchâtel, 1937.

Gloss. Med. = *Glossae medicinales.* Ed. J. L. Heiberg, Copenhague, 1924 (ver M. Niedermann, *Recueil,* págs. 65 ss.).

Gloss. Reich. = *Gloses de Reichenau.* Ed. W. Foerster y E. Koschwitz, *Altfranzösisches Uebungsbuch,* 6.ª ed. por A. Hilka, Leipzig, 1921, págs. 1 ss. y 283 ss. (una selección); A. Labhardt, *Glossarium biblicum codicis Augiensis CCXLVIII,* Neuchâtel, 1948 (glosas bíblicas).

Gramm. = *Grammatici latini* I-VII. Ed. H. Keil, Leipzig, 1857-1870.

3. INSCRIPCIONES Y PAPIROS

Audollent = Audollent, *Defixionum tabellae...,* París, 1904.

P. Cugusi, *Le più antiche lettere papiracee latina* (Atti Accad. Scienze Torino, CVII), 1972/73.

Della Corte, *Herc.* = M. Della Corte, *Le iscrizioni di Ercolano* (en *Rendiconti dell'Accademia di Archeologia, Lettere e Belle Arti di Napoli,* 33, 1958, págs. 239-308).

Dessau = H. Dessau, *Inscriptiones Latinae selectae,* Berlín, 1892-1916.

Diehl, *Inscr. Christ.* = E. Diehl, *Inscriptiones Latinae Christianae veteres,* Berlín, 1925-1931.

E. Diehl, *Pompeianische Wandinschriften und Verwandtes,* Berlín, 1930.

E. Diehl, *Vulgärlateinische Inschriften,* Bonn, 1910.

Pompeya = inscripciones de Pompeya (y de Herculano y de Stabies). CIL IV y Suppl. I *(tab. cer.),* ed. K. Zangemeister, 1871 y 1898; Suppl. II, ed. A. Mau, 1909; Suppl. III, 1 y 2, ed. M. Della Corte, 1952-1955; Suppl. III, 3, ed. M. Della Corte y P. Ciprotti, 1963; Suppl. III, 4 (Pompeya 1951-56 y Herculano), ed. F. Weber y P. Ciprotti.

Tjäder, *Papyri* = J. O. Tjäder, *Die nichtliterarischen lateinischen Papyri Italiens aus der Zeit* 445-700. Tesis de Upsala, 1955 (Skrifter utgivna av Svenska Institutet i Rom, 4.°, 19); estudio: C. M. Carlton más adelante.

Thylander = H. Thylander, *Inscriptions du Port d'Ostie,* Texto y láminas, Lund, 1951-1952 (Skrifter utgivna av Svenska Institutet i Rom, 8.ª,

IV: 1 y 2) (en su mayor parte, inscripciones funerarias paganas de la necrópolis de Isola Sacra).

4. ANTOLOGÍAS DE «LATÍN VULGAR»

Crestomaţie Romanică, I: *Limba latina,* por MARÍA ILIESCU y LILIANA MACARIE (Acad. Republ. Pop. Romîne, Institutul de Linguistică), Bucarest, 1962.

M. C. DÍAZ Y DÍAZ, *Antología del latín vulgar,* 2.ª ed., Madrid, Gredos, 1952 (Biblioteca Románica Hispánica, IV: Textos).

K. GOETZKE, *Tabellen und Übungen zum Vulgärlatein,* 2.ª ed., Tübingen, 1947, págs. 25-46.

GRANDGENT-MOLL (véase más abajo), págs. 275-334.

H. F. MULLER y PAULINE TAYLOR, *A chrestomathy of Vulgar Latin,* Boston, 1932.

V. PISANI, *Testi latini arcaici e volgari con commento glottologico,* Turín, 1956.

G. ROHLFS, *Sermo vulgaris Latinus, Vulgärlateinisches Lesebuch,* 2.ª ed., Tübingen, 1956.

F. SLOTTY, *Vulgärlateinisches Übungsbuch,* Bonn, 1918 (1929).

5. ESTUDIOS E INSTRUMENTOS DE TRABAJO

J. N. ADAMS, *The text and language of a Vulgar latin chronicle (Anonymus Valesianus II),* University of London, Institute of Classical Studies, *Bulletin,* Suppl. n. 36, 1976.

J. N. ADAMS, *The Vulgar Latin of the letters of Claudius Terentianus* (P. Mich. VIII, 467-72), Publ. of the Faculty of Arts of the University of Manchester, 23, 1977.

D. S. AVALLE, *Latino «circa Romançum» e «rustica lingua Romana», Testi del VII, VIII e IX secolo,* Padua, 1965.

BAEHRENS = W. A. BAEHRENS, *Sprachlicher Kommentar zur vulgärlateinischen Appendix Probi,* Halle, 1922.

K. Baldinger, *La formación de los dominios lingüísticos en la Península Ibérica,* 2.ª ed., Madrid, Gredos, 1971 (Biblioteca Románica Hispánica, dir. D. Alonso, I, Tratados y monografías).

Battisti = C. Battisti, *Avviamento allo studio del latino volgare,* Bari, 1949.

G. A. Beckmann, *Die Nachfolgekonstruktionen des instrumentalen Ablativs im Spätlatein und im Französischen* (Beihefte zur *ZRPh,* 106), Tubinga, 1963.

A. Blaise, *Dictionnaire latin-français des auteurs chrétiens,* nueva edición, Turnhout, 1975.

A. Blaise, *Manuel du latin chrétien,* Estrasburgo, 1955.

Bloch-Wartburg = O. Bloch y W. v. Wartburg, *Dictionnaire étymologique de la langue française,* 3.ª ed., París, 1960.

Bonnet = M. Bonnet, *Le latin de Grégoire de Tours,* París, 1890.

Bourciez = E. Bourciez, *Éléments de linguistique romane,* 4.ª ed., París, 1946.

Buck = C. D. Buck, *A Grammar of Oscan and Umbrian,* 2.ª ed., Boston, 1928.

E. Campanile, *Due studi sul latino volgare: 1. Il latino volgare in età repubblicana. 2. Il contributo dei testi papiracei alla conoscenza del latino volgare,* en *L'Italia dialettale,* XXXIV (N. s. XI, 1971), 1-64.

C. M. Carlton, *A linguistic analysis of a collection of late Latin documents composed in Ravenna between A. D. 445-700* (Janua linguarum, Ser. practica, 89), La Haya-París, 1973.

Carnoy = A. Carnoy, *Le latin d'Espagne d'après les inscriptions,* 2.ª ed., Bruselas, 1906.

DEL = A. Ernout y A. Meillet, *Dictionnaire étymologique de la langue latine,* 4.ª ed., París, 1959.

G. Devoto, *Il linguaggio d'Italia, Storia e struttura linguistiche italiane dalla preistoria ai nostri giorni,* Milán, 1974.

G. Devoto, *Storia della lingua di Roma,* Bolonia, 1940.

G. Devoto, *Storia politica e storia linguistica,* en *ANRW* I, 2, págs. 457-465.

W. D. Elcock, *The romance languages,* Londres, 1960; nueva ed. por J. N. Green, 1975).

Ernout, *Morphologie* = A. Ernout, *Morphologie historique du latin,* 3.ª ed., París, 1955.

A. Ernout, *Aspects du vocabulaire latin,* París, 1954.

A. Ernout, *Philologica,* París, 1946; *Philologica II,* 1957.

Ernout-Thomas = A. Ernout y Fr. Thomas, *Syntaxe latine,* 2.ª ed., París, 1953.

FEW = W. v. Wartburg, *Französisches etymologisches Wörterbuch,* desde 1922.

P. A. Gaeng, *An inquiry into local variations in Vulgar Latin* (University of North Carolina Studies in the Romance languages and literatures, 77), Chapel Hill, N. Car., 1968.

P. A. Gaeng, *A study of nominal inflection in Latin inscriptions. A morpho-syntactic analysis* (North Carolina Studies..., 182), Chapel Hill, N. Car., 1977.

E. Gamilscheg, *Romania Germanica,* 3.ª ed., Berlín, 1934-36.

J. J. Gavigan, *The syntax of the Gesta Francorum.* Tesis de la Universidad de Pensylvania *(Language,* 19, 3, Suppl.), 1943.

Georges = K. E. Georges, *Ausführliches lateinisch-deutsches Handwörterbuch,* 8.ª ed., Hannover y Leipzig, 1913-1918.

Grandgent-Moll = C. H. Grandgent y Fr. de B. Moll, *Introducción al latín vulgar,* Madrid, 1928.

R. A. Haadsma-J. Nuchelmans, *Précis du latin vulgaire,* Groningen, 1963.

O. Haag, *Die Latinität Fredegars.* Tesis de Friburgo de Brisgovia, Erlangen, 1898.

R. A. Hall, Jr., *Comparative Romance grammar, External history of the Romance languages,* Nueva York, etc., 1974.

R. A. Hall, Jr., *Proto-Romance phonology* (Comparative Romance grammar, II), Nueva York, 1976.

A. Haudricourt-A. Juilland, *Essai sur une histoire structurale du phonétisme français,* 2.ª ed., La Haya-París, 1971.

J. Herman, *La formation du système roman des conjonctions de subordination* (Deutsche Akademie der Wissenschaften zu Berlin, Veröffentl. des Instituts für Romanische Sprachwissenschaft, 18), Berlín, 1963.

J. B. Hofmann, *Lateinische Umgangssprache,* 3.ª ed., Heidelberg, 1950.

Hofmann-Szantyr = J. H. Schmalz-J. B. Hofmann, *Lateinische Syntax und Stilistik.* Nueva edic. por A. Szantyr, Munich, 1965.

Jeanneret = M. Jeanneret, *La langue des tablettes d'exécration latines,* Tesis de Neuchâtel, 1918.

J. Kramer, *Literarische Quellen zur Aussprache des Vulgärlateins* (Beitrage zur Klassischen Philologie herausgeg. E. Heitsch, R. Merkelbach und C. Zintsen, 75), Meisemheim am Glan, 1976.

LAUSBERG I-III = H. LAUSBERG, *Romanische Sprachwissenschaft,* I. *Einleitung und Vokalismus,* Berlín, 1963; II. *Konsonantismus,* Berlín, 1956; III. *Formenlehre,* Berlín, 1962 (Sammlung Göschen, 128/128ª, 250 y 1199).

LEUMANN-SZANTYR = M. LEUMANN-J. B. HOFMANN-A. SZANTYR, *Lateinische Grammatik,* I. *Lateinische Laut- und Formenlehre.* Nueva edic. por M. LEUMANN, Munich, 1977.

E. LÖFSTEDT, *Kommentar* = E. LÖFSTEDT, *Philologischer Kommentar zur Peregrinatio Aetheriae,* Upsala, 1911.

E. LÖFSTEDT, *Late Latin,* Oslo, 1959.

LÖFSTEDT, *Syntactica I-II* = E. LÖFSTEDT, *Syntactica, Studien und Beiträge zur historischen Syntax des Lateins,* I. *Über einige Grundfragen der lateinischen Nominalsyntax,* 2.ª ed., Lund, 1942; II. *Syntaktisch-stilistische Gesichtspunkte und Probleme,* Lund, 1933 (1956).

B. LÖFSTEDT = B. LÖFSTEDT, *Studien über die Sprache der longobardischen Gesetze, Beitrag zur frühmittelalterlichen Latinität,* Tesis de Upsala, 1961.

LEENA LÖFSTEDT, *Les expressions du commandement et de la défense en latin et leur survie dans les langues romanes,* tesis de Helsinki, 1966.

A. MANIET, *La phonétique historique du Latin dans le cadre des langues indoeuropéennes,* 5.ª ed., París, 1975.

J. MAROUZEAU, *Introduction au latin,* 2.ª ed., París, 1954.

J. MAROUZEAU, *Quelques aspects de la formation du latin littéraire,* París, 1949.

J. MAROUZEAU, *Traité de stylistique latine,* 3.ª ed., París, 1954.

MAURER = Th. H. MAURER, Jr., *Gramática do latim vulgar,* Río de Janeiro, 1959.

A. MEILLET, *Esquisse d'une histoire de la langue latine,* 3.ª ed., París, 1933 (1948).

R. MENÉNDEZ PIDAL, *Orígenes del español,* 3.ª ed., Madrid, 1950.

MEYER-LÜBKE, *Gramm.* = W. MEYER-LÜBKE, *Grammaire des langues romanes* I-IV, trad. fr., París, 1890-1906.

Br. MIGLIORINI, *Storia della lingua italiana,* Florencia, 1960.

MIHĂESCU = H. MIHĂESCU, *Limba latină în provinciile dunărene ale imperiului roman,* Bucarest, 1960.

CHRISTINE MOHRMANN, *Études sur le latin des chrétiens,* I-IV, Roma, 1958-1977.

A. MONTEVERDI, *Manuale di avviamento agli studi romanzi. Le lingue romanze,* Milán, 1952.

NIEDERMANN, *Phonétique* = M. NIEDERMANN, *Précis de phonétique historique du latin,* 4.ª ed., París, 1959.

NIEDERMANN, *Recueil* = *Recueil Max Niedermann,* Neuchâtel, 1954.

NORBERG, *Beiträge* = D. NORBERG, *Beiträge zur spätlateinischen Syntax,* Upsala, 1944.

NORBERG, *Synt. Forschungen* = D. NORBERG, *Syntaktische Forschungen auf dem Gebiete des Spätlateins und des frühen Mittellateins,* Upsala, 1943.

D. NORBERG, *Introduction à l'étude de la versification latine médiévale,* Upsala, 1958.

D. NORBERG, *Manuel pratique du latín médiéval,* París, 1968.

PEI = M. A. PEI, *The language of the eight century texts in Northern France,* tesis, Nueva York, 1932.

P. PERROCHAT, *Pétrone, Le festin de Trimalcion, Commentaire exégétique et critique,* 2.ª ed., París, 1952.

PIRSON = J. PIRSON, *La langue des inscriptions latines de la Gaule,* Bruselas, 1901.

POLITZER = R. L. POLITZER, *A study of the language of eight century Lombardic documents,* tesis, Nueva York, 1949.

FRIEDA N. POLITZER y R. L. POLITZER, *Romance trends in 7th and 8th century Latin documents,* Chapel Hill, 1953.

REBECCA POSNER, *The romance languages, A stilistic introduction,* Nueva York, 1966.

E. PULGRAM, *Latin-romance phonology: Prosodics and metrics* (Ars grammatica, herausgeg. E. COSERIU, 4), Munich, 1975.

E. PULGRAM, *The tongues of Italy,* Cambridge, 1968.

G. REICHENKRON, *Historische latein-altromanische Grammatik,* I, Wiesbaden, 1965.

L. RENZI, *Introduzione alla filologia romanza,* Bolonia, 1976.

ROHLFS, *Ital. Sprache* = G. ROHLFS, *Historische Grammatik der italienischen Sprache,* I-III, Berna, 1949-1953; trad. italiana *Grammatica storica della lingue italiana e dei suoi dialetti,* I-III, Turín, 1966-1969.

G. ROHLFS, *Die lexikalische Differenzierung der romanischen Sprachen,* Munich, 1954.

G. ROHLFS, *Romanische Sprachgeographie, Geschichte und Grundlagen, Aspekte und Probleme mit dem Versuch eines Sprachatlas der romanischen Sprachen,* Munich, 1971.

G. ROHLFS, *Sermo vulgaris Latinus. Vulgärlateinisches Lesebuch,* 3.ª ed., Tubinga, 1969.

G. ROHLFS, *Vom Vulgärlatein zum Altfranzösischen* (Samml. kurzer Lehrb. der roman. Sprachen und Literaturen, herausgeg. K. VOETZSCH - G. ROHLFS, 15), Tubinga, 1960.

H. RÖNSCH, *Itala und Vulgata,* 2.ª ed., Marburgo, 1875.

A. H. SALONIUS, *Vitae Patrum, Kritische Untersuchungen über Text, Syntax und Wortschatz der spätlateinischen Vitae Patrum,* Lund, 1920.

SAS = L. F. SAS, *The noun declension system in Merovingian Latin,* París, 1937.

Ch. SCHMITT, *Die Sprachlandschaften der Galloromania. Eine lexikalische Studie zum Problem der Entstehung und Charakterisierung* (Heidelberger Beiträge zur Romanistik, 2), Frankfurt a. M., 1974. Resumido por el autor en «Genèse et typologie des domaines linguistiques de la Galloromania», *TraLiLi, XII* (1974), págs. 31-83.

H. SCHUCHARDT, *Vokalismus des Vulgärlateins,* I-III, Leipzig, 1866-68.

J. SOFER, *Zur Problematik des Vulgärlateins,* Viena, 1963.

SOMMER = F. SOMMER, *Handbuch der lateinischen Laut- und Formenlehre,* 2.ª y 3.ª ed., Heidelberg, 1914.

A. STEFENELLI, *Die Volksprache im Werk des Petron im Hinblick auf die romanischen Sprachen* (Wiener romanistische Arbeiten, 1), Viena, 1962.

E. H. STURTEVANT, *The pronunciation of Greek and Latin,* 2.ª ed., Filadelfia, 1940.

J. SVENNUNG, *Compositiones Lucenses, Studien zum Inhalt, zur Textkritik und Sprache,* Upsala, 1941.

J. SVENNUNG, *Untersuchungen zu Palladius und zur lateinischen Fach- und Volkssprache,* Upsala, 1935.

C. TAGLIAVINI, *Le origini delle lingue neolatine. Introduzione alla filologia romanza,* 3.ª ed., Bolonia, 1959.

PAULINE TAYLOR, *The Latinity of the Liber Historiae Francorum,* tesis, Nueva York, 1924.

P. TEKAVČIĆ, *Grammatica storica dell'italiano,* I-III, Bolonia, 1972.

A. TRAINA, *L'alfabeto e la pronunzia del latino,* Bolonia, 1957.

A. UDDHOLM, *Formulae Marculfi. Études sur la langue et le style,* tesis de Upsala, 1953.

M. van UYTFANGHE, *Le latin des hagiographes mérovingiens et la protohistoire du français. État de la question;* 1.ª parte: *A quelle époque a-t-on cessé de parler latin?* (Extracto de *Romanica Gandensia,* XVI), Gante, 1976.

V. VÄÄNÄNEN, *Le latin vulgaire des inscriptions pompéiennes* (Abhandlungen der Deutschen Akademie der Wissenschaften zu Berlin, 1958, 3), 3.ª ed. aumentada, Berlín, 1966.

V. VÄÄNÄNEN, *Étude sur le texte et la langue des «Tablettes Albertini»* (Ann. Sci. Fenn., B, 141, 2), Helsinki, 1965.

V. VÄÄNÄNEN, *Le journal-épître d'Egérie* (Itinerarium Egeriae). Étude linguistique (Ann Ac. Sci. Fenn., B, 230), Helsinki, 1987.

V. VÄÄNÄNEN, *Recherches et récréations latino-romanes* (Istituto Universitario Orientale di Napoli), Nápoles, 1981.

B. E. VIDOS, *Manuale di linguistica romanza,* Florencia, 1959.

JEANNE VIELLIARD, *Le Latin des diplômes royaux et chartes privées de L'époque mérovingienne,* París, 1927.

K. VOSSLER, *Einführung ins Vulgärlatein.* Publicado por H. SCHMECK, Munich, 1954.

A. WALDE, *Lateinisches etymologisches Wörterbuch,* 3.ª ed. por J. B. Hofmann, Heidelberg, 1938-1954.

W. v. WARTBURG, *Fragmentación* = W. v. WARTBURG, *La fragmentación lingüística de la Romania,* versión española de M. Muñoz Cortés, 2.ª ed., Madrid, Gredos, 1979. (Versión original de la obra de W. v. Wartburg: *Die Ausgliederung der romanischen Sprachräume,* Berna, 1950).

W. v. WARTBURG, *Les origines des peuples romans,* trad. fr., París, 1941.

H. WEINRICH, *Phonologische Studien zur romanischen Sprachgeschichte,* Münster, 1958.

Para los términos lingüísticos consultar J. DUBOIS, M. GIOCOMO [et al.], *Dictionnaire de linguistique,* París, 1973.

PRIMERA PARTE

EL LATÍN VULGAR

NOCIONES GENERALES

A. LATÍN VULGAR Y LENGUA LATINA

1. El término *latín vulgar,* consagrado por un uso centenario para designar los diversos fenómenos latinos que no están de acuerdo con las normas clásicas, tiene las ventajas y los inconvenientes de todo término consagrado. De hecho, ha sido atacado más de una vez, sobre todo entre los latinistas. Hacen notar éstos que el epíteto "vulgar" se presta a equívocos, porque evoca demasiado exclusivamente el habla inculta, y los más intransigentes de ellos condenan la expresión "latín vulgar" como una tosca abstracción que no corresponde en modo alguno a la realidad lingüística. Y querrían reemplazarla por términos más precisos: *latín popular, latín familiar* o *latín cotidiano,* que estarían más de acuerdo con el punto de vista social o sincrónico; *romance común* o *protorromance,* que situarían los fenómenos no clásicos en una perspectiva histórica, como base de las lenguas romances[1].

---

[1] Las «formas del latín llamado vulgar» han sido debatidas con viveza en el Primer Congreso de Estudios Clásicos, celebrado en París en 1950 (véase *Actes du Premier Congrès de la Fédération Internationale des Associations d'Études Classiques,* París, C. Klincksieck, 1951, págs. 199-229). El debate no se ha cerrado, ni mucho menos. — Véase Chr. Mohrmann, *Le latin vulgaire et l'origine des langues romanes* (Centre de Philologie et Littérature Romanes, Fasc. 6, Estrasburgo, 1961, págs. 90-98). Cf. también R. de Dardel, *Le parfait fort en roman commun* (Société de Publications Romanes et Françaises, LXII), Ginebra y París, 1958, págs. 18-29. Es, sin embargo, una acepción muy restringida del latín reservarlo para designar «el latín hablado por el pueblo durante y después de la época clásica», con el cual cabalgaría el romance común, «la forma que toma el latín entre la época clásica y la separación de las

Otros, por fin, se resignan a conservar el término consagrado, útil al fin y al cabo, aun deplorando su impropiedad y su imprecisión. Einar Löfstedt, el llorado latinista y autoridad en la materia, tenía razón al decir que, "en realidad, no se llegará jamás a definir el latín vulgar de una manera lógica, incontestable y adecuada" *(Syntactica,* II, pág. 355).

2. Por parte de los romanistas puede constatarse que, desde comienzos de siglo, ya no oponen latín vulgar y latín clásico como dos idiomas diferentes, tal como hacían los "neogramáticos" del siglo pa-

---

lenguas romances» (pág. 22). En el XII Congreso Internacional de Lingüística y de Filología románicas (Bucarest, 1968) J. Engels ha insistido en la necesidad de distinguir las nociones «latín vulgar», «romance común» y «latín medieval» *(Actas...,* Bucarest, 1970, págs. 122-124). Adoptando para el latín vulgar la definición dada por J. Herman *(Le latin vulgaire,* pág. 16): «la lengua hablada por las capas poco o nada influenciadas por la enseñanza escolar y por los modelos literarios» (haciendo notar, sin embargo, «salvo en la época cristiana»), J. Engels querría reservar el término de «romance común» (o «protorromance»?) a los resultados obtenidos por la comparación de las lenguas romances. El latín medieval, por último, se caracteriza, según él, por la primacía del escrito, se acomoda a «todas las pronunciaciones» y, en general, adopta el fonetismo de la lengua materna, local o nacional, de los hablantes. Por su parte, A. Graur se sirve de la unicidad del latín: «con demasiada frecuencia se sigue considerando todavía (...) al latín vulgar como una lengua distinta del latín clásico (...) Al hacerlo se olvida que el latín, como toda lengua viva, encerraba en sí variantes cultas y variantes populares... Esto explica el hecho de que el romance haya conservado palabras literarias, por ejemplo las derivadas de *equus,* frente a la palabra vulgar *caballus» (Actes,* págs. 117-119). Postura diametralmente opuesta es la sostenida por E. Pulgram, que habla de un «latín escrito» (= latín literario o «standard») lineal, conservador, disociado, desde sus orígenes y para siempre, del «latín hablado» (término que sustituye al de «latín vulgar» e idéntico a protorromance), que estaba dividido en dialectos (Pulgram, *Latin-Romance phonology,* págs. 23 ss.). — Para un estado de la cuestión del problema del «latín vulgar», v. un informe detallado sobre el debate en cuestión en Van Uytfanghe, *o. c.,* y V. Väänänen, *Le problème de la diversification du latin,* en *Recherches et récréations,* 1. A. Várvaro, *Considerazioni sul problema del proto-romanzo,* en *Atti del Convegno Internazionale di Studi,* Pavía, 1-2 oct. 1975; Roma, 1977, págs. 143-157. — E. Coseriu, *Das sogenannte «Vulgärlatein» und die ersten Differenzierungen in der Romania,* en *Zur Entstehung der romanischen Sprachen,* Darmstadt, 1978, págs. 257-291.

sado. El latín, en efecto, no es más, bajo todos sus aspectos, que una transición entre dos estados idiomáticos, el indo-europeo y el romance; las diferentes variedades romances representan, en cierta manera, los dialectos medievales y modernos del latín; no hay solución de continuidad. Han sido razones de comodidad las que han hecho tomar como punto de partida de la prehistoria de las lenguas romances un latín, evolucionado ya más allá de su primera fase, designado de ordinario con el nombre de latín arcaico (cf. §§ 16 y 22). Además se trata de una lengua "madre" relativamente bien conocida por monumentos escritos; privilegio éste que los germanistas, eslavistas y finougristas envidian con razón a los romanistas.

3. Por otra parte, la idea que se tiene del latín es con demasiada frecuencia la de una lengua no sólo unida, sino también fijada de una vez para siempre y como inmutable. Se explica esta ilusión por el hecho de que el latín literario, establecido en el siglo III a. C., parece haber conservado una misma estructura general durante casi ocho siglos sucesivos. Pero la estabilidad relativa de la lengua escrita no ha sido más que la máscara de numerosos cambios y hasta transformaciones capitales realizadas en la lengua hablada. El latín del que son continuación las lenguas romances se encuentra en franco desacuerdo con la forma literaria y sobre todo clásica. Quien quiera explicar expresiones romances como "foie", "tête" o "parler", no debe acudir a *iecur, caput* y *loqui,* transmitidos por la literatura romana; sólo la comparación de las formas romances con algunas noticias esparcidas, proporcionadas por textos poco literarios, nos permiten referir fr. *foie,* it. *fégato,* esp. *hígado,* etc., a un término culinario *ficatum* "hígado de animal cebado con higos" (§ 165); fr. *manger,* etc. a la expresión familiar *manducare* 'mover las mandíbulas'; y esp. *hablar,* port. *falar,* prov. *faular,* al verbo familiar *fābulāri* (§ 144). El carácter particular de estas expresiones exigidas por el romance salta a la vista: traen a la mente palabras del francés popular o familiar tales como *cervelle* por "cerveau", *rognons* por "reins", *boule, caboche, citron, trognon...* por "tête", *causer, bavarder* por "parler". En todos estos casos se trata de innovaciones surgidas desde abajo, y el latín, como el francés, ha conocido muchas otras. Siempre y en todas partes, el hombre sin cultura se sirve de construcciones más simples y, en ocasiones, más vigorosas que la lengua literaria, dejándose arrastrar sin freno a modificaciones dictadas por el menor esfuerzo y por la necesidad de expresividad. Por lo demás, el hablar descuidado no es sólo patrimonio del pueblo bajo. Al mismo Cicerón le gustaba usar en su correspondencia íntima giros populares *(plebeius sermo)* y "entreverar en sus cartas palabras cotidianas"[2]. Por fin, hay que guardarse bien de exagerar la oposición entre la lengua hablada y la escrita; pueden señalarse numerosos puntos de contacto entre la lengua popular y el estilo poético[3].

4. Pero el habla espontánea, poco atenta a las convenciones gramaticales, ¿no es, como quieren algunos, el latín vivo, el latín verdadero, el latín a secas? Semejante manera biológica de ver las cosas no es de ayer. Discutiendo el valor relativo de los dos principios directivos del lenguaje, la gramática normativa y el uso, se inclinaba ya Quintiliano, fino observador, a conceder preponderancia a este último, "guía más seguro que la palabra", y no encontraba, "en efecto, inelegante decir que hablar latín es una cosa y hablar la gramática, otra" *(Inst.* I, 6, 27)[4]. Lo que no le impedía ajustarse a su maestro Cicerón, defendiendo el buen uso de Roma, *urbanitas,* en detrimento

---

[2] *Epist.* 9, 21, 1 «*Verum tamen quid tibi ego videor in epistulis? nonne plebeio sermone agere tecum? nec enim semper eodem modo... Epistulas vero cotidianis verbis texere solemus*». Cf. Marouzeau, *Introduction au latin,* págs. 100-111.

[3] Para el latín, esta cuestión ha sido aclarada por E. Löfstedt, *Syntactica,* passim (ver *Sachindex: Poetische Sprache und Volkssprache),* y en especial II, págs. 365-372.

[4] Se oponía más corrientemente «latín» y «uso popular», por ejemplo, Sén. *Epist.* 39, 1: «*ratio... quae nunc vulgo 'breviarium' dicitur, olim, cum Latine loqueremur, 'summarium' vocabatur*». Lo mismo S. Agustín, *I.: Psalm.* 138, 20.

del habla provincial, *rusticitas*[5]. Añadamos que la misma denominación de latín vulgar tiene sus cartas de antigüedad: remonta a los términos ciceronianos *plebeius sermo* (cf. más arriba) y *vulgaris sermo*[6].

5. Si nos atenemos al término latín vulgar, poco adecuado, pero consagrado por la tradición, es para hacer resaltar nuestro objetivo especial, diferente del concepto que comúnmente se tiene del latín. Nos reservamos, sin embargo, el derecho de reemplazarlo por una denominación más precisa cada vez que nos parezca de utilidad. En resumen, pasaremos revista a todas las particularidades y tendencias más o menos vivas, propias de la lengua popular y familiar, y que se substraen a la norma clásica y, en general, literaria. Trataremos, en la medida de lo posible, de captar la lengua viva y real. Términos como "romance común" o "protorromance" no servirían a nuestro propósito, porque, en principio, se aplican, por una parte, a una forma de lengua reconstituida y, por otra, excluyen el estudio de los fenómenos que forman parte del fondo popular del latín, pero que no han sobrevivido en romance. El latín vulgar, por el contrario, tal como lo concebimos, comprende los estados sucesivos desde la fijación del latín común, al terminar el período arcaico, hasta la víspera de la consignación por escrito de textos en lengua romance; no se excluyen, pues, ni las variaciones sociales ni aun las regionales.

---

[5] *Inst.* 6, 3, 17 y 107; *ibid.* 9, 3, 10; ver Marouzeau, *Quelques aspects de la formation du latin littéraire*, págs. 7 ss.

[6] Cf. *Ac.* 1, 2, donde *vulgari sermone* quiere decir «en términos del habla corriente». Del mismo modo, *De orat.*, 1, 12, *vulgare genus orationis* tiene el sentido neutro de «manera corriente de expresarse», del cual — dice Cicerón —, como del buen sentido, es preciso no alejarse.

B. EL LATÍN A LA CONQUISTA DEL MUNDO

6. La prodigiosa fortuna de la lengua latina va pareja con la historia del poder político y de la civilización romana primero, y después con su decadencia. La historia del latín se ha desenvuelto también en dos tiempos: 1.º, bajo el signo de la unificación (romanización), y 2.º, bajo el de la disgregación (caída del Imperio de Occidente y de su civilización y su dislocación lingüística).

1. LA EXPANSIÓN ROMANA

7. En el momento en que los romanos penetran en la historia, Italia era un combinado de razas. Los Ligures y los Réticos, así como los Vénetos, se hallaban confinados al Norte de la Península, mientras que el centro, del Arno al Tíber, estaba ocupado por los enigmáticos Etruscos, que han dejado un recuerdo en los nombres de Toscana y de Mar Tirreno (de *Tusci* y de *Tyrrheni,* dos apelativos de Etruscos). Portadores de una alta civilización, que tuvo su apogeo en el siglo VI a. C., los Etruscos fueron un tiempo dueños de Roma y empujaron hasta Campania, a lo largo de la costa tirrena, estableciéndose en Capua, en Nola, en Pompeya; hacia el Norte, la civilización etrusca franquea los Apeninos a lo largo del siglo VI y se extiende por Emilia y el Valle del Po. Los pueblos llamados itálicos, entre los que hay que contar a los Umbros, los Osco-Samnitas en Campania, y los Latinos, eran limítrofes de Etruria por el Sur. Al extremo Sur de la península estaban, por fin, instalados los Mesapios Yapigios en Apulia e importantes colonias griegas en Cumas, en Tarento, en toda la Calabria llamada la Magna Grecia y en las costas orientales y meridionales de Sicilia. Roma, aldea situada en el corazón del Lacio y de toda la península, en la desembocadura del Tíber y en un cruce de caminos terrestres naturales, gozaba de una posición extraordinariamente privilegiada y, además, con posibilidades defensivas de primer orden. Todo contribuía a hacer de ella la metrópoli y el baluarte del Lacio, o sea, el centro de irradiación de la península. Una vez expulsado el último rey etrusco, Tarquinio el Soberbio, establecida una constitución republicana y confederadas, hacia el 500 a. C., las tribus latinas, Roma no podía contentarse con eso. Con las armas, pero también con la ayuda de hábiles tratados y alianzas, sometió a los pueblos vecinos y dominó la violenta oposición de los Etruscos al Norte y de los Samnitas al Sur. Pirro, rey de Epiro, llamado en ayuda de los Griegos de Tarento, viejos aliados de Roma, sufrió la famosa derrota de Benevento en el 275. Esta fecha señala el fin del primer período de la expansión romana, que cubre toda la península, excepto la cuenca del Po. Al mismo tiempo que atendía a las guerras y al avance exterior, Roma hubo de hacer frente a luchas internas entre patricios y plebeyos, que terminaron el 287 a. C. con la admisión de la plebe en todas las magistraturas, y a los graves efectos del saqueo por parte de los Galos que sufrió la ciudad hacia el 390. Los habitantes de las ciudades conquistadas se fueron convirtiendo progresivamente en ciudadanos romanos, sometidos al derecho romano y a la obligación del servicio militar. Después surge una potencia rival, Cartago. Las guerras púnicas o fenicias decidieron la supremacía mediterránea de Roma. La primera (269-241) se concluyó con la institución de la primera *provincia,* Sicilia, seguida de las de Córcega y Cerdeña. Es verdad que Aníbal partió para Italia con el designio de vengarse y que mantuvo una campaña victoriosa, pero terminó por ser definitivamente vencido en África por Escipión (segunda guerra púnica, 218-201). A partir de entonces, el poder romano se extendió por toda la cuenca occidental del Mediterráneo, llamado ya por los Romanos *Mare Nostrum* [7]. Nada podrá ya detener su empuje. He aquí las etapas principales señaladas por el establecimiento sucesivo de nuevas provincias: *Hispania,* 197; *Illyricum,* 167; *Africa* y *Achaia* (= Grecia), 146; *Asia* (= Asia Menor), 129: *Gallia Narbonensis* (= la antigua Provenza, nombre derivado de *provincia:* era la "provincia por excelencia"), 118; *Gallia Cisalpina,* 81; *Gallia Transalpina* o *Comata* (Galia Melenuda), 51, tras la expedición de Julio César; *Aegyptus,* 30; *Rhaetia* y *Noricum,* 15 a. C.; *Pannonia,* 10 d. C.; *Cappadocia,* 17; *Britannia,* 43; *Dacia,* 107. Estas fechas sólo indican el comienzo de la ocupación; para terminar la de Cerdeña y España se precisaron casi dos siglos. Otras provincias no fueron jamás asimiladas por completo, sobre todo la Britannia, en que la dominación romana fue de corta duración [8].

---

[7] En realidad *Mare Nostrum* es traducción del griego y tiene un sentido meramente geográfico, opuesto al Océano; A. Traina, en *Latinitas* (1969), págs. 126-129.

[8] Cf. Reichenkron, *o. c.,* págs. 281-330.

8. El inmenso Imperio romano, que prácticamente se identificaba con el mundo conocido por los antiguos, se mantuvo al precio de pesadas guerras bajo los Antoninos (96-192), que lo ensancharon todavía con la conquista de la Dacia. El siglo siguiente señala, sin embargo, el comienzo del ocaso: la potencia de Roma comenzó a resquebrajarse por la anarquía militar, por el nefasto reinado de emperadores extranjeros y desnaturalizados, así como por las primeras invasiones bárbaras. Roma ya no era la capital, a partir de Diocleciano (284-305). Constantino, después de haber vencido a su rival Majencio en el 312, se hizo defensor del cristianismo y transfirió la sede del Imperio a Bizancio, que tomó el nombre de Constantinopla. La fe cristiana se convirtió en la religión de Estado bajo Teodosio, que proscribió las herejías condenadas en el concilio de Nicea y los sacrificios paganos, en el 380 y 381. A la muerte de Teodosio I, que fue el último emperador que reinó sobre todo el Imperio, éste fue dividido entre sus hijos: Arcadio (Oriente) y Honorio (Occidente), en el 395. Pero el Imperio de Occidente, incapaz de hacer frente a las oleadas de los Hunos, los Godos, los Vándalos, naufragaría a corto plazo en el 476.

2. LA ROMANIZACIÓN

9. La romanización, o sea, la asimilación espiritual y lingüística de los diversos pueblos sometidos, no se efectuó en todas partes de igual manera. En Italia propiamente dicha, este proceso fue relativamente rápido y profundo gracias a las afinidades étnicas y lingüísticas de los habitantes y gracias también a la habilidad de los vencedores. Es verdad que el mundo griego y helenístico, encastillado en una civilización superior a la de los conquistadores, opuso a éstos una cierta resistencia; la lengua latina no ha podido suplantar al griego. Sin embargo, el latín siguió siendo allí la lengua oficial, aun después de la separación del Imperio de Oriente; actas judiciales y catastros eran redactados en latín todavía en el siglo VI y, aunque bajo forma griega, se conservaban en el ejército las ordenanzas y otros términos militares latinos [9].

---

[9] H. Zilliacus, *Zum Kampf der Weltsprachen im oströmischen Reich.* Tesis de Helsinki, 1935, págs. 76-80 y 132 ss.; Mihăescu, *o. c.*, § 40.

En Occidente, Hispania y las Galias vieron desarrollarse centros romanos florecientes: Córdoba, patria de los dos Sénecas y de Lucano; Sevilla, donde nació Trajano; Lion, sede de la administración y emplazamiento de un importante mercado, ciudad natal de los emperadores Claudio y Caracalla; Reims, Burdeos, Tolosa, Arlés, Orleans. En el siglo II, Hispania suministró los mejores emperadores de Roma. La romanización, por fin, en las provincias periféricas fue generalmente más débil. África, o sea, Cartago, Numidia y Mauritania, conoció un verdadero florecimiento bajo el señorío romano y contribuyó a la riqueza material tanto como al patrimonio espiritual de Roma (recordemos, al menos, los nombres de Apuleyo, de Arnobio y de San Agustín), pero terminó por perderse para el mundo latino. Entre el Rin y el Danubio, del Illyricum a Mesia, no han quedado más que dos islotes latinos: el reto-romance y el dálmata (hoy extinguido), mientras que, en el extremo Este, la Dacia, a pesar de hallarse políticamente aislada de Roma desde el 271, conservó un importante fondo latino que sobrevivió en el rumano.

10. La lengua latina se impuso a los vencidos, no por la violencia, sino por el prestigio de los vencedores. Ante todo servía de instrumento de comunicación entre los autóctonos y los romanos, soldados, colonos, funcionarios, mercaderes. Además, se convirtió en la señal exterior de la comunidad romana y, por fin, en vehículo de la cultura greco-romana, como, más tarde, del cristianismo. El derecho de ciudadanía, limitado en su origen a las *gentes* patricias, fue extendido en el 89 a. C. a todos los habitantes libres de Italia hasta el Po, y luego, en el 212, por el edicto de Caracalla, a todas las personas del Imperio. Esta política asimiladora tuvo efectos incalculables. Ser ciudadano romano era tanto como gozar de la protección, al menos relativa, de las armas y de las leyes romanas; era la oportunidad para prosperar, y hasta para hacer carrera en la administración. "Así es la política de Roma: obra con tal destreza que parece ser la bienhechora de los pueblos a que somete", escribe el historiador griego Polibio, que vivió en Roma durante dieciséis años en el siglo II a. C. Hacia la misma época cantaba Ennio la romanidad de Rudies, su ciudad natal, en Calabria: *"Nos sumus Romani, qui fuimus ante Rudini" (Ann.* 377). Los nuevos romanos se sentían animados por una especie de nacionalismo "avant la lettre", del que se hallaban penetradas aun las provincias más lejanas y que sobrevivió a la caída del Imperio. A decir de San Agustín, ya no se reconocían en su tiempo las diferentes razas, todo el mundo se había hecho romano, todos se llamaban Romanos. Un poeta galo del siglo v, Rutilio Namaciano, exaltaba a Roma que "ha dado a pueblos diversos una patria común". Sobre el sentimiento de unidad romana vendrá a asirse el de la unidad de la fe cristiana.

11. El nombre de *Romani,* que al principio se oponía al de Latinos mismo, ha terminado, pues, por comprender a todos los pueblos del Imperio con relación a los bárbaros y extranjeros. Con el nombre de Rumania y de rumano (rum. *Romînia, romîn)* se ha perpetuado en el extremo oriental del mundo romano, así como en Suiza oriental y al Noroeste de Italia, en el *romanche,* llamado también ladino o reto-romance, y en el nombre de una provincia italiana, la *Romagna.* Al lado de *Romanus* existía también la palabra *Romanicus* (con testimonios desde el siglo v), aplicada en época tardía a *Romania,* "el mundo romano", en oposición a *Barbaria* (o *Gothia)*[10]; de donde el adverbio *romanice,* que adquiriría el sentido específico de "en lengua vulgar"; de donde a. fr. *romanz,* fr. mod. *roman,* y esp. *romance* y *románico,* con toda una ramificación semántica y de léxico.

3. ELABORACIÓN DEL LATÍN COMÚN Y LITERARIO

12. Con el remontarse político de Roma, el latín, en concurrencia con el griego, se convirtió en la segunda lengua mundial, destinada, además, a un porvenir de mayor grandeza que el griego mismo. No ha podido, sin embargo, alcanzar esta grandeza más que después de un largo aprendizaje y al precio de tenaces esfuerzos mantenidos por los escritores romanos. El latín era una lengua de campesinos[11]: *colere* "habitar" y "cultivar"; "estimar" se decía, figuradamente, *putāre,* cuya acepción propia era la de "podar"; "distinguir", *cernere,* significaba, ante todo, "cribar"; *versus,* "línea de escritura", significaba "surco"; un rival, *rīvālis,* era el que compartía con alguno un arroyo para el riego, *rīvus.* Esta lengua parecía construida de bloques ciclópeos, en vivo contraste con la plasticidad del griego; se prestaba poco a la derivación y a la composición; las nociones de orden espiritual se expresaban

---

[10] V. J. Zeiler, *L'apparition du mot Romania chez les écrivains latins, REL,* VII (1929), págs. 194-198.

[11] Ver Marouzeau, *Le latin langue de paysans,* en *Mélanges J. Vendryes,* París, 1925, págs. 251-264.

por circunloquios: *Caesar occisus,* "asesinato de César"; *ab urbe condita,* "desde la fundación de Roma"; *Cicerone consule,* "bajo el consulado de Cicerón"; se distinguía por sus giros incisivos: *iusta iniusta,* "la justicia y la injusticia"; *mutatis mutandis,* "cambiando lo que hay que cambiar". Tales características las compartía, sin duda, el latín con otras hablas itálicas con las que estaba emparentado y que nos son conocidas por textos epigráficos, con el umbro y el osco (en el Samnium y en la Campania).

13. Lengua de Roma tanto como el francés lo es de París, el latín es, sin embargo, el resultado de una fusión de elementos rústicos y extranjeros con el fondo indígena y urbano. Como ejemplo, palabras como *bōs, hircus, lupus, forfex, furca, furnus...* [12] son de origen itálico o dialectal. Del mismo modo, la pronunciación de *ē* por *ae* y de *ō* por *au* eran fenómenos "rústicos", de los que el primero ha terminado por generalizarse, mientras que el segundo no ha penetrado en Roma más que débilmente (§ 59 s.). El contacto con la civilización helénica ha sido de una importancia capital tanto para el nivel de vida como para la lengua de los Romanos. Desde el comienzo del período republicano, éstos se dejaron seducir, a pesar de Catón el Viejo y otros conservadores, por el confort, el lujo, los juegos, las artes y, en fin, por la filosofía y las ciencias que cultivaba Grecia, la cual, "conquistada, conquistó al salvaje vencedor y trajo las artes al inculto Lacio" (Hor. *Epist.* 2, 1, 156). Como más tarde París para los países del Norte y del Este, Atenas se convirtió en la gran escuela de los patricios romanos, mientras que retores, gramáticos, artistas y artesanos griegos afluían a Roma.

Otra corriente helénica ha llegado de la Magna Grecia. Los Calcidios de Cumas y de Sicilia han transmitido a los Romanos el alfabeto griego [13], que éstos se encargaron de adaptar a la fonética de su lengua. Un griego de Tarento, Livio Andrónico, tiene el honor de haber inaugurado la poesía latina, épica y dramática, en el siglo III. Poco tiempo después, Nevio y Ennio, mitad Oscos y mitad Griegos, cantaban en latín las gestas romanas, adaptando ellos también las formas griegas, como seguirán haciendo todos los demás poetas romanos. "Ninguna literatura depende tan estrechamente de otra como la lite-

---

[12] Cf. A. Ernout, *Les éléments dialectaux du vocabulaire latin,* 2.ª ed., París, 1929, y *Philologica,* págs. 1-20: *Le vocabulaire latin.*

[13] ¿Por medio del etrusco? Cf. A. Traina, *L'alfabeto e la pronunzia del latino,* págs. 12 ss.

ratura latina de la griega: es un hecho único, excepcional" (Ernout, *Philologica,* pág. 15). Sin embargo, la imitación y la adaptación no excluían la originalidad de los autores romanos, que la hallaban sobre todo en la manera como traducían y transmitían el pensamiento griego. "Los Griegos han encontrado en Roma intérpretes y divulgadores, y será bajo la máscara latina como el pensamiento griego se convertirá durante siglos en el gran animador del pensamiento del mundo occidental" (Marouzeau; cf. Meillet, *Esquisse d'une histoire de la langue lat.,* págs. 87 ss., 109 ss. y 191 ss.).

14. El elemento griego penetró en la lengua de todos los medios sociales de Roma. Estos préstamos, abundantes desde los orígenes de la literatura romana, denuncian la diversidad de las vías de acceso. Los más antiguos pertenecen a la lengua de cada día y fueron transmitidos por el pueblo: *āēr, balneum, bracchium, camera, corōna, crāpula, gubernāre, māchina, oleum, poena, pūnīre,* y muchos otros más. En un plano más elevado, al lado de transcripciones como *architectus, bibliothēca, historia, philosophia, poēma, poēta, scaena, schola, theatrum,* un procedimiento más refinado, el calco. Ha sido practicado con fortuna por Cicerón, que ha forjado *medietas* sobre μεσότης, *providentia* de πρόνοια, *quālitās* de ποιότης, sin dudar de la fortuna reservada a sus atrevidos neologismos (ver Marouzeau, *Quelques aspects de la formation du latin littéraire,* págs. 125-141) [14].

C. LAS "EDADES" DEL LATÍN

15. El desmembramiento de la evolución del latín en piezas cronológicas ha de ser, por necesidad, más o menos arbitrario, como lo es, por ejemplo, la división del francés en período antiguo, medio y moderno. La cronología que ahora proponemos no es más que una de las muchas divisiones posibles.

---

[14] Sobre los helenismos en latín y en romance: Löfstedt, *Syntactica,* II, cap. XIV; E. Coseriu, *Graeca romanica,* en *Festschrift G. Rohlfs,* Tubinga, 1969, págs. 45-57, y *Das Problem des griechischen Einflusses auf das Vulgärlatein,* en *Festschrift H. Meier,* Tubinga, 1971 (sobreestima la influencia griega en la sintaxis latina); I. Fischer, *Observations sur la forme et la chronologie de quelques emprunts grecs en latin vulgaire,* en *Revue roumaine de linguistique,* XIX (1974), 6, págs. 509-517.

1. LATÍN ARCAICO Y PRECLÁSICO

DESDE LOS ORÍGENES HASTA FINES DEL SIGLO I A. C.

16. Fuentes: Inscripciones grabadas, fragmentos de cantos rituales y de fórmulas legales, actas oficiales, como el senatus-consultus relativo a las Bacanales del año 186; comienzos de la poesía, debidos a Livio Andrónico y a Nevio, de la primera mitad del siglo III, conservados fragmentariamente.

La más antigua, la inscripción de la fíbula de Preneste, de hacia el año 600, es todavía un documento aislado [15]: MANIOS MED FHEFHAKED NVMASIOI = *Manius me fecit (fhefhaked,* forma dialectal de perfecto con reduplicación) *Numerio.*

Entre los monumentos epigráficos más importantes, conservados a partir del siglo V, figuran los epitafios de los Escipiones. He aquí el de L. Cornelio Escipión, cónsul en el 259 (CIL I², 8, 9):

L. CORNELIO L. F. SCIPIO AIDILES COSOL CESOR
HONC OINO PLOIRVME COSENTIONT R*(omai)*
DVONORO OPTVMO FVISE VIRO
LVCIOM SCIPIONE FILIOS BARBATI
5. CONSOL CENSOR AIDILIS HIC FVET A*(pud vos)*
HEC CEPIT CORSICA ALERIAQVE VRBE
DEDET TEMPESTATEBVS AIDE MERETO*(d)*

= *L. Cornelius L(ucii) f(ilius) Scipio aedilis consul censor. / Hunc unum plurimi consentiunt Romae / bonorum optimum fuisse virorum / Lucium Scipionem. Filius Barbati / consul censor aedilis hic fuit apud vos. / Hic cepit Corsicam Aleriamque urbem, / dedit Tempestatibus aedem merito.* — Características de la fonética arcaica: *e* = *ĭ: aidīles* (pero en 5. *aidīlis), 5. fuet,* 6. *hec* (pero 5. *hic),* 7. *dedet, tempestātebus, meretō(d); -o* = *ŭ:* 1. *Cornelio(s), cō(n)sol,* 2. *honc, oino(m), cō(n)sentiont,* 3. *duonōro(m), optumo(m), viro(m),* 4. *Lūciom, filios.* 5. *cōnsol;* diptongos *ai* = *ae:* 1., 5. *aidilis, aidiles,* 7. *aide;*

[15] La autenticidad de la fíbula prenestina ha sido últimamente puesta en duda por varios investigadores.

oi = *ū*: 2. *oino ploirumē* (pero 4. *Lūciom* con reducción del diptongo; cf. *abdoucit* en el epitafio de L. Cornelio Escipión padre, CIL I², 6, 7); *ē* de 2. *ploirumē* representa el grado intermedio entre *ei* e *ī*, cf. *virtūtei, quei* de CIL I², 6, 7 (Ernout, *Recueil de textes latins archaïques,* París, 1916, págs. 14 ss.). — Para la pérdida de *-s,* de *-m* y de *n* delante de *s,* cf. más abajo §§ 121 y 127-129.

17. A través de vacilaciones y tanteos, la lengua literaria se libera de arcaísmos y se unifica. Pertenecen a este período: Ennio, primer poeta original (239-169); dos cómicos geniales, pero muy diferentes entre sí, Plauto (251?-184) y Terencio (hacia 190-159); dos prosistas polígrafos, Catón el Viejo (234-149), orador y autor de un libro sobre los *Orígenes de Roma* (perdido) y de un tratado sobre agricultura, y Lucilius, "padre de la sátira romana" (149-103). Están a caballo entre los períodos preclásico y clásico Varrón (116-27), erudito que se ocupó de la filosofía, filología *(De lingua latina)* y agricultura (diálogo *Res rusticae),* y dos grandes poetas, Lucrecio (99?-55) y Catulo (ca. 87-54). Por este tiempo es ya la capital la que da el tono.

2. LATÍN CLÁSICO («EDAD DE ORO»)

Desde la mitad del siglo I a. C. a la muerte de Augusto (14 d. C.)

18. Apogeo de las letras romanas, que coincide con el auge de la política romana. La retórica y la filosofía están personificadas por Cicerón (106-43 a. C.), que depura la lengua y crea la prosa artística, el "latín clásico"; la historia está representada por César (100-44 a. C.), Salustio (86-35 a. C.) y Tito Livio (59 a. C.-17 d. C.); la poesía épica llega a la cima con Virgilio (70-19 a. C.), la poesía moral con Horacio (65-8 a. C.), la elegíaca con Tibulo (48?-19 a. C.), Propercio (47?-15 a. C.) y Ovidio (43 a. C.-17 d. C.).

3. LATÍN POSTCLÁSICO («EDAD DE PLATA»)

Desde la muerte de Augusto hasta el año 200 ca.

19. Es el barroco de la literatura latina, caracterizado por la afectación del estilo y la aceptación de elementos populares y arcaicos: Tácito (ca. 55-

ca. 120), historiador y autor de anales con un estilo personal, forzado y asimétrico; Séneca el Filósofo (muerto en el 65), moralista sentencioso; Plinio el Joven (62-113), refinado autor de epístolas, creador de un género nuevo; son también innovadores Petronio (bajo Nerón), con su *Satiricón,* sabrosa novela de bajos fondos, y Apuleyo (bajo los Antoninos), con su narración fantástica *Metamorfosis* o *El Asno de oro;* en la poesía domina la sátira de Juvenal (bajo Trajano y Adriano) y el mordaz epigrama de Marcial (hacia el 40-hacia el 104). Quintiliano (muerto hacia el 95), un reaccionario, trata, en sus *Institutiones oratoriae,* de hacer volver la oratoria a la pureza clásica.

4. LATÍN TARDÍO (BAJO LATÍN)

DESDE ALREDEDOR DEL 200 HASTA LA LLEGADA DE LAS LENGUAS ROMANCES

20. Este período nos lleva hasta el final de la latinidad propiamente dicha; pero el proceso de disgregación no se ha efectuado sin reacción y hasta retorno a los modelos clásicos: tal es el caso de Lactancio (que escribía a comienzos del siglo IV), el "Cicerón cristiano", y del filósofo Boecio (primera mitad del siglo VI), en claro y extraño contraste ambos con la barbarie de la Antigüedad agonizante. Más tenaz es la influencia de la retórica llevada al manierismo, sensible sobre todo en África y en la Galia: dentro de esta tradición se distinguen el historiador Amiano Marcelino (finales del siglo IV) y el poeta Claudiano (hacia el 400), mientras que Ausonio de Burdeos (muerto hacia el 395) cuenta en fáciles versos realidades vividas. Los autores eclesiásticos, por otra parte, desaprueban las normas clásicas y "paganas" (§ 30). De la larga serie de escritores cristianos, hemos de recordar a los grandes doctores de la Iglesia: el africano Tertuliano, que escribía hacia el 200, su compatriota San Agustín (354-430), y el más sabio de los Padres, S. Jerónimo (hacia 340-420), a quien se debe la traducción latina de la Biblia, llamada Vulgata. La poesía cristiana hace su aparición en el siglo IV con S. Ambrosio, obispo de Milán, y S. Hilario, obispo de Poitiers, cuyo ejemplo fue seguido por el español Prudencio (hacia el 400), por S. Paulino de Burdeos, obispo de Nola (misma época), por Sidonio Apolinar (siglo V), obispo de Clermont, por Venancio Fortunato, obispo de Poitiers (fin del siglo VI). En general, el nivel literario y gramatical de todo cuanto se escribe en bajo latín va descendiendo continuamente desde el siglo vi hasta la reforma carolingia en el siglo viii: obras edificantes, históricas e instructivas, textos de leyes, de ordenanzas y de actas son redactados en un latín más o menos bárbaro. La reforma del latín, patrimonio ya de la Iglesia y de los cultos, comenzada por Pepino el Breve, coincide aproximadamente con la génesis de un nuevo idioma, el romance, es decir, la toma de conciencia de una lengua hablada, diferente del latín litúrgico o de los documentos. El Concilio de Tours del año 813 confirma la existencia de una *rustica Romana lingua,* a la cual, de ahora en adelante, habrán de traducir las hornillas los obispos, y que, bajo este punto de vista, será colocada en el mismo plano que la *Theotisca lingua,* la lengua alemana. La primera muestra de estas dos lenguas será ofrecida, unos años más tarde, por los Juramentos de Estrasburgo (842) [16].

D. FUENTES DEL LATÍN VULGAR [17]

21. La literatura romana utilizaba un "latín de lujo, que debe mucho al aparato exterior del foro y del senado" (Meillet); se trataba de una lengua con gran refuerzo de figuras oratorias, de períodos sabiamente combinados y de cláusulas métricas destinadas a contribuir a la armonía. Hemos constatado ya la vitalidad extraordinaria de la tradición literaria y retórica. Pero hemos de añadir que, en estas obras, el hombre de la calle, el Romano como tal, no aparecía por ninguna parte; asoma apenas en las garrulerías del *Satiricón* de Petronio, o en algunas escenas de Horacio o de Marcial tomadas de la vida. Para

[16] R. Menéndez Pidal, *o. c.,* págs. 454 ss., hace notar la particular situación lingüística del reino de León, caracterizada, desde el s. viii, por la coexistencia de tres tipos de lengua: un «romance corriente», utilizado por todo el mundo en la conversación diaria; un «bajo latín» o latín escolástico, lengua escrita de los cronistas, legisladores, hagiógrafos, hombres de ciencia; y un «latín vulgar» o popular que usaban los notarios todavía durante los siglos x y xi. Este último aspecto del latín parece haber persistido sobre todo en la región mozárabe: en Andalucía, según la tradición local, se habrían conocido dos maneras de hablar el latín, un «latinum circa romancium» al alcance de todos y un «latinum obscurum» lengua de eruditos.

[17] Para las ediciones de los textos mencionados en este capítulo, remitimos a la *Bibliografía.*

colmo de desgracias, hemos perdido todo el teatro nacional de los Romanos y una buena parte de la sátira, único género que los Romanos reivindican como propio (cf. Marouzeau, *Introduction au latin,* V. *La vie révélée par les œuvres).*

22. Al esforzarnos por descubrir el latín hablado, nos vemos perjudicados por la literatura propiamente dicha. Fuerza es que localicemos el filón de donde, de tanto en tanto, aflora este latín, excavando hasta en el margen de la literatura, en los autores y textos secundarios o no literarios. De toda la evolución de la literatura latina nos interesan, ante todo, los períodos preclásico y postclásico, sobre todo el período tardío; el período arcaico no puede ser tenido en cuenta, ya que la lengua hablada ha sido la primera en desembarazarse de las particularidades propias de esta etapa.

Es ocioso decir que no existe texto alguno en latín vulgar; hay "vulgarismos" que se transparentan a través de la lengua literaria de los monumentos escritos. Esto es verdad también, y más que nunca, cuando se trata de textos brotados de personas poco cultivadas; éstas ponen todo su interés en "escribir bien" desde que echan mano de la pluma. Son, pues, las faltas que cometen, por un lado, y, por otro, los excesos de corrección o hipercorrecciones, en una palabra, las transgresiones de las normas literarias, las que nos informan sobre el latín vulgar. Otra piedra de toque es la supervivencia de estos fenómenos en el romance: las lenguas románicas y, a veces, otras lenguas modernas constituyen la fuente indirecta del latín vulgar.

23. a) Gramáticos latinos. — La serie de puristas que señalan las pronunciaciones o formas deficientes, o tenidas por tales, es muy larga; va desde Apio Claudio (hacia el 300 a. C.) a Virgilio Marón (siglo VII) y a Pablo Diácono, historiador lombardo (740-801). Sus observaciones, de desigual valor, hay que usarlas con precaución, ya que las reglas por ellos establecidas son a veces arbitrarias, si no fantásticas. Cicerón ha proferido una frase juiciosa a propósito de una construcción censurada: *"Consule veritatem* (= las reglas), *reprehendent;*

refer ad aures, probabunt" (Orat. 48, 159). Sumamente interesante es el *Appendix Probi* (sin duda, de los siglos cristianos, bajo los Lombardos[18], llamado así porque se conserva en el mismo manuscrito que un tratado del gramático Probo); es un sílabo del género "Bien dicho... mal dicho...", que cataloga y corrige 227 palabras y fórmulas tenidas por incorrectas (una parte de ellas no lo son ciertamente), p. ej. "*vetulus,* non *veclus*", "*calida,* non *calda*", "*auris,* non *oricla*", "*vinea,* non *vinia*"...; todas estas formas son protorromances[19].

24. b) Glosarios latinos. — Se trata de vocabularios rudimentarios, generalmente monolingües, que traducen palabras y giros considerados como ajenos al uso de la época *(glossae* o *lemmata)* por expresiones más corrientes *(interpretamenta).* El más antiguo de ellos es el glosario de Verrius Flaccus, *De verborum significatione,* del tiempo de Tiberio, pero que no es conocido más que por un resumen debido a Pompeius Festus, del siglo III (?). El más célebre de los glosadores latinos es Isidoro de Sevilla (hacia 570-636), quien en sus *Origines sive etymologiae* proporciona muchas noticias sobre el latín tardío y popular, y hasta regional, de España. Las *Gloses de Reichenau* (por la abadía de este nombre donde se encontraba antes el manuscrito, que es del siglo IX), redactadas probablemente en el Norte de Francia hacia finales del siglo VIII, son de un interés especial para el romanismo. Una primera parte explica, valiéndose de términos o de perífrasis tenidas por familiares a los usuarios, expresiones sacadas de la Biblia; la segunda parte es un glosario alfabético. El aspecto "romance" de las traducciones salta a la vista: *pulcra* : *bella, arena* : *sabulo, isset* : *ambulasset* (cf. fr. *aller* ? y *ambler), transgredere* : *ultra*

[18] Cf. C. A. Robson, *L'Appendix Probi et la philologie latine,* en *Le Moyen Age,* 1963, págs. 37-54. Las objeciones de F. Sabatini, *Tra tardo latino e origini romanze,* en *Studi linguistici italiani,* IV (1963-64), págs. 1-20, no pueden ser tomadas por definitivas. El razonamiento de Robson ha sido adoptado, entre otros, por B. Löfstedt en *Studia neophilologica,* XXXVI, 2 (1964), pág. 383.

[19] Cf. J. Collart, *«Ne dites pas... mais dites...», Quelques remarques sur la grammaire des fautes chez les Latins, REL,* L (1973), págs. 232-246.

alare (fr. *aller outre), minatur* : *manatiat* (fr. *menacer), pignus* : *wadius* (fr. *gage), concidit* : *taliavit* (fr. *tailler), iecore* : *ficato* (fr. *foie), Gallia* : *Frantia, in ore* : *in bucca* (fr. *bouche), vespertiliones* : *calves sorices* (fr. *chauve-souris),* etc. Las *Gloses de Kassel* (del siglo XI ?), especie de diccionario turístico romance-alemán (bávaro), reviste una forma semilatina y semirromance: *indica mihi* : *sage mir, homo iste* : *deser man, tundi meo capilli* : *skir min fahs, radi meo barba* : *skir minan part;* palabras aisladas: *homo* : *man, iunuclu* : *chniu* (fr. *genou), figido* : *lepara* (fr. *foie,* cf. *ficato* de las *Gloses de Reichenau), mantun* : *chinni* (fr. *menton),* etc. Son igualmente de la época románica las *Glosas Emilianenses* (de San Millán, provincia de Logroño, España; mitad del siglo x ?) y las *Glosas de Silos* (Castilla, siglo x), donde se encuentra, por ejemplo, *repente* : *lueco* (esp. *luego), diversis* : *muitas* (forma aragonesa y portuguesa = esp. *muchas), sentiat* : *sepat* (esp. *sepa,* subj. de *saber), abluantur* : *labatu siegat* (esp. *sea lavado).*

25. c) Inscripciones latinas. — Se distinguen muchos tipos de inscripciones: *a)* inscripciones grabadas, que son, en buena parte, fórmulas más o menos estereotipadas: textos honoríficos, dedicatorias a divinidades, epitafios, actas públicas o privadas; las de baja época presentan el mayor interés para el latín vulgar; *b)* inscripciones pintadas, muy raras: proclamas públicas, anuncios privados, sobre todo en Pompeya; *c)* inscripciones trazadas con punzón, más raramente con carbón, llamadas grafitos, numerosos sobre todo en Pompeya y Herculano; una clase particular: tablillas de execración *(defixionum tabellae),* fórmulas cabalísticas grabadas en láminas de plomo, destinadas a llevar mala suerte a un enemigo o a un rival; *d)* papiros con textos privados.

26. d) Autores latinos antiguos, clásicos y de la "edad de plata". — Tal clima espiritual se acomoda a un estilo descuidado que se aproxima al habla ordinaria. Caso aparte constituye el epistolario de Cicerón, que esmalta sus cartas familiares con expresiones conversacionales tales como *belle* (28 veces, p. ej. *Att.* 5, 17, 6 *sed hoc Bruto nostro velim dicas, illum fecisse non belle, qui adventu meo... discesserit* "...que no había sido una manera fina de comportarse..."), *mi vetule* "mi viejo", *barbatuli iuvenes* "pollos pera", etc. La palabra o el giro popular saltan también a la pluma de todo el que quiere ofrecernos un diálogo entre gente de pueblo; es el caso de la comedia antigua, sobre todo de Plauto, que, sin embargo, coloca en escena personajes griegos más bien que romanos. Pasa lo mismo cuando nos cuentan un hecho curioso o una anécdota Horacio (p. ej. *Sat.* 1, 9), Juvenal, Persio o Marcial. Entre las obras literarias ocupa lugar aparte la célebre novela "picaresca" de Petronio, sobre todo su episodio del festín de Trimalción. Con fino arte y agudo sentido de la realidad, cuenta las peripecias de una banda de rateros y gorrones, cuyo episodio principal es la famosa comilona de unos libertos nuevos ricos con la lengua harto ligera y que presentan toda una jerarquía de charlatanes vulgares (cf. Perrochat, *Pétrone,* pág. XV).

27. e) Tratados técnicos. — M. Vitrubio Polión, que escribió un tratado de arquitectura en tiempos de Augusto, pide excusas de su poca corrección lingüística: "*Non architectus potest esse grammaticus*". Del mismo modo, los autores de tratados de agricultura, como Catón el Viejo, Varrón y Columela (bajo Tiberio y Claudio), cuya lengua tiene sabor a terruño, tienen en general pocos conocimientos gramaticales, cosa que hace interesantes sus escritos desde nuestro punto de vista. Especialmente preciosas, a causa de su lengua intensamente teñida de elementos populares, son las obras técnicas de baja época, tales como la *Mulomedicina Chironis,* tratado de veterinaria de la segunda mitad del siglo IV, utilizado poco más tarde por otro veterinario, Vegecio, que, sin embargo, se ha permitido retocar ciertos vulgarismos; Apicius, *De re coquinaria,* libro de cocina (por lo demás, todavía utilizable), de la misma época; Marcellus llamado Empiricus (de Burdeos), *De medicamentis liber,* colección de recetas de electuario, de principios del siglo V; Anthimus, *De observatione ciborum,* dietética para uso del rey franco Thierry (511-534); así como numerosos tratados, traducidos generalmente del griego, de medicina, farmacología, agricultura, agrimensura, mineralogía, etc.

28. f) Historias y crónicas a partir del siglo VI. — Se trata de obras toscas y sin pretensiones literarias, redactadas en un latín entreverado de vulgarismos y reminiscencias clásicas[20]: *Historia Francorum,* de Gregorio, obispo de Tours (538-594); *Chronicarum libri IV,* de Fredegarius (obra escrita, en realidad, por varios autores anónimos; se trata de otra historia de los Francos, del siglo VII), y el *Liber historiae Francorum,* anónimo, compuesto posiblemente por un monje de Saint-Denis en el 727; por fin, las compilaciones de historia gótica y universal por el alano Jordanès (siglo VI).

29. g) Leyes, diplomas, cartas y formularios. — La lengua de estos textos es un injerto extraño, mezcla de elementos populares y reminiscencias literarias o pasadas de moda. Sin embargo, las cartas y diplomas originales tienen el mérito de estar desprovistos de las correcciones y rejuvenecimientos que alteran los manuscritos de los textos literarios. En Galia se trata de documentos relativos a la corte de los reyes merovingios o a temas relacionados con ellos; en Italia son edictos y actas redactados bajo los reyes lombardos, en los siglos VI-VII, y las actas privadas sobre papiro de Rávena (entre 445-700); en España tales textos provienen de los reyes visigodos (siglos VI-VII y sigs.).

30. h) Autores cristianos. — Según la palabra de Cristo, "los que crean hablarán en lenguas extrañas" (Mc. 16, 17). Los cristianos de los primeros tiempos también "rechazaron decididamente el exclusivismo y el normativismo del latín culto y literario...: la lengua era considerada como un instrumento que debía estar pronto a dar expre-

---

[20] Sobre los estudios de textos tardíos, en general, y, en particular, sobre el valor e interpretación de las grafías propias de estos textos, v. B. Löfstedt, págs. 10-20 y 24, y *Spätes Vulgärlatein -ein abgegrastes Feld? IF,* 75 (1970), págs. 107-130 (situación de las investigaciones y estado de la cuestión).

sión a la ideología cristiana" (Christine Mohrmann, *Études sur le latin des chrétiens,* t. I, pág. 96). Este "latín de los cristianos"[21], sobre todo el de las antiguas versiones de la Biblia que se ha convenido en designar con el nombre colectivo de *Itala* o, mejor, *Vetus Latina,* estaba cuajado de expresiones y giros propios de la lengua popular, por una parte, y, por otra, de elementos griegos o semíticos tomados en préstamo o calcados. Los traductores de la Sagrada Escritura se preocupaban, no de la forma literaria, sino de la exactitud e inteligibilidad de la versión. Esta actitud utilitaria es la del gran predicador San Agustín: "*Melius est reprehendant nos grammatici quam non intelligant populi*" *(Enarr. in Psalm.* 138, 20). Sin embargo, hacia la segunda mitad del siglo IV se nota un cierto retorno a la antigua tradición romana y helenística, que confiere a las obras cristianas un carácter más docto, sin que por ello se abandonen los elementos específicamente cristianos adquiridos durante los dos primeros siglos. Agustín mismo ha hecho uso abundante de los artificios de la vieja retórica, aun en sus sermones (E. Löfstedt, *Late Latin,* pág. 70 s.). S. Jerónimo, aun conservando numerosas expresiones o construcciones de origen popular o exótico, dará una vestidura más literaria a los sagrados textos en la versión Vulgata. La poesía cristiana del siglo IV se atiene a la tradición romana hasta el punto de evitar los términos específicamente cristianos (Prudencio, Paulino de Nola). Es obra de S. Ambrosio haber establecido un "equilibrio entre los elementos esenciales de una poesía cristiana y los elementos tradicionales de la herencia literaria de Roma" (Christine Mohrmann, *o. c.,* pág. 75). Los himnos de la alta Edad Media tampoco dejan de proporcionar datos importantes para la pronunciación del latín en la baja época (§ 50).

Muchos de los escritos religiosos del período que nos ocupa son de un gran interés lingüístico. Entre ellos es preciso hacer mención especial de la relación de la peregrinación a Tierra Santa hecha por

---

[21] La noción de lengua especial de los cristianos, propuesta por Mons. Schrijnen, no ha logrado reunir todos los votos; ver en última instancia E. Löfstedt, *Late Latin,* Oslo, 1959, págs. 68-87.

una piadosa dama (¿española?) llamada Etheria o Egeria, probablemente a finales del siglo VI; la lengua de este texto ofrece numerosos "vulgarismos". Lo mismo pasa con las vidas de santos compuestas por Gregorio de Tours, hombre más piadoso que literato.

31. i) Reconstrucción del latín vulgar por el estudio comparado de las lenguas románicas. — En última instancia, es la gramática comparada de los idiomas románicos la que revela las principales transformaciones sufridas por el latín hablado, tales como el paso del ritmo cuantitativo al ritmo acentual, la casi abolición de la declinación, la pérdida de ciertas formas del sistema verbal, etc. Pero no olvidemos que, para esta evolución, no dejan de proporcionarnos señales luminosas los textos mismos.

Se sienta como principio que un elemento protorrománico restituido debía formar parte del latín real cuando este elemento es exigido:

1.° por todas las lenguas románicas o por la mayoría de ellas; por ej. *acūtiāre* (it. *aguzzare,* fr. *aiguiser,* esp. *aguzar,* etc.; además *acutiator* se encuentra en los glosarios), **potēre* (rum. *putea,* it. *potere,* fr. *pouvoir,* esp. *poder,* etc.); 3.ª pers. pl. del perfecto en *-ĕrunt* (forma, además, que cuenta con el testimonio de la antigua prosodia);

2.° por un grupo geográficamente unido; por ej. **essere* (it. log. *essere,* engad. *esser,* prov. cat. *esser,* fr. *être), *cominitiare* (it. *cominciare,* fr. *commencer,* prov. *comesar,* cat. *començar)*[22].

Pero tales principios no tienen nada de absoluto. Por lo pronto no tienen validez más que en el caso de que la forma en cuestión no haya podido producirse independientemente en cada una de las lenguas que la poseen. Además, las formas obtenidas por reconstrucción, mientras no tengan el apoyo de un testimonio, no tienen más que un valor de hipótesis. Es verdad que una etimología obtenida por vía de recons-

---

[22] Cf. Vossler-Schmeck, *Einführung ins Vulgärlatein,* § 103; Vidos, *Manuale di linguistica romanza,* pág. 37; Dardel, *o. c.,* págs. 25-29. Cf. W. Porzig, *Die Gliederung des indo-germanischen Sprachgebiets,* Heidelberg, 1954, pág. 57.

trucción puede ser justificada más tarde por un testimonio hallado en cualquier texto poco conocido; pero sucede también que una etimología que corría como firme tiene que ser abandonada o modificada a la luz de nuevos datos históricos[23].

Del mismo modo, una correspondencia entre varias lenguas románicas puede no probar nada para el latín: tal es el caso de préstamos hechos entre una lengua moderna y otra, como el fr. *jardin* (del franco **gardo,* a. fr. *gart),* que ha sido cedido al italiano *(giardino)* y al español *(jardín).* Sucede lo mismo, sin duda, con numerosos derivados: supuesto que ciertos sufijos son panrrománicos, como *-idiāre* (§ 192) e *-itia* (§ 180), la existencia del ant. it. *oreggiare,* esp. *orear,* prov. *aurejar* "orear" o "ventear", o la del it. *tenerezza,* fr. *tendresse,* rum. *tinerețe,* esp. port. *terneza,* no nos autoriza a concluir que se trate de derivados del "latín vulgar" **auridiare* o **teneritia.* Puede establecerse, sin duda, la filiación it. *cadere,* fr. *choir,* etc. < **cadēre* (en latín cl. *cadĕre),* pero conviene recordar, al hacerlo, la tendencia general del latín popular a favorecer la clase de verbos en *-ēre* en detrimento de los en *-ĕre* (§ 314). Es demasiado cómodo, pero poco científico, poner a cuenta del "latín vulgar" todo fenómeno románico que no se sabe explicar de otra manera. Por eso es preciso guardarse de poner un **fallēre* en latín vulgar, o en galo-románico mismo, para explicar el fr. *falloir,* porque éste procede simplemente de la ecuación *vaut* : *valoir* = *faut* (del a. fr. *faudre* o *faillir)* : *falloir.*

Por fin, no se puede pretender reconstruir todo el latín vulgar por el método comparativo[24]. Hay que contar con esas "vírgenes de la genealogía" (K. Vossler), es decir, fenómenos populares que por una

[23] Cf. M. Niedermann, *Ueber einige Quellen unserer Kenntnis des späteren Vulgärlateinischen,* en *Jahrbücher für das klassische Altertum* 29 (1912), págs. 313, 342, y *Recueil,* págs. 29-64.

[24] Empresa perseguida por R. A. Hall, Jr., *The reconstruction of Proto-Romance,* en *Language,* 26 (1950), 1, págs. 6-27; *Comparative reconstruction in Romance syntax,* en *Acta Linguistica Hafnensia,* XI, 1 (1967-68), págs. 81-88, y *External History,* etc., págs. 73 y 78. Cf. V. Väänänen, *Unità del latino: realtà o illusione?,* en *Annali,* Sezione linguistica, Istituto Orientale di Napoli, V (1963), págs. 63-76.

u otra razón no han sobrevivido en las lenguas románicas, como, por ej., la forma del gen. sg. en *-aes, -ēs* (por *-ae)* atestiguada epigráficamente (§ 237). Es necesario, sobre todo, renunciar al deseo de reconstruir el sistema gramatical del latín vulgar en su conjunto a partir de las lenguas románicas; equivaldría a querer proyectar unidos sobre un plano hechos que en realidad pertenecen a estados superpuestos.

En todo caso, es indiscutible que el método comparativo, con todas las restricciones que se imponen a su respecto, enriquece y precisa nuestros conocimientos del latín popular. Para un latinista de la antigua escuela, un *quoius (cuius), -a, -um* de Plauto, que volvía a asomar apenas en Virgilio y Cicerón en contextos especiales, merecía todo lo más la etiqueta de arcaísmo. Pero el testimonio de las lenguas románicas (log. *kuyu,* esp. *cuyo,* port. *cujo)* devuelve a esta palabra la vida que le negaban los monumentos escritos. La romanística ha prestado preciosos servicios a los filólogos, ayudándoles, sobre todo, a reconocer como legítima y a conservar más de una forma popular de textos tardíos que los editores de antaño creían deber corregir.

32. Por fin, las lenguas no románicas de la "Romania perdida" y las regiones limítrofes proporcionan también diversos datos que interesan al latín vulgar, sobre todo en cuanto a léxico y fonética. Así, los préstamos latinos al vasco, al berberisco, al céltico y al germánico confirman que la palatalización de $k^{e,i}$, $g^{e,i}$ es relativamente tardía, ya que no llegó a las regiones periféricas: cf. al. *Keller* < *cellārium, Kiste* < *cista,* vascuence *bake* < *pācem* (§ 100).

E. DE LA UNIDAD LATINA A LA DIVERSIDAD ROMÁNICA

33. Supuesto que las lenguas románicas no son otra cosa que el latín evolucionado y ramificado, se nos plantea un grave problema: ¿cómo, por qué razones y en qué época se han declarado primero e implantado después las diferencias locales?

"El carácter dominante de todo lo romano es la unidad, una unidad sutil que sabe escapar de todo esquematismo rígido", escribía A. Meillet. "Como todo lo demás, la lengua tenía que ser uniforme, al menos en principio. Y, en efecto, todas las lenguas románicas descansan sobre un "latín vulgar", cuya estructura general es, a grandes rasgos, por todas partes la misma" *(Esquisse d'une histoire de la langue latine,* pág. 229). Quintiliano había observado ya *(Inst.* 1, 5, 29) que, entre los Griegos, las reglas lingüísticas eran más complicadas que entre los Romanos, "*quia plura illis loquendi genera, quas* διαλέκτους vocant..."; y continúa: "*apud nos vero brevissima ratio*", es decir, que la norma latina era relativamente muy simple por el hecho de no estar la lengua dividida en dialectos, como lo estaba el griego[25]. Es necesario descender hasta S. Jerónimo para hallar una alusión a una división dialectal: la latinidad, escribe este último *(Comm. in Epist. ad Gal.* 2, 3), cambia "*et regionibus quotidie... et tempore*". Pero ¿se trataba, en realidad, de diferencias tales que puedan ser calificadas de dialectales? Es verdad que los textos de la época imperial y sobre todo los de la alta Edad Media no dejan de proporcionar algunos rasgos que son verdaderos regionalismos; en los textos merovingios se encuentra *apud* con significado de "con" *(apud aliquem loqui,* en Sulpicio Severo, Gregorio de Tours, etc.; ver Thes. II, pág. 344); cf. a. fr. *ab, od,* prov. *ab,* cat. *amb* < *apud; iūmentum* "jumento" (desde el siglo VI, *Lex Salica* 38, 5) o, en las inscripciones balcánicas, un *tata* "padre", un *monumentum* "tumba", que sobreviven en rumano, *tată* y *mormînt* (Mihăescu, págs. 215 y 231). Pero lo que caracteriza a estos textos es el paralelismo de las particularidades regionales destinadas a sobrevivir en romance. Y, lo que es más, numerosas particularidades que, lógicamente, deberían pertenecer como propias a un área deter-

[25] Cuando hace alusión en el mismo capítulo *(Inst.* 1, 5, 56) a la *patavinitas* que Asinio Polión, historiador y amigo de Augusto, habría reprochado a Tito Livio, Quintiliano se refiere a casos de vocabulario *(verba peregrina);* las palabras de origen itálico (paduano, toscano, sabino, prenestino y otras) no ocupan su atención, dice, porque las considera como pasadas al latín común *(«licet omnia Italica pro Romanis habeam»).*

minada y más bien restringida, se encuentran esparcidas en regiones más vastas o distintas de las que las han conservado en romance. A título de ejemplo, para la noción de "comer", el español y el portugués han conservado *comedere,* que desde el antiguo latín tendía a reemplazar al simple *edere* o *ēsse,* palabra corta que, además, coincidía con algunas formas de *ĕsse,* mientras que otras lenguas románicas se han decidido por *mandūcāre,* palabra fuertemente afectiva desde el principio (Löfstedt, *Late Latin,* págs. 38 ss.). Ahora bien, en el bajo latín, por ejemplo en la Vulgata, *comedere* y *mandūcāre* son empleados indistintamente. Cosa notable es que la *Peregrinatio* no conoce en este sentido más que *mandūcāre* (13 veces), mientras presenta "hispanismos", como *sedēre* en el sentido débil de "ser" (port. *seer), plicāre (se)* "llegar" (port. *chegar;* cf. rum. *pleca* "partir"), e "italianismos", como *se iungere* "llegar" (it. *giungere), modo* "en seguida" (a. it. *mo').* Las provincias periféricas, es decir, Hispania y Dacia, han preferido *formōsus* (esp. *hermoso,* port. *formoso,* prov. cat. *formos,* rum. *frumos)* a *bellus,* que se ha generalizado en el resto de la Romania; pero *formōsus,* aun en la forma desasimilada *fermōsus* que exige el esp. *hermoso,* aparece en la poesía merovingia tanto como en los textos de Italia de la misma época (Norberg, *La poésie latine rythmique du haut moyen âge,* Studia Latina Holmiensia, II, Estocolmo, 1954, pág. 10). Se podrían multiplicar los ejemplos de este género, no sólo en el vocabulario, sino también en la morfología y la sintaxis. Por eso han fracasado los intentos de localizar, con la ayuda de criterios lingüísticos, textos teñidos de vulgarismos, como el *Satiricón* de Petronio, la *Peregrinatio,* la *Mulomedicina Chironis,* las traducciones de Oribasio (Löfstedt, *o. c.,* págs. 42-58). Los estudios dirigidos a la lengua de las inscripciones y de las cartas latinas provenientes de diferentes provincias han permitido llegar a la conclusión de que el latín "vulgar" aparece en ellas siempre como el mismo, o poco falta. Es lo que había constatado ya Hugo Schuchardt en su *Vokalismus des Vulgärlateins,* I (1866), obra que hace época, y que estudios posteriores no han podido desmentir. Una investigación reciente sobre el latín de los países balcánicos ha llegado a una conclusión en todo semejante[26].

34. Por otra parte, pasa por axioma que una lengua hablada en una extensión tan grande y por tan heterogéneas poblaciones como lo era el latín en la época imperial no puede tardar en disgregarse según los lugares y según los medios sociales al mismo tiempo. ¿Cómo conciliar este punto de vista con la presencia de fuerzas cohesivas que revela la lengua de los monumentos escritos? Evidentemente, para la lengua del pueblo, puede ser recusado el testimonio de estos últimos. En efecto, los textos tardíos, todo lo poco literarios y bárbaros que se quiera, representan más bien un latín de comunicación, una koiné superpuesta a las hablas populares, diferenciadas sin duda, ya que la lengua escrita ha podido guardar una cierta coherencia gracias al sentimiento de comunidad romana que sobrevivía en el Imperio y gracias al nuevo elemento espiritual y unificador que era el cristianismo.

35. En estas condiciones, se ha abordado el problema de la dislocación de la Romania sobre todo a base de conjeturas y por el método comparativo, con el concurso de los datos históricos. No podemos hacer otra cosa que recordar brevemente las principales teorías emitidas y las direcciones de las investigaciones relativas a este problema, que sigue siendo uno de los más debatidos de la lingüística románica[27].

---

[26] Mihăescu, pág. 297: «Las 3.000 inscripciones de Dacia presentan generalmente hechos lingüísticos encontrados también en documentos similares descubiertos a todo lo ancho del Imperio Romano» (extracto del resumen en francés).

Se ha puesto también en relación con los hechos latinos la unidad relativa que caracteriza a las lenguas antiguas y modernas transplantadas fuera de sus dominios primitivos, como la koiné griega, el español de América del Sur y Central, el inglés en América del Norte; M. L. Wagner, *Amerikanisch-Spanisch und Vulgärlatein*, en *ZRPh* 40 (1920), págs. 286-312 y 385-404; B. Löfstedt, págs. 207-213.

[27] Uytfanghe, *o. c.*, págs. 23-86.

36. Por lo que se refiere a las causas de la variación local, se admiten en principio tres clases de factores: étnicos, sociales y cronológicos. Por factores étnicos se entiende la acción que ejerce sobre una lengua un pueblo o una comunidad lingüística diferenciada. Una vieja hipótesis[28], todavía viva, afirma que los soldados y los colonos romanos han transplantado a provincias un latín fuertemente contaminado por elementos itálicos, cuyas huellas habrían perseverado a pesar del proceso de unificación de la época imperial. Es ciertamente un hecho comprobado que los antiguos poseedores de un idioma en pueblos que han adoptado una lengua de más prestigio dejan sobre ésta algunas huellas, llamadas sustratos. Pero, respecto a los eventuales sustratos prelatinos, nos hallamos sin salida por la falta de noticias sobre los idiomas en cuestión, de los que nos faltan, o poco menos, monumentos escritos. Solamente algunos fenómenos de léxico son admitidos unánimemente como efectos de sustratos, por ejemplo las palabras célticas en galo-romance. Lo mismo pasa con los superestratos, es decir, los elementos que provienen de la lengua de un pueblo conquistador que adopta la lengua de los conquistados, como la aportación germánica en francés, así como con los préstamos de un idioma vecino, llamados adstratos. Sin embargo, no siempre hay acuerdo en las cuestiones de sustratos y superestratos; por lo demás, son más bien de la competencia de la lingüística románica que de los estudios latinos[29].

37. Desde el punto de vista social, el latín ha conocido desde el período antiguo variedades de formas, de construcciones y, sobre todo, de pronunciaciones que permiten clasificar al sujeto que habla por

---

[28] Emitida por Hugo Schuchardt, *o. c.*, y desarrollada por G. Mohl, *Introduction à la chronologie du latin vulgaire*, París, 1899. V., sobre todo, R. Menéndez Pidal, *Orígenes del español*, passim, que quiere explicar ciertas particularidades dialectales del español por la influencia del osco. — Cf. también Harri Meier, *Die Entstehung der romanischen Sprachen und Nationen*, Frankfurt, 1941.

[29] V. W. v. Wartburg, *Ausgliederung*, págs. 5-51, donde son discutidas y defendidas las diversas hipótesis de los sustratos; para una visión general, con bibliografía detallada, v. B. E. Vidos, *Manuale di linguistica romanza*, págs. 215-258.

razón de su condición social; cf. las calificaciones de los retóricos: *sermo urbanus, rusticus, plebeius, vulgaris* (cf. § 3). Es necesario tener en cuenta, a este propósito, que la jerarquía social de una lengua cambia con más o menos rapidez: lo que en un determinado momento pasa por "urbano", puede convertirse en "plebeyo" en el término de una o dos generaciones, y viceversa; cf. la pronunciación [*ue*] en francés (en *moi, roi,* etc.), que era la de las clases superiores hasta la Revolución, y que después es un provincialismo. Cicerón constataba en su tiempo que a la pérdida de la *s* final en ciertos casos le estaba pasando lo mismo (§ 128). Y, si los contemporáneos de Catulo se hacían de menos, al igual que los londinenses actuales, no articulando la aspiración, ya no sucedía lo mismo en tiempos de S. Agustín (§ 101). Se ha querido explicar algunos caracteres distintivos de las lenguas románicas, por ej. la conservación y conversión en muda de la *-s* final, proyectando las diferencias sociales de Roma sobre las distintas partes de la Romania: Galia, Hispania, Cerdeña habrían recibido una romanización más "selecta", proveniente de centros urbanos y de sus escuelas; Italia y Dacia, una romanización menos "selecta". Se trata de una hipótesis seductora, pero difícil de acordar con los datos del latín popular (§§ 9 y 33).

38. Hemos de ocuparnos, por fin, del elemento cronológico o evolutivo. El latín no ha cesado de evolucionar; tampoco el latín llevado a Galia o Dacia como consecuencia de las conquistas de César y de Trajano era el mismo que había penetrado en Cerdeña y España, desde los siglos III y II. Tales diferencias habían de ser borradas, seguramente, más tarde por las fuerzas centrípetas y niveladoras del Imperio, pero es lícito suponer que las provincias romanizadas antes habrán guardado rasgos relativamente arcaicos del latín; es así como se explica, en efecto, cierto conservadurismo del léxico ibero-romance y sardo (§§ 33 y 142, a propósito de *comedere).*

39. Los romanistas contemporáneos se esfuerzan por sacar partido de la comparación de los idiomas románicos y más especialmente de la geografía lingüística. Traigamos a cuento las teorías de la "neolingüística", que, elaboradas por Matteo Bartoli, se basan en las "normas superficiales"; según estas teorías, los hechos pertenecientes a fases antiguas se conservarían generalmente en áreas aisladas o en áreas marginales; asimismo, cuanto más antiguo fuera un hecho, más grande sería su extensión geográfica. El estudio crítico de la distribución actual de los hechos lingüísticos está llamado, sin duda, a esclarecer con nueva luz la dislocación del latín[30].

Partiendo de las divergencias de léxico romances, se ha creído poder dar el golpe de gracia a la tesis de la unidad latina: si algunas provincias, Hispania sobre todo, forman grupo aparte, es porque "en los siglos III-V, Roma... no tiene ya la autoridad necesaria para imponer su consigna lingüística a las provincias lejanas y cada vez más autónomas. La unidad, por lo demás ficticia, del latín hablado del Imperio va desmoronándose como consecuencia de la independencia lingüística siempre en auge de las provincias"[31]. En el campo de la fonética, la tesis unitaria ha sido atacada por el estudio de la cronología relativa de los cambios[32]. Examinando con detalle la época de las

---

[30] La geografía lingüística románica no parece oponerse a la teoría propuesta por H. Morf *(Mundartforschung und Geschichte auf romanischen Gebiet,* en *Bulletin de dialectologie romane,* Bruselas, I (1909), págs. 1-17), que reduce las líneas de isoglosas de los dialectos modernos, en Francia e Italia, a los límites de diócesis, que, a su vez, se superponen a los límites de las *civitates,* compuestas de unidades étnicas prerromanas. — Para la bibliografía contemporánea, v. B. E. Vidos, *o. c.,* cap. IV, *Le comunicazioni.*

[31] J. Jud, *Problèmes de géographie linguistique romane,* en *RLiR* I (1925), págs. 181-236. — Cf. G. Rohlfs, *Romanische Sprachgeographie,* págs. 26 ss. — J. N. Adams, *The vocabulary of the «Annales Regni Francorum», «Glotta»* LV, 3-4 (1977), págs. 257-292, señala hechos propiamente galorromances en la primera redacción de este texto, anterior a la reforma carolingia: palabras de origen fráncico, p. e. *scara* (> a. fr. *schiere), wadius* (> fr. *gage), alodem* (> fr. *alleu);* palabras latinas propias del galorromance: *firmitas* «fortaleza» (> a. fr. *ferté), synodus* (> a. fr. *sene, sane), homo* «vasallo», *villa* «villa».

[32] Elise Richter, *Beiträge zur Geschichte der Romanismen: Chronologische Phonetik des Französischen bis zum Ende des 8. Jahrhunderts,* Halle, 1934 (Beiheft 82 de *Zeitschrift für romanische Philologie);* G. Straka, *Observations sur la chronologie et*

transformaciones comunes a las lenguas románicas y la de las que no aparecen más que en una región determinada, Straka llega a la conclusión de que "en el siglo II, y con mayor razón en el siglo III, ya no había unidad lingüística románica, a pesar de cierta unidad de civilización", ya que, hacia esta época, el sardo, el rumano y hasta el galorromance septentrional comenzaban "a individualizarse y a constituirse en lenguas independientes"[33].

40. Los puntos de vista de los dialectólogos romanistas merecen la mayor atención de parte de los historiadores del latín. Exigen, ante todo, el control de los hechos históricos. Bajo este punto de vista surge una objeción con respecto a la cronología absoluta sobre la que se apoyan las teorías en cuestión y que pone el siglo III como el *terminus a quo* de la emancipación espiritual de las provincias, por una parte, y el fin del siglo II y la segunda mitad del III como fechas de la separación lingüística de Cerdeña y Dacia, por otra. Para Dacia, por el contrario, los lingüistas rumanos dan por asentado que el contacto con la Romania occidental ha permanecido más o menos vivo hasta finales del siglo VI (ver, en última instancia, Mihăescu, págs. 295 s., pero también las reservas expresadas a este respecto por Straka, *RLiR* 24 (1960), págs. 403-406; cf. más arriba § 9).

41. De hecho, las dos tesis, la tesis unitaria y la que afirma que el latín ha comenzado a diferenciarse bien pronto según las regiones, y hasta desde su introducción en las provincias conquistadas, no son tan opuestas e inconciliables como pueden parecer a primera vista. Es un hecho innegable la unidad del latín postclásico y tardío en sus grandes líneas, al menos en su forma escrita, ya que está demostrada por el análisis de lcs textos. Ciertamente, los hechos que los romanistas han establecido y cuya existencia suponen en la lengua hablada de tal o

---

les dates de quelques modifications phonétiques en roman et en français prélittéraire, en *RLR* 71 (1953), págs. 247-307, y *Dislocation linguistique de la Romania,* etc., en *RLiR* 20 (1956), págs. 249-267.

[33] Artículos citados, *RLR* 71, pág. 307, y *RLiR* 20, pág. 258.

cual región desde el siglo III o II, sin haber sido adoptados todavía por los documentos escritos, hablan a favor de una tendencia antigua y absolutamente natural a diferenciar localmente el latín vulgar. Pero esta diferenciación no debía ir muy lejos, por lo menos al principio de la época de que se trata. Los hechos alegados son aún demasiado limitados en número y podían no haber llegado muy lejos en su evolución, sobre todo fisiológica, pero también morfológica, semántica, sintáctica, etc., de manera que, entre las distintas regiones alcanzadas por estas mutaciones locales, la lengua hablada, a pesar de estos pujos de diferenciación, no debía de ser muy variada en esta época. Más que comparar estas divergencias con las que separan actualmente a los diversos dialectos de un mismo campo lingüístico, como el francés, por ejemplo, parece ser necesario acercarlas a las que existen entre las diferentes formas regionales del francés; también la koiné francesa presenta una unidad lingüística notable, y, sin embargo, varía más o menos, según las regiones, en la pronunciación, la sintaxis, el uso de las palabras, etc., sin que tales variaciones aparezcan, o poco menos, en los textos escritos literarios o administrativos[34].

[34] Cf. A. Schiaffini, *Problemi del passaggio dal latino all'italiano (evoluzione, disgregazione, ricostruzione)*, en *Studi in onore di Angelo Monteverdi*, Módena, 1959, II, págs. 691-715; y R. de Dardel, *o. c.*, págs. 22-25. Este último propone como medida común para los puntos de vista divergentes la distinción saussureana entre la palabra y la lengua: «Mientras que los hechos verbales no hacen cambiar el sistema, tenemos la misma lengua; en romance común había un sistema que era coherente, pero había diferencias de realización en la palabra, que entrañaban variantes secundarias» *(l. c.*, pág. 25). Cf. en última instancia A. Tovar, *A Research Report on Vulgar Latin and its Local variations*, en *Kratylos*, IX (1964), 2, págs. 113-114 (partidario de la «tesis diferencial»); Weinrich, *o. c.*, §§ 49-94 (lo mismo) y otros muchos. Para una visión de conjunto, v. Uytfanghe, *o. c.*, sobre todo págs. 78-86. Especialmente dignos de tenerse en cuenta son los trabajos de J. Herman, que somete a un análisis comparado y estadístico los datos proporcionados por inscripciones provenientes de distintas regiones, con el fin de deducir la distribución proporcional de los hechos «vulgares»: *Aspects de la différenciation territoriale du latin sous l'Empire*, en *BSL*, 60 (1965), págs. 54-70 (cf. V. Väänänen, *Autour du problème de la division du latin*, en *TraLiLi*, VI (1968), págs. 141-148); *Les particularités de l'évolution du latin provincial*, comunicación al XII Congr. intern. de Linguística y Filología románicas, Bucarest, 1968; *Essai sur la*

latinité du littoral adriatique à l'époque de l'Empire, en *Festschrift H. Meier*, Munich, 1971, págs. 199-226. En vez de especulaciones y de reconstrucciones más o menos aleatorias, estos sondeos llegan a resultados más o menos tangibles, si no espectaculares, como son el descubrimiento de tendencias evolutivas realizadas en distinto grado según las diferentes áreas o las divergencias que se presentan, cuando no sucede lo anterior, como contrarias a una evolución ulterior en una determinada región de la Romania; Galia, por ejemplo, aparece como poco innovadora antes de las invasiones. — También se basan sobre materiales epigráficos los estudios de P. Gaeng (v. Bibliografía). Por su parte, D. Norberg, *A quelle époque a-t-on cessé de parler latin en Gaule?*, en *Annales, Economie, Sociétés, Civilisations*, 2 (1966), págs. 346-356, pone de relieve la persistencia de la escuela antigua en Galia hasta comienzos del s. VI y de la enseñanza inspirada por ella hasta el s. VII. Esta es la razón por la que el nuevo sistema lingüístico no se manifiesta allí antes de este periodo. Cf. Y. Malkiel, *The classification of romance languages*, en *Romance Philology*, XXXI (1978), págs. 467-500 (estado de la cuestión del debate sobre la fragmentación del latín).

SEGUNDA PARTE

LOS SONIDOS

Exempla ponuntur nec confirmandi neque testificandi causa, sed demonstrandi (Rethorica ad Herennium, 4, 3, 5).

A. LAS VOCALES

1. DURACIÓN, TIMBRE Y ACENTO

42. Estos tres aspectos fonéticos han sufrido, del latín al romance, un cambio radical. En latín, toda vocal simple tenía dos duraciones, breve y larga: *ĭ ī ĕ ē ă ā ŏ ō ŭ ū,* y la cantidad vocálica era un elemento con valor diferenciador (o fonológico); las oposiciones *lĕvis* "ligero" : *lēvis* "liso", *sŏlum* "suelo" : *sōlum* "solo", *vĕnit* "viene" : *vēnit* "ha venido", *Rōmă* (nom.) : *Rōmā* (abl.), etc., eran observadas estrictamente en la métrica y en las cláusulas oratorias clásicas. En romance, por el contrario, las vocales acentuadas no se distinguían de ordinario más que por el timbre, que en este caso constituye una oposición fonológica: cf. en fr. *dais* : *dé, j'irais* : *j'irai* (distinción que cae en desuso), *pomme* : *paume;* en italiano, *indǫtto* "indocto" : *indọtto* "inducido", *cǫlto* "cogido" : *cọlto* "culto", *pęsca* "melocotón" : *pẹsca* "pesca"[1]. En otros términos, la oposición cuantitativa, acompañada, sin duda, durante un período más o menos largo por diferencias de timbre, se ha ido resquebrajando y ha terminado por ceder su puesto a

[1] Es fácil darse cuenta de que el «rendimiento» de las oposiciones de timbre es relativamente pobre. Por el contrario, parece que la distinción cuantitativa es más eficiente donde se dé o sola o como distinción primaria; por ejemplo, en finés, en húngaro, en checo, etc.; finés *tule* «ven»: *tulee* «viene»: *tuulee* «hace (sopla el) viento». Un declamador o un actor que cometiera una falta a este respecto provocaría entre el público finlandés una reacción parecida a la que (a decir de Cicerón, *De or.* 3, 196) hacía resonar a todo el teatro romano, salva la diferencia de que la protesta se haría *in petto.*

la oposición cualitativa. Desde ese momento, la pareja *sŏlum : sōlum* ha resultado *sǫlu : sọlu* (cf. it. *sǫlo* o *suolo* “suelo” : *sọlo* “solo”). Supongamos un cierto número de banderas de señales que se distinguen entre sí por su color, pero que terminan por decolorarse hasta el punto de no tener ya color distintivo. Sin embargo, continúan sirviendo, gracias a desgarrones que existían ya hace tiempo sin haber sido percibidos (antes de reponer el color), como signos distintivos. El “color de la bandera” es la duración vocálica; el “desgarrón” es el timbre.

La transformación de la duración en timbre como elemento diferenciador es el cambio más importante que se ha producido en el fonetismo del latín, pero su constatación sólo es permitida por la comparación de las lenguas románicas. Puede ser representada por el esquema siguiente:

ī	ĭ	ē	ĕ	ā	a	ŏ	ō	ŭ	ū
i	ẹ		ę	a		ǫ	ọ		u

Ejemplos: *vīvo* > it. esp. *vivo; bĭbo* > it. *bẹvo,* esp. *bebo; vōce* > it. *vọce,* esp. *voz; gŭla* > it. *gọla,* esp. *gola; lūce* > it. *luce,* esp. *luz.* Es de notar que las duraciones breve y larga de la vocal de gran abertura *a* no se han diferenciado: *lāna* > it. esp. *lana, casa* > it. esp. *casa.*

43. Sin embargo, el cuadro que presenta la Romania no está unificado. Se substraen al sistema general del “latín vulgar”: el sardo, el idioma románico más refractario a las innovaciones, al que no alcanzan ni *ĭ* > *e* ni *ŭ* > *o* y con el que van ciertas hablas de Italia meridional (el sur de Lucania)[2]; el rumano (más, en Italia del Sur, el lucano oriental), que no participa en el cambio *ŭ* > *o;* en fin, el siciliano (con el calabrés y el apuliano meridional), que engloba *ī ĭ ē* en *i* y *ō ŭ ū* en *u* (Lausberg I, §§ 156-162):

[2] Lo mismo pasaba con el latín de África, según algunas reliquias del latín en bereber: *akiker* < *cicer, ulmu* < *ulmus* (Lausberg, I, § 159).

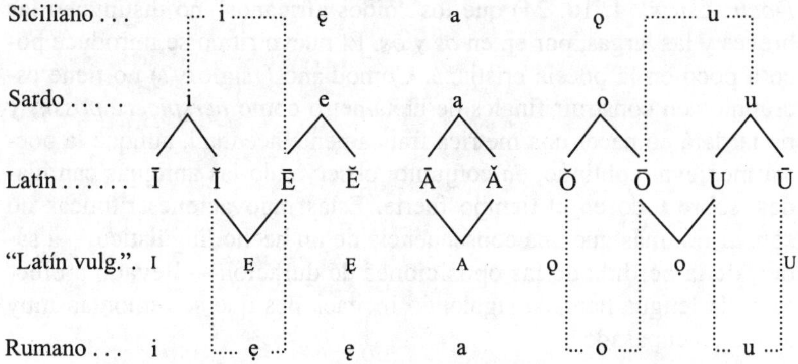

Se trata de un esquema ideal, del cual, por lo demás, se escapan en gran parte las vocales no acentuadas y que, por otro lado, turban la acción de sus vecinas. Sin embargo, las ecuaciones lat. *ī* = rom. *i*, lat. *ĭ* = rom. *e,* etc., proporcionan un criterio en caso de cantidad dudosa en latín, sobre todo en la sílaba trabada. Así, para *dignus* y *strictus,* la breve se confirma por it. *dẹgno,* prov. *denh* (fr. *digne,* esp. *digno* están tomados del latín), it. *strẹtto,* fr. *étroit*. Por otra parte, si la prosodia latina testimonia la cantidad larga en *frīgidus* o *lūridus,* las formas it. *frẹddo,* fr. *froid,* prov. *freg* (frente al esp. *frío,* port. *frio),* it. *lọrdo,* prov. *lort,* fr. *lourd* revelan una tendencia popular a abreviar la vocal tónica de las palabras del tipo *frīg(i)dus, lūr(i)dus* (§§ 69 y 71).

44. Es evidente que el resquebrajamiento de las cantidades vocálicas no se ha producido súbitamente ni al mismo tiempo en todas partes y en todas las capas sociales. A juzgar por los textos, la revolución del ritmo latino se declara a finales del siglo III. El gramático Sacerdos, que constata que la pérdida de las distinciones en la duración vocálica es un “barbarismo de nuestro tiempo” (Gramm. VI, 494), establece, bajo Diocleciano, un nuevo *cursus,* o cláusula, que ya no se basa, como las cláusulas ciceronianas, en la alternancia de sílabas largas y breves, sino en un ritmo acentual que no tiene ya en cuenta las diferencias de cantidad (M. Nicolau, *L'origine du cursus rythmique,* París, 1930, pág. 135). S. Agustín, cien años más tarde, constata *(De*

Doctr. Christ. 4, 10, 24) que los “oídos africanos” no distinguen las breves y las largas, por ej. en *os* y *ōs*. El nuevo ritmo se introduce poco a poco en la poesía cristiana. Comodiano (¿siglo v?) no tiene escrúpulos en construir finales de hexámetro como *perspicere possit,* y no tardará en nacer una métrica francamente acentual, aunque la poesía medieval continúe, en conjunto, observando las antiguas cantidades, sobre todo en el tiempo fuerte. Estas innovaciones rítmicas no son, al fin, más que una consecuencia de un hecho lingüístico —a saber, de la pérdida de las oposiciones de duración— llevado a efecto en la lengua hablada siguiendo incitaciones que se remontan muy arriba en el pasado[3].

45. Los primeros indicios de la desaparición del ritmo cuantitativo se vislumbran en Pompeya: 1) es descuidada la cantidad en el verso, por ej. 4456 *supsténet* (= *substinet,* § 46) *amicos,* fin de hexámetro (bien es verdad que *supstenet* se repite en el pentámetro de la misma inscripción escandido *súpstenet omne modu);* 5092 *út videres Vénerem;* 2) una prueba más convincente nos proporciona la sustitución de *ĕ* por *ae,* por ej. 9573 *Advaentu,* 2313 *Numaerio,* 5817 *Saecundae,* 1659, 4836 *Venaeria,* 6892 *aed⟨e⟩o = edo,* 7517 *vicinae* (vocativo). Esta confusión prueba, por de pronto, que *ae* era monoptongado; además, y esto es más importante, que esta vocal larga se confundía con *ĕ* breve (llegará hasta a ser escandida como breve desde finales de la Antigüedad)[4] y no con *ē* larga, lo cual supone un mismo timbre

---

[3] Para explicar la fonologización de la apertura y la desfonologización de la cantidad se ha echado mano: 1) de la tendencia en latín a eliminar las secuencias voc. larga + cons. larga (p. e. *stēlla)* y voc. breve + cons. breve (p. e. *gŭla),* de donde el alargamiento en sílaba abierta, de ı̨̆, ų̆, ę̆, ǫ̆, y la abreviación, en sílaba cerrada, de ị̄, ụ̄, ẹ̄, ọ̄ manteniendo sus timbres respectivos, lo que ha dado como resultado una nueva oposición fonológica (sin embargo, *tōttus, *brūttus,* etc., más abajo, § 112; Weinrich, *o. c.,* pág. 19); 2) la monoptongación de *ae* > *ę̄,* que habría causado un desequilibrio del sistema vocálico: ę̄ atrae *ĕ* > *ę,* y *ẹ̄* atrae, por simetría, *ĭ* > *į* (H. Lüdtke, *o. c.,* págs. 72 ss.), efecto de un sustrato osco-umbro (Lausberg, I, § 156). Por fin, se admite la influencia conjugada de distintos factores (Tekavčić, I, §§ 17-28).

[4] V. Norberg, *Introduction,* etc., pág. 8.

abierto para las dos *e, ĕ* y *ē* proveniente de *ae,* mientras que la *ē* larga primitiva no podía tener más que timbre cerrado (§ 54): la diferencia de timbre aventajaba ya, pues, a la de duración (Väänänen, *Lat. vulg. des inscr. pomp.,* pág. 18 s.).

46. El acento tónico.—En época preliteraria, el latín ha conocido una intensidad inicial que ha dado por resultado el debilitamiento y hasta la pérdida de la vocal postónica: cf. *novos* (en época clásica *novus)* : *novitās, facio* : *cōnficio, claudo* : *conclūdo, barba* : *imberbis, validus* : *valdē, balineum* : *balneum* (dobletes, < gr. βαλανεῖον, § 66). Desde el comienzo del período literario, el acento era ya, sin duda, musical, o sea que consistía en una subida de la voz[5], y su lugar se fijaba con relación a la penúltima, según que ésta fuera larga o breve: 1.° –́ ⏓; 2.° ⏓́ ⏑ ⏓ (⏑ = sílaba breve, – = sílaba larga, o sea sílaba que contiene o bien una vocal larga o bien una vocal breve seguida de doble consonante o de un grupo de consonantes, a excepción del grupo oclusivo + *r: capra* ⏑ ⏑, *patrēs* ⏑ –); 1.° *nā́tū́ra, pudī́cus, servī́le, contíngit, convḗnit* (perfecto): paroxítonas; 2.° *sátira, pórticus, fácilis, cóntigit, cónvenit* (presente), *duṓdecim:* proparoxítonas. Se sigue de este esquema que las bisílabas estaban acentuadas en la primera sílaba. Sin embargo, una partícula enclítica podía unirse con una palabra precedente de manera que provocase el desplazamiento del acento: *bonúsque, omniáque, itáne*. Por otra parte, a continuación de un apócope, el acento puede recaer sobre la sílaba final: *vidḗn* < *vidḗsne, egṓn* < *egṓne, illī́c* < *illī́ce, illū́c* < *illū́ce, addī́c* < *addī́ce, edū́c* < *ḗdū́ce* (imperativos de *addīcere, ēdūcere)*. Las palabras de cuatro o más sílabas llevan un acento secundario o contratónico: *bònitā́te, aèdificā́re;* cf. la reduplicación como consecuencia de este acento secundario, en italiano: *tollerare, scellerato, seppellire, rinnovare.* Por fin, en el latín tardío ha habido tendencia a trasladar el acento al radi-

---

[5] Niedermann, *Phonétique,* § 8; Stolz-Leumann, págs. 183-189. Cf. Maurer, § 30; G. Bernardi Perini, *L'accento latino, Cenni teorici e norme pratiche* (Testi e manuali per l'insegnamento universitario del latino, Collana diretta da A. Traina, 2), Bolonia, 1967.

cal de los verbos compuestos: *calefácis, patefácis, -fácit,* etc. (Prisc., Gramm. II, pág. 402; Gramm. suppl., pág. 117).

47. Paralelamente a la desaparición de la cantidad vocálica, el acento latino se hace dinámico o de intensidad. Las vocales átonas sufren una nueva reducción y tienden a ser suprimidas (síncopa). En consecuencia, la regla de la penúltima cesará de ser válida. También las palabras recibidas del griego[6], que en época antigua y clásica adoptaban la acentuación latina: gr. ἐπιστολή > *epistula,* καμάρα > *camera,* τάλαντον > *taléntum,* conservan ocasionalmente el acento extranjero, sobre todo en la terminología técnica y eclesiástica de baja época: *ídolum* (de ordinario en la poesía cristiana; del gr. εἴδωλον), it. esp. *ídolo,* a. fr. *idele, idle; (h)éremus* (lo mismo; del gr. ἔρημος), it. *èremo, ermo,* esp. *yermo,* a. fr. *erm* "desierto"; *sélinum* (del gr. σέλῖνον) postulado por el it. *sèdano,* lombardo *sèleri* (de donde el fr. *céleri); bútyrum* (del gr. βούτῡρον), gloss. *butrum,* fr. *beurre,* al lado de *butýrum, butūrum* (Sidonio, Venancio Fortunato), it. *butirro* (it. *burro* está tomado del francés); fraccionamiento parecido en el caso de *encaustum* (del gr. ἔγκαυστον), it. *inchiostro,* pero en fr. a. *enque* (de donde en fr. mod. *encre,* ingl. *ink),* de *sinapi* (del gr. σίνᾱπι), it. merid. *sinapa, senape,* cat. *sanabre,* esp. *ajenabe,* pero it. *sènape,* a. prov. *sénebre,* fr. *sanve; ficatum* (calcado sobre el gr. συκωτόν, acentuado *fícatum* ¿por hipercorrección?, cf. § 161), rum. *ficat,* venec. *figao* (la misma acentuación en algunos dialectos italianos, v. *REW* 8494), pero it. *fégato,* log. *fígadu,* esp. *hígado,* port. *fígado,* fr. *foie.* Nombres propios: *Iacobus* (del gr. Ἰάκωβος), it. *Giàcomo,* esp. *Jaime,* fr. *Jacques; Helena* (del gr. Ἑλένη), it. *Èlena,* pero esp. *Elena,* fr. *Hélène; Tarentum* (del gr. Τάρας, gen. Τάραντος), it. *Tàranto;* célti-

[6] J. André, *Accent, timbre et quantité dans les emprunts du latin au grec postérieurs au IIIᵉ siècle après J.-C.,* en *BSLP,* LIII (1958), 1, págs. 138-158. — E. Pulgram, *Latin-Romance phonology,* pág. 132, explica las diferencias de acentuación por el contraste de los «diferentes dialectos» (latín escrito o clásico y latín hablado) que habrían tomado en préstamo, cada uno por su lado, los términos en cuestión.

cos: *Bitúrīges* > fr. *Bourges, Trícasses* > fr. *Troyes, Némausus* > prov. *Nemse,* fr. *Nîmes*.

Nota. Una vez libre, el acento puede cargarse de valor fonológico: it. *meta* "meta": *metà* "mitad", *lavoro* "trabajo": *lavorò* "trabajó"; esp. *cantara* (imperf. de subj.) : *cantará* (fut.), *continuo* (proparoxítono) : *continúo* : *continuó*. Por el contrario, el francés, como consecuencia de una particular evolución fonética (debilitamiento de las sílabas postónicas y finales), ha llegado a un acento fijo y sin valor distintivo, lo cual permite introducir los acentos suplementarios con valor estilístico: *On entendait des cris épouvantAbles — Votre copie est Épouvantable — C'est épOUvantable!* Guardando la debida proporción, el acento francés oxitónico tiene cierta analogía con el del antiguo latín, que era también fijo, pero inicial.

48. De cualquier modo que haya sido la evolución del acento en su recorrido del latín al romance, su lugar no ha cambiado, y esta estabilidad es un hecho capital. La sílaba que en latín estaba acentuada sigue siendo, por regla general, la cumbre rítmica de la palabra romance, no obstante los accidentes fonéticos sufridos por la vocal sobre la que recae: *tepidu* > it. *tiepido,* esp. *tibio,* fr. *tiède; duōdecim* > it. *dódici,* esp. *doce,* fr. *douze; cīvitāte* > it. *città,* esp. *ciudad,* fr. *cité*. A tanto llega esto que, dado el lugar del acento en las palabras it. *ségala,* prov. *segle,* fr. dial. *soile, seille (seigle* es semiculto), hay derecho para concluir sobre la acentuación *sĕ́cale* en latín (la palabra no es conocida más que por Plinio el Viejo; sin embargo, rum. *secáră)*. Las refractarias a esta regla, mucho más numerosas en francés que en italiano y en español, se sitúan en su mayor parte entre las palabras llamadas cultas, es decir, tomadas posteriormente, sobre todo del latín: *fabrique* (doblete "popular" *forge), facile, limpide, patrie, philosophe, unique...*, pero en it. *fàbbrica,* esp. *fábrica,* it. *fàcile,* esp. *fácil,* it. esp. *límpido, patria, filósofo, único*. Por otra parte, las lenguas románicas dan fe de un cierto número de desplazamientos del acento debidos a causas de orden fisiológico o psicológico (para las anomalías de acentuación de palabras tomadas por el latín del griego, v. más arriba, § 47).

49. *a)* Normalmente el grupo oclusiva + *r* no hace posición: Virg. *Aen.* II, 187 *conditur in tenebras altum caligine caelum,* donde *tenebras* se mide ⏑ ⏑ –; pasa lo mismo, en general, con los cómicos, pero otras veces podía también hacer posición en el hexámetro, sin duda por imitación del uso griego (Niedermann, *Phonétique* § 12); la cualidad de libre de la sílaba delante de oclusiva + *r* está confirmada por la evolución de la vocal, por ej. en fr. en *père, mère* de *patre, mātre,* en a. fr. *voirre* de *vitru,* etc., del mismo modo que en *mer* < *mare, poire* < *pira,* frente a *part* < *parte, vert* < *vir(i)dem.* Ahora bien, la penúltima con vocal breve seguida de grupo oclusivo + *r* ha atraído sobre ella el acento en palabras como *integrum, tenebrae, colubra, palpebra, cathedra, tonitrus.* Era, sin duda, la silabación primitiva, dado el timbre *e* (y no *i)* de la vocal apofónica de *integrum* > **intaggrom, impetro* < **in-patro, cōnsecro* < **con-sacro,* totalmente como, por ej., *impertio* < **in-partio, cōnscendo* < **con-scando* (frente a *incido* < **in-cado, contineo* < **con-teneo,* etcétera) (Meillet-Vendryes, *Traité de Grammaire comparée des langues classiques,* 2.ª ed., § 200, Nota; Leumann-Szantyr, pág. 83)[7]. Las lenguas románicas han conservado las formas paroxítonas: it. *intero* e *intiero,* esp. *entero,* fr. *entier;* esp. *tinieblas;* prov. *toneire,* fr. *tonnerre;* prov. *cadiera,* esp. *cadera,* port. *cadeira,* a. fr. *chaiere,* fr. mod. *chaire* (it. *càttedra,* esp. *cátedra* son cultos); esp. *culebra,* port. *cobra,* fr. *couleuvre;* fr. *paupière,* it. dial. *palpedra* < *palpetra* para *palpebra* (Charisius, Gramm. I, pág. 105, da *palpetras* a Varrón; inscr. ; sustitución de sufijo).

50. *b)* Las vocales *i* y *e* en hiato dejan de estar acentuadas en beneficio de la vocal subsiguiente, que, más abierta, atrae el acento sobre sí, y, como consecuencia de este desplazamiento del acento, se cierran, se consonifican o se relajan (§ 76); ejemplos: *filiolus, arā-*

[7] Otra explicación: R. L. Ward, *Stop plus liquid and the position of latin accent,* en *Language,* 27 (1951), págs. 477-484; adoptada por Tekavčić, I, § 427, y G. Bernardi Perini, *Due problemi di fonetica italiana,* I. *Muta cum liquida,* Roma, 1974, passim; el punto de partida serían las parejas del tipo *felīcula / felīcla, manipulus / maniplus,* en los que la forma sincopada conserva el acento paroxítono a pesar de la vocal breve.

neola, linteolum, Puteolī, mulierem, parietem, abietem, arietem. La acentuación *filiólus, muliérem,* etc., con alargamiento de la penúltima vocal por efecto del acento, se encuentra en la poesía tardía a partir de Comodiano y Draconcio (siglo v) y se convierte en normal en la Edad Media y en el canto gregoriano constituido del siglo IV al VI (H. Gavel, en *Pallas,* Tolosa, 1953, págs. 158-166). En romance, *capreolu, filiolu, linteolu, Puteolī, muliere* dan en it. *capriuolo, figliuolo, lenzuolo, Pozzuoli,* a. it. *mogliera;* esp. *hijuelo, lenzuelo, mujer;* fr. *chevreuil, filleul, linceul,* a. fr. *moillier;* rum. *căprior, muiere,* etc. Es de notar que el tratamiento de la vocal que recibe el acento es el que reciben las breves acentuadas: por consiguiente, el desplazamiento del acento debe ser anterior a la pérdida de la cantidad vocálica. En *parietem, abietem, arietem,* por el contrario, la vocal en *hiatus* ha sido absorbida (§ 81) y la vocal siguiente alargada y cerrada: CIL VI (Roma) 3714 y 31007 *paretes;* it. *parete, abete;* esp. *pared, abeto;* fr. *paroi,* a. fr. *aroy;* prov. *arete;* rum. *arete.*

51. *c)* Cuando el acento se halla sobre el prefijo de un verbo compuesto, se traslada al radical por analogía con el verbo simple (cuando llega el caso, con restitución de la vocal de éste; recomposición, § 205). Es el caso de los presentes como *récipit, ímplicat, rénegat, cóntinet* (cf. *supsténet* en Pompeya, más arriba, § 45), *dísplicet,* pero it. *riceve, impiega, rinnega, contiene, dispiace;* fr. *(il) reçoit, renie, emploie, contient, déplaît.* La recomposición no afecta a los compuestos no analizables: *cóllocat* > it. *còrica,* esp. *cuelga,* fr. *(il) couche;* **sēperat* (= *sēparat,* § 52) > it. *scèvera,* fr. *(il) sèvre.* Este desplazamiento está confirmado por la poesía latina rítmica de la Edad Media (Norberg, *Poésie latine rythmique,* pág. 9).

51ª. Los nombres de decenas parecen llevar el acento sobre la sílaba inicial por efecto de una intensidad inicial expresiva: *vīgintī* contracto en *vinti, trīgintā* en *trienta,* etc. (§ 267); Consentius, Gramm. V, 392, 4, hace notar, en efecto, la acentuación *tríginta* entre los "barbarismos" que dice haber recogido en el habla cotidiana.

2. VOCALES SIMPLES

ī ū

ĭ ŭ

APERTURA ē ō

ĕ ŏ

ă̄

LUGAR DE ARTICULACIÓN

52. *ă̄*.—Ningún cambio espontáneo. En caso de átona delante de *r,* hay vacilación entre *-ar-* y *-er-,* siendo *e* el resultado normal de la apofonía (§ 46) en esta posición *(dare* : *reddere, pariō* : *peperī, camera* < gr. καμάρα), mientras que los casos intempestivos de *-ar-* son provocados por la acción abridora de la *r* sobre la vocal precedente, CIL VI 10104 b *libartis libar(tabusque);* Tjäder Papyri 20, 125 (Rávena, ¿hacia el 600?) *marcatoris,* cf. fr. *marché* < *mercatus;* App. Pr. 23 "*cithara,* non *citera*" por una parte, y por otra parte 43 "*carcer,* non *carcar*", 84 "*camera,* non *cammara*", 163 "*passer,* non *passar*" (cf. esp. *pájaro,* port. *passaro),* 164 "*anser,* non *ansar*", 168 "*noverca,* non *novarca*"; CIL II 3684 *hilerus* = *hilarus.*

Nota. Surgen de la recomposición *comparāre* y *sēparāre,* frente a las formas "populares" **comperare* > it. *comperare,* esp. *comprar,* y **sēperāre* > it. *sceverare,* fr. *sevrer.*

53. *ie* por *ia* en baja época: *ienua* = *iānua* (raros ej. tardíos, Thes.); *Ienuarius* (CIL III 6892, 12711, 14848, VI 1708 Roma, entre 311 y 314; XII 2180 Galia, 934 a. 530 *Genuarius;* it. *gennaio,* log. *bennardzu,* fr. *janvier,* esp. *enero,* cat. *gener); iectare* = *iactare* (Vulg., gramm.; v. M. Niedermann, *Recueil,* pág. 53), it. *gettare,* fr. *jeter* puede explicarse como reconstrucción a partir de los compuestos *coniectare,* etcétera.

54. *ē* y *ō*. — Estas vocales eran relativamente cerradas con relación a *ĕ* y a *ŏ*. Sin embargo, las grafías *i* por *ē*, *u* por *ō* son raras antes de época tardía, a excepción de *filix* = *felix*, que está atestiguado en Pompeya 4511 y en otras partes (¿caso de asimilación?)[8]; Pompeya 5735-5736 (ánforas) *flus* = *flōs* (cf. osc. *fluusai* "Florae").

En baja época, sobre todo en el latín merovingio, las grafías *i* por *ē*, *u* por *ō* son bastante frecuentes. Pero se trata, en muchos casos, de especiales circunstancias. Así, las formas *prindere, prinsus, vindere, minsis* (= *prēndere* < *prehendere, prēnsus* < *prehēnsus, vēndere, mēnsēs), cognuscere, spunsus, spunsare* (= *cognōscere, spōnsus, spōnsāre)* resultan, sin duda, de la acción de cierre de *n* + cons. y de *-sc-; curtis* nom. sg. = *cohors* (rehecho sobre los casos oblicuos *cortis*, etc., por *cohortis*, § 233) en el sentido de "corte", se explica bien por la influencia de cierre de *r* + cons. (cf. *furmica* App. Pr. 25, *curtina* por *cortīna,* Gramm. V, 575, 7), bien por acercamiento del sinónimo *cūria.* Lo mismo pasa con *i* y *u* en la postónica, sobre todo *-is* por *-es* y *-us* por *-ōs (Parisius, Remus,* etc.): ¿influencia de *-s*? (véase en última instancia B. Löfstedt, págs. 21-37 y 76-88).

55. *ĭ* y *ŭ*. — De numerosas y antiguas grafías *e* y *o* se deduce una tendencia a la a p e r t u r a . Sin embargo, las inscripciones arcaicas (§ 16) deben tomarse con precaución, pues es posible que deletreos como *mereto(d)* = *meritō, consol, donom* representen un fonetismo anterior a la apofonía. De todos modos, es cosa segura que, en época clásica, la pronunciación abierta de *ĭ* y de *ŭ* pasaba por rústica: testigos, Varrón, *Rust.* 1, 2, 14, y Cicerón, *De orat.* 3, 46. La grafía *e* por *ĭ* aparece en Pompeya en la tónica, 1216 *veces* = *vicēs,* 8259 *pravessimus*; en la postónica, 1871 *domene* (palabra sincopada en otros lugares, § 66), 4137 *mulierebus,* 6900 *munerebus*. Lo mismo en diversos textos "vulgares", sobre todo de baja época (B. Löfstedt, págs. 56-66). En final, se encuentran en Pompeya una multitud de desinencias verbales *-es, -et* por *-is, -it,* lo cual podría, en rigor, explicarse por el

---

[8] Cf. Caper (Gramm., VII, 106, 1): «*felicem* non *filicem* dicere debemus».

sustrato osco, dado que la confusión de *ĭ* y *ĕ* en final no se constata en otras partes antes del siglo III d. C. El cambio *ŭ* > *o,* salvo en final, está muy poco documentado, aun en época tardía[9]; es, sin duda alguna, posterior al cambio *ĭ* > *e,* lo cual está de acuerdo con los fenómenos románicos, ya que *ŭ* conserva su timbre en rumano y en sardo, *ĭ* sólo en sardo (§ 43). Las finales *-os* y *-om, -o(m),* muy numerosas en Pompeya, pueden no ser más que grafías arcaizantes: en efecto, la *o* de estas finales se había convertido en *u* desde el siglo III a. C., excepto después de *u* vocal o semivocal *(w),* posición en la cual se había mantenido hasta finales de la época republicana. En romance no hay más que el sardo y algunas hablas de Italia central y meridional que mantengan en la final la distinción entre *-o,* proveniente de *-ŏ* o de *-ō,* y *-u* que represente *-u(m)* (Rohlfs, *Ital. Sprache,* I, pág. 241 s.; Migliorini, *Storia della lingua ital.,* pág. 101).

56. En inicial protónica ha habido tendencia a debilitar *e* en *i, o* en *u:* CIL I^2 593, 135 (a. 45 a. C.) *sinatus,* ibid. 594, 131 (a. 44 a. C.) *sinator;* App. Pr. 64 "*senatus,* non *sinatus*"; *dicembris, nipote, piculium, tinore* en textos legales tardíos, lo mismo que *ulivo, mulino, cumune, cugnatione* (B. Löfstedt, págs. 37-39 y 83 s.). Este debilitamiento ha quedado como característico del italiano: *dicembre, nipote, sicuro; cucina, mulino, pulire,* etc.

57. Alternancia de *ĭ* en *ŭ*. — En muchos dobletes antiguos, *maxumus/maximus, lacruma/lacrima, monumentum/monimentum,* etc., se encuentra *u* apofónica en contradicción con el uso literario: *vigula* (imper., Pompeya 858, 7147, 7649, anuncios electorales); *manuplos* = *manip(u)lōs* (ibid. 270; cf. rum. *mănuchiu,* a. fr. *manoil* < **manuc(u)lu,* mutación de sufijo); *maniculus* y *commanuculus* son cono-

[9] Desde la época republicana: CIL I^2 1214 *erodita;* ibid. 1834^2 *colomnas;* 1696^1 *aidicolam.* App. Pr. 20 «*columna,* non *colomna*», 177 «*coluber,* non *colober*» (otra forma de *colubra;* pero las formas romances se remontan a *colobra*) son probablemente casos de asimilación; App. Pr. 59 y 145 «*turma,* non *torma*»: ¿influido por *forma?*

cidos por las inscripc. (Thes.); *peduclus* = *pēdiculus* (Petr. 57, 7, it. *pidocchio,* fr. *pouil,* después *pou), conucula* (§ 135 y 162), *genuc(u)-lum* (§ 162), *annuclus* (inscr., esp. *añojo* "cordero de un año"; cf. Baehrens, pág. 35).

58. *y (ü).* — Esta vocal era extraña al latín. La υ de los antiguos préstamos griegos se traducía por *u:* (βύρσα > *bursa* (de donde it. *borsa,* esp. *bolsa,* fr. *bourse),* πύξος > *buxus* (de donde it. *bosso,* prov. a. fr. *bois,* fr. mod. *buis,* cat. *box),* τρυτάνη > *trutina* (de donde a. fr. *trone* "peso"). En la época imperial era de buen tono articular la *y* en las palabras reconocidas como griegas: App. Pr. 191 "*tymum* [= *thymum*], non *tumum*" (log. *tumbu),* 195 "*myrta,* non *murta*" (a. fr. *morte* "mirto"). Pero el resultado de este esfuerzo parece haber sido *i* en el común de la gente: App. Pr. 140 "*amycdala* [= *amygdala*], non *amiddala*" (prov. *amela* "almendra"), 28 "*gyrus,* non *girus*" (it. esp. *giro);* cf. *Ulixes* < Ὀδυσσεύς; por otra parte, el App. Pr. mismo recomienda 1 "*porphireticum marmor,* non *purpureticum marmor*", 17 "*Marsias,* non *Marsuas*". Había también una pronunciación —afectada sin duda— [*wü*] por [*wi*]: App. Pr. 120-123 "*vir,* non *vyr*", "*virgo,* non *vyrgo*", "*virga,* non *vyrga*". Otra aproximación era *qui* por el gr. κυ: *coloquint(h)is* por *colocynthis; iusquiamus* por *hyoscyamus* "beleño", etc. (inscr. y glos.; a la inversa, los griegos traducían el latín *qui* por κυ: Ἀκυλας = *Aquila;* v. Sommer, § 59). En Pompeya, los dos sucedáneos de [*y*], *u* e *i,* están equilibrados (Väänänen, *Lat. vulg. des inscr. pomp.,* pág. 32 s.).

3. DIPTONGOS

59. Al comienzo de la tradición escrita, poseía el latín cinco diptongos: **ou, oi, ei, ai, au.** Los tres primeros fueron monoptongados hacia la segunda mitad del siglo III - primera mitad del siglo II a. C., *ei* en *ī (deico > dīco), ou* en *ū (douco > dūco), oi* asimismo en *ū (oinos > ūnus),* salvo después de oclusiva y espirante labial cuando la sílaba siguiente no contenía una *i;* en este último caso, *oi* se queda en la fase *oe: pūnio,* pero *poena, Pūnicus,* pero *Poenus*. Así, *ou, oi, ei* no se encuentran más que en inscripciones arcaicas o arcaizantes (§ 16). Paralelamente al cambio *oi* > *oe,* el diptongo *ai* pasaba a *ae*. Pero *ae* y *oe* no han tardado en ser monoptongados por su parte, y esta evolución, animada, a decir de Varrón *(Ling.* 7, 96), por el habla rústica, era convergente con la del umbro *(pre* = lat. *prae,* osco *prai; ute* = lat. *aut,* osco *auti)*. El resultado de la monoptongación de *ae* era *ę̄,* fonema nuevo en latín, ya que la *ē* primitiva era de timbre cerrado (§ 54). Era una razón de más para conservar la grafía *ae;* ésta servía para señalar la diferencia con *ē,* y se la utilizaba hasta en las palabras tomadas de otro idioma para traducir la *ę̄* abierta de la lengua de origen (Niedermann, *Précis,* § 31): *scaena* (junto a *scena)* del gr. σκηνή, *scaeptrum* (y *sceptrum)* del gr. σκῆπτρον, *raeda* (también *reda),* de origen galo. En fin, el timbre abierto de *ae* > *ē* está confirmado por el romance: *caelu* > it. *cielo,* esp. *cielo,* fr. *ciel,* etcétera; *quaerit* > it. *chiede,* esp. *quiere,* fr. *(il) quiert,* etc.; cf. *pede* > it. *piede,* esp. *pie,* fr. *pied,* etc. Excepciones: *saeta* > it. *sẹta,* esp. *seda,* fr. *soie,* etc.; *saepe* "seto" > a. fr. *soif* (pero en it. *siepe), blaesu* > fr. *blois,* igualmente *praeda* > fr. *proie* (¿de *prē(n)sum?)*. — El habla urbana parece haber afectado pronunciar *ae* (y hasta *ai,* en *Caisar,* que ha pasado en esta forma al germánico, de donde en al. *Kaiser),* pero el monoptongo está bien documentado epigráficamente, por ej. en Pompeya 1345ª, 5339 *egrotes,* 444, 5203 *eris* = *aeris,* 1553 *Emilio,* etc.; a la inversa, encontramos *ae* en una palabra por *ē* en Pompeya 2413ᶠ *aegisse,* frente a muchos casos de *ae* por *ĕ* (§ 45, donde se exponen las conclusiones que se pueden sacar de esta evolución inversa); App. Pr. 138 "*teter* (sic), non *tetrus*" (por *taeter).*

La monoptongación de *oi-oe* en *ē* es, sin duda, posterior a la de *ai-ae,* pero los ejemplos de fecha más antigua provienen ya de Pompeya: 8975 *amenus, citaredus* 8873, 1890 *Phebus,* inversamente *tab. cer.* 82, 5 *Ephoebi* = *Ephebi*[9bis].

[9bis] Cf. T. Franceschi, *Sull'evoluzione del vocalismo dal latino repubblicano al neolatino,* en *Scritti in onore di G. Bonfante,* Brescia, 1976, págs. 257-279: el digrama

60. El más resistente de los diptongos latinos es *au*[10], que ha persistido hasta en el romance; se ha conservado en rumano, en italiano meridional, en reto-romance y en antiguo provenzal; mientras que en portugués su evolución se ha detenido en el estadio *ou* u *oi: audit* < rum. *aude,* ret. *auda,* a. prov. *au,* port. *ouve; auru* > rum. rét. prov. *aur,* port. *ouro.* En otros casos, es decir en español, en italiano del Norte y en francés, la culminación de *au* en *o* es tardía e independiente en cada lengua; en francés, la evolución de *causa* > *chose* y de *gaudia* > *joie* prueba que *o* es posterior a la palatalización de *k, g* delante de *a,* cf. *champ* < *campu, jambe* < *gamba,* pero *cors, corps* < *corpus, gond* < *gomphu.* En umbro y en otras hablas vecinas del Lacio, la monoptongación de *au* se había realizado, por el contrario, muy pronto, y no tarda en infiltrarse en Roma, aunque como provincialismo: según el gramático Festus (ed. W. M. Lindsay, pág. 196), los "rustici" pronunciaban *ōrum* por *aurum, ōrıculas* por *auriculas.* De ello resulta un buen número de dobletes como *aulla-ōlla* y *ōla* (rum. *oală,* it. esp. prov. cat. *olla), caulis* (de donde el prov. *caul,* port. *couve)-cōlis, cauda-cōda* (de donde las formas romances, por ej. rum. *coadă,* prov. *coza,* fr. *queue), lautus-lōtus* (con distinción de sentido), *plaustrum-plōstrum,* así como hiperurbanismos como *caudex* al lado de *cōdex, plaudere* que ha suplantado a la forma originaria *plōdere* (compuestos *com-, dis-, explōdere; plaudere* habría dado **-plūdere), austia* por *ōstia* y *scauria* por *scōria,* que se pueden leer en las inscripciones (Niedermann, *Phonétique,* § 35). También la pronunciación *ō* por *au* ha sido tenida en Roma por provinciana y, en ciertas palabras con valor afectivo, por familiar. Cicerón, en una carta a su hermano Quinto *(Ad Q. fr.* 2, 13, 4), inserta, para indicar su actitud política, la locución proverbial *oriculā infimā molliorem* "más blando que el lóbulo de la oreja"; cf. Cat. 25, 1 s. *Cinaede Talle, mo-*

---

ae que sustituye a *ai* desde el s. III a. C. puede representar al monoptongo *ē,* dadas las transcripciones *scaena, scaeptrum* para σκηνή, σκῆπτρον, Cumae = Κύμη etc. El al. *Kaiser* es debido a una tradición escrita relacionada con los emperadores romanos.

[10] Este sonido debía de ser considerado como particularmente expresivo. Cf. la interjección *au* y el onomatopéyico *baubor* (y *baubo)* «aullador, aullón, gritón».

llior cuniculi capillo vel... imula oricilla; la forma popular *pōllulus* = *paullulus* se lee en Catón *Agr.* 10, 2 y 21, 3, y en una carta de Casio a Cicerón (Cic. *Epist.* 12, 12, 2). En Pompeya se encuentra el doblete *Aulus* y *Olus:* 2353 *Aulus Olo suo salutem,* que traen a las mientes los de *Claudius-Clōdius*[11], *Paullus-Pōllus* (§ 110), y, más de lejos, fr. *Bouvier-Boyer, Dupré-Duprat.* Otros casos de *ō* por *au* en Pompeya: 1896 *ollam,* 4888 *coliclo* = *caulic(u)lu(m),* 485 *plostrari* = *plaustrārī* (de *plaustrum, plōstrum* "carro" o "plaustro"), palabras de origen rural, bien documentadas en otras partes: *cōpō, cōpōna* passim = *caupō, caupōna* "tabernero", "tabernera", formas dialectales (no indígenas en Campania; cf. a. a. al. *coufo* "comerciante" < lat. *caupō).*

61. En la sílaba inicial se produce una reducción de *au* a *a,* debida a la disimilación, cuando la sílaba siguiente contiene una *u.* Cronológicamente tenemos el primer ejemplo en Pompeya: 2124 *Agusto* (tiempo de Nerón); *agustus* por *augustus,* ampliamente documentado, cuadra con las formas romances, it. esp. *agosto,* a. fr. *aost,* etc. Del mismo modo, *ascultāre* por *auscultāre* (en el gramático Caper, *Gramm.* VII página 108, 6 "*ausculta,* non *asculta*"; en el bajo latín, a menudo *abscultāre,* grafía inversa), it. *ascoltare,* a. esp. *ascuchar,* a. fr. *ascolter* (como consecuencia, por aproximación a los verbos con prefijo *ex-*, esp. *escuchar,* fr. *escolter, écouter), agurium* (glosarios) por *augurium,* prov. *aür,* a. fr. *aür, eür, eur,* fr. mod. *heur* (por intermedio de **agūrium).*

62. Un diptongo secundario *au* es debido a la pérdida de una consonante labial en *aus* < *avus, flaus* < *flāvus; aunculus* < *avunculus,* rum. *unchiu,* fr. prov. *oncle* (§ 90); **paraula* < *parabola,* it. *parola,* fr. *parole* (pero esp. *palabra,* por **parabla,* cf. esp. *Pablo* < *Paulu).* Del mismo modo, la desinencia de la 3.ª pers. sg. del perf. se

[11] Se sabe que P. Clodius Pulcher, hermano de Appius Claudius Pulcher, cambió su gentilicio Claudius cuando, a pesar de su origen patricio, llegó a tribuno de la plebe en el 58 a. C.

ha convertido en *-aut* después de la pérdida de *i: cantāvit > cantaut* (§ 70).

4. SÍNCOPA

63. La síncopa, o pérdida de una vocal breve interior entre consonantes, es un accidente que atañe a la economía fónica de las palabras haciéndoles perder una sílaba: así, una proparoxítona se convierte en paroxítona, por ej. *calidus-caldus*. Es un efecto de la intensidad relativamente fuerte proporcionada por la articulación de una de las sílabas vecinas. En el latín antiguo, la síncopa era un resultado extremo del carácter de cerradas de las vocales postónicas (§ 46): apofonía en *cano-cecinī, facio-perficio,* por una parte, y, por otra, síncopa en *repello-reppulī (< *repepulī), rego surgo (< surrigo)*. Sin embargo, al contrario que la apofonía, la síncopa no es una evolución que se produce con la regularidad de una "ley fonética".

64. Son especialmente favorables para la síncopa algunas condiciones fónicas: 1) La contigüidad de la vocal interior con una sonante, *r, l, m,* o *n,* por ej. *pōno* de **pos(i)no* (cf. el part. pas. *positus), corōlla* de **corōn(e)la* (diminutivo de *corōna), surgo* de *surrigo, caldus*[12] de *calidus*. Si nos guiamos por las lenguas románicas, la vocal átona ha desaparecido entre las consonantes *r-m, r-d, l-d, l-p* (vecindad de *r* y de *l),* igual que entre dos consonantes con articulación semejante, sobre todo entre *s-t*. 2) Las vocales cerradas *i, e, u* están más sujetas a desaparición que *o* y sobre todo *a* (Meyer-Lübke, *Gramm.,* I, § 325); 3) La posición (en época histórica, protónica) de la vocal interior delante de una porción de palabra relativamente importante, por ej. *officīna > *op(i)ficīna* al lado de *opifex, postrīdīe > *post(e)rīdīe,* al lado de *posterus; calfacere* (desde Plauto) ha suplantado a *calefacere* des-

[12] Lucilio e inscr., sobre todo *calda* (sobrentendida *aqua)*. Augusto, según parece, consideraba *calidus* una pedantería (Quint., *Inst.* 1, 6, 19; Leumann-Szantyr, § 78, 1).

de la época de Quintiliano (cf. prov. *calfar,* fr. *chauffer); mal(e)-dīcere,* Pompeya 2445 *maldixi,* CIL VI 5662 *maldictu,* esp. *maldecir,* port. *maldizer,* cat. *maldir,* prov. *maudir,* fr. *maudire* (junto al it. *maledire,* a. fr. *maleïr);* por el contrario, *benedīcere,* término hierático, resiste (el Thes. no conoce como forma sincopada más que *bendicens,* Peregr. 19, 16 y 20, 3): a. fr. *beneïr,* prov. *benezir; vet(e)ranus* (frecuente en las inscr. desde el siglo I d. C.; rum. *bătrîn,* it. dial. *vetrano,* friul. *vedran;* cf. Mihăescu, pág. 62 s.). Por otra parte, la síncopa puede ser contrarrestada por efecto de una analogía o de una recomposición (§ 51): tenemos así, por un lado, *auceps* > **av(i)ceps, prīnceps* < **prim(i)ceps,* y, por otro, *mūniceps, particeps, opifex; porgo, surgo* junto a *porrigo, surrigo,* pero sólo *dīrigo, ērigo,* sin síncopa. Podemos compararlo con la síncopa facultativa en it. *comp(e)rare, cor(i)care, var(i)care.*

65. Desde el punto de vista cronológico, las síncopas se escalonan en las diversas etapas del latín desde el período preliterario hasta la fase románica. Las de textos arcaicos (§ 16), sin embargo, son susceptibles de ser interpretadas como fenómenos dialectales: CIL I² 40 *poplo,* ibid. 366 *cedre* = *cēdere,* ibid. *30 dedron,* 378 *dedrot,* 379 *dedro* = *dederunt* (Ernout, *Textes latins archaïques,* págs. 22, 24, 42, 44, 110). Las síncopas acaecidas en el latín histórico se caracterizan por la persistencia, durante un tiempo más o menos largo, de la forma no reducida al lado de la forma abreviada, siendo tenida aquélla en general por la más correcta de las dos. En algunos casos, los dobletes de este género han subsistido hasta en romance, repartiéndose geográficamente como sigue: la parte oriental de la Romania, es decir, el rumano, el italiano, el rético oriental y el sardo, conserva la forma proparoxítona de las palabras como *fraxinus, hedera, vendere, duōdecim,* mientras que la parte occidental las reduce a paroxítonas: rum. *frasin,* it. *fràssino,* eng. *fresen* - esp. *fresno,* port. *freixo,* cat. *freixe,* prov. *fraise,* fr. *frêne;* rum. *iederă,* it. *èdera* - esp. *hiedra,* port. *hera,* prov. *elra,* cat. *eura,* a. fr. *iere* (fr. mod. *lierre);* rum. *vinde,* it. *vèndere,* friul. *vendi,* log. *bèndere* (sin embargo, it. *porre* de *pōn(e)re)-*

prov. cat. fr. *vendre;* it. *dódici,* friul. *dodis,* log. *doigi* - esp. *doce,* port. *doze,* cat. prov. *dotze,* fr. *douze.* Es legítimo suponer que las síncopas que no atañen más que a una parte de la Romania son más recientes que las exigidas por todas las lenguas románicas [13]. En posición protónica, son panrománicas las síncopas del tipo *mal(e)dīcere, cer(e)bellum, bon(i)tāte,* bien que sean, sin duda, de fechas diferentes.

66. La síncopa es un fenómeno de aspecto eminentemente popular o familiar. Entre 227 "incorrecciones" contenidas en el Appendix Probi, 25 se refieren a la síncopa. Este fenómeno está determinado en su origen, sin duda, por una manera de hablar relativamente rápida y descuidada, propia de la lengua hablada; podemos traer a colación, guardando las distancias, la diferente suerte que ha corrido, según las circunstancias, la *ə* francesa en *p(e)tit peu, quelqu(e) chose,* o pronunciaciones populares como *mon cap(i)taine, ma(de)m(oi)selle, d(é)jà,* etc. Es así como se explica el adverbio *valdē,* que, desde Plauto, gana la partida a *validē,* en relación con *validus* no reducido, y utilizado en la lengua hablada como sinónimo expresivo de *multum.* Lo mismo pasa con *extrā, īnfrā, intrā, suprā* al lado de *exterus,* etc. A decir de Quintiliano, *Inst.* 1, 6, 19, parece ser que el emperador Augusto había tachado de pedante la pronunciación *calidus* con relación a *caldus,* forma, sin embargo, rara en los textos preclásicos y clásicos, aparte *cal(i)da* (sobrentendida *aqua)* "agua caliente"; App. Pr. 53 "*calida,* non *calda*". Las formas breves *domnus, domna,* documentadas ante todo en Plauto y Terencio y después en Pompeya ocho veces (Väänänen, *Lat. vulg. des inscr. pomp.,* pág. 43), abundan en latín tardío y hasta figuran como nombre propio: cf. *Iulia Domna,* esposa de Septimio Severo; son formas que sobreviven en español *dueña, dueño,* a. it. *donno,* it. mod. *don, donna,* rum. *domn, doamnă,* prov. *don, domna,* a. fr. *dam,* fr. *dame;* en otros casos, *-min-* no presenta síncopa panrománica, cf. it. *uomini* de *hominēs, femmina* de *fēmina,*

[13] Para una cronología relativa de la síncopa en romance, v. G. Straka, *Observations sur la chronologie,* etc., en *RLR,* 71, págs. 248-307.

frente al esp. *hombre < homine, hembra < fēmina,* con síncopa tardía (sin embargo, *lamna,* Petr. 57, 4 y 58, 8, de donde el esp. *laña,* frente al it. *làmina).* En cuanto a *dominus, domina,* la síncopa está unida al uso de este sustantivo como apelativo o como título (comparable con el desgaste del lat. *senior* > **seior* > fr. *sire, sieur,* de donde en fr. mod. *monsieur* > [*msyœ*]. Las inscripciones cristianas, por el contrario, restituyen la forma originaria *dominus* para designar a Dios. Otro caso especial es el de *bal(i)neum* y *bal(i)neae* "baños públicos" del gr. βαλανεῖον, cuya forma breve, que falta en Plauto (que, sin embargo, tiene *balneātor),* se hace frecuente desde Varrón y Cicerón; preferida, como única posible, por la poesía dactílica, llega en romance, pasando por **balnium, *ba(l)nyum,* al it. *bagno,* fr. *bain,* prov. *banh,* esp. *baño.* Ahora bien, el éxito de la forma sincopada, donde hay que hacer notar que la vocal afectada era portadora del acento, es debido sin duda al uso frecuente de la palabra en el habla de cada día, para designar una institución popular como ninguna, así como al hecho de que se trata de una palabra de importación.

67. No es más que una síncopa aparente el caso de los derivados en *-c(u)lum* descendiente de **-tlom* y en *-b(u)l-* de **-dhl-,* en que una vocal epentética ha sido colocada posteriormente en estos sufijos: *perīc(u)lum* (cf. Pl. *Capt.* 740 *periclum vitae meae tuo stat periculo); pōc(u)lum, saec(u)lum, vinc(u)lum, stab(u)lum, sūb(u)la* "lezna". Las formas primitivas sin epéntesis, que subsistían al lado de las formas con vocal de apoyo, tenían aspecto de dobletes sincopados, lo cual no ha dejado de llevar consigo la reducción análoga del sufijo diminutivo *-culus, -cula, -culum,* de los que Plauto no emplea todavía más que la forma originaria plena (Sommer, § 87). Algo análogo es el caso de *colap(h)us* del gr. κόλαφος (§ 170): la forma sincopada (de donde el it. *colpo,* fr. *coup,* etc.), bien que documentada tardíamente (Lex Salica), ha debido de existir muy temprano; el *percolopare* de Petr. (44, 5) podría explicarse como una forma (dialectal) con anaptixis (v. Ernout, *Philologica,* II, págs. 151 ss.). El Appendix Probi proscribe también, sin discriminación, no sólo los diminutivos: 4 *masclus,*

7 *vernaclus,* 8 *articlus,* 35 *iuvenclus,* 133 *facla,* 171 *nepticla,* 172 *anucla* (los cuatro últimos, doblemente "vulgares", rechazados respectivamente por *iuvencus, fax, neptis, anus;* cf. § 162), sino también 3 *speclum,* 4 *vaclus* = *bac(u)lus, baculum,* 83 *oricla,* 111 *oclus,* 142 *stablum,* 130 *tabla,* 200 *tribla.* En Pompeya, 4888 *coliclo* = *cauliculum, Felicla* nombre propio, 8 veces (3 veces *Felicula), Proclus,* asimismo, 9 veces (frente a 23 veces *Proculus),* 8169, 3840 *masclus; subla* 1721, cf. it. *subbia,* Petr. 45, 12 *bublum.* En romance, las formas breves en *-clum* han prevalecido: it. *maschio,* a. fr. *masle,* fr. mod. *mâle,* prov. *mascle* (pero rum. *mascur)* < *masclu;* rum. *ochiu,* it. *occhio,* fr. *œil,* prov. *uelh,* esp. *ojo,* port. *olho* < *oclu;* rum. *ureche,* it. *orecchia,* fr. *oreille,* esp. *oreja,* prov. *aurelha,* cat. *orella,* port. *orelha* < *auricla* / *oricla;* el sufijo *-b(u)l-:* rum. *staul,* it. *stabbio,* fr. *étable,* prov. *estable* < *stablu,* fr. *table,* prov. cat. *taula,* esp. *tabla.*

Sin embargo, *tabula, fābula* han conocido también las formas *ta(b)ula, fa(b)ula* (cf. *parābola, *paraula,* § 62), juzgando por el it. sept. *tola,* it. *fola* "cuchufleta", al lado de *fiaba* (< **flaba, *fabla, fābula;* cf. it. *fàvola* y *tàvola).*

68. Entre oclusiva, fuera de *c* o *b,* y *l:* App. Pr. 10 *anglus,* 11 *iuglus;* Pompeya *strigles;* rum. *unghiu,* prov. cat. fr. *angle* (it. *àngolo* y esp. *ángulo* son cultas) < *anglu;* a. it. *stregghia,* prov. *estrelha,* fr. *étrille* de **strigla,* rehecha de *striglis;* App. Pr. 215 "*vapulo,* non *baplo*" (§ 89), Pompeya 2070 *manuplos* = *manupulōs, manipulōs,* sincopado a menudo en los poetas (cf. § 57); App. Pr. 5 "*vetulus,* non *veclus*", 6 "*vitulus,* non *viclus*", 167 "*capitulum,* non *capiclum*": son cronológicamente los primeros ejemplos de la sustitución de *-cl-* por *-t(u)l-,* confirmada por el fr. *vieux, vieil* y las demás formas románicas; Pompeya presenta todavía el grado intermedio en *mentla* = *mentula* cuatro veces, cf. it. *minchia,* log. *minkra* < *mencla* (glos.).

69. Entre *l, r* y oclusiva (y viceversa): *caldus* de *calidus* (más arriba); *soldus* de *solidus,* desde Horacio, it. *sodo* "sólido" y *soldo* "cuartos, sueldo" (doblete culto *sòlido),* esp. *sueldo,* port. *soldo,* prov.

a. fr. *sol,* fr. mod. *sou,* cat. *sou;* por el contrario, *gelidus,* palabra más bien poética, no aparece sincopada; lo mismo *validus,* al contrario que *valdē* (más arriba); **colgo* de *colligo,* etc., de donde el inf. **colgere* = *colligere,* base del it. *cogliere,* a. fr. *cueldre* (pero rum. *culege); ardus* de *aridus,* documentado apenas en el latín antiguo, it. *àrido;* por el contrario, *ardor* y *ardēre,* siempre sin *-i-; lārdum* de *lāridum,* término de cocina, frecuente desde Lucilio, it. esp. port. *lardo,* fr. *lard;* **lurdus* de *lūridus* exigido por el it. *lordo,* fr. *lourd,* cat. *lort* (¿por aproximación de *surdus?); virdis* de *viridis,* App. Pr. 201, rum. it. esp. port. *verde,* prov. cat. fr. *vert.* — Entre oclusiva y *r:* Pompeya 1864 *suspendre* de *-pendere* (ver más arriba, § 65).

70. Entre fricativa y consonante: Virg. *Aen.* 6, 59 *repostas;* cf. it. *posto,* esp. *puesto* (más arriba, § 64); Petr. 58, 2 *offla* de *offula.*

71. Entre *g* y *d, t* y *c:* App. Pr. 54 "*frigida,* non *fricda*" (se sobrentiende *aqua,* cf. *ibid.* 53 "*calida,* non *calda*", v. más arriba), Pompeya 1291 *fridam* de *frīg(i)dam;* la síncopa de este adjetivo, apoyada sin duda en *cal(i)da, caldus,* ha originado dos formas, la una que resuelve *-gd-* en *-d-,* de donde en a. esp. *frido,* esp. mod. *frío,* port. *frio;* la otra que asimila *-gd-* en *-dd-* haciéndose la *i* breve, lo que origina it. *freddo,* log. *frittu,* fr. *froid,* cat. *fret,* prov. *freg;* Pompeya 4811 *trici* de *trīt(i)cī (trīticum* "trigo"), que explica el esp. *trigo,* log. *trigu.*

72. Entre *w* y *t* o *c: cautus* < *cavitus* (esta última forma arcaica está apenas documentada), *auca* (glos.) < **avica* (¿o del dimin. *aucella?* cf. § 188) de donde el prov. *auca,* it. cat. *oca,* a. fr. *oue* (fr. mod. *oie);* desinencia del perfecto *-aut* de *-āv(i)t,* en las inscripciones, primeros ejemplos cronológicamente en Pompeya 8938 *aberaut,* 1391 *exmuccaut,* 1691, 2048 *pedicaut;* a. it. *-ao,* sicil. *-au,* it. mod. *-ò,* esp. *-ó,* port. *-ou.*

5. HIATO

73. El hiato, encuentro de dos vocales pertenecientes a dos sílabas sucesivas en el interior de una palabra (o del encadenamiento del discurso), viene a turbar la norma silábica en el sentido de que falta, entre dos sonidos de gran apertura, un elemento de poca apertura (consonante) que, habitualmente, separa dos sílabas. Se deriva de ello un obstáculo de articulación que —instintivamente en el discurso y reflejamente en el verso— se trata de atenuar, si no de suprimir[14].

74. Cuando las dos vocales consecutivas tienen el mismo timbre o timbres muy cercanos, tienden a contraerse en una vocal larga con el timbre de las vocales en cuestión, o con el de una de ellas, cf. fr. *alcool, zoologie* pronunciadas [*alkol*], [*zoloži*]; por el contrario, el hiato en *ahan* [*a-ã*] tiene un valor expresivo. En latín: *dēsse* de *deesse, dēst* de *deest, dēram* de *deeram,* etc., a pesar de la grafía *dee-,* por ej. Mart. 8, 56 *Sint Maecenates, non derunt, Flacce, Marones; mihi* > *mī, nihil* > *nīl,* formas corrientes desde el origen de la poesía latina; lo mismo *prehendere* > *prēndere, prehensus* > *prē(n)sus,* por ej. en Pompeya, y *cohors* > *cōrs* (también escrito *chors, curtis,* etc.; en los mss. e inscripciones, abreviado a menudo en *COR* o *CHOR),* confirmado por el metro a partir de Marcial (16 veces, Thes.). La contracción de las desinencias *-iī, -iīs* (gen. sg. y nom. pl., dat. y abl. pl. de los temas en *-ia-, -io-: sociī, sociīs),* aunque rara en la métrica antigua y clásica, debía de ser corriente, sin embargo, en la lengua hablada; testigos, las inscripciones de aire popular, como las de Pompeya, donde se leen, por ej., numerosos nombres de corporaciones sobre carteles de propaganda electoral: *librārī, lignārī, pōmārī,* etc. =

[14] Cf. S. Kiss, *Les transformations de la structure syllabique en latin tardif,* en *Studia Romanica Universitatis Debreceniensis,* Series Linguistica, II, págs. 93-99: los problemas del hiato se ponen en relación con los fenómenos de palatalización-asibilación (cf. más abajo, §§ 95-100).

-iī (nom. pl.), así como *Fābīs, socīs, iūdicīs* = *iīs* (dat. abl. pl.; cf. *grātīs* de *grātiīs),* e incluso 4610 *olí* = *oleī,* 6722 *ordi* = *hordeī* (gen. sg.; allí, los temas en *-io* dan primitivamente *-ī,* la desinencia *-iī* no aparece más que después de Virgilio y Propercio). Lo mismo vale para los perfectos en *-iī* (§ 332).

75. Si las vocales en hiato son de timbres demasiado diferentes para poder contraerse, la solución más natural desde el punto de vista fisiológico es intercalar entre ellas una consonante transitoria, del tipo *y* o *w,* según la naturaleza de las vocales en contacto (cf. fr. *plier* que se pronuncia corrientemente *pli*^{y}*e, Lyon,* en Lion, *li*^{y}*õ;* a. fr. *baer* se ha convertido, junto a *béer, bayer,* a. fr. *pooir, pouvoir;* lat. *ruīna, victuālia* dan it. *rovina, vettovaglia).* Se pronunciaba *pi*^{y}*us, du*^{w}*o,* aun escribiendo *pius, duo;* por extensión, aun los grupos etimológicos *i̯i, ii̯* y *uu̯* se escribían con la ayuda de *i* y *u* simples: *conicio, eicio* (de **con-, *ex-iacio), maior, eius*[15]; Pompeya 1373, 1755 *iuenis* = *iuvenis,* 4606 *noembres,* 2455 *nuembres* = *novembrēs.* En pago se ha anotado el sonido de transición: Pompeya 3730 *poueri* = *puerī,* 8544 *paeuoniam* = *paeōniam* (fr. *pivoine* ha desarrollado independientemente sin duda una *-v-,* cf. a. fr. *pyone).* Sin embargo, este procedimiento no ha afectado en modo alguno a la evolución del vocalismo latino y románico[16].

76. Delante de una vocal más abierta, *i* y *e* tienden, por regla general, a cerrarse, para resultar de una y otra (con el paso de *e* por *i)* una *y* (cf. el caso inverso del fr. *fainéant,* alteración, por etimología

---

[15] Niedermann, *Phonétique,* § 55. — Puede compararse con: osco *fakiiad* «faciat», *Púmpaiians* «Pompeianus», *súuad* «sua»; umbr. *triia, tuues* «duobus». — Para la suerte especial corrida por las vocales en hiato, v. B. Löfstedt, *Die betonten Hiatusvokale in Wörtern vom Typus «pius», «tuus», «meus»,* en *Eranos,* 60 (1962), págs. 80 ss.; Väänänen, *Latin, langue parlée et langue écrite: réactions et régressions,* en *Actes du X*^{e} *Congrès internat. de Linguist. et Philol. romanes,* Estrasburgo, 1962, París.

[16] Cf. Agustín, *Serm.,* 37, 12 «Videte quemadmodum *neat,* immo videte quemadmodum *neiat,* dum omnes instruantur, grammatici non timeantur» (citado por B. Löfstedt, *IF,* 77, 2-3 (1972), pág. 321).

popular, del a. fr. *faignant,* de donde *feignant);* lat. *filia* > it. *figlia,* fr. *fille,* etc., *palea* > it. *paglia,* fr. *paille,* etc. El hecho de cerrarse *e* en *i* está atestiguado en fecha temprana. Sin embargo, por cuanto se refiere a las inscripciones antiguas, por ej. CIL I² 21 *Tiano* = *Teano* (moneda), *ibid.* 582 (Ley de Bantia, de la época de los Gracos, 113-118 a. C.) *pariat* = *pareat,* es preciso contar con dialectalismos (Ernout, *Recueil de textes latins archaïques,* págs. 11 y 87s.; cf. osco *pútiad* "*poteat*", o sea, *possit;* Buck, § 31). Es fenómeno frecuente en Pompeya, por ej. 64 *aenia* = *a(h)enea,* 2119 *alia* = *alea* (en los textos desde Varrón, *Rust.* 1, 4, 3), *casiu(m)* una decena de veces = *cāseum,* 8863 *Putiolos,* 2083-8277, *(h)abias* = *habeās,* 5092 *iamus* (dos veces) = *eāmus* (cf. napol. *iammo,* a. it. *giamo),* 1173 *peria* = *pereat, valia* = *valeat.* Esta pronunciación es confirmada por grafías inversas, siempre en Pompeya: 814 *Iuleas,* 1679 *propiteos,* 9054 *moreor,* 4562 *pateor* = *patior.* El *App. Pr.* contiene *i* < *e* delante de vocal en 55 *vinia,* 63 *cavia,* 65 *brattia,* 66 *coclia* (por *cochlea),* 67 *cocliarium* (por *cochleāre),* 68 *paliarium* (por *paleārium),* 72 *lancia,* 80 *solia,* 81 *calcius,* 117 *tinia,* 132 *baltius,* 141 *fassiolus* (por *phaseolus),* 157 *lintium,* e incluso, con hipercorrección, 52 "*doleus,* non *dolius*"; a la inversa: 114 "*lilium,* non *lileum*", 160 "*noxius,* non *noxeus*". Caper *(Gramm.* VII, 106, 11) "*eam* semper dicendum est, nihil est *iam.* Item non *iamus* sed *eamus*".

77. El paso de *i, e* en hiato al grado *y* está asegurado por el romance común, por ej. *vinea* > rum. *vie,* it. eng. *vigna,* log. *bindza,* fr. *vigne,* prov. port. *vinha,* cat. *vinya,* esp. *viña; cāseu* > rum. *caş,* it. *cacio,* log. *cazu,* esp. *queso,* port. *queijo; valeat* > it. *vaglia,* fr. *vaille,* etc. La evolución ha comenzado, sin duda, muy temprano en la lengua hablada. Esto explicaría las sinéresis admitidas por los poetas dactílicos a partir de Ennio, por ej. *insidi̯antes* (Ennio, *Ann.* 436), escandido en cuatro sílabas, *abi̯ete* (Virgilio, *Aen.* 2, 16), en tres sílabas. Pero hay más: en Pompeya, la letra *I* o *J,* llamada *I* larga (de donde deriva la *J, j* de los alfabetos modernos, signo de yod en las lenguas germánicas y otras), indica con frecuencia, además de la vocal *i* larga, la semivocal. Pero nosotros la encontramos un cierto número de veces empleada por *y:* no sólo en *jam, janua, jucundus, cojunxit, Pompejanus,* etc., sino también en 1433 *Januarjius,* 4840 *Junjus,* 3995 *Juljius,* 56 *facjo,* X 861 *genjo,* 5097 (dos veces) *jamus* = *eāmus* (más arriba), etc. (Väänänen, *Lat. vulg. des inscr. pomp.*, pág. 35).

78. *u* y *o* en hiato experimentan un desarrollo parecido, es decir que se cierran en la semivocal *u̯:* a. fr. *anvel* < *annuāle, tenve* < *tenue,* fr. *janvier* < *iānuāriu;* App. Pr. 14 "*vacua,* non *vaqua*", 15 "*vacui,* non *vaqui*", 86 "*cloaca,* non *cluaca*", a la inversa en 131 "*puella,* non *poella*"; en Pompeya t. c. 147 *pasqua, pasquorum,* X 1074 *acruamatis* = *acroamatibus,* del gr. ἀκρόαμα, 7809, 7838 *quactiliari,* "fabricantes de fieltro", de *coāctilia* "fieltro", cf. *coagulāre* > rum. *închega,* it. *quagliare,* fr. *cailler,* esp. *cuajar,* port. *coalhar.*

79. Cuando la consonificación de *i, e, u* en hiato estaba contrarrestada por la consonancia precedente (grupo de consonantes, u ocasionalmente una consonante simple, sobre todo una sonante), estas vocales podían ser suprimidas: Pompeya t. c. 50 *queti* = *quiētī,* cf. rum. *cet,* it. *cheto* (it. *quieto* es culto)[17], fr. *coi,* esp. port. *quedo;* CIL II 105 *Napolitanus,* it. *Napoli* < *Neāpolis;* Pompeya 4182, 8820, 4983 *febrarias, febrariis* = *februāriās, -iīs,* App. Pr. 208 "*Februarius,* non *Febrarius*", a. rum. *faurar,* it. *febbraio,* fr. *février,* esp. *febrero,* port. *fevereiro;* lo mismo *duōdecim* > *dodeci(m), dodece* (inscr. crist.), it. *dódici,* log. *doigi,* fr. *douze,* prov. cat. *dotze,* esp. *doce,* port. *doze; cardelis* = *carduēlis* (Petr. 46, 4), cf. it. *cardello.* Para *ianuārius* hay vacilación entre cierre y supresión de *u* (cf. § 78): Tablettes Albertini *Jannarius,* it. *gennaio,* esp. *enero,* port. *janeiro,* frente al fr. *janvier.*

[17] Dessau, III, 2, *Índices,* registra a propósito del cognomen *Quietus, -a,* 7 grafías *Quet-* contra 23 *Quiet-*, además de *quescas* 8458, *quiesq(uit)* 7459, *inquetaberit* 8201; Diehl, *Inscr. Christ.* III, pág. 576, da, bajo *quiesco,* 54 veces *quesc-* y 37 veces *cesc-*.

80. En la postónica desaparecía *u* delante de *u, o: cardus = carduus,* cf. Charisius (siglo IV, Gramm. 1, 74, 34) "*carduus* trium syllabarum est", it. esp. *cardo,* log. *bardu; mortus = mortuus,* en Pompeya siete veces, rum. *mort,* it. *morto,* esp. *muerto,* port. *morto,* prov. cat. fr. *mort;* Pompeya inéd. *fatus = fatuus,* prov. fr. *fat; ibid.* 8443, 7155 *ingenus = ingenuus; quattor = quatuor,* por ej. CIL VI, 13302, rum. *patru,* it. *quattro,* log. *battoro,* fr. cat. prov. *quatre,* esp. *cuatro,* port. *quatro; battuo, cōnsuo, futuo = *batto, *co(n)so, *fut(t)o* (cf. Pompeya 1261 *futebatur),* formas supuestas por las lenguas románicas.

81. En posición acentuada, se cierran generalmente la *i,* la *e* y la *u* (para *filiolus, mulierem, ab(i)etem, ar(i)etem, par(i)etem,* etc., v. § 50): *via* > it. engad. esp. port, *via,* log. *bia* (frente al fr. *voie* que supone el desarrollo habitual de ĭ; lo mismo **siam,* etc., subj. de *esse* por *siem, sim,* § 320), it. prov. *sia,* a. fr. *soie* (fr. mod. *sois); meus, mea, meum:* Pompeya 3944[c] *mia,* it. log. *mio, mia,* esp. *mío, mía* (formas acentuadas), pero en a. fr. *meie, moie,* rum. *mea,* prov. *mieus, mia* (por metafonía: timbre abierto delante de *u,* timbre cerrado delante de *a);* Charisius gramm., pág. 203, 1 B "veteres *mias* dicebant" ; formas enclíticas *mus,* etc. (§ 284). De manera semejante, *duās* > it. *due,* a. esp. *dues,* pero a. fr. *does;* por el contrario, *duōs, *dōs* > prov. cat. esp. *dos,* port. *dous,* fr. *deux.*

6. PRÓTESIS Y AFÉRESIS

82. El desarrollo de una vocal adventicia llamada protética *i-,* más tarde *e-,* delante del grupo inicial *s* (y *z* en las palabras griegas) + consonante, es un procedimiento eufónico perteneciente a la fonética sintáctica. El primer ejemplo lo tenemos registrado en Pompeya, 7221 *Ismurna = Smyrna,* después CIL VI 156 (Roma, año 105) *Izmara(g)dus;* se explican por el grupo *sm-* que es extraño en latín. La vocal protética es rara delante de otros grupos iniciales que no sean *s* +

consonante; *exenium* por *xenium* se lee en Gregorio de Tours y en otras partes en el bajo latín. Los ejemplos epigráficos, poco numerosos por otra parte, indican, a partir del siglo II, que la prótesis, en lugar de responder a un principio de eufonía (como más tarde en italiano), se produce lo mismo después de una final vocálica y al comienzo del enunciado que después de la consonante final. En baja época se da el mismo estado de cosas, fuera de que los textos provenientes de la Galia parecen más favorables a la prótesis después de consonante con relación a los de Italia, cosa explicable por el hecho de que las consonantes finales eran más estables en la Galia (Meyer-Lübke, *Gramm.* I, § 29; O. Prinz, *Zur Entstehung der Prothese vor* s *impurum im Lateinischen,* en *Glotta* 26, págs. 97-115; B. Löfstedt, págs. 107-112; Tekavčić, § 295 siguientes).

83. Por otra parte, dadas las alternancias *spiritus - ispiritus, stratum - istratum,* etc., se han desarrollado formas secundarias sin vocal inicial en las palabras que comienzan por *i(n)s-, (h)is-, aes-* y *ex-* + consonante: los textos tardíos están plagados de grafías como *Spania* = *Hispania, storia* = *historia, strumentum* = *īnstrumentum* (aféresis); a la inversa, *explendidus* = *splendidus, hispatium* = *spatium.* De ahí se siguen confusiones en parte engorrosas: *spectāre - exspectāre* (desde el siglo II), *sculpere - exsculpere - īnsculpere* (Diehl, *Inscr. Christ.,* Index, pág. 587; cf. Ernout, *Philologica* II, páginas 198 ss.), *spīrāre - exspīrāre - īnspīrāre, scrībere - īnscrībere,* CIL VIII 2438 (a. 197) *quorum nomina at latus basis iscripta sunt* (= *scripta* o *inscripta?);* Tabl. Albertini VI, 25 *ispopondit,* XII, 16 *espopondiderunt,* XI, 17 *exspopondiderunt (= spo-); iscripsi, subiscripsi, supraiscripte, issuprascripta; istrumentum, strumentum.* Marcellus Empiricus, ed. Niedermann, pág. 23, 16 *ex indigestione externarum... crapularum,* por *hesternarum c.*[18].

[18] Cf. A. Ernout, *Exsto et les composés latins en ex-, BSL,* L (1954), págs. 20 ss.; B. Löfstedt, *Sprachliches zu Valerius von Bierzo,* en *Cuadernos de filología clásica* (Universitas Complutensis) X (1976), págs. 271-304; v. págs. 273 ss.

84. La parte occidental de la Romania, que mantiene mejor las consonantes finales, establece la forma con prótesis, después de vagas tendencias, sobre todo en francés antiguo, a un empleo eufónico de las dos formas, por ej. *Vie de saint Alexis: espeiret (< spērat), espede (< spatha)* después de la pausa; *ad espus (< ad spōnsu), out espusede (< habuit spōnsata),* frente a la *spuse* (sin embargo, el mismo texto contiene *l'espuset, s'espethe, sainte escriture);* fr. *esprit < spīritu, espee, épée < spatha,* a. fr. *estorment < ī(n)strumentu, espirer < īnspīrāre;* esp. *espíritu, espada, escuela;* cat. prov. *esperit, espaza, escola;* port. *espirito, espada, escola;* log. *ispada, iscola;* cf. fr. popular *estatue.*

85. La forma breve, por el contrario, se generaliza en el Este, donde prácticamente no quedan más que finales vocálicas, en rumano, en rético y en italiano (esta última lengua, sin embargo, admite la prótesis eufónica: *la scuola - in iscuola, la sposa - per isposa),* rum. *spată, şcoală,* engad. *speda,* it. *spirito, spada, scuola, stimare < aestimāre, strumento < īnstrumentu;* rum. *stră-,* it. *stra- < extrā-,* rum. e it. *s- < ex-* delante de consonante, por ej. rum. *scalda,* it. *scaldare < excaldāre.*

7. APÓCOPE

86. El apócope, o supresión de una vocal o de la porción final de una palabra, es debida, como la síncopa, a la manera de hablar más o menos rápida y desenvuelta que afecta, sobre todo, a las palabras accesorias: cf. it. *un po' = un poco, mo'* (arcaico, hoy centro-merid.) "ahora" < *modo;* ya en latín *quōmodo > quōmo,* Pompeya 9251 y RIB 159 *como;* rum. *cum,* a. it. *como,* a. fr. *com, come,* a. esp. *cuemo,* esp. *como,* port. *como,* prov. *com, co.*

B. LAS CONSONANTES

87. El consonantismo preclásico y clásico presenta el siguiente sistema:

	LABIALES		LABIO-VELARES		ALVEO-DENTALES		PALA-TALES	VELARES		LARIN-GALES
	+	—	+	—	+	—	+	+	—	—
OCLUSIVAS										
Orales	*b*	*p*	g^w	k^w	*d*	*t*		*g*	*k*	
Nasales	*m*				*n*			*ŋ*		
CONSTRICTIVAS		*f*	*w(u̯)*		*r* *l*	*s*	*y(i̯)*			*h*

Es un sistema muy simplificado con relación al indoeuropeo común; sobre todo faltan las oclusivas aspiradas (cf. gr. φ χ).

Desde el punto de vista de las lenguas románicas, hay que notar la ausencia de chicheantes, de la silbante sonora [*z*] y de las palatales, con excepción de *y*. En compensación, el consonantismo latino posee las consonantes dobles, como en *cippus, gibbus, addūco, mitto, flaccus, agger, nummus, annus, afficio, missus, porrō, callis, maior* (pronunciada *ma*^{yy}*or;* Niedermann, *Phonétique,* § 56).

Nota. La notación de las consonantes en el alfabeto nacional romano ha sido fijada después de diversas vacilaciones. La letra *C* deriva de la *gamma* del alfabeto griego, y designaba, por consiguiente, en primer lugar la velar sonora, cf. las abreviaturas consagradas *C* = *Gaius, Cn* = *Gnaeus*. A continuación, bajo la influencia del etrusco (que desconoce las oclusivas sonoras), se ha convertido en representante de la sorda *k,* en detrimento del signo *K* (usado antiguamente delante de *a,* que ha permanecido vivo sobre todo en *kalendae),* así como del signo *Q,* reservado desde entonces para la notación de la labiovelar *qu*[k^w]; en el siglo III a. C. se añade, para la velar sonora, una nueva letra, la *G,* obtenida por una modificación de *C. G* servía también para indicar la velar nasal η (que falta en francés) delante de oclusiva nasal: *dignus, magnus;* la η doble era indicada por *ng* (como en las lenguas modernas: al. *singen;* pero gr. ἄγγελος, latinizado *angelus),* a excepción de grafías esporádicas, tales como Pompeya 3121 *ingnes,* CIL IX 2893 *sinnu* = *signum.* Las semivocales no tenían signos distintos de los de las vocales homórganas, *V* = *u* y *w, I* = *i* e *y;* la reforma intentada por el emperador Claudio para introducir una letra especial, la "digamma inversum", Ⅎ, por *u̯,* fracasó (las letras *U, v, J, j* no se remontan más allá de la época del humanismo; adoptadas por primera vez por Pierre La Ramée, llevan el nombre de "letras ramistas")[19]. La letra *Z* fue añadida, al mismo tiempo que la *Y,* a lo largo del siglo I a. C., para ser utilizada en los préstamos griegos. El carácter griego χ fue asignado al grupo *ks.* Las consonantes no están duplicadas en las inscripciones arcaicas, por ejemplo CIL I² 9 *fuise* = *fuisse* (§ 16), ibid. 10 *gesistei* = *gessistī, superases* = *superāssēs,* al lado de *essent;* la costumbre de escribir las gemelas no data más que del siglo II a. C.

1. LAS SEMIVOCALES *W* E *Y*

88. Las semivocales, por razón de su abertura relativamente grande, cumplen mal la función de frontera silábica (cf. el hiato, § 73). Por eso terminan generalmente por reforzarse o, en condiciones particulares, por hacerse mudas.

89. w.—La semivocal *w* tenía en su origen el sonido fricativo labiovelar que tiene el fr. *oui* y el ingl. *wind,* tal como resulta por las noticias de los gramáticos romanos y por las transcripciones griegas, tales como Οὐαλεριος = *Valerius,* Οὐεσούιον = *Vesuvius.* Más tarde, a partir del siglo I de nuestra era, se comienza a transcribir, por ej., Νέρβας al lado de Νέρουας = *Nerva,* Βέσβιον = *Vesuvius;* Pompeya 2837, 2840 Βειβιω = *Vībiō.* A partir de esta época se confunden *b* y

[19] Para mayor comodidad, empleamos la letra *v* para representar *u, w.*

w: Pompeya 4874 *baliat* = *valeat,* 4380 *Berus* = *Vērus,* inversamente *Vivia* = *Vībia* (por asimilación?[20]); App. Pr. 9 "*baculus,* non *vaclus*", 215 "*vapulo,* non *baplo*", 91 "*plebes,* non *plevis*", 93 "*tabes,* non *tavis*", 198 "*tolerabilis,* non *toleravilis*"; otros gramáticos han compuesto, en los siglos de la decadencia, tratados enteros sobre la distinción de *b* y *v.* Y es que una y otra habían pasado a la constrictiva bilabial β[21] (pronunciación de *-b-* y de *-v-* en español y catalán en intervocálica, por ej. esp. *haba, nuevo,* cat. *fava, novo).* Como consecuencia, la bilabial se ha convertido en la labiodental *v* en la mayor parte de los países de la Romania[22]; sin embargo, la *b* ha sido restablecida en inicial, salvo en una franja meridional que comprende el sardo, las hablas italianas del sur, el español, el catalán y el gascón (Lausberg, II, § 300). Por fin hay tendencia a favorecer la *b* después de *r* y *l:* App. Pr. 70 "*alveus* non *albeus*" (también en las inscripciones); *ferbui* perf. de *ferveo* con más frecuencia que *fervui* (Thes.); rum. *corb,* it. dial. *corbo* < *corvu* (pero en a. fr. *corf),* fr. *corbeau* (< *corvellu), it serbare* < *servāre,* fr. *courber,* prov. cat. *corbar* < *curvāre,* frente al a. fr. *arvoire* < *arbitriu, orvet* < *orbu* + *ittu.* Por lo demás, ha habido diversos cambios entre las dos labiales, también en inicial: cf. rum. *bătrîn* < *veterānu,* a. tosc. *boce* < *vōce,* port. *bodo* < *vōtu,* esp. *boda* < *vota;* inscr. de Roma, ICVR II 6449, 39 (s. VI-VII) *abboce* = *ad vocem* (en alta voz). Isidoro, *Differ. Append.,* n. 602 *Inter vivit et bibit* [*interest*]: *vivit de vita, bibit de potione.*

[20] En las inscripciones paganas y todavía más en las cristianas, *b* por *v* inicial y sobre todo intervocálica es mucho más frecuente que el caso inverso (Dessau, III, 2, págs. 809 y 834; Diehl, *Incr. Christ.,* III, *Índices;* es en concreto el caso de *bibo, bibis, bibus,* etc. por *vivo,* etc.). Lo mismo pasa en las cartas latinas de P. Mich. (Adams, *The Vulgar Latin of the letters of Claudius Terentianus,* pág. 31).

[21] Niedermann, *Phonétique,* § 53; algunos lingüistas suprimen esta fase, v. Maurer, § 17.

[22] Lausberg, II, § 373: este desarrollo se remonta al siglo II. Para una discusión de las diversas teorías sobre este tema, véase B. Löfstedt, págs. 150-159.

90. Ante las vocales homórganas *o* y *u,* la *w* interior tiende a hacerse muda. Es un fenómeno que se ha reproducido en muchas ocasiones a lo largo de la evolución del latín: *deivos, Gnaivos* del latín arcaico se convierten en *deus* (a través de **dēvos, *deos), Gnaeus; *dēvorsum* y **sēvorsum > deorsum* y *seorsum; *parvom > parum;* después, en la época imperial, App. Pr. 29 "*avus,* non *aus*", 62 "*flavus,* non *flaus*", 174 "*rivus,* non *rius*", 176 "*pavor,* non *paor*". Este desarrollo ha sido contrarrestado a menudo por el cuidado de guardar la unidad en el paradigma: el paso de *novus* a **nous* ha sido impedido por la presencia de *novī, nova,* etc.; en *ōvum (o* de *ōvum* se ha abierto por disimilación) la *v* ha sido restituida siguiendo sin duda al plural *ōva, -v-: a(v)unculu* (frecuente en las inscripciones) > rum. *unchiu,* fr. prov. *oncle; pa(v)ōre* > a. fr. *paor,* fr. mod. *peur,* prov. cat. *por,* it. *paùra* (con cambio del sufijo); nombres en *-vus: clā(v)u* > fr. *clou,* prov. cat. *clau;* en *-īvus: rī(v)u* > rum. *rîu,* log. *riu,* a. fr. *riu, riou,* prov. cat. *riu,* venec. *rio,* esp. port. *río;* lo mismo it. *natío < nati(v)u,* esp. *radío < errātī(v)u,* etc. También se da la pérdida de *w* entre dos vocales del mismo timbre: *dīves,* pero *dītis* de *dī(v)itis, lātrīna* de *la(v)ātrīna.* Este desarrollo juega un papel importante para la formación del perfecto de los verbos, partiendo de los temas en *-īre: audīvī, audīvistī,* etc. > *audiī, audīstī,* etc. (§ 332). Por fin, la vecindad de otra labial *(p, f, m)* hace caer a *w* por disimilación: App. Pr. 73 "*favilla,* non *failla*", forma conservada en Italia del Sur; CIL VI 122, etc. *paimentum = pavimentum,* rum. *pămînt,* log. *pamentu;* it. *Faenza* de *Faventia.*

91. k^w. — La labiovelar sorda, que cuenta en poesía generalmente como una consonante simple (por ej. Ovidio: *quid prohibetis aquas? usus communis aquarum est),* pierde el apéndice labial en las mismas condiciones en que cae la semivocal correspondiente (más arriba). La reducción es antigua en *secundus < *sequondus, cottīdiē < quottīdiē;* pertenecen al habla popular: Pompeya 9251 *comodo, como = quōmodo* (§ 82); a la inversa, *ibid.* 1241 *quoservis = cōnservīs;* App. Pr. 37 "*equs,* non *ecus*", 38 "*coqus,* non *cocus*", 39 "*coquens,* non *cocens*", 40 "*coqui,* non *cocī*" (extensión de la forma reducida; lo mismo, en el bajo latín, *cocīna,* por *coquīna,* Thes., *s. v. coquinus),* 27 "*exequiae,* non *execiae*". El románico común ha heredado estos fenómenos: it. *cuoco,* fr. *queux,* prov. *coc;* rum. *coace,* it. *cuocere,* fr. *cuire,* esp. *cocer* (pero también en a. fr. *cuivre* < *coquere),* etc.; it. *cucina,* esp. *cocina,* fr. *cuisine,* etc.; *antīquus, antīcus* (Varrón, Liv., Plin., etc.) > it. *antico,* a. fr. *anti, antiqua* > it. *antica* (por analogía), a. fr. *antive.*

92. Además de los casos de analogía como *coquere/cocere,* etc., según *coquus, cocus,* las lenguas románicas presentan también en otras partes la reducción de *qu* delante de vocales distintas de *o, u,* pero esta reducción no es general: cf. it. *quercia* < *quercea, quìndici* < *quīndecim,* pero el pronombre *quī, quid* no sobrevive en parte alguna con k^w: it. *chi* < *quī, che* < *quid* (igualmente *cheto* < *qu(i)ētu, chiedere* < *quaerere),* con una reducción posterior, sin embargo, a la palatalización, cf. it. *cento* < *centum,* etc. (cf. Lausberg II, §§ 344 s. y 479 s.).

93. La forma popular *cīnque* por *quīnque,* por ej. CIL VI 17508 (Roma), X 5939 (Anagni, Latium), *ibid. cinquaginta,* y exigida por el románico común, es debida a la disimilación. — Caso aislado: App. Pr. 112 "*aqua,* non *acqua*", forma con reduplicación (¿afectiva? cf. § 112), conservada por el italiano[23].

Nota. Por efecto del hiato se ha desarrollado una k^w secundaria. Pompeya t. c. 147, 13 *pasqua* = *pascua,* etc. (§ 78). A la inversa, Pompeya 3948 *acuam* = *aquam* (trisílabo, en un pentámetro).

94. g^w. — La labiovelar sonora no se presenta en latín más que precedida de *n: lingua, sanguis, unguo.* En general se mantiene; los

[23] H. Lüdtke, *Attestazioni latine di innovazioni romanze* (Actas del IX Congreso internac. de Lingüística y Filol. románicas, Lisboa, 1959; Lisboa, 1961, págs. 5-10), considera la consonante doble de *acqua* en el App. Pr. como un regionalismo.

dobletes *ungere, extingere,* de *unguere, extinguere,* son debidos a la analogía de *iungere,* con el que estos verbos tienen en común la forma de perfecto en *-nx-*.

95. *y, yy, dy, gy* y *ge, i*[24]. — La semivocal era una sonora constrictiva, como en fr. *bien, fier, paille, payer,* etc. Su frecuencia en el latín hablado creció considerablemente como consecuencia de la consonificación de *i* y *e* en hiato (§ 77). El reforzamiento de *y* en *d̯* > d^{z} (palatalización-asibilación) ha debido de comenzar en posición intervocálica, donde *y* era desde el principio una duplicada, hecho probado por las grafías esporádicas *maiior, eiius, Pompeiianus,* etc., por las noticias de los gramáticos romanos, y sobre todo por la métrica: la primera sílaba de *maior, peior,* etc., cuenta por una larga, por ej. Virg. *Acn,* 7, 386 *Maius adorta nefas, maioremque orsa furorem,* mientras que las vocales son breves; cf. it. *peggio,* fr. *pis* (por *p^{y}*eis*) < *peius*. Un primer indicio, aunque indirecto, de *dy* < *y* es registrado en Pompeya, 7069 *Aiutor,* X 8058 *Aiutoris* = *Adiūtor, -ōris,* grafía frecuente en las inscripciones posteriores, lo mismo *Aiectus* = *Adiectus* (Thes.); luego se encuentra *di* = *dy* o *d̯* por *yy:* CIL X 2559 (Puteoli, sin fecha) *codiugi* = *co(n)iugī;* en fin, *z (dz):* CIL VIII 18224 *azutoribus* = *adiūtōribus,* ibid. 8424 (de la mitad del siglo II d. C.) *oze* = *hodiē; def. tab.* Audollent 253 (Cartago, siglo II) *ζie* = *diē* (4 veces), *zies, zebus* (inscr. tardías, Thes., *s. v. dies).* El mismo desarrollo en inicial: Pompeya 4599 *Iosimus* (2 veces) = *Zōsimus*. Como consecuencia, se hace frecuente la notación *z* por *dy,* por ej. *zabolus, zabulus* = *diabolus, zaconus* = *diaconus, zeta* = *diaeta,* en los textos cristianos[25]; *deorsum* presenta en bajo latín las formas *iosum, iosu* (Quirón 583, 593), *iu-*

[24] G. Straka, *Naissance et disparition des consonnes palatales dans l'évolution du latin au français,* en *TraLiLi,* III, I (1965), § 8.

[25] *Thes., s. vbus.* En cuanto al it. *diàvolo,* fr. prov. cat. *diable,* esp. *diablo,* port. *diabo,* se trata de palabras semicultas; el pueblo designaba al «maligno» con eufemismos tales como en a. fr. *aversier, maufé,* rum. *drac,* de *adversārius, malum fātum, draco,* respectivamente.

sum, iusu (u por analogía de *su(r)sum;* Macrobio, etc.), e incluso *zosum* (Itala, *Act.* 20, 9, cod. *d)* (Thes., *s. v. deorsum).* El sufijo griego -ίζειν, que en latín antiguo había dado *-issāre* (cf. *graecisso, moechisso, purpurisso,* etc., términos amados por Plauto), fue reintroducido bajo la doble forma *–izāre/-idiāre,* siendo esta última propia del habla popular: *baptidiare* Apicius, 4, 131, Peregr. 5 veces (frente a *baptizare* 3 veces), inscripciones cristianas; *acontidiare* de ἀκοντίζειν, Quirón 1, 24 (pero Vegetius 1, 27, 2 *acontizare).* Del mismo modo se da *z* por *i̯:* CIL X 24662 (Puteoli) *Zanuario = Iānuāriō,* ibid. 2554 (Cumas, año 220) *Zerax = Hierax.* Por fin, experimentan el mismo trato *yy,* y hasta *g + i, e* no en hiato, según testimonio de las grafías *geiunium = iēiūnium* (Itala), CIL X 4335 *Gianuaria,* CIL XII 934 (Galia) año 530, *Genuarius = Iānuārius,* CLE 901 *Troge = Troiae,* CIL X 4545 *Magias = Maiās; agebat = aiēbat, Ienubam = Genavam, ingens = iniēns* (Bonnet, pág. 173).

96. Es lícito deducir de la parecida suerte experimentada por *y (yy), dy, gy* y *g + i, e,* que, del siglo II al VI aproximadamente, estos sonidos y grupos de sonidos han llegado a un común denominador, que no podría ser la *y* simple, dadas las numerosas grafías *z* y *di;* no podemos, en efecto, considerar a éstas como evoluciones inversas. Queda la alternativa *dy, dz,* de las que este último sonido representa la pronunciación corriente de ζ, *z* (Sturtevant, *The pronunciation of Greek and Latin,* pág. 176), o, con más exactitud sin duda, una zona delimitada por las dos y que lleva consigo grados de asibilación distintos según el tiempo, la clase social y hasta la región. S. Isidoro *(Origines,* 20, 9, 4) atribuye a los italianos la pronunciación *oze* por *hodiē* (cf. más arriba); en efecto, el italiano, con el rumano, el rético, el francés antiguo y el provenzal antiguo, ha llevado a sus extremos la asibilación. Por el contrario, el español (y, en parte, los dialectos de Italia meridional) presenta la regresión al grado *y.*

97. A excepción del rumano y de una parte de los dialectos réticos y sardos, que distinguían *y-, dy-,* por una parte, y, por otra, *g + e-,* *i-* (Lausberg II, §§ 322-325, 329-333 y 352), en romance se confunden *y-*, *dy-* y *g* + *e-*, *i-*: *ia(m)* > it. *già,* esp. log. *ya,* a. fr. prov. cat. port. *ja; iugu* > rum. *jug,* sardo *yugu,* it. *giogo,* fr. *joug,* esp. *yugo,* port. *jugo,* cat. *jeu,* prov. *jo; diurnu* > it. *giorno,* cat. prov. *jorn,* fr. *jour; deorsu, *diusu* (§ 95) > rum. *jos,* sardo de Nuoro *yosso,* a. it. *giuso* (it. mod. *giù),* a. fr. *jus,* esp. *yuso,* a. port. *juso,* prov. cat. *jos; generu* > rum. *ginere,* log. *gheneru, beneru,* it. *gènero,* fr. prov. cat. *gendre,* esp. *yerno,* port. *gerno.*

98. Asimismo, *-y-* y *-gy-* se confunden por todas partes y dan el mismo resultado que *-dy-* en la mayor parte de la Romania (son excepción el rumano, el rético y los dialectos de Italia del Norte, Lausberg, §§ 456 y 471): *maius* > it. *maggio,* fr. prov. *mai,* cat. *maig,* esp. *mayo,* port. *maio,* sardo y rum. *maiu; corrigia* > it. *correggia,* fr. *courroie,* prov. *coreia,* cat. *corretja,* esp. *correa,* port. *correia,* sardo *korria,* rum. *curea; radiu* > it. *raggio* (doblete *razzo* "cohete", de tipo nórdico), fr. prov. *rai,* cat. *raig,* esp. *rayo,* port. *raio,* log. *rayu,* rum. *rază.*

99. *ty* y *ky.* — El tratamiento de los grupos oclusivo sordo *t* y *k* + *y* hace juego en cierto modo con el de los grupos oclusivo sonoro *d* y *g* + *y,* en el sentido de que se asibilan y presentan uno y otro, en la casi totalidad de las lenguas románicas, el mismo resultado, que es también el de la velar sorda *k* delante de *e* e *i*. La asibilación de *ty* parece haber sido anterior a la de *ky:* se lee *Vincentzus, Vincentzo, ampitzatru* (= *amphitheatrum)* en las tablillas de execración de los siglos II-III (Jeanneret, págs. 48 s.), CIL XV 2612 (siglo III) *Marsia(nenses),* CIL XII 2081 (año 540) *tersio;* App. Pr. 46 "*Theophilus,* non *Izophilus*" (= *Z(i)ophilus?* cf. Baehrens, pág. 48). Sólo en los siglos IV-V los gramáticos Servius y Papirianus reconocen este fenómeno. El mismo camino sigue *ky,* de donde confusiones como CIL XV 4376 (año 179) *terciae* = *tertiae,* CIL VI 957 *mundiciei,* etc. Sin embargo, *ty* y *ky* permanecen separadas sobre todo en Italia Central y en rético, pero también en francés: cf. **facia* (por *faciēs)* > it. *faccia, laqueu,*

**laceu* > it. *laccio,* pero *platea* > it. *piazza, puteu* > it. *pozzo;* a. fr. *face, laz, place, puits* (todos con [*ts*]), pero *priser* (a. fr. *preisier)* < **pretiāre,* fr. *raison* < *ratiōne* (con [*z*]); esp. *haz* (< *facie), lazo, pozo;* port. *laço, poço, praça;* rum. *faţă, laţ, puţ;* sardo *atta/attsa* < *acie, lattu/lattsu, piatta/piattsa, puttu/puttsu,* etc. (Bourciez, § 175 a; Lausberg II, §§ 453 s. y 467-469; B. Löfstedt, págs. 169-175).

Nota. *li, le* delante de vocal > *ly; ni, ne* delante de vocal > *ny;* v. Hiato (§ 76 s.).

100. *k + i, e.* — Delante de vocal palatal *i* y *e,* la oclusiva sorda *k,* de una articulación mediopalatal, estaba expuesta a la palatalización y hasta a la asibilación; desarrollo supuesto por el románico común a excepción del sardo (y del vegliota delante de *i).* Sin embargo, los indicios gráficos son raros y tardíos: CIL XIV, 2165 (Italia, siglo v) *intcitamento* = *incitāmentō,* CIL VIII, 21801 (África, siglo v) *dissessit* = *discessit; Niseam* = *Nicaeam* (Fredeg., pág. 31). En Ausonio (2.ª mitad del siglo IV) hay que suponer sin duda una aliteración (parcial), *Epigr.* 52 *(Venus) orta salo, suscepta, solo patre edita Caelo* (Traina, *L'alfabeto e la pronunzia del latino,* pág. 49). De todos modos, la palatalización de *k + i, e,* de modo paralelo a la de *g + i, e,* es posterior a la de *ky* (y *dy),* puesto que el sardo participa de ésta, mas no de aquélla (para la cronología, v. Lausberg II, §§ 311-313; Straka, en *RLiR* 20 (1956), pág. 256). Por lo demás, durante un período más o menos largo, la palatalización no ha alcanzado sin duda los escalones superiores de la jerarquía social: los numerosos préstamos latinos que conservan la oclusiva *k* delante de *i, e* pueden provenir de capas relativamente cultas (al. *Keller* de *cellārium, Kiste* de *cista, Kirsche* de *cerasea,* etc.). — En romance: *cervu, caelu, cīvitāte* > it. *cervo, cielo, città (tš-),* rum. *cerb, cer, cetate (tš-),* engad. *tschêl, tschiel,* -, a. fr. *cierf, ciel, cité (ts-);* prov. cat. *cerf* y *cervo, cel, ciutat (s-),* esp. *ciervo, cielo,* ciudad (θ-), port. *cervo, céu, cidade (s-);* pero log. *kerbu kelu.*

2. LA *H* ASPIRADA

101. En posición intervocálica, la aspiración latina se había hecho muda, desde época preliteraria, como lo demuestran los compuestos *nēmō* de **ne-hemo* (= *-homō), praebeo* de **prai-habeō, diribeo* de **dis-habeō* (en que *-s-* > *r,* como en intervocálica, cf. *flōs, flōris),* etc. La letra *h* sirve simplemente para marcar el corte silábico en *ahēnus,* donde la *h* no es etimológica (cf. fr. *cahier, trahir);* tampoco se pronuncia en *mihi, nihil, prehendo, cohors, veho*. En posición inicial, la no articulación de la *h,* tenida por vulgar, era sin duda alguna de origen rústico, a juzgar por los dobletes *harēna - arēna, hallec - allec, hircus - ircus, holus - olus,* etc., términos del habla agrícola. También son numerosas las omisiones de *h,* así como las *h* mal colocadas, en las inscripciones populares de Pompeya y en otras partes (Väänänen, *Lat. vulg. des inscr. pomp.,* pág. 57 s.); cf. App. Pr. 206 "*hostiae,* non *ostiae*", 225 "*adhuc,* non *aduc*". A pesar de la afectación de los retóricos y de los pedantes que pronunciaban la *h* inicial todavía en la época de S. Agustín *(Conf.* 1, 18, 29), no queda de ello rastro alguno en romance (la *h* "aspirada" del francés es de origen germánico); en latín medieval es frecuente la "restitución" de la aspirada por *ch* o *c: michi, nichil* o *nicil.*

3. OCLUSIVAS ASPIRADAS GRIEGAS

102. En los préstamos antiguos, las aspiradas griegas se representaban sumariamente por las oclusivas simples correspondientes: θ por *t,* φ por *p,* χ por *k (c)*. El senatus-consultus de las Bacanales del año 186 a. C. lee todavía *Bacanal, Bacanalia;* πορφύρα da *purpura* y χάλιξ da *calx;* App. Pr. 191 "*tymum,* non *tumum*", de θύμον; *ampora* está confirmado por el diminutivo *ampulla* (cf. más abajo); App. Pr. 1 "*porphireticum marmor,* non *purpureticum marmor*", 23 "*cithara,* non *citera*", 66 "*cochlea,* non *coclia*", 67 "*cochlearium,* non *cocliarium*". Sin embargo, la φ griega se había convertido en constrictiva desde antes del comienzo de nuestra era, transcrita a partir de entonces por la *f* del latín que pasaba por correcta, cf. App. Pr. 192 "*strofa,* non *stropa*", 227 "*amfora,* non *ampora*". En Pompeya se lee, al lado de *lympae, lumpae* (16 veces, jamás con *ph* o *f),* 6710, 6711 *ampura,* 806 *elepantu,* y con la espirante, 680 *Dafne,* 1265 *Fyllis,* 1520, 6865, X 928 *fisica = physica.* En romance, la φ de las palabras de origen griego está representada en parte por *p: colaphus, colpus* (Lex Salica; cf. Petr. 44, 5 *percolopare)* > it. *colpo,* a. pr. *colp, colbe,* cat. *colp,* fr. *coup; symphonia* > it. *zampogna* "zampoña", y en parte, y sobre todo, por *f: phaseolu* > it. *fagiolo,* prov. *faizol,* cat. *fesol, phantasma* > fr. *fantôme,* prov. *fantauma* (pero log. *pantazima).*

103. A partir de la mitad del siglo II a. C. se comenzó a usar para las aspiradas la notación *th, ph, ch,* y a introducirla en las palabras latinas: *Cethegus, Gracchus, Otho, pulcher.* Los gramáticos y epigramatistas son incansables hablando de las equivocaciones cometidas por los ignorantes. El epigrama de Catulo sobre el arribista Arrius, que pronunciaba *chommoda* e *hinsidiae* y convertía el Mar *Jónico* en *Hiónico,* era ya célebre en tiempo de Quintiliano *(Inst.* 1, 5, 20). Pero esta moda no ha llegado a arraigar en el pueblo.

4. LAS OCLUSIVAS SORDAS Y SONORAS

104. Las oclusivas sordas, salvo *k* delante de *e, i* (§ 100), tienden, en intervocálica, a hacerse sonoras y en parte a perder la oclusión como consecuencia de un relajamiento de la articulación. La Romania, si prescindimos de las áreas conservadoras del Este, es decir, del rumano, el italiano centro-meridional y una parte de los dialectos sardos, presenta el resultado de esta mutación consonántica (Lausberg II, §§ 360-364):

	rīpa	rota	sēcūru
rum.	*rîpă*	*roată*	*(cucută < cicūtă)*
it.	*ripa (riva* Norte)	*ruota*	*sicuro*
sardo	—	*roda* (-δ-)	*seguru* (-γ-)
a. fr.	*rive*	*rode* (-δ-), *roue*	*seür* (al principio *seγur)*
esp.	*riba* (-β-)	*rueda* (-δ-)	*seguro* (-γ-)
port.	*riba*	*roda*	*seguro*
prov. cat.	*riba*	*roda*	*segur*
rét.	*riva*	*roda*	*segir, sgür*

105. Lo mismo pasa, a grandes rasgos, con las oclusivas delante de sonora *r, l,* exceptuando *cl,* con la que se confunde *tl* (§§ 68 y 125; Lausberg II, §§ 419-423):

	capra	petra	lacrima	duplu
rum.	*capră*	*piatră*	*lacrimă*	—
it.	*capra*	*pietra*	*làcrima*	*doppio*
esp.	*cabra*	*piedra*	*lágrima*	*(doble)*
port.	*cabra*	*pedra*	*lágrima*	*(doble)*
cat.	*cabra*	*pedra*	*llagrema*	*doble*
prov.	*cabra*	*peira*	*lagrema*	*doble*
a. fr.	*chievre*	*piedre-pierre*	*lairme*	*double*
rét.	*caura*	*pedra*	*larma*	*dobel*
	(< cavra)			

106. Es difícil establecer la cronología de la sonorización, puesto que los testimonios directos son demasiado tardíos y poco numerosos (para la relación entre síncopa y sonorización, v. G. Straka, art. citado pág. 56; cf. también más abajo, § 109). Cronológicamente, los primeros ejemplos, aislados por otra parte, se encuentran en Pompeya: 5380 *tridicum,* 8830 *tridici* = *trīticum, trīticī* (cf. § 71), 2451 *Viriodal* (junto con *Viriotal,* nombre bárbaro); 1486 *Pagatus* (al lado de *Pacatus),* que hay que tomar con cautela, dadas las numerosas confusiones gráficas de *C* y *G;* 1613 *Ag⟨g⟩ratus* = *Acrātus,* 2400 *Arpogra* = *Arpocrās,* nombres griegos (de hecho, las sordas griegas eran transcritas en latín por sonoras[26], cf. *gubernāre* de κυβερνᾶν); App. Pr. 188 "*plasta,* non *blasta*" (del gr. πλάστής). Los materiales en cuestión no se hacen un poco más abundantes más que a partir del siglo v[27]. Por lo demás, los préstamos latinos del germánico parecen indicar que la sonorización no ha podido realizarse, al menos en la Galia, antes del siglo v (Gamillscheg, *Romania Germanica,* I, pág. 23).

107. Paralelamente a la sonorización de las sordas, las sonoras *d, g* intervocálicas tienden a debilitarse en constrictivas δ, γ, y hasta a hacerse mudas, mientras que *-b-* pasa a la fricativa bilabial, después labiodental *v*, confundiéndose con la semivocal *w* (§ 89):

	habēre	vidēre	striga	augustu
rum.	*aveá*	*vedeá*	*strigă*	*agust*
it.	*avere*	*vedere*	*strega*	*agosto*
esp.	*haber* (-β-)	*ver* (por *veer)*		*agosto* (-γ-)
cat.	*aver* (-β-)	*veher*		*agost* (-γ-)
port.	*haver*	*vêr* (por *veer)*	*estria*	*agosto*
prov.	*aver*	*vezer* (por -δ-)		*agosto*
a. fr.	*avoir*	*vedeir* (-δ-), *veoir*	*estrie*	*aost* (por *aγost)*

108. Estas alteraciones están atestiguadas poco y tarde. Además se hallan parcialmente condicionadas por los sonidos subsiguientes, y a veces también por el lugar del acento. Es evidente que delante de una vocal posterior, homórgana de *g,* por ej. entre *a* y *u* u *o,* la desaparición de *g* se ha producido relativamente pronto: CIL II 5728 (España) *Austo* = *A(u)gusto,* CIL VIII 9877 (África, año 452) *Austa* = *A(u)gusta* (grafías que, por otro lado, no excluyen una pronunciación

[26] Según Meillet, *Esquisse d'une histoire de la langue latine,* pág. 92, habría habido aquí intervención etrusca, ya que esta lengua no hace distinción entre sordas y sonoras.

[27] Cf. B. Löfstedt, págs. 138-141, que refuta con razón la teoría de un sustrato céltico, propuesto, entre otros, por A. Tovar, en *REL,* 29 (1951), págs. 102-120. — S. Kiss, *o. c.,* págs. 78-82 (eventual correlación entre sonorización, desduplicación y simplificación de los grupos de consonantes). — Tekavčić, I, §§ 207-216 (ojeada a los fenómenos de sonorización románica y discusión de las distintas teorías).

fricativa de *g); raramente delante de vocal palatal (cf. § 91): CIL III 14730 *maester* = *magister,* rum. *maestru,* it. *maestro, mastro,* a. fr. *maistre,* prov. cat. *maestre,* esp. *mestro, maestro,* port. *mestre;* App. Pr. 12 "*calcostegis* [= *chalcostegis*], non *calcosteis*"; CIL VIII 1163 *vinti* = *vīgintī* (ibid. *viginti),* 5399 (Galia) *trienta* = *trīgintā* (§ 267); cf. esp. port. prov. *liar* < *ligāre, real* < *regāle.*

5. CONSONANTES DOBLES Y CONSONANTES SIMPLES

109. Las lenguas románicas presentan una simplificación muy generalizada de las consonantes dobles. Sólo el italiano del Centro y del Sur y el sardo han mantenido las geminadas: *bella, flamma, vacca, cappa, vitta* > it. *bella, fiamma, vacca, cappa, vetta,* log. *flamma, bacca,* pero rum. *vacă, bată;* esp. *llama, vaca, capa,* (a. esp.) *beta,* a. fr. *bele, flame, vache, chape,* prov. *bele, flama, vaca, capa, veta,* etc. Pero la reducción de las geminadas no se ha verificado más que en vísperas de la fijación de los idiomas románicos, y, en todo caso, posteriormente a la sonorización de las sordas intervocálicas: cf. esp. *rueda,* fr. *roue* < *rota,* pero esp. *gota,* a. fr. *gote* < *gutta.* Además, en francés, la geminada impide las diptongaciones *ē* > *ei, oi, ō* > *ou, a* > *ae* > *e* en la sílaba precedente; la simplificación de la geminada o doble es, pues, posterior a estos cambios: *chat* < *cattu, an* < *annu, -et* < *-ittu,* frente a *pré* < *prātu, plain* < *plānu, coi* < *qu(i)ētu;* por otra parte, *-cc-* delante de *a* participa de la palatalización de *k* apoyada delante de *a: vacca* > *vache,* como *campu* > *champ, musca* > *mouche.* Las líquidas dobles son las que más resisten; *rr* se ha conservado, además de en italiano y en sardo, en la Romania occidental: *terra* > prov. cat. port. *terra,* esp. *tierra,* pero rum. *ţară; sella* > a. esp. *siella,* después *silla (ll = l'),* port. *sela* frente al esp. *pala,* port. *pá* < *pāla,* rum. *şale* frente a *teară* < *tēla*[28].

[28] Las simplificaciones esporádicas que se encuentran en las inscripciones y manuscritos de diversas procedencias son, en su mayor parte, de orden gráfico (B. Löfstedt, págs. 165-167; cf. Kiss, *o. c.*, pág. 79).

110. La simplificación era regular y antigua detrás de vocal larga o diptongo (de la fase preliteraria a la época republicana); según Quintiliano, *Inst.* 1, 7, 20, se pronunciaba todavía en tiempos de Cicerón *cāssus, caussa, dīvīssio,* convertidos luego en *cāsus, causa, dīvīsio.* El caso de *-ll-* es complicado; a juzgar por la grafía, ha existido reducción, de manera general, después de diptongo, pero después de vocal larga solamente cuando seguía una *i: paulum* y *paulō* son preferidos a *paullum* y *paullō;* el cognomen (más raramente prenomen) *Paul(l)us, Paul(l)a* no presenta la forma con *-ll-* en las inscripciones más que cuando el personaje en cuestión es un senador: en efecto, los índices de Dessau (III, págs. 223 ss.) contienen *Paullus* 35 veces (de los cuales, 32 senadores), 32 veces *Paulus* (18 senadores); 8 veces *Paulla* y 9 veces *Paula;* mientras que las inscripciones cristianas podemos decir que no conocían más que *Paulus, Paula* (Diehl, *Inscr. Christ., Index,* págs. 122 ss.: *Paulus* 62, *Paula* 18, *Paulla* 1). Por el contrario, la forma monoptongada *Polla* (Dessau, Index, pág. 228: 15 veces, 1 vez *Pola;* Diehl, *Inscr. Christ., Index,* pág. 127: 1 vez *Polla,* 1 vez *Pola;* falta el masculino *Pollus),* lo mismo que *mīlle, vīlla, stēlla* (las largas son confirmadas por el romance) presentan casi con regularidad la *-ll-*, mientras que *mīlia* es la grafía corriente; siempre *vīlicus, stēlio* "estelión, lagarto estrellado". Se ha pensado que *-ll-* después de vocal larga no sería más que una grafía para indicar la pronunciación alveo-palatal de esta consonante, mientras que la *l* simple habría estado delante de *o, a* y *u;* y la *-ll-* de *paullum, Paullus, aulla, ōlla* (§ 60) sería una *ł* "fuerte", un caso de geminación afectiva (§ 111). Por ello no deja de ser verdad que la consonante doble es exigida por el it. *stella,* rum. *stea* (cf. rum. *teară* < *tēla),* esp. *estrella,* port. *estrela* (estas dos últimas formas por contaminación con *astrum;* cf. port. *teia* < *tēla).*

111. La ley de "mamilla". — Una doble seguida inmediatamente de una sílaba acentuada larga se reduce generalmente a simple: *canna - canālis, currus - curūlis, mamma - mamilla.* Sin embargo, esta tendencia ha sido neutralizada a menudo por la analogía, por ej.

gallīna (no **galīna;* fr. *geline* no prueba nada a este respecto), de *gallus, possessus* de *possideo,* etc. En otros casos ha habido vacilación: al lado de *communis,* por ej., se lee a menudo en las inscripciones (Pompeya y en otras partes) *comunis;* cf. it. *comune,* log. *cumone.*

112. Geminación expresiva[29]. — Cierto número de palabras con valor afectivo presentan una geminación espontánea, que coexiste a menudo con otra forma de consonante simple. Se trata sobre todo de términos de interpelación, hipocorísticos, apodos y calificativos populares: *Iuppiter* (cf. la forma antigua *Diespiter,* umbr. *Iupater), Varrō* (cf. *vārus* "patizambo"), adjetivos que indican deformidades o defectos como *flaccus* "flaco", *gibbus* "giboso", *lippus* "lagañoso", *gluttō* de donde el it. *ghiottone,* fr. *glouton;* palabras infantiles (cuyo sentido ha variado) *acca, atta, mamma, pappa, pappus...* Pertenecen a esta categoría: *tōttus* por *tōtus,* citada por el gramático Consentius (ed. Niedermann, pág. 11, 5) como barbarismo, punto de partida de todas las formas románicas de esta palabra, exceptuando esp. port. *todo* de *tōtu; *brūttus* (por *brūtus)* que supone el it. *brutto* (esp. port. *bruto,* fr. *brut* son préstamos); it. *putto, putta, puttana* (¿y el fr. *putain?)* < **pūttus, -a:* hay que hacer notar en estas palabras la combinación insólita de vocal larga + doble o geminada. — App. Pr. 110 "*draco,* non *dracco*" (esta última no ha sobrevivido); CIL VIII 11594 *citto = citō,* cf. it. dial. *cetto* (frente al esp. port. *cedo); gryllus, grīllus* "grillo" (del gr. γρῦλος y γρύλλος "cerdito", "congrio") cuya geminada, así como la *-ī-*, están confirmadas por el it. *grillo,* sic. *griddu,* cat. *grill,* esp. *grillo,* port. *grilo; plattus* (glos., Du Cange) del gr. πλατύς, it. *piatto,* port. esp. *chato,* fr. *plat;* Pompeya 2013 *succula* (injuria) = *sūcula* "cerdita" (diminutivo de *sūs),* cf. napol. *zòccola* "mujer de mala vida". Es probablemente en virtud de esta tendencia por lo que algunos términos (disilábicos) con vocal larga seguida de oclusiva simple van acompañados de un doblete con vocal breve seguida de geminada: *bāca - bacca* (esporádicamente en los manuscritos

[29] Cf. A. Graur, *Les consonnes géminées en latin* (París, 1929), págs. 89 ss.

y en los glosarios), prov. esp. port. *baga,* fr. *baie* - it. *bacca; cūpa - cuppa,* con diferente sentido (si es cierto que se trata de una misma palabra, v. DEL, *s. v. cuppa;* Thes., *s. v. cūpa),* fr. *cuve,* prov. cat. esp. *cuba* - rum. *cupă,* it. *coppa,* fr. *coupe,* prov. cat. esp. port. *copa; mūcus, mūcēre - muccus, *muccāre,* Pompeya 1391 *exmuccaut = exmuccāvit* (por *ēmunxit,* hapax), prov. *mozer,* fr. *moisir < *mucēre, *mucīre* (con abreviación de la *u)* - rum. *muc,* it. *moccio* (rehecho sobre el pl. *mocci),* log. *muccu,* prov. cat. *moc,* esp. *moco < muccu,* fr. *moucher,* prov. cat. esp. *mocar < muccāre; sūcus - *sūccus* (con larga anormal, cf. *tōttus, *brūttus),* rum. *suc,* it. (del Norte) *sugo,* prov. cat. *suc,* esp. *jugo* - it. *succo.*

6. GRUPOS DE CONSONANTES

a) Asimilación

113. De manera general, los grupos de consonantes, sobre todo en intervocálica, tienden a nivelarse por asimilación, que puede ser total: *ferre* de **fer-se, velle* de **vel-se* (asimilación progresiva, rara); *clausī* (por medio de *claussī)* de **claud-sī, summus* de **sup-mos, affero* de *ad-fero, differo* de *dis-fero, attulī* de *ad-tulī* (asimilación regresiva); o bien, con más frecuencia, parcial: *imberbis, incertus* (pronunciado *iŋ-)* frente a *intactus; optineo, apstineo, suptīlis, urps,* pronunciaciones normales, a pesar de la ortografía usual *obtineo, abstineo, subtīlis, urbs,* como lo constata Quintiliano, *Inst.* 1, 7, 7. La asimilación total tiene lugar generalmente en los compuestos con *ad-*: *-cēdo, -cipio, -fārī, -fero, -ficio, -figo, -firmo, -gredior,* etc., y con *con-*: *-lābor, -ligo, -loquor, -laudo, -labōro, -ripio, -rumpo,* etc., aunque las formas no asimiladas son frecuentes y hasta predominantes, por ej. para *adficio, Adfectus* (nombre) y *adfārī* (Thes., *s. vbus.)* y preconizadas a menudo por los gramáticos latinos[30]. Igualmente son

[30] Sus reglas son a menudo fantasiosas y contradictorias, por ej. *colligo, colloco,* pero *conlabōro, conlaudo,* etc. De manera general, los gramáticos dan preferencia a

puras grafías etimológicas: *inlustris* (epíteto senatorial, casi constantemente de esta manera en las inscr.: Dessau, *Ind.,* pág. 841, y Diehl, *Inscr. Christ., Ind.,* pág. 447), *conlega, conlegium, conloco, inrumpere,* etc. (Thes, *s. vbus.).* Las palabras proclíticas delante de una inicial consonántica experimentan un tratamiento análogo: Pompeya 1880 *at quem,* 2013 *at porta = ad portam,* 2410 *im balneum,* 1895 *tan durum.* La asimilación es generalmente evitada para *admitto* y *admoveo* para prevenir cualquier homonimia con *āmitto* y *āmoveo.* (Thes., *s. v. admoveo);* sin embargo, Pompeya 8939, 8940 *ammittit.*

114. La asimilación puede tener como efecto la pérdida de una (o de varias) de las consonantes de contacto: *īdem < *isdem* (por medio de **izdem), dīmitto < *dismitto, āmoveo < *abs-moveo, trādo < *tra(n)s-do, sēvirī < *servirī; farsī, fartus < *farc-si, -tus, fulsī, fultus < *fulc-sī, -tus; sescentī < sexcentī, ostendo < *opstendo, aspīro < adspīro, suscipio < *supscipio, sustineo < supstineo,* a pesar de las grafías etimológicas (que han podido influir a su vez en la pronunciación; cf. fr. *obscur* al principio *oscur, expirer* antes *espirer,* etc., y,

las formas asimiladas. Pero las inscripciones nos proporcionan un testimonio más seguro. Cuanto más desenvuelta es su apariencia (grafitos, tablillas de execración), tanto más a menudo son asimilados a la consonante inicial del radical los prefijos *ad-, con-, in-,* etc. Por el contrario, los manuscritos de los textos literarios, aun «vulgares», acusan un acrecentamiento de las formas no asimiladas hacia el final de la Antigüedad. Ante estos hechos, Otto Prinz, en ALMA, 21 (1951), págs. 87-115, y 23 (1953), págs. 35-60, así como B. Löfstedt, *o. c.,* págs. 196-206, nos parece que atribuyen demasiada parte de las grafías no asimiladas a la lengua hablada. Muchas —tanto en las inscripciones como en los manuscritos— son evidentemente notaciones inversas o etimológicas, como *inperium, inprobus, conlega,* etc. (desde la época republicana); por otra parte, tenemos a Plauto, *Poen.* 279 *assum,* asegurado por un juego de palabras a contrapelo de la tradición manuscrita (Prinz, ALMA, 21, pág. 99). Ello no impide que tales formas restablecidas se deslicen ocasionalmente al hablar, a poco que el sujeto hablante analice su discurso. Por fin, nos parece poco probable que las formas romances testigos de los prefijos verbales *dis-* y *ex-* íntegros (o rehechos), como a. fr. *desrompre,* it. *svenire,* etc. (B. Löfstedt, págs. 201 ss.) puedan remontarse al latín antiguo hablado (que estaría representado, por ej., en *dismoti* del Senatusconsultus de las Bacanales). Cf. V. Väänänen, comunicación citada más arriba, pág. 45, n. 1.

por otra parte, la pronunciación popular *espliquer, estraordinaire);* CIL I^2 1211 = VI 15346 (Roma) *asta ac pellege = adstā ac perlege;* confirmación indirecta (evolución inversa): Pompeya 2360 *opscultat,* 4008 *obscultat = oscultat,* por *auscultat* (§ 60). Asimismo es legítimo suponer que el pueblo pronunciaba *dester* (en los glosarios se lee *destrā;* cf. a. fr. prov. cat. *destre,* esp. *diestro,* port. *destro), estrā* (a. fr. *estre,* prov. *estra), sestus* (cf. los dobletes *Sextius* y *Sestius;* it. *sesto,* esp. *siesta), especto* (confundido con *spectō,* § 82), *iustā* (a. fr. *joste,* prov. *josta),* por *dexter, extrā, sextus, expecto, iuxtā* (Niedermann, *Précis,* § 103). Igualmente: *tento* de *tempto* "palpar", "intentar" (que se confunde con *tento,* frecuentativo de *tendo); Pomptīnus* > *Pontīnus,* gr. λαμπιήρ > *lanterna.*

115. El accidente inverso, es decir la inserción de un sonido de tránsito (epéntesis), se presenta sobre todo para *ms, mt* (¿para indicar el ensordecimiento de la *m* delante de *s, t?)* y *mn: compsī, sumpsī, comptus, sumptus,* perfectos y participios de *cōmo, sūmo* (fenómeno contrario a la asimilación en **consī,* etc., y debido, sin duda, al cuidado por conservar la *-m* del radical); lo mismo *dampnum, hiemps, sompnus, columpna* (Festus; cf. *Quint.* 1, 7, 29, Pomp. Gramm. V 283, 11 *columa,* forma, sin duda, rehecha a base de *columella,* Ernout-Meillet, *s. v.),* dobletes de *damnum, hiems, somnus, columna,* con tendencia normal a convertirse en *dannum,* etc., que eran, indudablemente, considerados como vulgares.

b) Tratamientos especiales de grupos intervocálicos

116. *nkt > nt: santus = sanctus, cintus = cinctus, (dē)funtus = (dē)functus,* formas frecuentes en las inscripciones tardías de todas las regiones (cf. Diehl, *Vulgärlat. Inschr.,* pág. 163; Mihăescu, § 93); cf. *quīntus < *quīnctus;* inversamente: *Aracinctus = Aracynthos* (Diehl, *Pomp. Wandinschr.,* pág. 87), CIL VI 12052 (Roma) *Crysanctus = Chrysantus; lancterna* (Itala) = *lanterna;* a. rum. *samtu,* rum. mod. *sînt,* it. esp. port. *santo,* cat. *sant < san(c)tu;* it. esp. port. *unto,* cat.

unt < *un(c)tu;* por el contrario, fr. *saint, oint,* prov. *sanch, onch* suponen una forma con palatal (cf. Lausberg II, §§ 436-438).

117. rs. — La primera asimilación de *rs* en *rr* se ha producido en época prehistórica: **fer-se* > *ferre* (cf. **vel-se* > *velle)*. Como consecuencia, y por tratarse de una tendencia popular, se da *dossum* al lado de *dorsum* en Varrón y en el bajo latín (Thes., *s. v. dorsum),* de donde el it. *dosso,* log. *dossu,* rum. fr. prov. cat. *dos;* App. Pr. 149 "*persica,* non *pessica*", formas ambas que han subsistido: rum. *piérsică,* prov. *persega, presega* - it. *pèssica, pesca,* fr. *pêche;* la misma divergencia en *ursus:* rum. *urs,* it. *orso,* fr. *ours,* prov. *ors* - esp. *oso,* cat. *os; versum:* it. *verso,* fr. *vers* - prov. *ves,* a. esp. *viesso,* a. port. *vesso*. — Después de vocal larga se da reducción de *rs* en *s: sūsum* y *suso,* al lado de *sūrsum,* desde Catón (Georges, *s. v. sūrsum),* de donde it. *suso* (apocopado en *su,* cf. it. *mo'* de *modo, po'* de *poco),* esp. port. *suso,* fr. prov. cat. *sus; sūsum* ha influido sobre su opuesto antitético *deorsum*[31], del que existen las formas populares *deosum, diosum, iosum, iusum* (§§ 95 y 97), ant. esp. *juso.*

118. l + consonante. — Los gramáticos (Prisciano, Consentius) califican la articulación de *l* delante de consonante (lo mismo que delante de vocal distinta de *i* y en final) de "plena" o "espesa", es decir que tiene un sonido grave (con relación a la *l* "exilis", que era, por ejemplo, la *l* delante de *i* y la *ll);* se trataba de una articulación debilitada, producida por el dorso bajo de la lengua, y por ello, por una cavidad de resonancia agrandada, como la *l* fuerte rusa o polaca (v. G. Straka, en *Bulletin linguistique,* 10, 1942, págs. 6-34). Tenemos un primer ejemplo de vocalización de *l* en *cauculus* = *calculus* (Itala,

[31] Cf. *sursum deorsum* «al revés». Glos. médic. página 8, 1 *anocatum* (sacado del gr. ἄνω κάτω) *hoc est susum iosum, quando et vomitus et venter solvitur* (Niedermann, en *Emerita* 11, pág. 296 = *Recueil,* pág. 95); cf. S. Agustín, *In epistulam Johannis ad Parthos,* 8, 2 *iusum vis facere Deum, et te susum* «quieres abajar a Dios y alzarte tú».

Antimo, Quirón, glos., etc.) y *cauculatio* (glos.), *cauculator* (glos., edicto de Diocleciano del año 301), donde, sin embargo, puede darse atracción de la *u* siguiente (Battisti, § 115; Thes., *s. v. : bus);* cf. *altus* > rét. *ot,* prov. *aut,* fr. *haut,* pero rum. *înalt,* cat. *alt,* it. esp. port. *alto* (pero a. esp. *oto).* — A la inversa, **calma* = *cauma* del gr. καῦμα, it. esp. port. *calma; salma* = *sagma* ("corrupte vulgo", Isid.), por *sauma* (§ 124), it. *salma* y *soma* (prov. *sauma,* fr. *somme).*

119. Nasal + oclusiva. — La nasal implosiva era también articulada muy débilmente, hasta el punto de ser suprimida en las inscripciones provenientes de gente poco culta: Pompeya 8512 *ligis* = *lingis,* lo mismo otras formas de *lingere* sin *n,* una decena de veces; 1519 *nuc* = *nunc,* 5242 *quodam* = *quondam, Spedusa* tres veces *(Spendusa* correctamente dos veces), 2257 *Froto* = *Frontō,* 6902 *metula* = *mentula,* 8936 *Decebres* dos veces = *Decembrēs,* etc. Esta tendencia, atestiguada en diversas regiones y épocas (B. Löfstedt, págs. 122 ss.) y confirmada por evoluciones inversas, por ej. CIL IX 5860 *sciantis* = *sciātis,* no ha desembocado en el romance. Cf. los dobletes *sambūcus* (it. *sambuco)* y *sabūcus* (gram. y glos.; rum. *soc,* a. fr. *seü(r),* cat. *sauc,* port. *sabugo);* inclusión de nasal adventicia: *la(m)brusca* (glos.), it. *lambrusca, stra(m)bus* (glos., rum. *strîmb,* it. *strambo,* port. *estrambo), *sa(m)batum* (= *sabbatum;* rum. *sîmbătă,* fr. *samedi,* dial. *sambedi;* cf. sin embargo FEW, 11, *s. v. sabbatum).*

Los dialectos de Italia centro-meridional, por el contrario, han asimilado los grupos *nd* y *mb,* respectivamente, en *nn* y *mm.* Ahora bien, como el osco-umbro ha realizado igualmente *nd* > *nn* (osco *úpsannam* "operandam"), se ha planteado la cuestión de si no habrá filiación directa entre un "latín vulgar osquizado" y los dialectos italianos modernos en cuestión. Las opiniones de los dialectólogos están divididas (Wartburg, *Ausgliederung,* págs. 8 ss.; Rohlfs, *Ital. Sprache,* I, § 253). De todos modos, los materiales latinos son demasiado raros para poder corroborar la teoría de sustrato osco: en Pompeya no hay más que 1768 *Verecunnus* = *Verēcundus;* en otras partes, CIL XIII 5191 (Suiza) *Secunnus* = *Secundus, ibid.* VI 20589 (Roma) *oriunna* = *oriunda,* X 1211 (cerca de Nápoles, año 170 d. C.), *innulgen(tia)* = *indulgentia;* App. Pr. 214 "*grundio,* non *grunnio*"*:* la forma recomendada ¿no será una "hipercorrección"? Cf. *gannio, hinnio;* o bien *grundio* > *grunnio* por asimilación de *ndy* en *nny* (> *ṇ*), como en *verēcundia* > it. *vergogna,* fr. *vergogne,* etc., *Burgundia* > fr. *Bourgogne;* por fin, probablemente, Plauto, *Mil.* 1407 *dispennite* = *dispendite* (dialectismos, según Sommer, § 133, 3).

120. mn. — Hay tendencia general a asimilar las dos nasales en *nn:* CIL VI 27070 *alunnus,* CIL III 2240 *alonnus,* CLE 1339, 19 *danno,* cf. it. *danno* < *damnu,* esp. *sueño* < *somnu;* más raramente en *mm:* CIL VI 28117 *sollemmo,* cf. fr. *somme* < *somnu.* — Para la epéntesis *mpn,* v. § 115.

121. ns. — La conversión en muda de la *n* delante de *s* (así como delante de *f,* caso mucho menos frecuente: cf. App. Pr. 125 "*effeminatus,* non *imfimenatus*", evolución inversa) es uno de los rasgos más constantes en los textos "vulgares". Lo documentan las inscripciones de todas clases desde el siglo III a. C., por ej. el epitafio de Cornelius L. f. Scipio: COSOL, CESOR (§ 16); un montón de ejemplos en Pompeya, hasta en nombres propios, por ej. *Cresces* 44 veces, contra 14 veces *Crescens;* además, las evoluciones inversas: 2398 *Gangens* = *Gangēs,* 1904 *pariens* = *pariēs,* 6885 *formonsa,* 8259 *formonsiorem*[32]. Los gramáticos romanos la señalan (Varrón, *Ling.* 5, 108, Quint. *Inst.* 1, 7, 29; según Velius Longus, Gramm., 7, 79, Cicerón habría pronunciado afectadamente *forēsia, Megalēsia, Hortēsia,* más bien que *-ēnsia);* App. Pr. 76 "*ansa,* non *asa*", 152 "*mensa,* non *mesa*", y, a la inversa, 19 "*Hercules,* non *Herculens*", 75 "*formosus,* non *formunsus*" (sic), 123 "*occasio,* non *occansio*". Finalmente, el

[32] La popularidad de *formonsus* se debe probablemente a la idea de exceso que denota el sufijo *-osus,* en *vinosus, nummosus, mulierosus* y hasta *religiosus;* cf. R. Schilling, *L'originalité du vocabulaire religieux latin,* en *Revue belge de Philologie et d'Histoire,* XLIX (1971), 1, págs. 31-54, esp. págs. 42 ss.

testimonio de las lenguas románicas es unánime: *pe(n)su* > rum. *păs,* it. esp. port. *peso,* log. *pezu,* rét. *pais, pes,* prov. cat. *pes,* a. fr. *pois* (escrito después *poids); pē(n)sāre* (postclásico) > it. *pesare,* log. *pezare,* prov. *pezar,* fr. *peser,* cat. esp. port. *pesar* (doblete "culto" it. *pensare,* fr. *penser* y *panser,* cat. esp. port. *pensar;* lat. *pēnsāre* tiene ya este sentido en los autores cristianos de baja época, cf. Blaise, *Dict. lat.-fr. des auteurs chrétiens, s. v.;* inexacto en Bloch-Wartburg, *s. v. penser); spō(n)su* > it. *sposo,* log. *ispozu,* fr. *époux,* prov. cat. *espos,* esp. port *esposo.*

122. pt, ps. — La asimilación de estos grupos, atestiguada apenas en latín *(isse, issus, issa* por *ipse, ipsa* en Pompeya, con valor hipocorístico, es un caso aislado), pero está supuesta, sin embargo, por todas las lenguas románicas (a excepción del rumano, que, aunque asimila *ps* en *s,* conserva *pt* y del prov. que vocaliza *p* implosiva): *septem* > it. log. *sette,* rét. *set, siet,* esp. *siete,* port. *sete,* a. fr. prov. cat. *set,* pero rum. *şapte; gypsu* > it. *gesso,* esp. *yeso,* port. *gesso,* prov. *geis; scrīpsit* > rum. *scrise,* it. *scrisse,* a. esp. *escriso,* a. fr. *escrist; captīvu* > prov. *caitiu, adaptu* > prov. *azaut.*

123. kt, ks. — Los materiales epigráficos, poco numerosos por cierto, indican que *k* se hace muda delante de *t:* Pompeya t. c. 25 *otoge(ntos), autione, fata* (= *facta);* 4870, t. c. 38 *Otaus* = *Octavus,* NSA 1958 pág. 127, 253 c) *Vitorius;* CIL VIII 18450 (Mauritania) *Vitor,* CIL XII 5561 (piedra miliaria, Austria, año 272 d. C.); App. Pr. 154 "*auctor,* non *autor*", 155 "*auctoritas,* non *autoritas*" (lo mismo en las inscripciones tardías, Thes.); el elemento velar del diptongo *au* ha facilitado, sin duda, la desaparición de la *k,* cf. evolución inversa (con etimología popular) *auctumnus* = *autumnus* (en algunos mss., Thes.). No hay que excluir una pronunciación osquizante en Pompeya en los casos *O(c)tavus, o(c)to, fa(c)ta,* cf. el osco *Uhtavis* "Octavius". Hay que hacer notar además los dobletes *cocturnix* y *coturnix, brattea* y *bractea;* un ejemplo de asimilación de *kt* en *tt* lo tenemos en el edicto de Diocleciano del año 301 (CIL III pág. 807, 6) *lattucae;* y el latín tardío reemplaza *ructus, ructāre* por *ruptus, rupt(u)āre* (que explica el fr. *rot, roter;* Oribasio, Fulgencio, Casiodoro), a la vez por proximidad del cuasi-sinónimo *eruptus, eruptio* y por falsa regresión, ya que los grupos *kt* y *pt* tienen tendencia a asimilar (o a hacer desaparecer) el elemento implosivo (v. Niedermann, *Recueil,* pág. 58; Ernout, *Philologica* II, págs. 229-232). — En romance, la asimilación *kt* > *tt* no la han adquirido más que el italiano y el sardo: *fatto, -u* < *factu, latte* < *lacte, otto* < *octō;* el rumano ofrece *pt* por *kt: fapt, lapte, opt,* mientras que la Romania occidental cambia este grupo en *χt,* de donde el fr. *fait,* prov. *fach,* cat. *fet,* esp. *hecho,* port. *feito,* etc.[33]. — Es frecuente en las inscr. *visit* por *vixit* (v. Diehl, *Vulgärlat. Inschr.,* pág. 160); it. *dissi,* fr. *dis* < *dīxī;* it. *coscia,* fr. *cuisse* < *coxa* (a través de -*χs*-).

124. gm. — La *g* se vocaliza en *u* por un relajamiento de la oclusión de este elemento implosivo y por una acción simultánea de los labios (anticipación delante de *m):* App. Pr. 85 "*pegma,* non *peuma*" (gr. πῆγμα), *fraumentum* (textos tardíos, Thes.) = *fragmentum, sauma* = *sagma* (gr. σάγμα; "corrupte vulgo" Isid.; Glos. Reich.), it. *soma* y *salma* (por hipercorrección, § 118); prov. *sauma,* fr. *somme,* esp. *soma* y *salma; pigmentum,* **piumentu* > a. it. *piumento,* a. fr. *piument* (pero esp. *pimiento,* prov. *pimen); smaragdus,* **smaraldus,* **smeraldus* > it. *smeraldo,* fr. *émeraude,* prov. *esmerauda,* esp. port. *esmeralda* (pero cat. *esmeragda).*

c) Grupos de consonantes secundarias no toleradas

125. El grupo insólito *tl,* nacido como consecuencia de una síncopa, se reemplaza por *kl: vet(u)lus, vit(u)lus, capit(u)lum* > *veclus, viclus, capiclum* (§ 68); lo mismo *ūst(u)lāre* > prov. *usclar* (a. fr. *us-*

---

[33] ¿Substrato celta? Así opina, entre otros, Wartburg, *Ausgliederung,* págs. 39 ss.; Lausberg II, § 430, ve en ello más bien un substrato osco-umbro, hipótesis gratuita.

ler). El grupo *sl* ha sido paliado por la inserción de una consonante de tránsito: *ass(u)la* > **ascla* > rum. *aşchie,* prov. cat. *ascla,* port. *acha* (cf. *masc(u)lus* > port. *macho), pess(u)lus* > **pesclus* (rehecho en *pesculum,* Gloss. V, 132, 24) > it. dial. *peschio,* fr. dial. *plesc* (metátesis), a. fr. *pesle,* de donde *pêle* y luego *pêne.*

7. CONSONANTES FINALES[34]

126. Las consonantes finales tienen una articulación relativamente débil y experimentan, por consiguiente, distintas modificaciones según que se hallen en la pausa o pertenezcan a una palabra más o menos ligada con la palabra siguiente. En este último caso, su tratamiento depende de la naturaleza de la palabra que la sigue. Sin embargo, la desaparición total de las consonantes finales ha sido contrarrestada por el afán de nitidez, sobre todo con respecto a las consonantes que realizaban funciones de flexión; una cosa parecida, en francés moderno, a las dos (y hasta tres) pronunciaciones de *plus* y *tous.* — Algunas lenguas románicas, a saber, el italiano y el sardo, evitan la final consonante, sobre todo en la pausa, y añaden, cuando llega el caso, una vocal paragógica: *sum* y *sun(t)* > it. *sono, cantan(t)* > it. *càntano,* sardo *kántana*[35].

127. -m y -n. — Que la *m* final era caduca desde la época arcaica está ampliamente probado por las inscripciones, aun las de carácter oficial, desde el siglo III a. C. (§ 16), tanto como por las indicaciones de los gramáticos y los procedimientos métricos. Si hemos de creer a Quintiliano, *Inst.* 9, 4, 40, *-m,* "por ej. en *multum ille* y *quantum erat,* aunque escrita, no se pronunciaba, de suerte que se oye, por así decirlo, un nuevo sonido: puesto que no es escamoteada, sino articulada

[34] V. S. Kiss, *o. c.*, págs. 85-89 (sobre *-t, -s, -m).*

[35] Lausberg II, § 527, piensa que era una tendencia «latina vulgar» el evitar las consonantes al final de palabra; esta hipótesis está, sin embargo, por demostrar.

débilmente, haciendo exactamente como una especie de signo de puntuación entre las dos vocales e impidiendo su fusión". En el verso, *-im, -em, -am, -um* se elidían delante de vocal, mientras que *-m* hacía posición delante de consonante. — Los datos de Pompeya son instructivos a este respecto. Es frecuente en ellos la omisión de *-m* en cualquier posición, y está confirmada además por evoluciones inversas tales como en 1096 *(per)missum aedilium occupavit (locum)* = *permissū,* 8820 *diem Iovis* = *diē.* Parece, sin embargo, que *-m* ha resistido mejor detrás de *u* que de *a, e, i:* léese en un mismo grafito, 5380, *halica, bubella, pane* (= *halicam, bubellam, panem),* por una parte, y, por otra, *botellum, casium, pisciculum*[36]. En monosílabos, la *-m* es omitida cuatro veces en Pompeya: 3152 *cu amecis* (sic), 8873 *ia Volcanus,* 8361 *ia nox,* 9251 *qua agere,* mientras que en las proclíticas, delante de consonante, es modificado el punto de articulación: 2410 *im bulneum,* 1891 *tan durum,* 1997 *quen quisque,* 2402 *cun Fileto*[37]. Por otra parte, hemos visto que *-m* se relajaba delante de oclusiva, aun en el interior de una palabra (§ 119). Estos hechos no se oponen a la hipótesis según la cual la nasalidad se habría desvanecido en la vocal precedente (Niedermann, *Phonétique,* § 54), sobre todo, sin duda alguna, delante de consonante; en el interior de una palabra, la consonante nasal, *m* o *n,* habría sido restablecida, salvo delante de *s* (§ 121); en final ha desaparecido definitivamente, si exceptuamos algunos monosílabos (algo semejante a la articulación en francés moderno de la consonante final en *net, fat, os, fil, fi(l)s,* etc.), únicos que han conservado huellas de *-m* en las lenguas románicas: *cum* > it. esp. *con,* log. *kun* (nasal labial, dental o velar según el sonido que siga), port. *com,* pero rum. y dial. it. merid. *cu; rem* > fr. *rien; quem* > esp.

---

[36] Se trata de un fenómeno gráfico más que fonético: frente a las formas *-a, -e* y *-u* de la 4.ª declinación, no existe una grafía *-u* de la 2.ª declinación (B. Löfstedt, *o. c.,* pág. 118).

[37] Es digna de notarse la forma *con* = *cum,* debida a la posición proclítica (¿o a la aproximación del preverbo *con*?): 13 ejemplos en las cartas de Claudius Terentianus (8 veces *con suis:* Pighi, *o. c.,* pág. 48; Adams, *o. c.,* pág. 10); confirmaciones muy frecuentes en las inscripciones, sobre todo en Roma *(Thes.* s. v. *cum).*

quien, port. *quem* (diptongo nasal), rum. *cine* (con *-e* paragógica); *quam* > prov. *can,* esp. *cuan,* port. *quão* (pero rum. log. *ca); tam* > log. cat. esp. *tan*[38], port. *tão; sum* > it. *sono* (con *-o* paragógica); *meum* > fr. *mien; ia(m),* por el contrario, es truncado en todos los casos: it. *già,* sard. esp. *ya,* a. fr. port. *ja*. La *-n* final, relativamente rara por cierto, ha padecido, sin duda, una suerte análoga a *-m,* sin que subsista, fuera de *nōn,* más que en sardo: *nomen* y *nomene* (con paragoge), pero it. *nome,* rum. *nume,* prov. fr. *nom* (aunque esp. *nombre* < **nōmine?* cf. § 256). La negación ha mantenido las dos formas, *nōn* y *nō,* que se han ido diferenciando semánticamente: cf. it. a. esp. *no,* negación absoluta, *non,* negación conjuntiva (pero en fr. únicamente *nōn,* desdoblada fonéticamente en a. fr. en *non* y *ne(n);* lo mismo el portugués *não;* por el contrario, el rum. *nu,* para las dos funciones).

128. -s. — Los diferentes tratamientos de la *-s,* todavía más que los de *-m,* dependen de la fonética sintáctica, así como de factores morfológicos. También los hechos son aquí más complejos.

En las inscripciones arcaicas, la desinencia *-ŏs* (luego *-us)* aparece escrita más a menudo sin *-s* que con *-s;* en otras finales, la ausencia de *-s* es excepcional. A partir del siglo I antes de nuestra era, más exactamente después del senatus-consultus de las Bacanales del año 186, se restablece generalmente la *-s* en la desinencia *-us,* así como en los demás casos (Carola Proskauer, *Das auslautende* s *auf den lateinischen Inschriften,* Estrasburgo, 1910). Este estado de cosas es confirmado por los materiales que provienen de Pompeya: la *s* final es en ellos estable, puesto que el número de nombres en *-u(s), -ŏ(s)* es relativamente mínimo en relación con las formas íntegras con *-s,* por una parte, y con relación a las que atestiguan la pérdida de *-m,* por otra (Väänänen, *Lat. vulg. des inscr. pomp.,* págs. 77 ss.). Hay que hacer notar también que App. Pr. no contiene ejemplo alguno de la omisión

[38] Es probable que esp. *cuan, tan,* etc. provengan, por apócope, de *tanto, quanto,* más bien que de *tam, quam;* Corominas-Pascual, *Diccionario crítico etimológico castellano e hispánico,* s. v. *cuan.*

de *-s,* mientras que los casos de ausencia de *-m* puestos de manifiesto en esta lista alcanzan el número de 7. Finalmente, la omisión de *-s* en los textos tardíos es muy irregular[39].

La métrica antigua admitía la supresión de *-s* en *-us* delante de consonante (sobre todo, sin duda, si era sonora), por ej. *dignu(s) locoque;* cf. *dīligo, dīmitto* < **dis-lego, -mitto, īdem* < **is-dem.* Esta licencia, que cesó con Catulo en el siglo I a. C., refleja un modo habitual de pronunciación que constata Cicerón, *Or.* 46, 161: tal omisión de *-s,* dice, pasaba antiguamente por muy refinada *(politius),* mientras que en su tiempo era tenida por poco elegante *(subrusticum)*[40]. La razón de que la *-s* final haya sido restituida hasta al habla cotidiana, hecho del que dan fe los materiales epigráficos, hay que buscarla, sin duda, en el papel importante que esta consonante jugaba en la declinación[41].

129. La Romania está dividida, por cuanto toca al tratamiento de la *-s,* en dos bloques opuestos: el Oeste, es decir, el sardo, el rético (en parte), el ibero-romance y el galo-romance, que la conservan; el Este, o sea el rumano y el italiano, donde la *-s* está representada por *-i*

[39] Hipótesis seductora de W. Mańczak, *S final en latin archaïque,* en *Studii şi cercetări linguistice,* XXVI (1975), págs. 520-525: los nombres del tipo *Cornelio* no serían debidos a la caída de *-s,* cuya restitución posterior sería incomprensible, sino más bien a la analogía con los numerosos nombres en *-o;* habrían desaparecido en el momento en que *-os* > *-us.*

[40] Para el sentido de esta noticia de Cicerón, v. W. Belardi, *Di una notizia di Cicerone* (Orator 161) *su -s finale latino,* en *Rivista di Cultura classica e medioevale,* VII (1965), 1-3, págs. 114-142.

[41] Maria L. Porzio Gernia, *Lo statuto fonologico del fonema /s/ in latino* (Accademia Nazionale dei Lincei, Classe di Scienze morali, storiche e filologiche, fasc. 7-12), Roma, 1974, hace valer la solidez de *-s* después de vocal larga, así como la estrecha relación entre vocal larga en sílaba cerrada y la aptitud de *-s* para entrar en grupos consonánticos. G. Bernardi Perini, *Due problemi di fonetica latina,* Roma, 1974, II: *S finale,* atribuye igualmente la restitución de *-s* a la analogía de las secuencias vocal larga + *s* y además a la necesidad funcional. Para una visión del punto de vista romance, v. Tekavčić, I, §§ 257-269).

o cero: *nōs, minus, cantās* > sardo *nos, minus, cantas,* eng. *nus, (main),* sobreselv. *contas,* a. fr. *nos, moins, chantes* (con *-s* articulada), prov. *nos, mes, cantas,* cat. *nos, menys, cantes,* esp. port. *nos, menos, cantas;* pero rum. *noi, —, cînţi,* it. *noi, meno, canti* (a. it. *cante* de **cantai,* después *canti,* por aproximación con *credi, vedi,* etc., brotados regularmente de *crēdis, vidēs).* Parece, pues, que la mayor parte de las hablas italianas y rumanas, incluida en ellas la lengua común, han terminado por hacer general la desaparición de la *-s* final, limitada al principio, sin duda, a la posición anterior a consonante sonora (Rohlfs, *Ital. Sprache,* § 145; Lausberg II, §§ 534-545; Maurer, páginas 44-47). Todo lleva a creer que la innovadora, en época relativamente reciente, ha sido la parte de la Romania sin *-s,* mientras que hay dificultad para confirmar la hipótesis que atribuye la conservación de la *-s* en Occidente a la influencia de las escuelas y al uso literario (Wartburg, *Ausgliederung,* pág. 21; *ídem, Évolution et structure de la langue française,* 5.ª ed. 1958, pág. 51).

130. -t, -d. — Aunque caduca, la *-t* ha sido mantenida mejor o peor durante más o menos tiempo, por necesidades de claridad. Hay omisiones esporádicas en las inscripciones, desde la época arcaica, en la desinencia verbal *-it:* CIL I^2 47, 377, 477 *dede = dedit* (siempre en la pausa), cf. umbr. *dede = dedit,* y en la desinencia *-unt: ibid.* 30 *dedron Hercole* (tb. *ibid.* 1261 *dedero,* 378 *dedrot,* en la pausa) = *dederunt;* en Pompeya hay una docena de casos de *-a(t),* tres de *-i(t),* por ejemplo 1173 *quisquis ama valia, peria qui nosci amare; bis tanto peria, quisquis amare vota = ama(t), valea(t), perea(t), nonsci(t), vota(t)* (= *vetat);* dos de *-an(t):* 8314 *habitan* (en la pausa), 4966 *tabificanque.* — De todas las lenguas románicas, sólo el francés, hasta el siglo XII-XIII, ha conservado *-t* y *-nt* de las desinencias verbales (y todavía hoy, en la "liaison": *croit-il, aiment-ils); -t* sin apoyo se ha conservado menos tiempo en francés antiguo, pero subsiste en sardo y en algunos dialectos de Italia meridional: *cantat* > a. fr. *chantet* (sin duda -θ delante de consonante sorda y en la pausa, -δ delante de vocal y de consonante sonora), sardo *cantat* o *cántata, cántaδa* (con paragoge), pero it. esp. port. cat. prov. *canta,* rum. *cîntă; cantant* > a. fr. *chantent* (con *-t* articulada), pero prov. cat. esp. *cantan,* port. *cantam,* rum. *cîntă,* it. *càntano* (paragoge); lo mismo *es(t), es* en las inscripciones de Dalmacia (Mihăescu, § 121), a. fr. *est,* prov. cat. esp. *es,* port. *é,* it. *è,* rum. *e* y *este.*

131. Las palabras monosílabas accesorias sufren la influencia del sandhi. De *pos(t)* no ha sobrevivido más que la forma reducida; ya en Pompeya 6820 *pos fata,* 4966 *posquam* y hasta *pos Idus* 2058 (numerosos ejemplos posteriores en Mihăescu, § 122); it. *poi,* rum. *apoi,* prov. port. *pos,* esp. *pues.* La consonante final de *ad, apud, sed, quid, quod* había dejado de ser sonora primeramente delante de consonante sorda, cf. Pompeya 1880 *at quem,* 2013 *at porta,* 1861 *quot scripsi = quod scrīpsī;* mas también 1824 *quit ego = quid ego,* 2400 *set intra = sed intrā.* De hecho los dobletes *ad/at, apud/aput* parecen haber coexistido desde época muy antigua, sin que podamos determinar una repartición estricta desde el punto de vista de la fonética sintáctica. Quintiliano, *Inst.* 1, 7, 5, se apresura a constatar, a propósito de *ad/at,* que "la distinción entre *ad* con *d* como preposición y *at* con *t* como conjunción es observada por muchos". Lo mismo sucede con *apud/aput,* siendo la segunda forma frecuente en las inscripciones y en los manuscritos desde la *Lex Iulia municipalis* de las tablillas de Heraclea (del año 45 a. C.), donde se lee *aput forum, aput exercitum.*

132. Por lo que toca a la consonante final de *ad, et, aut* y *quid,* hay que suponer, para el románico primitivo, una dental sonora (constrictiva con toda probabilidad) delante de vocal, mientras que delante de consonante ha habido o bien asimilación o bien reducción a muda: cf. it. *a Pietro* [*app-*] - *ad Adamo; e tu ed io* "y tú y yo" (este último uso no es, en verdad, observado con demasiado rigor); asimismo en a. fr. en la *Vie de saint Alexis: ad un conte, e justice ed amur; quid* > a. fr. *que* y *qued* (facultativo delante de vocal; Lausberg II, §§ 547-560).

133. -r, -l. — Las lenguas románicas suponen, al menos para los monosílabos, una vocal paragógica *-e* (raramente *-o)* después de las líquidas finales. Subsiste en italiano, en sardo y en rumano: *cor, fel, mel, sal* (el doblete *sale* en Ennio, Catón, Varrón; DEL, *s. v. sal)* > it. *cuore, fiele, miele, sale,* sardo *koro, fele, mele, sale,* rum. *fiere, miere, sare;* es supuesta por las formas prov. cat. *cor, fel, mel, sal,* fr. *cœur, fiel, miel, sel,* donde la vocal tónica es tratada como en sílaba libre (Lausberg I, § 189 y II, § 561 s.). Otro expediente para suprimir la final en *-r, -l* es la metátesis, supuesta en las lenguas románicas para *quatt(u)or* > **quattro, semper* > **sempre, super* > **supre,* etc.

8. DISIMILACIÓN CONSONÁNTICA

134. La disimilación, como la síncopa, se ha producido en latín sin regularidad y en diversos tiempos. Hay disimilaciones preliterarias, por ej. la que ha experimentado el sufijo *-ālis* > *-āris* en los casos en que el radical contenía una *l: cōnsulāris, mīlitāris, singulāris* frente a *mortālis, nāvālis, rēgālis.* Otras disimilaciones son propias sobre todo de la lengua cotidiana y afectan a las lenguas románicas (v. Niedermann, *Phonétique,* § 1067; Baehrens, págs. 67-74; Perrochat, *Pétrone,* pág. 32 s.; Rebecca Posner, *Consonantal dissimilation in the Romance languages,* Oxford, 1961).

135. r - r > l - r: *fragrāre* "exhalar un olor" y *flagrāre* "arder" son confundidos a menudo en los manuscritos; asimismo *fragrantia* y *flagrantia* (Servius, gramático del siglo IV-V: "*quotiens incendium significatur, quod flatu alitur per l dicimus, quotiens odor, ... per r*"*);* fr. *flairer,* prov. *flairar,* port. *cheirar* < *flagrāre* en sentido de *fragrāre; pelegrīnus* por *peregrīnus,* inscripciones tardías, it. *pellegrino,* fr. *pèlerin,* prov. *pele(g)rin,* cat. *pelegri* (ingl. al. *pilgrim); telebra* por *terebra,* App. Pr. 125; **meletrīx* por *meertrīx,* supuesto por el a. fr. *meautris,* prov. *meltritz.*

r - r > n - r: *menetrīx* por *meretrīx,* App. Pr. 147.

r - r > r - l: *crīblum, crīblāre* por *crībrum, crībrāre* en glos., Oribaso, Diosc., fr. *crible, cribler.*

r - r > r - cero: *propius, propietās* por *proprius, proprietās,* inscripciones tardías (Dessau, Index, pág. 831); esp. e it. dial. *propio,* fr. popul. *propiétaire.*

l - l > r - l: *fragellun* por *flagellum,* App. Pr. 77, Itala, Lex Salica, a. fr. *frael* y *flael* (fr. mod. *fléau),* it. dial. *friel.*

l - l > n - l: *conucula, conucla* por *colucula* (glos.), it. *conocchia,* fr. *quenouille,* prov. *conolha* (al. *Kunkel).*

l - l > cero - l: *clāvīc(u)la > cāvīcla,* de donde el it. *cavicchia,* prov. *cavilha,* fr. *cheville.*

y - y > cero - y: **corārius* por *coriārius* (de *corium),* supuesto por Pompeya 4014 *corariano; fūnārius* por *fūniārius* "caballo de volteo" (Isid., *Orig.* 18, 35, 2, *def. tab.).*

t - t > cero - t: *obsetrīx* por *obstetrīx,* App. Pr. 166, CIL VIII 4896 *opsetrix.*

136. A la inversa, inserción de una líquida adventicia 1) por acción progresiva: *frustrum* por *frustum* (App. Pr. 180, Petr. 66, 5); 2) por anticipación: *credrae* por *cedrae* (= *citrus,* Petr. 38, 1); *crētāria* por *cētāria* "pescadería" (Caper gram. 7, 108, 13 "*cetariae: tabernae quae nunc cretariae non recte dicuntur*"); cf. *culcitra* por *culcita* (Petr. 38, 5, Glos.; a. it. *cóltrice* por metátesis, a. esp. *colcedra); ballistra* por *ballista* (it. *balestra,* a. fr. *balestre,* prov. *balest(r)a); *encaustrum* por *encaustum* (a. it. *incostro,* it. mod *inchiostro);* ¿influencia analógica del sufijo *-tro?*

9. METÁTESIS

137. *alēnāre, alēnitus* por *anhēlāre, anhēlitus,* esporádicamente en bajo latín (Thes., it. log. *alenare,* fr. *halener,* prov. *alenar); corcodil(l)us, corcodril(l)us, crocodrillus (cocrodillus, cocodillus, concordillus)* por *crocodīlus* (manuscritos, *passim); porcacla* por *porclāca*

(= *port(u)lāca* “verdolaga”, Marcellus Empiricus, a. it. *porcacchia,* a. fr. *pourchaille); padūle(m)* por *paludem* (latín tardío, tosc. *padule,* rum. *pădure,* sardo *paule,* a. esp. a. port. *paul); Prancatius* por *Pancratius,* inscripciones (it. *Brancaccio* doblete de *Pancrazio); tarpezita* por *trapezita* (Plauto); *istentina, stentina* por *intestina* (Glos., it. merid. *stentina,* log. *istentina,* a. esp. *estentina,* a. port. *stentia).*

TERCERA PARTE

LAS PALABRAS

A. GENERALIDADES

138. Es en el vocabulario donde mejor se manifiesta la renovación de una lengua. Pero, por cuanto concierne al léxico latino, estamos muy mal servidos: los textos conservados no nos revelan más que un fragmento del fondo popular y familiar. Esta laguna se colma, en parte, con las aportaciones de las investigaciones comparativas, sobre todo por la geografía lingüística románica.

Los accidentes que modifican la economía de un vocabulario son de dos órdenes principalmente: 1.º cambios del fondo léxico, es decir, pérdidas y adquisiciones; 2.º renovación semántica, o sea cambios de sentido o significación. No hace falta decir que los dos procesos pueden encontrarse combinados: una pérdida está llamando un sustituto, con riesgo de modificar el sentido.

139. Renovación del fondo. — Algunas palabras "envejecen", caen en desuso, "mueren"; para el francés común de hoy día, han muerto palabras como *gaber, moult, souloir,* y otras mil que eran antaño de uso corriente, mientras que otras vegetan, relegadas en jergas especializadas o regionales: *choir, courroux, cuider, musser,* etc. No es fácil dar con la causa de las quiebras léxicas. Sin embargo, generalmente es de orden psíquico, social o étnico.

B. FACTORES PSÍQUICOS[1]

140. Las palabras usadas, con poco contorno, que no forman imagen, sobre todo las que implican un sentimiento o juicio subjetivo, es fácil que den marcha atrás y que hasta zozobren en beneficio de expresiones más vigorosas; es lo que J. Gilliéron ha llamado "terapéutica lingüística".

141. ire - vadere: En la Vulgata están ausentes las formas monosilábicas de *ire:* imper. sg. *i,* ind. pres. *is, it; eo* y *eunt,* convertidos en monosílabos como consecuencia de la consonantización de la *e* en hiato (§ 16 s.), no aparecen más que dos veces; en pago, se halla imper. sg. *vade* 181 veces, pero el pl. *ite* 68 veces *(vadite* 0), *vadis* 10 veces, *vadit* 21 veces, *vado* 20 veces: *iens* es reemplazado siempre por *vadens,* mientras que *euntis, euntem,* etc., subsisten (Löfstedt, *Syntactica* II, pág. 38 s., según J. Wackernagel). El mismo estado de cosas, *grosso modo,* en Quirón, Peregr., Vitae Patr., etc., donde los suplentes de *ire* son *vadere* e *ire,* así como, a modo de "palabras satélites" (W. v. Wartburg), *salire* y *se ducere* (Löfstedt, *l. c.* y pág. 351; *Late Latin,* pág. 30 s.). Y he aquí que cuadra exactamente con los fenómenos románicos: *ire,* suplantado por *vadere* (fr. *je vais,* y panrománico), no se ha conservado más que en las formas que originaria-

[1] Para los §§ 140-141, v. Rohlfs, *Romanische Sprachgeographie,* cap. XX. *Phonetischer Notstand.* — J. André, *Deux remarques sur le volume du mot latin,* en *Revue de philol., de Lit. et d'Hist. anc.,* LIV (1980), 1, págs. 4-18: el uso del fut. *dabo,* que se había tomado como sustituto del monosílabo *do* en los tratados de medicina de baja época (e. o. Löfstedt, *Syntactica,* II, págs. 49 ss., y Hofmann-Szantyr, pág. 758), corresponde a un uso general y antiguo, lo mismo que el uso del imp. fut. *dato* y del pres. pas. *datur, dantur.* Por cuanto concierne a la distribución, en los mismos textos, de las formas *auris* y *auricula,* «las formas de *auricula* no son usadas por sí mismas, sino sólo cuando no existe una forma trisílaba de *auris.* Se trata de un problema de ritmo y no de latín vulgar tardío»; el dat. *auri* no aparece más que dos veces, frente a *auriculae, -is* 44 veces, *auribus* 32 veces, etc.

mente tenían dos o más sílabas: esp. *ir, iré, iría, iba, ido, yendo,* etc.; fr. *irai, irais,* etc.; mientras que *ambulare* sobrevive, al parecer, en fr. *aller* (doblete *ambler), salire* en esp. *salir,* port. *sahir; se ducere* en rum. *se duce* "marchar" (cf. P. Aebischer, **Andare, ire** *et leurs synonymes sur le territoire linguistique italien,* en *Studi linguistici italiani,* II, 1961, págs. 3-23).

142. ēsse, edere (no rom.) - **comedere, manducare:** Falto de expresividad, cada vez más, *ēsse,* y después *edere,* verbo irregular y sin volumen, se encuentra con que le hace la concurrencia desde el latín antiguo (Varrón) la forma con prefijo verbal *comedere* (> esp. port. *comer),* y, más tarde, también *manducare* "tragar" (> rum. *mînca,* fr. *manger),* que convivían codo con codo en el bajo latín (§ 33).

143. ferre, gerere (no románicos) - **portare:** El verbo *portare,* en su origen "transportar", termina por triunfar gracias a su sentido más concreto y a su forma más corpulenta; además, sobre todo con relación a *ferre,* su flexión era más regular; ya Sal. *Cat.* 6, 5 *auxilia portabant;* en la lengua de la Iglesia, *portare* sustituye a *ferre* aun en el sentido de "soportar": Vulg. *Is.* 53, 4 *dolores nostros portavit (DEL, s. v.);* panrománico. La evicción de *ferre* es debida, además de a la irregularidad morfológica, a la confusión de las formas de pf. y de sup. de este verbo y de *tollo* que, en latín tardío, ha desarrollado un nuevo pf. regularizado *tolli, toltus* y *tultus*. Efectivamente, hay textos tardíos que presentan *tuli* en el sentido de *sustuli.* Maria Iliescu, *Encore une cause de la disparition de "fero",* en *Revue roum. de ling.,* IX (1964), 5, págs. 555-558.)

144. loqui (no rom.) - **fabulari (fabulare)** "conversar", "charlar"; se dan las mismas razones de sustitución que para *ferre - portare* (además, *loqui* era poco popular por su flexión deponente); ya Plaut. *Trin.* 480 *rem fabulare* "tú hablas" (cf. fr. pop. *je vous cause);* esp. *hablar,* port. *falar.* Otros ejemplos de *fabulari* cuasi-sinónimo de *loqui:* Plaut. *Amph.* 300 *clare advorsum fabulor, (ut) hic auscultet,* *quae loquar; Capt.* 535 *quid loquar? quid fabulabor?* — Ambr. *Virginit.* 13, 80 *soli Christo loquere, soli fabulare Christo* (Thes., s. v.).

145. ***scire*** (rum. *şti,* log. *iskire)* - **sapere** "tener gusto, discernimiento", trans. "ser entendido en"; Plaut. *Pseud.* 496 *recte ego rem meam sapio* "conozco bien mi asunto"; Cic. *Epist.* 7, 28, 1 *quantum ego sapio* "por cuanto yo sé"; Enn. en Cic. *Div.* 1, 132 *qui sibi semitam non sapiunt, alteri monstrant viam* (¿proverbio?) "quienes desconocen su sendero pretenden mostrar a otros el camino"; en baja época: Tert. *Idol.* 10 *si iam sapit quid sit* "si entiende de qué se trata"; Ps.-Agust. *Serm.* 292, 7 *qui se continere non sapiunt* "los que no saben guardar continencia" (cf. Tert. *Cast.* 3 *sic continere non possunt;* Blaise, *Dict., s. v. sapio);* panromán., menos en rum. y sardo.

146. flere (no rom.) - **plorare** "lamentarse" (cf. ingl. *to cry* "lanzar un grito" y "llorar", fr. reg. *crier, brailler, braire,* eng. *cridar* "llorar"; Bloch-Wartburg, *s. v. pleurer;* Rohlfs, *Lexikalische Differenzierung,* pág. 33); **plangere** "golpearse el pecho o el muslo en señal de duelo". Uno y otro verbo tenían el sentido especial de "llorar a un muerto": Petr. 42, 6 *Planctus est optime - manu misit aliquot - etiamsi maligne illum ploravit uxor* "fue muy bien plañido - había dado la libertad a algunos esclavos - no estaba más que su mujer para derramar lágrimas viles"; los valores estilísticos respectivos de *flere* y *plorare* se ponen de manifiesto, por ej., en Petr. 75, 9 *tu autem, sterteia, etiamnunc ploras? Iam curabo fatum tuum p l o r e s* "y tú, moscona, ¿andas todavía lloriqueando? Ya haré yo que lamentes tu suerte" (frase de Trimalción a su mujer), y 75, 2 (en la narración) *Idem et Scintilla flens dixit.* Los textos tardíos, por ej. Vitae Patr., sustituyen en particular las formas monosilábicas de *flere* por *plorare* (J. B. Hofmann, en IF, 43, pág. 96 s.; Löfstedt, *Syntactica* II, pág. 44 s.); *plorare* > fr. *pleurer,* prov. *plourar,* cat. *plurar,* esp. *llorar,* port. *chorar; plangere* > rum. *plînge,* it. *piangere,* sardo *pranghere,* rét. *plaunger.*

147. **emere** (no rom.) - **(com)parare** "procurarse", "adquirir", "comprar" (este último sentido ya en los cómicos); a. fr. *comperer,* it. *comp(e)rare,* etc.

148. **furari** (rum. *fura,* log. *furare,* a. fr. *furer,* prov. *furar),* **rapere** (rum. *răpi,* it. *rapire,* fr. *ravir)* - **involare** "abatirse sobre... (al vuelo)", luego "hurtar" desde Cat. 25, 6 *remitte pallium mihi... quod involasti* (cf. fr. *voler* "hurtar", sentido secundario y moderno), it. dial. *involare,* a. fr. *embler,* prov. *envolar,* a. cat. *emblar.*

149. **interficere** (no rom.) - **occidere:** *interficere* "privar (de la vida)", "dar muerte" era un término de la lengua escrita, reemplazado en la lengua hablada por *occidere* "abatir", cf. *occidis me* y *occisus sum* en los cómicos (exageración chistosa); las *def. tab.,* Petr. y los autores tardíos no conocían, por así decir, más que este último verbo en el sentido de "matar" (Löfstedt, *Syntactica* II, págs. 342-345); rum. *ucide,* it. *uccidere,* log. *ukkire,* a. fr. *ocire,* prov. *aucire.*

150. **equus** (no rom.) - **caballus:** En su origen "caballo de trabajo" o "caballo castrado", *caballus* sustituyó a *equus,* al principio con un matiz peyorativo de "rocín", a partir de Varrón y sobre todo en la época imperial; después "cualquier caballo" (Jer., Agust., Greg. M., etc.); panrománico. Por el contrario, *equa* "yegua" resiste, por tratarse, en cierto sentido, de término técnico: cf. CIL II 5181 (Portugal, no anterior a Adriano) *qui mulos, mulas, asinos, asinas, caballos, equas sub praecone vendiderit...;* de donde rum. *iapă,* sardo *ebba,* a. fr. *ive,* esp. *yegua,* port. *égoa,* prov. *ega,* cat. *egua* (para *iumentum* "yegua", v. § 33).

151. **os** (no rom.) - **bucca** "mandíbula", pl. "mejillas"; sinónimo familiar y expresivo de *os,* desde el latín antiguo: Catón *Orig.* 93 *ventus cercius, cum loquare, buccam implet* "cuando hablas, el cierzo te infla la boca", *dicere, scribere quod (quidquid) in buccam venit* (Cic. Marc.) "decir, escribir cuanto os venga a la boca" (locución proverbial; en finés se dice: "lo que la saliva te trae a la boca"); Petr. 43, 4 *durae buccae fuit* "tuvo jeta dura"; panrománico; **rostrum** "pico" (de ave), expresión más vulgar (cf. fr. *clouer le bec à quelqu'un):* Plaut. *Men.* 89 *apud mensam plenam homini rostrum deliges* "acercadle el pico a una mesa bien surtida"; como consecuencia, *rostrum* se hace simple sinónimo de "boca" en los tratados de medicina y otros (Quirón, Marcel., Diosc.; Löfstedt, *o. c.,* págs. 327 s. y 353); a. rum. *rost* "boca", cat. *rostre,* esp. *rostro,* port. *rosto* "rostro", "cara"; **gula** "gaznate" y, en el habla pop., "boca" (Plauto), rum. *gură.*

152. umerus y *humerus:* rum. *umăr,* esp. *hombro,* port. *ombro* - **spatula** dimin. de *spatha* "espátula" (> it. *spada,* fr. *épée,* esp. *espada,* etc.), por metáfora "paletilla" (de animal) desde Apicius (¿por cercanía de *scapulae* "espalda"?), fr. *épaule,* prov. *espatla,* cat. *espatlla,* it. *spalla* (¿tomado del fr.?), esp. *espalda* (Rohlfs, *o. c.,* págs. 41-43); **pala** "azada", "pala", y luego "omóplato" desde Cael. Aur.; log. *pala* (Rohlfs, *o. c.,* págs. 80 ss.)

153. caput - testa: Metáfora popular y técnica, "concha" y "vasija de barro"; aparece como sinónimo de *caput* a partir del s. IV, Glos. *testa: caput vel vas fictile;* Antoninus Placentinus (verso 570) *vidi testam de homine...;* prov., cat. *testa,* fr. *tête* (el it. *testa* es un préstamo del a. fr.). El sentido "cráneo" se halla en Marcellus Empiricus y Ausonio, asimismo rum. *ţeasta;* cf. ingl. *brainpan,* al. *Hirnschale*[2]. *Caput* subsiste en centroit. y sudit. *capo,* rum. *cap,* fr. *chef,* cat. *cap,* rét. *chiau, cheu;* otro sustituto metafórico de *caput:* **conca,**

---

[2] Löfstedt, *Syntactica,* II, págs. 352 ss., pone en relación el al. *Kopf* con el latín *cup(p)a* y rechaza la explicación tomada de la costumbre de los bárbaros de beber en cráneos (aceptada por Leumann-Szantyr, pág. 269). E. Benveniste, *Problèmes sémantiques de la reconstruction,* en *Word,* 10, 1 (1954), págs. 255 ss.: la polivalencia de *caput* habría debilitado la especificidad de *caput* «cabeza» y traído consigo, en lugar de este último término, el de *testa* «caja craneana», que es un término médico. Se podría objetar a esto el caso, después de todo bastante análogo, del fr. *tête* reemplazado ocasionalmente por *caboche, bobine, poire,* etc., sin que la polisemia entre para nada en juego.

que ha pasado al sardo; paralelos: gr. κόγχος "concha" y "cráneo", al. *Kopf,* lat. *cuppa* (DEL, s. v. *testa;* Rohlfs, *o. c.,* págs. 173 ss.).

154. res *(rem* > fr. *rien,* prov. *re)* - **causa** "causa", "proceso", se ha deslizado hasta el sentido "asunto", después "cosa", sobre todo desde el siglo v; panrománico, menos en rum.

155. magnus (log. *mannu,* a. prov. *manh,* a. esp. *maño)* - **grandis:** De los dos sinónimos, este último era el más concreto, término del lenguaje rústico y apoyado sobre *grossus* y *crassus/grassus.* Se ha hecho notar la frecuencia de *grandis* en Bell. Afr.: *grande praesidium, grandis numerus, grandis familia,* etc., expresiones todas en que César emplea *magnus;* en Peregr., *grandis* figura veinte veces, frente a cuatro de *magnus,* de las cuales tres en la locución *tam magnus,* muy frecuente también en Petr., y que sobrevive en esp. *tamaño*[3], port. *tamanho,* cat. *tamany,* friul. *tamañ* (Löfstedt, *o. c.,* pág. 339 s.); *grandis* es panrománico, salvo en rum.

156. parvus (no rom.) - **minutus** "disminuido" y "minúsculo, pequeño" (Plauto, Catón, Varrón, Cic.; fr. *menu,* etc.), **modicus** "moderado", "modesto" y "módico", "pequeño" (Cic., Plinio, etc.); los dos últimos adjetivos van siendo más frecuentes en latín tardío a medida que *parvus* va declinando (cf. Löfstedt, *Kommentar,* pág. 71 s.); **pusillus** "pequeñito (de talla)" dimin. de *pusus, -a* "muchachito", "muchachita", término familiar (desde Catón; le gustaba a Cic.; Vulg., Jer., etc.); **putillus,** con el mismo significado, de *put(t)us, -a* "niño, -a" (Plauto *As.* 964); **pisinnus** "pequeño (muchacho)", atribui-

[3] El adj. *tamaño* «muy grande, enorme» pervive aún hoy en la lengua conversacional: ... *que las* [*culebras*] *había tamañas, no crea, a poco de metro y medio. — tenía unos lentes tamaños, tres veces los míos, de gruesos, digo...* (Miguel Delibes, *Las guerras de nuestros antepasados,* 2.ª ed., Barcelona, 1975). — *No, señor: yo no dije nunca tamaña necedad...* (Camilo José Cela, *El juego de los tres madroños,* en *ABC,* 17 oct. 1980. Debo agradecer estos ejemplos y algunos otros a Alfonso Reta, profesor en la Universidad de Helsinki).

do por Persio a Labeo (siglo I a. C.), Peregr. 9, 2 *a pisinno* "a puero", 24, 5 *pisinni* "niños", 10, 9 *ecclesia pisinna* "una iglesia pequeñita"; App. Pr. 146 "*pusillus,* non *pisinnus*"; log. *pizinnu;* **pitinnus,** otra forma (inscr. tardía; cf. Löfstedt, *o. c.,* pág. 197); ¿hay que ponerlo en relación con log. *pithinnu,* rum. *puţin? Pititus* (desde el 775), fr. *petit,* a. prov. y cat. *petit.*

157. aeger (no rom.), **aegrotus** (dial. it., *REW)* - **infirmus** "endeble", "débil" y "enfermo" (Ov., Plin. *Epist.,* sobre todo Vulg. y autores cristianos; it. *infermo,* a. fr. prov. *enferm,* esp. port. *enfermo);* **male habitus** "indispuesto". Gell. en Non. pág. 168 *equum nimis strigosum et male habitum* "un caballo flaco y de mala pinta"; cf. *bene, male habere* "estar bien o mal de salud", Cels., Quirón y autores posteriores; Cic. *Epist.* 16, 15, 1 *mihi nuntiavit te... febri carere et belle habere* "...que estabas sin fiebre y en buen estado de salud"; Vulg. *Matth.* 4, 24 *omnes male habentes* "todos los enfermos"; it. *(am)malato,* log. *malaidu,* fr. *malade,* prov. *malaute,* cat. *malalt.*

158. pulc(h)er (no rom.) - **formosus** "hecho a molde, moldeado", de donde "bien hecho o formado", "de bellas formas" (desde Plauto, clás. ; Publ. Syr. 169 *formosa facies muta commendatio est,* proverbio; rum. *frumos,* prov. cat. *formos,* esp. *hermoso,* port. *formoso);* **bellus,** dimin. de *bonus* (cf. esp. *bonito),* "elegante", "bonito", "gentil", término afectivo, sobre todo hablando de mujeres o niños e irónicamente de hombres; después, sin matiz peyorativo: Petr. 42, 3 *homo bellus, tam bonus Chrysanthus ebulliit* "un hombre guapo, el bueno de Crisanto, las diñó"; *bellus* es siete veces más frecuente que *pulcher* en el habla de los libertos de Petronio ; cf. Ernout, *Philologica* II, págs. 78-80, y *DEL, s. v. pulc(h)er;* it. *bello,* engad. *bel,* fr. *beau,* prov. *bel,* cat. *bell.*

159. diu (no rom.) - **longo tempore, multo tempore** (Anthim., Cael. Aur., Greg. Tur., etc.; cf. fr. *longtemps,* a. fr. también *molt tens);* **hieme** (no rom.) - **hiberno tempore** (Quirón, Anthim.; de donde, por elipsis, *hibernum* > fr. *hiver,* etc., panrománico; a. fr. también *hiver tens);* **ver** (rum. *vară)* - **primum ver, prima ver (vera)** (glos.; panrománico, salvo fr.; cambio de género siguiendo a *aestas,* palabra que, por otra parte, resiste gracias a su mayor volumen; Löfstedt, *Syntactica* II, págs. 41-43; Niedermann, *Recueil,* pág. 54 s.).

160. Verbos iterativos intensivos. — **(ad)iuvare** (no rom.) - **adiutare** "asistir", "secundar", después "ayudar" (pre y postclásico; panrománico); **canere** (no rom.) - **cantare** (sinónimo y en concurrencia con el anterior en el latín antiguo; panrománico); **iacere** (no rom.) - **iactare** (y **iectare,** § 51) "lanzar", "agitar", luego sinónimo del precedente (Vulg., Vitae Patr., etc.; panrománico, salvo rum.); **nare** - **natare:** como *canere - cantare;* **pinsere** (no rom.) - **pinsare** (Varrón, postclás., rum. *pisa,* fr. dial. *piser,* prov. *pizar,* esp. port. *pisar),* **pistare** (tratados médicos tardíos; it. *pestare,* log. *pistare,* prov. *pestar,* esp. *pistar);* **torrere** (cf. prov. cat. *torrar,* esp. *turrar,* port. *torrar)* - **tostare** *(ibid.,* it. log. *tostare,* esp. port. *tostar).*

161. Nombres con sufijos (cf. § 173). — **aes** (no rom.) - **aeramen** (Comm., Diosc., Cod. Theod., glos.; fr. *airain,* etc., panrománico, salvo rum.); **fons** (panrománico, salvo rum.) - **fontana** (se sobrentiende *aqua;* autores tardíos; panrománico); **ilex** (y *elex,* it. *elce,* log. *élighe,* prov. *euze)* - ***ilicina** (se sobrentiende *arbor;* it. *elcina,* cat. *alzina,* esp. *encina,* port. *enzina).*

162. Diminutivos (cf. § 188). — **agnus** (port. *anho)* - **agnellus** (panrománico, salvo esp. port.), **auris** (no rom.) - **auricula, oric(u)la** (cf. § 60; panrománico), **artus** (no rom.) - **articulus** (ant. y clás.; a. fr. *arteil,* alterado pronto en *orteil,* esp. *artejo,* port. *artelho;* cf. Ernout, *Philologica* II, pág. 64), **cepa** (rum. *ceapă,* friul. *seve,* fr. *cive,* prov. cat. *ceba)* - **cepulla** (Pallad., Apic., glos.; panrománico, menos rum. y fr.), **colus** (no rom.) - **colucula, conucula** (§ 135; glos., it. *conocchia,* fr. *quenouille,* prov. *conolha),* **genu** (port. dial. *geio* "talud", *REW)* - **geniculum, genuc(u)lum** (pre y postclás., panrománico), **ovis** (rum. *oaie)* - **ovicula** (Agust., Ambros., Jer., a. fr. *œille,* fr. mod. *ouaille,* prov. *ovelha,* cat. *ovella,* esp. *oveja,* port. *ovelha),* **pedis** (no rom.) - **pediculus, peduc(u)lus** (única forma en Petr., Plin., Cels., etc.; panrománico), **vulpes** (rum. *vulpe,* it. *volpe,* prov. *volp)* - **vulpecula, vulpicula** (¿por eufemismo? Lex Sal., a. fr. *voupil, goupil),* **satur** (sicil. *satru)* - **satullus** (Varrón, fr. *soûl,* etc., panrománico, menos en iberoromance), **vetus** (it. *vieto,* a. fr. *viez,* a. port. *vedro)* - **vetulus, veclus** (cf. § 68; panrománico); cf. App. Pr. 50 "*catulus,* non *catellus*" (rum. *caţel,* a. fr. *chael,* prov. *cadel,* esp. *cadillo),* 133 "*fax,* non *facla*" (rum. *fache,* a fr. *faille,* prov. port. *falha),* 194 "*mergus,* non *mergulus*" (la forma breve sobrevive en it. y gallego *mergo, REW);* cf. it. *vitello,* fr. *veau,* prov. *vedel,* rum. *viţel* < *vitellus* (Plauto), dimin. de *vitulus;* it. *coltello,* fr. *couteau,* esp. *cuchillo* < *cultellus* (App. Probi 16: *cultellum,* non *cuntellum),* dimin. de *culter* (> it. *coltro,* fr. *coutre,* con significado especial).

163. Homonimia. — En determinadas condiciones, una homonimia puede ser molesta hasta el punto de causar la supresión de uno o varios homónimos: cf. la desaparición del ant. fr. *moldre* "ordeñar" < lat. *mulgere* a causa de *moldre, moudre* < *molere,* y el que en fr. mod. hayan perdido terreno *seing, ceint, sain* "grasa, manteca" reemplazado por *saindoux,* y el mismo *sain* de < *sanum.* Del mismo modo se explica, sin duda, la evicción en latín de la partícula negativa *haud* convertida en homónima de *aut,* de *omnes* homónimo de *hom(i)nes,* así como, en románico común, la sustitución de *spectare* y de *exspectare,* que han desembocado en *espectare* (§ 82), respectivamente por *mirare* (esp. port. prov. cat. *mirar,* a. fr. *mirer)* y por *aspectare* (it. *aspettare,* prov. *aspeitar), attendere* (it. *attendere,* fr. *attendre)* y *sperare* (esp. port. *esperar).*

C. FACTORES SOCIALES

164. Generalización de usos especiales. — El prestigio de un grupo social tenido por superior a causa de su cultura, su refinamiento, su especialización técnica, se traduce en el lenguaje por innovaciones léxicas. El vocabulario familiar se resiente más especialmente de los caprichos de la moda, que termina por pasar, sin embargo. Pero una parte de las innovaciones subsiste. Tal es el caso de los neologismos venidos "de arriba", a instancias del "gesunkenes Kulturgut". Por otra parte, los fenómenos sociales se dan la mano con los psíquicos.

165. Cocina, medicina, artesanía. — **iecur** (no rom.) - **ficatum** "hígado de pato cebado con higos", calco del gr. συκωτόν, del mismo significado (cf. Hor. *Sat.* 2, 8, 88 *ficis pastum iecur anseris albae,* y Plin. *Nat.* 8, 209 *Adhibetur et ars iecori feminarum* [*suilli pecoris*] *sicut anserum, inventum M. Apici, fico arida saginatis...* "se practica también el arte de preparar el hígado de cerda como el de las ocas: invento de M. Apicio que consiste en engordarlas con higos secos"[4]; después "hígado de animal" (Apic., Marcell., Diosc., etc.) e "hígado" a secas (glos. *ficatum* : *iecur);* panrománico, pero con fluctuación en el acento y en la cantidad de la *i,* debido a la dificultad de adaptar una palabra calcada (cf. § 47); *ficátum* > rum. *ficat,* camp. *figau,* friul. *fiyat; fícatum* > esp. *hígado,* port. *fígado; fícatum* > it. *fegato,* fr. *foie,* prov. cat. *fetge.* — **cerebrum** (rum. *creier)* - **cerebellum** (cf. §§ 162 y 189) primeramente "sesos", término de cocina (Titin., Cels., Suet., Apic.), después (como en fr. pop. *cervelle)* sinón. familiar de *cerebrum:* Petr. 76, 1 *et ecce cepi ipsimi cerebellum* "y el patrón no tuvo otra cosa que a mí en la sesera", sinón. de *cerebrum* en Quirón y Diosc.; panrománico, menos rum. e ibero-rom. — **crus** (no rom.) - **gamba, camba** "pata, corva de los cuadrúpedos", palabra de veterinaria tomada del gr. καμπή, glos. *crura* : *gambae tibiae;* it. *gamba,* log. *kamba,* fr. *jambe,* prov. cat. *camba.* — **caecus** (a. fr. *cieu,* etc., panrománico, menos rum.) - **ab oculis,** calco del gr. ἀπ' ὀμμάτων, propiamente "sin ojos" (autores tardíos, por ej. Actus Petri cum Si-

---

[4] Sin embargo, *DEL,* s. v. *ficus,* dice «*ficatum* n. (sc. *iecur*)*:* ante todo, término de cocina 'hígado aderezado con higos'». Para la repartición de las formas nacidas de *ficatum,* v. Rohlfs, *Romanische Sprachgeographie,* págs. 92 ss.

mone 20 *viduam ab oculis* “una viuda ciega”; fr. *aveugle,* a. prov. *avogol;* cf. Löfstedt, *Syntactica* II, pág. 376 ss.). — **vertere** (esp. port. *verter)* - **tornare** “tornear” (clás.; parece no haber tomado el lugar de *vertere* antes de la fase románica; panrománico).

166. Religión, erudición. — **verbum** (log. *bervos* “fórmula mágica”) - **parabola** “comparación” (Quint., Sén.), “parábola” (latín ecles.), luego “palabra”, “discurso”, extensión de sentido debida al uso de *parabola* que hacen los traductores de la Biblia (Vulg. *Job* 27, 1 *assumens parabolam suam* “volviendo a tomar la palabra”; *ibid. Num.* 23, 7 *assumpta parabola;* como consecuencia, Gloss. Remigianae *in rustica parabola* “en lengua vulgar”; panrománico, salvo rum.); de aquí **parabolare,** otro sustituto de *loqui* (§ 144; textos jurídicos y hagiográficos tardíos; it. *parlare,* fr. *parler,* prov. *parlar;* Löfstedt, *Late Latin,* págs. 81-84); — **solis dies** (no rom., cf. al. *Sonntag,* ingl. *Sunday)* - **dies dominica / dominicus,** y también **dominica** por elipse (latín ecles.; panrománico); **Saturni dies** (no rom., cf. ingl. *Saturday)* - **sabbatum** (en este sentido desde Sén. y Suet., otra forma ***sambatum,** v. § 119; panrománico); **lunae dies, Martis dies,** etc. (panrománico, menos port.) - **secunda feria, tertia feria,** etc. (latín ecles.; nombres de los días impuestos por la Iglesia para eliminar los nombres paganos, tentativa que no ha llegado a buen término más que en parte; port. *segunda feira, terça feira,* etc.; cf. W. v. Wartburg, en *RFE,* 33, 1949, págs. 1-14); C. Tagliavini, *Storia di parole pagane e cristiane attraverso i tempi,* Brescia, 1963, págs. 74-114).

D. FACTORES ÉTNICOS

167. Préstamos. — Una palabra extranjera puede introducirse en una lengua o bien acompañando a un objeto o a una institución recibidos de otra comunidad lingüística, o bien imponiéndose por la presión de una civilización superior alóglota. Las innovaciones léxicas que vienen de fuera pueden ser préstamos directos o calcos. El calco, en el sentido amplio del término, comprende la transposición, por ej. *providentia* y *qualitas* calcadas por Cicerón sobre el gr. πρόνοια y ποιότης, y el préstamo de sentido, tal el lat. *ars* "procedimiento" enriquecido por las significaciones del gr. τέχνη "arte".

168. En latín, los préstamos más antiguos son de origen itálico (sobre todo osco-umbro) y de origen griego. Unos y otros han sido incorporados en gran parte al habla cotidiana.

169. Son de origen itálico: *bos, inferus?, lingua?, lupus, scrofa,* etc.[5]. Hay que hacer notar que existen dobletes de aspecto "dialectal" para un cierto número de palabras de fonética puramente latina: *bubalus* (rum. *bour)* y *bufalus* (Ven. Fort., it. *bufalo,* de donde fr. *buffle,* prov. *brufol, brufe,* cat. *brufol,* esp. *búfalo,* port. *bufaro), bubulcus* y **bufulcus* (it. *bifolco), ilex* y *elex* (más arriba), *pumex* y *pomex* (glos., it. *pomice,* fr. *ponce), sibilare* (rum. *şuiera,* prov. cat. *siular,* esp. *silbar,* port. *silvar)* y *sifilare* (forma reprobada por Nonius, fr. *siffler,* prov. *siflar,* esp. *chiflar, chillar), tuber* y *tufer* (glos., fr. *truffe,* prov. esp. port. *trufa).*

170. Préstamos griegos[6] comunes (panrománicos en su mayor parte): 1) antiguos: *aer, apotheca, bal(i)neum, brac(c)hium, calamus* (ha desbancado a *harundo), camera, c(h)alare, charta, colaphus* y *col(o)pus* (Petr. *percolopare;* ha suplantado a *ictus), chorda* (en concurrencia con *funis), corona, crapula, cyma (cuma, cima;* sustituye a *cacumen), grabatus, gubernare, lampas (lampada), machina, macellum, oleum, p(h)alanga, petra* (en concurrencia con *saxum), poena, punire, striga;* 2) postclásicos y tardíos: *ballare* (desde Aug.), *bursa* (glos.), *cara* (desde el siglo VI, en concurrencia con *vultus), cata* (§

---

[5] V. Ernout, *Les éléments dialectaux du vocabulaire latin,* París, 2.ª ed., 1929.

[6] Ernout, *Philologica,* págs. 9 ss.

289), *encaustum* (§ 47; concurre con *atramentum* > log. *trementu,* a. fr. *arrement,* prov. *airamen), podium, sagma* o *salma* (§ 118), *tumba.*

171. Préstamos bárbaros: 1) celtas: *alauda* (Plin. *Nat.;* a. fr. *aloe,* de donde el dimin. *alouette,* prov. *alausa,* cat. *alova), braca* (desde Lucil.; panrománico), *betulla* (Plin. *Nat.,* it. *bidollo,* a. fr. *beoul, beoule,* de donde *bouleau), cambiare* (Apuleo, it. *cambiare,* fr. *changer,* esp. prov. cat. *cambiar), carpentum* "especie de vehículo" (desde Liv. Andr., a. fr. *charpent* "cuerpo humano"), *carrus* y *carrum* "carro de cuatro ruedas" (desde Sisenna; panrománico), *sagum* (desde Enn., log. *sau,* fr. *saie,* port. *saio);* tardíos: *camisia* (¿galo o germán.? Jer.; panrománico), *leuca* (inscr., textos merovingios, fr. *lieue,* prov. *legoa,* esp. *legua,* port. *legoa), sapo* (¿celta o germán.? panrománico); 2) germánicos: *burgus* (Veg. *Mil.* 4, 10 *castellum parvolum quem burgum vocant;* fr. *bourg,* prov. *borc,* esp. port. *burgo), brutis* (glos., inscr., fr. *bru,* rét. *brut), ganta* "oca blanca" (Plin. *Nat.,* a. fr. *jante,* prov. cat. *ganta), hosa* (Isid., it. *uosa,* a. fr. *uese,* prov. *oza,* a. esp. *uesa), suppa* "sopa de pan" (Oribaso, panrománico, menos rum.), *companio* (calco del gót. *gahlaiba;* Lex Sal., panrománico, menos rum.).

E. ONOMATOPEYAS Y PALABRAS EXPRESIVAS

172. *cloppus* "cojo" (glos.; rum. *şchiop,* a. fr. prov. *clop;* de donde **cloppicare* > fr. *clocher,* prov. *clopchar), grunnire, grundire* "gruñir" (desde Varrón; las formas románicas suponen también **gruniare), pipire, pipare, pip(p)iare, pipilare* "piar" (tardíos; variedad de formas en romance; derivado *pipio* "pichón" > it. *pippione,* fr. *pigeon), titire* en el mismo sentido, *titillare* "hacer cosquillas" (desde Lucr.); palabras infantiles (caracterizadas por la polisemia): *pappa* "alimento" (Varrón), de donde *pappare* "comer" (desde Plauto, panrománico) y "padre (nutricio)" (inscr., glos., fr. *papa), mamma* "nodriza", "mamá", "abuela" (desde Varrón) y "mama" (desde Plauto;

dimin. *mamilla* "teta", "mama"), *acca, amma* "mamá" (vagamente documentadas, cf. *DEL, s. v.: bus;* esp. port. *ama* "nodriza"), *atta* "abuelo" (Fest.), *tata* "papá" (Varrón, inscr., rum. *tată).*

F. DERIVACIÓN

1. DERIVACIÓN PROPIAMENTE DICHA O SUFIJACIÓN

173. Desde el punto de vista de la forma, hay, en general, una tendencia muy fuerte a preferir los sufijos que llevan acento a los sufijos sin acento; *anellus* llevará las de ganar sobre *anulus, vitellus* sobre *vitulus;* el morfema *-ía,* sobre *-ĭa* (más abajo). Por lo que concierne al sentido, los sufijos se caracterizan por variaciones que escapan a una definición estricta, lo cual los distingue de las terminaciones de flexión con toda nitidez (debemos compararlo con las funciones tan distintas que cumplen en fr., por ej., *-ard: couard, soudard, pendard; vieillard, gaillard, débrouillard, peinard...,* por una parte, y, por otra, la diversidad de sufijos de que nos servimos para designar, por ej., los nombres de agente: *pêcheur, forgeron, ouvrier, fabricant, tisserand...).* Tampoco puede establecerse una distinción entre sufijos nocionales, es decir, aptos para enunciar una noción, un objeto, una cualidad sin más, y sufijos apreciativos que implican un juicio subjetivo de valor: hipocorístico, laudativo o peyorativo [7].

---

[7] Para la derivación latina, v. Marouzeau, *Traité de stylistique latine,* págs. 115 ss.; G. N. Olcott, *Studies in the word formation of the Latin inscriptions: substantives and adjectives, with special reference to the Latin sermo vulgaris.* Tesis de Columbia University, Roma, 1898; F. T. Cooper, *Word formation in the Roman sermo plebeius: an historical study of the development of vocabulary in vulgar and late Latin, with special reference to Romance languages.* Tesis de Columbia College, Nueva York, 1895; Leumann-Szantyr, págs. 257-403; para la derivación románica: Meyer-Lübke, *Grammatik der roman. Sprachen,* II. M. Leumann, *Gruppierung und Funktionen der Wortbildungssuffixe des Lateins,* en *Museum Helveticum,* I (1944), págs. 129-151.

a) sufijos nominales

174. -tor (-sor), -trix. — Sirve para formar nombres de agente; productivo de todo tiempo; hapax registrados en Pompeya: *cacator, cacatrix, domator* (= *domitor* ¿“domador”?), *manuductor* ¿“guía”?, *succursor* “ayudante de gladiador de bestias”.

175. -arius, -aria, -arium. — Adjetivos a partir de nombres de objetos: *urceus aquarius* “cántaro”, *asinus molarius* “asno que hace girar la muela”, etc.; ha hecho concurrencia a *-aris, -are:* App. Pr. 69 “*primipilaris,* non *primipilarius*”, Val. Máx. 6, 1, 12 *manipularius miles* = *manipularis m.* (Baehrens, pág. 121); sustantivos para designar a profesionales que producen, fabrican, trabajan, venden tal o cual género, en concurrencia con *-tor, -trix*[8], proliferan en latín popular y técnico y en las lenguas románicas (rum. *-ar,* it. *-aio* y *-aro,* fr. *-ier,* esp. *-ero,* port. *-eiro,* cat. *-er),* por ej. *operarius* “obrero”, *librarius* “copista”, *lignarius* “leñador”, *saccarius* “descargador” y “fabricante de sacos”, *veterarius* “remendón”, *taurarius* “torero” (Pompeya, hapax), *cubicularius, -ia* “ayuda de cámara”, “criada”, *ostiarius, -ia* “portero, portera”.

Nota. Forma popular con reduplicación *-(i)ararius* (cf. § 79) formada en nombre de oficio, etc., en *-aria, -arium* (más abajo; comparable al fr. pop. *mairerie): salariarius* “mercenario” (Dig.; de *salarium), argentararius* = *argentarius* “orfebre” y “cambista” (rehecho sobre *argentaria), calcariarius* = *calcarius* “calero”, *capsararius* = *capsarius* “guardarropa”, *pomararius* = *pomarius* “frutero” (de *pomarium* “frutería”), *vinariarius* = *vinarius* “vinatero” (todos estos ejemplos provienen de inscr., menos *salariarius;* cf. Olcott,

---

[8] En los materiales reunidos por Olcott, *o. c.,* la proporción entre *-tor* y *-arius* es de 349 : 412. — Una prueba de la popularidad de *-arius* nos la da Plaut. *Aul.* 508-516, donde no hay menos de 16 términos en *-arius* acumulados para lograr efectos cómicos.

o. c., pág. 139; Baehrens, *l. c.;* J. Svennung, *Kleine Beiträge zur lat. Lautlehre,* Colección de trabajos publicada por la Universidad de Upsala, 1936, 7, págs. 54-58).

176. -arium. — Nombres de recipientes o de espacios donde se conserva tal o cual cosa, y sus congéneres: *aerarium* "hacienda pública", *atramentarium* "tintero", *granarium* "granero", *panarium* "artesa", *tabularium* "archivo", *solarium* "terraza al sol" (a. fr. *solier), virid(i)arium* > fr. *verger,* etc.; sentido especial: "suma de dinero entregada para tal gasto", por ej. *calcearium* (para calzado), *exsequiarium* (para las exequias), *salarium* (para sal, como consecuencia "salario"), *vestiarium* (para vestidos; otro sentido: "armario", "guardarropa").

177. -aria. — Nombres de oficio o de comercio obtenidos por elipsis de grupos, como *taberna* o *ars argentaria,* etc., y usados sobre todo como complementos de objeto de *facere* "ejercer": *argentaria* "banco", *saccaria* "oficio de descargador" (Apul.), *salsamentaria* "salchichería" (Pompeya, hapax), *scrutaria* "baratillo" (glos.), *unguentaria* "perfumería"; uso especial: nombres de comedias de Plauto *Asinaria* o "Fábula de los asnos", *Aulularia* o "Fábula de la marmita", *Cistellaria* o "Fábula de la caja", *Mostellaria* o "Fábula de las rentas". En romance, este sufijo designa más en especial una cantidad de algo determinado o el lugar donde se encuentra en gran cantidad (cf. K. Baldinger, *Kollektivsuffixe und Kollektivbegriffe,* Berlín, 1950, pág. 236 ss.).

178. -alia. — Plurales neutros sustantivados de adjetivos en *-alis* con sentido colectivo; tipo poco representado en la lengua antigua y clásica: *Lupercalia, Saturnalia, sponsalia* "desposorios"; postclásicos y tardíos: *minutalia* "pequeños detalles" (Petr.; Pompeya *minutaria* ¿"negocios mezquinos"? cf. a. fr. *menuaille* con el mismo sentido), *batt(u)alia* (Char., Cass., glos., fr. *bataille), victualia* (Vulg., it. *vettovaglia,* a. fr. *vitaille);* en romance adquiere un matiz peyorativo.

179. -men, -mentum. — En su origen, *-men* es un sufijo instrumental para derivados de verbos, con el que *-mentum* forma a menudo un doble uso; los dos sufijos designan el producto o el resultado de una acción: *certamen, semen, laetamen* "abono" (de *laetare* "abonar"; Plin. *Nat.*, Pall.; it. *letame), fundamen* (Virg., Ov., poético) - *fundamentum* (desde Plauto, sobre todo en pl.; it. *fondamento,* pl. *le fondamenta,* cf. § 223, fr. *fondement), vestimentum* (desde Ter.: rum. *veşmînt,* it. *vestimento,* fr. *vêtement), levamen, levamentum* "alivio" (Cic., Virg., etc.; con un sentido concreto fr. *levain,* prov. *levam), ligamen* "lazo" (Prop., Ov., etc. ; it. *legame,* log. *ligamen,* fr. *lien,* prov. *liam,* cat. *lligam), ligamentum,* el mismo sentido (Quint., Tác.; rum. *legămînt), calceamentum* "calzado" (Cic., Cels., Suet., etc.; a. it. *calzamento), cooperimentum* "cubierta, manta" (Gell., rum. *coperemînt,* log. *koberimentu);* denominativos: *aeramen* (§ 161), *ferramentum* "herramienta" (desde Plauto; it. log. prov. cat. port. *ferramenta,* esp. *herramienta;* cf. log. prov. port. *osamenta,* fr. *ossements), materiamen* (Lex Sal.; fr. *merrain,* prov. *mairam,* port. *madeirame)*[9].

180. -aticum. — Neutros sustantivados de adjetivos en *-aticus, -a, -um (aquaticus, erraticus, venaticus* "de caza", etc.), especializados en el sentido de gastos: *balneaticum* "precio del baño" (glos.), *cenaticum* "subsidio para la mantención" (inscr.), *pulveraticum* "honorarios", "propina" (Cod. Theod., Cass.), *viaticum* "gastos de viaje", "provisiones de viaje" (desde Cic.), por extensión "viaje" (Ven. Fort.; fr. *voyage); cf.* fr. *village, passage, bagage, ramage,* etc.

181. -itia (que vence a *-ities,* § 231). — Siempre vivo, pero poco productivo (it. *-ezza,* fr. *-esse,* esp. *-eza,* etc.): *amicitia, avaritia, notitia, pigritia, tristitia.*

182. -ura. — Sufijo que se injerta sobre todo en adjetivos verbales en *-tus, -sus, -a, -um,* y en el sufijo *-us,* gen. *-ūs* (más abajo), al

[9] J. Perrot, *Les dérivés latins en «men» et «mentum».* Tesis de París, 1961.

cual hace la concurrencia: *cultus - cultura, armatus - armatura* "armadura" y "hombres armados" (desde César), *calceatus - calceatura* "calzado" (Quirón); *vectura* "transporte" y "vehículo" (desde Varrón), *clausura* y *clusura* "cierre", "broche" (Vulg.), *capillatura* "cabellera" (Quirón); por fin, *-ura* se disputa también el terreno con *-or* de los nombres abstractos: *ardura = ardor* (Diosc.), *fervura = fervor* (Oribas.), cf. a. fr. *ardure, chalure,* it. *paùra.*

183. -tus / -sus, -tio / -sio, -tas. — Nombres abstractos principalmente, pero con tendencia a deslizarse al sentido concreto, sobre todo en latín tardío: *piscatus* "pesca" y "peces (pescados)" (desde Plauto; esp. *pescado), venatus, venatio* "caza" y "caza (piezas cobradas)" (Virg., Liv., Plin. *Nat.;* rum. *vînat,* esp. *venado,* port. *veado* "caza mayor", fr. *venaison), ambulatio* "paseo" (desde Cic.), *dormitio* "sueño" y "lugar de descanso" (Tert., inscr. crist.), "lecho" (Quirón), *potestas* "autoridad(es)" (Cod. Theod., Vulg.; cf. Löfstedt, *Late Latin,* págs. 145-156).

184. -antia, -(i)entia. — Sufijos compuestos formados de *-ant-, -(i)ent-* (idéntico al sufijo del participio de presente) y de *-ia* (§ 185): *constantia, elegantia, tolerantia, absentia, clementia, continentia, sapientia, scientia,* etc. (antiguas y clásicas), corresponden a *constans, elegans,* etc. Además, dados los dobletes *benevolus/-ens, malevolus/-ens, opulentus/-ens, pestilentus/-ens, violentus/-ens,* la forma *-entia* gana terreno fuera de los participios-adjetivos en *-ent-: benevolentia, malevolentia, opulentia, pestilentia, violentia;* del mismo modo, *magnificentia, munificentia, maleficentia* (Plin. *Nat.,* Lact.), de *magnificus,* compar. *-ficentior,* etc.; *essentia* (trad. del gr. οὐσία, atribuida a Cicerón por Séneca). Sufijo expresivo y delimitado semánticamente para designar un acto o un estado del espíritu, *-entia* (y *-antia,* mucho más raro) ha conocido una gran difusión en el bajo latín, sobre todo en los autores cristianos. — Sobrevive en romance, literario o semiliterario en parte, y en parte, popular: rum. (sólo *-entia) cuviinţă* (< *convenientia), putinţă, ştiinţă* (< *scientia), dorinţă* "deseo" (de *dor* <

dolus "dolor"); it. *-anza, -enza,* prolífico; fr. *-ance* (cf. part. pres. *-ant* generalizado); a. esp. *-ança,* esp. mod. *-ancia, -encia;* port. *-ança, -ença* y *-ancia, -encia* [10].

185. *-ia* e *-ía.* — El sufijo no acentuado *-ia* de *custodia, familia, furia, gratia,* etc., hecho estéril, será reemplazado por *-ía* del gr. -εια en concurrencia con -ία, cf. 'Ακαδήμεια y 'Ακαδημία, de donde en latín *academia* y *academīa* (este último atestiguado en un verso de Cicerón, *Div.* 1, 13, 22, y en otro citado por Plinio, *Nat.* 31, 2, 3): los poetas cristianos escanden *sophía* (Prud. *In Symm.* 1, 34), *harmonía, manía, melodía, symphonía* (frente a la forma proparoxítona popular que dará it. *zampogna,* esp. *zampoña);* del mismo modo, *María* (a partir de Sedulius) termina por vencer a *Maria, Lucía* a *Lucia.* El nuevo sufijo creará familia en romance: rum. *asprie* "aspereza", *avuţie* "riqueza", *baronie,* it. *allegria, maestria, signoria,* a. fr. *clergie, diablie, marcheandie,* fr. *félonie, courtoisie, lingerie,* esp. *alegría, falsía, celosía, señoría,* etc. (Bourciez, §§ 68d y 195b; V. Väänänen, *Observations sur l'accent tonique dans les langues romanes,* en NM, 47, 1946, págs. 1-13).

186. -alis, -aris (más arriba, a propósito de *-arius),* **-anus, -(i)ensis** [11], **-eus, -ius, -ivus, -aceus, -icius, -osus, -bilis, -bundus** [12]. — Sufijos de adjetivos con sentidos mal delimitados (cf. Niedermann, *Recueil,* págs. 47-49). Son de especial interés: *-aceus* "parecido a", "tirando a": *arenaceus* "arenisco" (Plin. *Nat.),* después "arenoso" (Isid.), *testaceus* "de color de ladrillo" (Plin. *Nat.), (oleum) rosaceum* "aceite rosado" (ibid., *Nat.), vinacea (bacca)* "casca" (Varrón); en romance sirve sobre todo para formar nombres y adjetivos con valor peyorati-

[10] Cf. Y. Malkiel, *Development of the latin suffixes* -antia *and* -entia *in the Romance languages, with special regard to Ibero Romance,* University of California publications in linguistics, Vol. I, n.º 4, págs. VI + 41-188, Berkeley y Los Ángeles, 1945.

[11] H. Gähwiler, *Das lateinische Suffix «-ensis»,* tesis, Zurich, 1962.

[12] E. Pianezzola, *Gli aggettivi verbali in «-bundus»,* Florencia, 1965.

vo: it. *omaccio, donnuccia, tempaccio, vinaccio,* fr. *coutelas, hommasse, paperasse, vinasse,* esp. *hombrazo, barbaza, vinaza,* etc.; **-icius** origina sobre todo adjetivos a partir de participios de pasado: *adventicius* "extranjero", "adventicio" (Varrón, Cic.), *facticius* "artificial" (Plin. *Nat.;* cf. a. fr. *faitis* "bien hecho", esp. *hechizo,* it. *fatticcio* "membrudo"), *caementicius* "de mampostería" (Vitr., Pall.), *impositicius* "aplicado", "accesorio" (Pompeya, Ulp., Dig.; cf. it. *apposticcio, posticcio* > fr. *postiche), mixticius, misticius* (glos., Jer.; fr. *métis,* prov. *mestitz,* esp. *mestizo);* **-osus,** sufijo muy popular, panrománico; indica sobre todo abundancia de una sustancia o característica[13]: *aquosus, arenosus, copiosus, curiosus, formosus* (§ 158), *otiosus, pretiosus,* etc.; con matiz despectivo: Laber. *Mim. fragm.* 15 *Non mammosa, non annosa, non bibosa, non procax (bibosa,* palabra rara, formada sobre el modelo *vinosa),* téseras injuriosas: CIL X 8062, 2 (Pompeya) *ebriose!* "borracho" (de *ebrius)*[14], *ibid.* 8070, 15 *stumacose!* (= *stomachose!* "irascible", desde Horacio), *ibid.* 8070, 17 *vinose!* "borracho" (clás.), Escipión Afr. en Gell. 7, 12, 5 *non modo vinosus, sed virosus quoque;* App. Pr. 211 "*rabidus,* non *rabiosus*" *(rabiosus* es muy raro, pero clás., como *rabidus;* cf. Baehrens, pág. 110); **-bilis:** se añade a los temas verbales para indicar la posibilidad pasiva[15]: *amabilis, laudabilis, irrevocabilis, nubilis,* etc.; adquiere como consecuencia un valor instrumental: *flebiles voces* "voces llorosas" (Acc.; fr. *faible), sucus medicabilis* "caldo curativo" (Colum.); también con sentido activo: *vincibilis* "convincente", *risibilis* "que puede reírse" (Marc., Cap.), *placibilis* "agradable" (Tert., Fredeg.), *incredibilis* "incrédulo", "no creyente" (Vulg.); *festinabiliter, fratra-*

---

[13] V. Ernout, *Les adjectifs latins en* -ōsus *et en* -ōlentus, París, 1949, y *Philologica* II, págs. 78-80.

[14] Cf. *ēbriolus* (Pl.) y *ēbriācus* (Itala, Vulgata, Peregr. 45, 3; J. André, *Les dérivés latins en -ācus,* en *Revue de Philologie, Littérature et Histoire,* XLVI (1972), 1, pág. 29.

[15] Las postverbales en *-bilis* se integran en el sistema de las formas no personales del verbo (más abajo, §§ 323-328 y 341-342; Tekavčić, III, §§ 1594-1601.

biliter, etc. (Pompeya, formas derivadas festivas; Väänänen, *Lat. vulg. des inscr. pomp.,* pág. 99).

187. -o, -onis. — Originariamente servía para formar nombres que hacían pareja con adjetivos en *-us, -a, -um: manducus - manduco* "tragador", *strabus - strabo* "bizco", *varus - Varro* "zambo"; por consiguiente, este sufijo expresivo designa primero, en los sobrenombres derivados de nombres de objetos, la cualidad característica: *frons - fronto* "el que tiene la frente grande", *nasus - naso (Naso), gula - gulo* "glotón" (Macr., Apul.); lo mismo, nombres derivados de verbos: *bibere - bibo* "borracho", *gluttire - glutto* "glotón" (época imperial); segundo, una actividad: *caupo, centurio, fullo, leno, mulio;* App. Pr. 34 "*lanius,* non *laneo*" "trinchador" *(lanius* está ya en Plauto, *lanio* en Petr.), 127 "*botruus,* non *butro*" "garpa, gajo de uvas" (it. *botro* - log. *budrone).* El valor peyorativo ha persistido en romance: it. *buffone, buontempone, sudicione,* esp. *baratón, buscón, holgón,* fr. *brouillon, paillasson, souillon,* etc.

188. -aster, -astra, -astrum. — Designa semejanza aproximativa con el radical: *oleaster* "olivo salvaje" (Virg., Plin. *Nat.), apiaster* "peregil *(apium)* salvaje" (Plin.); *filiaster, filiastra* "yerno", "nuera" (en concurrencia con *privignus, -a;* inscr. y textos tardíos), *matrastra* "madrastra" (sustituye a *noverca;* glos., inscr.), *patraster* "padrastro" (reemplaza a *vitricus;* inscr.): adjetivos: *surdaster* "un poco duro de oído" (Cic.), *fulvaster* "rojizo" (Apul.), *crudaster* "un poco crudo", *vinum novellastrum* "vino peleón" (Marcell. *Med.);* a menudo se toma en mal sentido (cf. fr. *espèce de...): parasitaster* "vil parásito" (Ter.), *peditastellus* (dimin. peyorativo, cf. más abajo) "soldadejo" (Plauto), *Antoniaster* "mono de imitación de Antonio" (Cic., *apud* Quint. 8, 3, 22, que la cita como palabra festiva o graciosa), *Fulviaster* "mono de imitación de Fulvio" (Cic. *Att.* 12, 44, 4), *philosophaster* "filosofastro" (Ag. *Civ.* 2, 27 *vir gravis et p. Cicero,* y *C. Iul.* 6, 18); panrománico: rum. *fiastru,* it. *figliastro, medicastro, poetastro,* *biancastro,* etc.; fr. *marâtre, mulâtre, blanchâtre,* etc.; esp. *hijastro, madrastra, hermanastro, cochastro,* etc.

189. Sufijos diminutivos[16]**, -ulus, -culus, -a, -um:** *anulus* (de *ānus* "anillo"), *filiolus, aedicula, munusculum,* etc.; **-(c)ellus, -(c)illus, -a, -um,** sufijo compuesto que pertenece como propio a los temas en *-n-, -l-* y *-r-: *asin(o)los > asellus, *agr(o)los > agellus, *tabel(o)la > tabella, *sign(o)lom > sigillum.* Es este sufijo secundario el que, acentuado, obtendrá la preferencia. Resultarán con ello numerosos diminutivos dobles, tales como *anellus* (por *anulus,* desde Plauto; panrománico), *porcellus* (por *porculus,* desde Varrón; panrománico), *mamilla* (junto a *mammula,* Varrón, Celso, y *mammicula,* Plauto). Parecidas exageraciones debían de tener lugar en el habla ordinaria; Varrón, *Ling.* 8, 79, afirma que puede haber tres grados de (disminución de) tamaño, por ej. *cista - cistula - cistella* (olvida todavía *cistellula,* 3 ejemplos en Plauto), y afirma que *avis* no admite las dos escalas del diminutivo *avicula* y *avicella,* pretensión desmentida por el latín tardío *(avicella* Mart. Brac., *aucella,* Apic., Anth., glos.); Ps. Cassiod. (siglo VI), *De orat.,* pág. 1121[D] (Migne, *Patrol. Lat.,* 70), pretende, a su vez, haber encontrado *"apud antiquos"* la serie *agnus, agnulus, agnellus, agniculus, agnicellus, agnicellulus* (en efecto, *agnellus* está en Plauto, *agniculus* en el latín de los cristianos = "oveja", "fiel (cristiano)", *agnicellus* y *-cellulus* en Pomp. Gramm.); así se explica la reacción: App. Pr. 50 *"catulus,* non *catellus",* prescripción pedante.

190. Además de expresar la pequeñez, el diminutivo posee un valor de afectividad, cariñoso la mayor parte de las veces: por ej. Cic.

---

[16] V. R. Hakamies, *Étude sur l'origine et l'évolution du diminutif latin et sa survie dans les langues romanes.* Tesis de Helsinki (Ann. Acad. Scient. Fenn., B 71, 1), 1951; J. S. Th. Hanssen, *Latin diminutives, A semantic study.* Tesis de Bergen, 1951; cf. A. Ernout, *Aspects du vocabulaire latin,* París, 1954, págs. 189-192, y *Philologica* II, págs. 83 ss; B. Zucchelli, *Studi sulle formazioni latine in* -lo- *non diminutive e sui loro rapporti con i diminutivi* (Università degli Studi di Parma, Istituto di Lingua e Letteratura Latina), Parma, 1970; Tekavčić, III, §§ 1849-1885.

Att. 1, 8, 3 *Tulliola, deliciolae nostrae, tuum munusculum flagitat;* los diminutivos afectivos son propios de los poetas cómicos y eróticos (Plauto, Terencio, Catulo, Tibulo, etc.[17]); este matiz puede captarse en los adjetivos y adverbios diminutivos: *parvulus, misellus, quantillus, maiusculus, minusculus, plusculum, nitidiuscule* (en los cómicos, etc.); en mal sentido: *pulchellus* "pisaverde" (sobrenombre dado por Cic. a Clodio), *barbatuli iuvenes* "pollos pera" (Cic.). En el habla familiar, el valor apreciativo llega hasta a conferir al diminutivo una fuerza elativa: Petr. 63, 5 *Cappadocem, longum, valde a u d a c u l u m* "un Capadocio gigantesco, que no tenía miedo de nada", del que se encuentran cercanos giros franceses, tales como *il est un peu bien fat* (cf. Hofmann, *Lat. Umgangssprache,* § 129). Muchos diminutivos, por fin, gracias a la expresividad del sufijo y a menudo también por vía de metáfora o de metonimia, adquieren acepciones técnicas: *loculus* "compartimento" y "ataúd" (Plin. *Nat.),* de donde un segundo diminutivo *locellus* "cofrecito" (Val. Máx.) y "ataúd", "sepultura" (Anton. *Itin.,* inscr. crist.; a. fr. *luisel,* esp. *lucillo,* port. *lucelo,* con el mismo sentido), *capreolus* "binadera" (Colum.), *musculus* "músculo". El diminutivo ocupa, por fin, el lugar de palabra simple: *Graeculus,* despectivo muchas veces (por ej. en Cic., passim), reemplaza a *Graecus* como calificativo (por ej. Plin. *Nat. Graeculae rosae, Graecula māla); masculus,* adjetivo de *mas* "macho", reemplaza a este último desde el latín antiguo, con la ventaja de permitir la distinción de géneros; *cancelli* "barrotes", "celosía" sustituye a *cancri,* palabra rara y evitada, sin duda a causa de la homonimia con *cancer (DEL,* s. v. *cancri); auricula* concurre con *auris*[18], *cauliculus* con *caulis,* etc. (§ 162; cf. Ernout, *Philologica* II, pág. 83 ss.).

---

[17] V. Marouzeau, *Traité de Stylistique latine,* págs. 117 ss.

[18] H. D. Bork, *Lateinisch-romanisch* auris / auricula / auditus *und die partitiven Diminutiva,* en *Glotta,* LV, 1-2 (1977), págs. 120-156, toca recientemente el tema con fruto.

b) Sufijos verbales

191. Permanecen fecundos los sufijos con vocal temática acentuada (cf. § 160), sobre todo **-are** e **-ire:** *cura - curare, laus - laudare, sacer - sacrare, servus - servire, custos - custodire.* La forma alargada *-iare* pertenece propiamente a los verbos derivados de nombres en *-i-, -io-: breviare* de *brevis, peculiare* de *peculium, ampliare* formado, sin duda, del comparativo *amplior;* se extiende bastante en la época de transición: *acutiare* (glos. *acutiator* = *acuere,* fr. *aiguiser,* etc., panrománico, menos rum.); *alleviare* (Vulg., fr. *alleger); *altiare* (fr. *hausser,* etc., panrománico); **balbutiare* (por *-ire,* a partir de *balbutio, -iens;* fr. *balbutier); *ordiniare* (cf. lat. medio *ordinium* "accesorios", it. *ordigno;* esp. *ordeñar,* port. *ordhinhar,* sardo *ordinzare; *bassiare* (fr. *baisser,* prov. *baisar,* cat. *baixar,* esp. *bajar,* port. *baixar), *captiare* (panrománico), **comptiare* (it. *conciare;* cf. *conciatura* Ahist. 2; B. Löfstedt, pág. 308); Edict. Roth. *fragiare* "dañar" de *fragium* "rotura", *matrimoniare, mancipiata* (B. Löfstedt, págs. 313-315), **molliare* (panrománico), *rabiare* (por *rabere,* glos., fr. *rager,* esp. cat. *rabiar,* port. *raivar), *minutiare* > fr. *menuiser, *exmortiare* > it. *smorzare.*

192. -icare. — *claudicare* (Lucr., Cic., Quint., etc.; reemplaza a *claudere;* ¿formado sobre el modelo *mederi - medicus - medicare?* Sin embargo, *claudicus* es tardío), *communicare* (ant. y clás.), *fodicare* (Plaut., Hor.; a. fr. *fouger,* prov. *fotjar;* cf. fr. *fouiller* < **fodiculare), fricare* (frente a *friare,* Pl., Virg., Plin., panrománico), *morsicare* (Apul.; it. *morsicare,* cat. *mossegar), follicare* "hacer el fuelle" (Apul., Tert., Jer.; rum. *înfuleca,* cat. *folgar,* esp. *holgar,* port. *folgar), vellicare* "estirar" (Plauto, Varrón, Cic., etc.), *carricare* (glos., inscr., Lex Visig., Lex Sal., panrománico, menos rum.); cf. it. *bulicare, brulicare,* fr. *bouger,* a. pr. *bolegar* < **bullicare* "borbollar" (= *bullire);* it. *frugare,* a. fr. *furgier,* pr. cat. *furgar,* esp. *hurgar* < **furicare;* a. fr. *raschier,* prov. cat. *rascar,* esp. port. *rasgar* < **ra-*

sicare. Cf. G. Tilander, *Verbes en* -ICARE, *formes sur un radical terminé par* -C, en *Romania,* 52 (1926), págs. 481-494.

193. -idiare (< *-izare*[19], § 91). — Hace fortuna por mediación de la Iglesia; *baptizare (-idiare), anathematizare, cathecizare, colaphizare, exorcizare, scandalizare;* it. *-eggiare,* fr. *-oyer,* esp. *-ear,* port. *-ejar* (doblete culto: it. *-izzare,* fr. *-iser,* etc.).

194. -illare. — Verbos "diminutivos", es decir que indican repetición frecuente y de poca importancia de una acción: *occillare* de *occare* "rastrillar" (Plauto), *sorbillare* "sorbetear" de *sorbere* (Ter., Apul.), *conscribillare* "emborronar" de *conscribere* (Non., Varrón, Cat.); *murmurillare* (Plauto); cf. it. *balzellare, saltellare, canterellare.*

2. DERIVACIÓN RETRÓGRADA

195. Se trata de falsos radicales del tipo del fr. *appel* extraído de *appeler, coût* de *coûter,* etc.; lat. *pugna* de *pugnare* (verbo derivado de *pugnus), lucta* (Auson., Sid., Prud., panrománico) de *luctari;* adj. *anhelus* de *anhelare* (Virg.), *inclinus* de *inclinare* (Oribasio), *morsicus* de *morsicare* (ibid.); *auca* (glos., Avian., it. *oca,* a. fr. *oue,* fr. *oie,* pr. *auca,* cat. *oca)* de *aucella, avicella,* dimin. de *avis,* **retina* (it. *rèdine,* fr. *rêne,* pr. cat. *resna,* esp. *rienda,* port. *redea)* de *retinaculum* (derivado a su vez de *retinere), dolus* "dolor" (Fredeg., Ambr.; Ag. *In. evang. Ioh.* 7, 18 *multi fratres imperitiores latinitatis loquuntur sic, ut dicant "dolus illum torquet", pro eo quod est "dolor"*; Löfstedt, *Late Latin,* pág. 160 s.; panrománico) de *dolere, rogus* (textos de los siglos VIII-X; a. fr. *ruef,* esp. *ruego,* port. *rogo* son sin duda

[19] De donde en primer lugar *-issare,* p. e. *badisso* «andar» < βαδίζω (Pl.), *graecisso* «hacer el griego» (Pl.), *excatarisso* «atormentar» (Petr.); M. Leumann, *Griechische Verba auf* -ίζειν *im Latein,* en *Mélanges J. Marouzeau,* París, 1948, págs. 371-389.

de formación románica; Löfstedt, *l. c.)* de *rogare*. De diferente aspecto es *prode* (Itala, Sort. Sangall., Peregr.; it. *pro* y *prode,* log. *proe,* a. fr. *prout,* fr. mod. *preux* y *prou,* prov. *pro,* cat. *prou,* esp. port. *pro),* sacado de *prodesse,* por analogía de *pote est* > *potest* (Löfstedt, *Late Latin,* pág. 175).

G. COMPOSICIÓN

196. Composición propiamente dicha. — El latín, al contrario, por ejemplo, que el griego o que las lenguas germánicas, se presta relativamente poco a la composición. Y las lenguas románicas se resienten de esta deficiencia: cf. al. *Apfelbaum, Wanduhr, Windmühle* al lado del fr. *pommier, pendule, moulin à vent*. Quintiliano *(Inst.* 1, 5, 65-70) hace la observación de que "si admiramos un κυρταύχενα ("de cerviz curva"), no podemos por menos de reírnos de *incurvicervicus* (Pacuvius)", y Cicerón *(Orat.* 164) califica de ásperos los compuestos, asimismo imitados del griego, *perterricrepa* "que hace un ruido terrible" y *versutiloquus* "de lenguaje artificioso". Sin embargo, como en tantos otros casos, el habla ordinaria, compañera en esto de la lengua poética, se ha mostrado menos reticente que la prosa literaria. Esta relativa libertad se manifiesta desde el período arcaico, al cual se remontan compuestos como *suovetaurilia* "sacrificio de una cerda *(sus),* una oveja *(ovis)* y un toro *(taurus)*", *stultiloquus* "el que dice necedades", *lectisternium* "instalación de un lecho" *(lectus, sternere),* luego "banquete sagrado"; nombres de lugares: *Caelimontium, Septimontium, Septizonium.* Siguiendo este ejemplo, también la lengua técnica ha acudido a menudo a la composición, no sin inspirarse en los modelos griegos[20].

[20] V. Marouzeau, *Traité de Stylistique lat.*, págs. 134 ss.; cf. también F. Tollemache, S. J., *Le parole composte nella lingua italiana* (Roma, 1945), *Introduzione.* — Françoise Bader, *La formation des composés nominaux en Latin,* tesis de París, 1962.

El habla ordinaria se recreaba forjando compuestos, a despecho de los puristas, según testimonio de App. Pr. 22 "*aquae ductus,* non *aquiductus*" [del mismo modo, CIL XII 9355 (s. IV), *aquiduct(um)*], 159 "*terrae motus,* non *terrimotium*"; Plinio *(Nat.* 8, 29) constata que, en su tiempo, el pueblo comenzaba a decir *sanguisuga* (it. *sanguisuga,* fr. *sangsue)* por *hirudo* (prov. *eruge, iruge);* en Petronio se registra *caldicerebrius* "de cabeza caliente", *plussciae* "las que saben más que uno", "taimadas", *fulcipedia* "patiestevado", *larifuga* "sin hogar", *ad domusionem* "para el uso de la casa; en Pompeya, *matrona culibonia* (cf. *Annibonia,* CIL VIII 24986), *pilicrepus* "pelotari" (3 ejs., además, Sén. *Epist.* 56, 1), *piscicapi* "pescadores" (hapax, cf. *urbicapus,* Plaut. *Mil.* 1055; hay que hacer notar la ausencia de apofonía, cf. *particeps,* etc.), *seribibi* "bebedores nocturnos" (hapax, cf. *merobibus, multibibus* Plaut. *Curc.* 77), *ululitremulus* ¿"el que tiembla por los ululatos de un autillo"? (hapax); *bonememorius, benememorius* "de feliz memoria" (formado sobre *bonae memoriae; bene-* con acercamiento a *bene merens;* epitafios cristianos desde el fin del siglo IV), *mulomedicus* "veterinario" (edicto de Diocleciano).

197. Constituyen un grupo prolífico los compuestos derivados adj. en *-us, -a, -um* y sust. en *-ium (-arium, -orium): malevolus, benevolus, magnificus, naufragus; bisaccium, diluvium, dentifricium, millefolium, spicilegium.* Ocupa un lugar preponderante *-ficus: bene-, male-, muni-, paci-; sacrificus: bene-, male-, sacrificium,* etc.; de aquí los compuestos verbales, igualmente prolíficos, en *-ficare: aedi-, ampli-, grati-, laeti-, modi-, sacri-, signi-, testificare.* Los sufijos *-ficus, -ficium, -ficare* (y *-ficatio, -ficator, -ficatrix)* conocen un extraordinario crecimiento en el bajo latín, sobre todo en el habla de los cristianos: *beatificare* (por *beare), clarificare, fructificare, fortificare, mortificare, nullificare* (reprobado por Jerónimo), *vivificare,* etc. (Cooper, *o. c.,* págs. 301-314; Mohrmann, *Études sur le latin des chrétiens,* págs. 60 y 92); en romance: it. *-ificare,* fr. *-(i)fier* (formas "cultas"), esp. *-(i)guar: atestiguar, averiguar, santiguar.*

198. Yuxtapuestos. — Resultado de la soldadura más o menos estrecha de dos términos unidos por una relación sintáctica y que conservan sus formas, si no su sentido, estos compuestos tienen de ordinario una significación condensada (escritos a menudo en dos palabras en los manuscritos e inscripciones del período antiguo); nombres: *res-publica, ius-iurandum, duo-viri, ros-marinus, paen-insula, cornucopiae, pater-familias, plebi-scitum, veri-similis, agri-cultura* (cf. *agricola,* § 196), *aquae-ductus, auri-pigmentum* (Vitr., Cels., Plin. *Nat.;* fr. *orpiment); alba-spina* "marjoleto" (Colum.); *primum ver, prima vera, lunae dies* (§ 166); nombres propios y apodos tardíos (cristianos y traducidos en parte del hebreo): *Adeodatus, Deodatus, Deogratia(s), Deidonum, Deusdedit, Deusdona, Quodvultdeus, Speraindeum, Beneaccipio* (v. Diehl, *Inscr. Christ., Ind.* 1; cf. fr. *Dieudonné, Espèrendieu,* etc.); de diferente especie, y, sin duda, popular desde la baja época, es *Gualterius Sine Habere* "Gualterio Sin-un-cuarto" (Gesta Franc.; Gavigan, pág. 69); verbos: *bene-dicere* "decir buenas palabras", "bendecir" (lat. ecles.; § 62); *male-dicere, bene-facere, male-facere, bene-merere (-merens, -meritus); bene-placere, bene-sentire* (términos ecles.); hay que incluir aquí todavía: *ilicet* "esto es todo", "ya está hecho" (de *ire + licet;* Plauto, Sal., etc.), *scilicet, videlicet* (de *scire, videre + licet), cal(e)-facere* (¿de *calere + facere?* cf. DEL, *s. v. ilicet;* cf. más arriba, § 64; asimismo *assue-, consue-, ferve-, labe-, pate-facere); minus habere* "faltar" (Ag., Greg. M.), *minus esse* "tener falta" (Ag., Cod. Iust., Casiod.), *minus facere* "hacer desaparecer" (Jer., inscr.), *minus dicere* "decir menos", luego "hacer más pequeño al hablar" (Vict.-Pet., Schol. Cic. ed. Stangl, pág. 303, 24), *minus venire* "faltar" (Bened. *Reg.;* cf. it. *venir meno,* de igual sentido); en romance: esp. *menoscabar, menospreciar,* a. prov. *mensprendre, menscreire,* a it. *menescredente;* cf. fr. *méfaire, médire, méprendre,* etc. (¿con un prefijo brotado del al. *miss-*?; v. Bloch-Wartburg, *s. v. moins).*

199. Composición por hipóstasis. — Nombres sacados de grupos sintácticos: *pro-consul* de *(qui) pro consule (est), ob-vius* de *ob* *viam, sub-urbanus* de *sub urbe, se-curus* de **se* (= *sine) cura; Anticato* (Gell., Juv.; híbrido del gr. ἀντί y *Cato), ex-heres* "desheredado" (Plauto, Cic., Quint.); *ex-consul* = *consularis* "excónsul" (Greg. M., Isid.; primero se decía *ex consule, ex consulibus, ex tribuno*[21], etc.); *vice-dominus* "vidamo" (Cas., Greg. M.; en la Edad Media: *vice-comes, -coniux, -princeps, -rector, -rex* "vizconde", "virrey", etc.).

200. Yuxtapuestos invariables consistentes en prepos. + sustantivo. — Se trata de las designaciones de diversos cargos, sobre todo de la corte imperial: *servus a pedibus* "esclavo que hace de correo", "recadero" (Cic.); *a manu servus* "escriba". *Narcissus ab epistulis* "N. el secretario", *Pallas a rationibus* "P. el intendente" (Suet.); Pompeya 7802 *Rufum d(uum) v(irum) i(ure) d(icundo) a balneo rogant* "R. es el candidato para duumviro de los de los baños", ibid. 4767 *Fumiolus cum archimimo a sipario* "jefe del telón (en el teatro)"; *ab actis* "notario", *ab aerario* "tesorero", *a bibliotheca* "bibliotecario", *a veste, ad vestem* y *supra vestem* "encargado del guardarropa", etc. (inscr.; cf. J. C. Rolfe, en ALLG, 10, págs. 481 ss.)[22].

201. Abl. mente + epíteto lexicalizados con valor de adverbio. — Este grupo se va fijando progresivamente a medida que el sentido propio de *mente* se va desvaneciendo: cf. Virg. *Aen.* 4, 105 *sensit... simulata mente locutam* (sobrent. *Iunonem)* "(Venus) se dio cuenta... de que (Juno) fingía"; lo mismo *sana mente* "sensatamente" (Cic.); *intrepida mente respondebo, omnes perfecta mente credentes, firma mente tenere* (Jer.), *fera mente* (Comm.) "salvajemente", *caeca*

[21] V. Väänänen, *EX- «antiguo»*, en *Classica et Mediaevalia Francisco Blatt septuagenario dedicata,* Copenhague, 1973, págs. 665-674.

[22] V. Väänänen, *Ab epistulis... and Sanctum Petrum, Formules prépositionelles latines étudiées dans leur contexte social* (Ann. Acad. Scient. Fenn., t. 179), Helsinki, 1977.

mente “ciegamente” (Greg. M.); de ahí los adverbios románicos (menos rum.) en *-mente;* ya Gloss. Reich. *singulariter: solamente;* la soldadura, sin embargo, no es completa en todas partes: cf. esp. *sabia y discretamente,* a. it. *qual piú fervente, quale piú tepidamente* “unos más ardientemente, otros más tibiamente” (Boccaccio).

202. Adverbios y preposición: *in gyro (giro), per gyrum* “alrededor” (Peregr., Oribas., Anthim., Itala, Vulg.), *de latus* “al lado (de)” (Grom., donde también se encuentra *latus se* “al lado de él”; de donde a. fr. *lez, delez,* conservado en *Plessis-lez-Tours, Aix-les-Bains,* etc., prov. *latz;* cf. Löfstedt, *Late Latin,* págs. 120-126).

203. Palabras invariables yuxtapuestas. — Las palabras accesorias están especialmente expuestas a desgaste. Para evitarlo, el habla popular ha acudido a su acumulación. Por eso los adverbios románicos son en buena parte yuxtapuestos latinos. Esta tendencia se remonta al latín antiguo: *demagis* (ej. aislado en Lucil.; esp. *demás,* port. *demais); derepente* (Ter., Cic., Non.), *desubito* (Ter., Cic., Prisc.; a. fr. *desoute,* prov. *en desopte,* cat. *desopte); inibi* (Plaut., Cic., Cels.); *de contra, incontra* (Pompeya); en baja época: *abante* (Itala, Vulg., Ag., etc., apuntado como defectuoso por el gramático Sergius; it. *avanti,* fr. *avant,* prov. *avan,* cat. *aban); de inter* (Itala, Cod. Dipl. Long.; rum. *dintre,* it. esp. port. *dentro); de intus* (Vulg. Cass., Ps.-Cipr., a. fr. *denz,* prov. cat. *dins); de foris* (Jer., Vit. Patr.; it. *difuori,* fr. *dehors); depost* (Itala, reprobado por Sergius; rum. *după,* it. *dopo,* port. *depos), de ab, da* (uno y otro en los documentos merovingios y lombardos, cf. Svennung, en ALMA 21, págs. 55 ss.; it. *da); de ex* (Didasc. Apost.; fr. *dès,* a. prov. *des,* esp. *desde); de usque* (Cod. Dipl. Long.; ¿fr. *jusque?); in ante* (inscr., rum. *înainte); inantea* (Itin. Theod.; it. *innanzi), denantea* de *de-inantea* (Cod. Dipl. Long., it. *dinnanzi)* (Löfstedt, *o. c.,* págs. 163-171; Mihăescu, págs. 167-171); *a mane, ad mane, de mane,* este último condenado por Servius, *Gramm.* IV, pág. 416; cf. Löfstedt, *Kommentar*, págs. 297 ss.

H. FORMACIÓN POR MEDIO DE PREFIJOS

204. La anteposición de un prefijo a un tema sirve especialmente para formar compuestos verbales con un sentido nuevo o con el aspecto verbal modificado: cf. *facio* "hago" - *conficio, perficio* "acabo", *specio* "miro" - *conspicio* "percibo", *cedo* "ando" - *abscedo, decedo, discedo* "me voy", "me alejo", etc. Ahora bien, la lengua ordinaria, que tiene predilección por las expresiones abundantes, por una parte, y, por otra, se cuida bien poco de matices sutiles, tiende a reemplazar los verbos compuestos por simples, tanto más que el prefijo verbal no tiene, muchísimas veces, otra función que la de reforzar el sentido del simple; tal es el caso de *comedere* (§ 142), *conducere, deponere, despoliare, exspoliare, dirumpere,* etc. Por fin, algunos verbos compuestos no eran tenidos por tales, por ej. *collocare, cogere, separare.* De todo ello ha resultado el fenómeno llamado descomposición o, mejor, supercomposición: *compromittere* (ya en el senatus-consultus de las Bacanales), *disconducit* "no le salen las cuentas" (Plaut. *Trin.* 930), *recorrigere* (Petr., Sén.). En baja época proliferan los verbos supercompuestos: sólo entre la Itala y la Vulgata se han contado cincuenta (Rönsch, págs. 206-211), por ej. *adimplere* (de donde it. *adempiere,* a. fr. *aemplir,* prov. *azemplir), circuminspicere, concolligere, discooperire* (Gloss. Reich. *denudare: discoperire;* panrománico), *insufflare, pertransire* (ya Plinio), *peroccidere, superelevare* (it. *sopraelevare,* fr. *surélever);* formas raras: *perpervertere (def. tab.), perdisco(o)perire* (Peregr.; Löfstedt, *Kommentar,* págs. 92 ss.).

205. Sucede, por otra parte, que el verbo simple, netamente percibido como formando grupo con el compuesto, impone su vocalismo a este último, suprimiendo el efecto de la apofonía (recomposición, cf. § 51): *consacrare* (Mon. Ant.; esporádicamente en los manuscritos y en las inscr. más frecuente que *consecrare), commandare* (Vel. Gramm. VII, 73, 10 "*quamvis commendo dicamus, tamen commando* *in consuetudine est*"), *peremere* (Catón), *detractare* (Virg., algunos mss.); *contangere, inclaudere, infrangere, tradare* (por *tradere), obaudire,* etc., en el bajo latín (cf. B. Löfstedt, págs. 183-195).

206. Verbos parasintéticos, es decir, formados de un nombre por adición simultánea de un prefijo y de un sufijo: *degener-are, de-lir-are* "salirse del carril", "delirar", *e-limin-are* "sacar", "rechazar", *ex-stirp-are* "desarraigar", *im-pedic-are* "enlazar" (Amm.; rum. *împiedeca,* fr. *empêcher,* port. *empelgar), in-odi-are* "sentir horror" (Not. Tir., Itala; it. *annoiare,* fr. *ennuyer,* prov. *enoiar,* cat. *enujar).*

I. CAMBIOS DE SENTIDO

207. Estrechamiento del sentido o especialización del uso.— *collocare* "colocar" - "acostar", primero con un complemento circunstancial *in lecto,* etc. (Cic., Cat., Ov.), y absolutamente desde Afranio (después Vitr., Cels., Plin. *Nat.,* etc.; rum. *culca,* it. *coricare,* fr. *coucher,* prov. cat. *colgar); necare* "matar" - "sofocar", "ahogar", por mediación de *aquā necare,* etc. (Ov. *Trist.* 1, 2, 36 *aquas... necaturas* y *fame necare, veneno necare,* Suet.), Sulp. Sev. Chron. 1 *deducti ad torrem necati sunt* "...fueron ahogados", lo mismo Greg. Tur., etc. (rum. *îneca,* it. *annegare,* fr. *noyer,* prov. *negar,* esp. port. *anegar;* cf. Löfstedt, *Late Latin,* págs. 191-194); *levare* "aliviar", sentido secundario de jerga "hurtar" (Petr. 140, 15 *levator* "ratero de tirón"); *levare* "levantar" (Greg. M., "robar"; Rer. Merov. VII, pág. 732); *mittere* "dejar marchar" - "meter", "añadir", "echar" (Val. Fl., Apic., Anthim.; Vulg. "ponerse un vestido"; panrománico, menos rum.); *manere* "permanecer", sentido especial "pasar la noche" (Hor., Cipr., Peregr.; eng. *manair,* rum. *mînea),* y "habitar" (Minuc., Cipr., Peregr., Jer., etc.; a. fr. *manoir,* de donde el sust. *manoir* y *manant), mansio* "parada", a continuación "morada", "albergue", "lugar para pernoctar" y "habitación", "casa"; *cognatus, cognata* "pariente" - "hermano de la mujer", "hermana del marido" (Claud. Don., Jer., Vulg., inscr.; panrománico, menos fr.); *materia (materies)* "materia" y sentido especial "madera para construcción" (Catón, Varrón, Vitr., etc.; a. fr. *maiere,* esp. *madera,* port. *madeira); pullus* "cría (de animal)" - "pollo" (Hor., Sén.; "gallo" Peregr., it. *pollo,* fr. *poule, poulet,* esp. *pollo); orbus* "privado de (padres, hijos)", "huérfano" - "ciego" (Apul., Fest., Sedul.; por eufemismo, primeramente *orbus lumine* Ov., *orbitas luminis* Plin. *Nat.;* rum. *orb,* it. *orbo,* a. fr. *orb); captivus* "cautivo", "cautivo del demonio, de sus pasiones" (Tert., Ag.; cf. ya Sén. *irae suae captus)* - "desdichado" (Pelag.; fr. *chétif)* y "malhechor" (Arnob.; it. *cattivo,* prov. *caitiu); paganus* "campesino, pueblerino" - "no combatiente, civil" (Tác., Plin. *Epist.)* - "no cristiano, pagano" (Tert., Ag., etc., bien por oposición a *miles Christi,* bien como término despectivo, bien, finalmente, porque los campesinos permanecieron durante más tiempo hostiles al cristianismo, cf. *gentes, gentiles,* con el mismo sentido: Ag. *Epist.* 184, bis 3, 5 *quos vel gentiles, vel iam vulgo usitato vocabulo paganos appellare consuevimus;* panrománico; cf. DEL y Blaise, *s. v.;* Löfstedt, *Late Latin,* págs. 75-78); términos que designan una eventualidad feliz o desdichada, fijados después en buen o mal sentido: *fortuna* "suerte (buena o mala)" - "buena suerte", "riqueza", pero en las lenguas románicas antiguas también "infortunio", "tempestad"; *tempestas* "tiempo", "época", "el tiempo que hace" - "mal tiempo", "tempestad" (por eufemismo, ya en Plauto, único sentido conocido por las lenguas rom.; panrománico, menos rum.).

208. Ampliación de sentido o generalización de uso. — *minare* (otra forma de *minari* "amenazar") "cazar, empujar con gritos" (Apul., Fest., sentido conservado en rum. *mîna)* - "llevar" (Jer., Vulg.; panrománico, pero en diferentes acepciones); *laxare* "relajar" - "aflojar, alargar" (Apul.) - "dejar" (Greg. Tur. *sibi caesariem ad crescendum* "dejar crecer los cabellos"; panrománico); *(se) applicare* "arrimarse" (en sentido figurado ya en Enn., *apud* Cic. *Tusc.* 3, 19, 44 *quo accedam? quo applicem?* "¿qué asilo, qué puerto se me ofrece?") - "dirigirse hacia", "acercarse", "llegar" (Vulg., Filastr., Vitae Patr.; a. esp. *allegar,* port. *achegar); (se) plicare* "plegar" - "acercarse" (Peregr.; esp. *llegar,* port. *chegar;* pero rum. *pleca* "partir"; el simple empleado, sin duda, por el compuesto, cf. el precedente[23]); *sedere* "estar sentado" - "quedarse, estar" (Plaut. *Amph.* 599 *cum apud hostis sedimus* "mientras estamos en presencia del enemigo"; en baja época reemplaza a menudo a *esse:* Peregr. 5, 1 *illa valle... ubi sederant filii Israhel dum Moyses ascenderet in montem Dei,* y passim; cf. Löfstedt, *Late Latin,* págs. 65 ss.; esp. *ser,* port. *seer); stare* "estar en pie", "estar inmóvil" - "estar" (fr. *être)* (Lucr., frecuente en la baja época, por ej. Arn. *in dubio stare,* Peregr. 24, 6 *ut unusquisque, quomodo stat, cathecuminus inclinet caput* "que cada catecúmeno, dondequiera se encuentre, incline la cabeza", etc.; it. *stare,* a. fr. *ester,* prov. cat. esp. port. *estar); hostis* "enemigo (público)" - "ejército" (fem. en este sentido; Greg. M., Lib. Pont., Lex Visigoth., Lex Sal.; rum. *oaste,* a. it. *oste,* a. fr. prov. cat. *ost,* esp. *hueste,* port. *hoste,* cf. ingl. *host* "multitud"); *poena* "sanción, castigo" - "pena" (Plin. *Nat.* 2, 29 *in tantis vitae poenis;* Ambr. *Exc.* 2, 38 *mortem metam esse nostrarum poenarum;* ambos sentidos subsisten en rom.; panrománico, menos rum.); *passer* "gorrión" - "pájaro (pequeño) en general" (glos.; rum. *pasăre,* esp. *pájaro,* port. *pássaro).*

209. Trasferencia de sentido. — *focus* "hogar" - "fuego", toma el puesto de *ignis* sobre todo en los tratados técnicos tardíos (Veg., Diosc., Anthim.), panrománico; *papilio* "mariposa" - "tienda, pabellón" (desde Ov.; it. *padiglione,* fr. *pavillon,* prov. *pabalhon); testa* "cacharro" - "cabeza" (§ 148), *cerebellum* "sesos" - "cerebro" (§ 165), *spatula* "espátula" - "hombro" (§ 152), *coxa* "anca" - "muslo" (Cels.; ha substituido a *femur;* panrománico).

---

[23] Niedermann, *Recueil,* págs. 31 ss.; Löfstedt, *Late Latin,* págs. 45 s.; cf. fr. *arriver,* prov. cat. *arribar,* con el mismo sentido < **arripare;* pero el sentido del rum. *pleca* hace surgir una dificultad; la explicación de Meyer-Lübke, REW *s. v. plicare:* «ursprünglich wohl "die Zelte zusammenschlagen", vgl. *plier bagage»,* no es convincente, porque *plicare* no conoce este sentido en latín: se decía *tentorium detendere.*

210. Del abstracto al concreto. — La concretización del sentido en latín popular y tardío está más extendida de lo que generalmente se piensa (v. Löfstedt, *Late Latin,* págs. 145-156): *mansio* (más arriba); *piscatus* "pesca" - "pescado", *venatio* "caza" - "caza (las piezas)" (§ 183); *labor* "trabajo duro", "labor" - "trabajo del campo", "labor", "tierra labrada" (Antonius Placentinus, Greg. M.; fr. *labour, labourer,* esp. *labor,* port. *lavor* en el mismo sentido, log. *laore* "campo sembrado"); *machina* "invención", "artificio" - "ingenio, máquina" (sentido que prevalece desde el latín antiguo), *machinari* "imaginar, inventar" - "moler" (Itin. Anton. Plac., Ruf., Oribas.; it. *macina* "muela", *macinare,* log. *maghinare,* rum. *măcina* "moler"), cf. *ingenium* "natural", "talento" - "invención", "artificio" (Vulg., Greg. M.) - "máquina (de guerra), ingenio" (Rer. Merov. III, pág. 114, 15; fr. *engin,* antes también "destreza, astucia", prov. *(en)genh* con el mismo sentido); *mancipium* "presa en mano" - "cosa adquirida", en particular "esclavo" (Cic., Liv., Hor.; m. en una inscr. del s. II-III, Ephem. epigr. 9, 176 *mancipius dominicus;* prov. cat. *masip,* esp. *mancebo); testimonium* "testimonio" - "testigo" (Peregr., Lex Sal., Cod. Dipl. Long.; fr. *témoin); nascentia* "nacimiento" - "excrecencia" (Oribas.; a. it. *nascenza* con el mismo sentido; cf. Niedermann, *Recueil,* pág. 60; Löfstedt, *o. c.,* pág. 49; C. Collin, *Étude sur le développement de sens du suffixe -ata* (tesis de Lund, 1938, págs. 261 ss.).

CUARTA PARTE

LAS FORMAS Y SUS FUNCIONES

A. GENERALIDADES

210 bis. La gramática latina es "un edificio construido en medio de ruinas", un sistema "formado con materiales tomados de diversos sistemas sucesivos anteriores" (A. Meillet). De ahí las incoherencias que no podían por menos de entorpecer a los sujetos hablantes.

211. Algunos casos de la declinación desprovistos de formas propias, como el locativo y el instrumental, han cedido sus funciones a otros casos, sobre todo al ablativo, que, con ello, resultaba sobrecargado en sus usos. Por otra parte, muchos de los valores pertenecientes originariamente a tal o cual caso, como el genitivo partitivo, el acusativo de dirección, el ablativo propiamente dicho o de punto de partida, parecían sobrevivientes y tendían a reforzarse con preposiciones. De rechazo, la palabra accesoria iba ganando autonomía en detrimento de las formas de flexión. Como consecuencia, la función de régimen quedará reducida sobre todo al acusativo, cuya oposición con el nominativo se irá acentuando.

212. El sistema verbal se caracterizaba por parecidas tendencias. Los morfemas que no correspondían a un sentido percibido con nitidez, como el deponente, los valores sutiles como el aspecto de perfecto, las categorías incoherentes como el futuro y el pasivo personal, fueron cayendo o renovándose. En una palabra, se produjo un sistema de simplificación o de nivelamiento bajo la acción conjugada de evoluciones fonéticas, sobre todo el debilitamiento de las consonantes y de las vocales finales, y de evoluciones sintácticas, sobre todo de la tendencia a favorecer los giros sintácticos, es decir, formados con la ayuda de partículas o de verbos auxiliares.

B. EL NOMBRE

1. EL GÉNERO

213. La distinción de los tres géneros, más o menos clara en el indoeuropeo común, ha comenzado a resquebrajarse desde los orígenes del latín. El latín había heredado, por una parte, un cierto número de nombres cuyo género era dudoso: *aevus/aevum, cāseus/cāseum, collus/collum, uterus/uterum, caelus* (cielo divinizado y personificado, siempre en plural)/*caelum;* además, algunos masculinos disponían para el plural de un colectivo antiguo en *-a: iocus - ioca* (junto a *iocī), locus - loca* (junto a *locī,* con especialización de sentido), *lacertus - lacerta* (Accius; de donde un nuevo sing. *lacertum,* glos.). Por otra parte, la oposición de género animado (masculino-femenino) - género inanimado (neutro) y la repartición de los géneros "naturales" no respondía ya en verdad a nociones reales. De ello ha resultado: 1) la decadencia del neutro, en provecho, sobre todo, del masculino; 2) la tendencia a repartir los nombres entre masculinos y femeninos según los elementos formativos[1].

214. Son tratados como masculinos: a) neutros de la 2.ª decl. en *-um* (distinguidos de los masculinos en *-us* sólo en el nom. y voc. sg. y en el nom. y voc. pl.): *balneus* (Pompeya, Petr.), *corius* (Plauto, Varrón), *dorsus* (Plauto, gram.), *fātus* (Petr., inscr.), *vāsus* (Petr.), *vīnus* (ibid.); a la inversa, *nāsum* (Plauto), *thēsaurum* (Petr.); b) neutros de

[1] Sobre la suerte del neutro en romance, cf. I. Fischer, *Originea latină a neutrului românesc,* en *Studii şi cercetări linguistice* (Academia Republicii Socialiste România), 6 (1975), págs. 570-575.

la 3.ª decl.: ac. *papāverem* por *papāver* (Plauto), *cadaver mortus* (Pompeya), ac. *lactem* por *lac* (Petr.), nom. *maris,* ac. *marem* por *mare* (inscr.), *capus* por *caput* (inscr. tardías); c) neutros de la 4.ª decl.: *cornus* (junto a *cornum)* por *cornu* (Varrón, Gell., Itala, glos.), *gelus* (al lado de *gelum)* por *gelu* (Catón, Afran., Acc., Tert., etc.), *genus* (con *genum)* por *genu* (Lucil.).

215. Algunos neutros desarrollan, partiendo, sin duda, de un plural con sentido colectivo, un doblete femenino en *-a: armentum / armenta* "rebaño", *caementum / caementa* "piedra labrada" (Enn.), *gāneum* (Plauto, Ter., Varrón) / *gānea* "garito" (Cic., Sal., Liv., Tác.), *mendum* (log. *mendu) / menda* (Lucil., Ov., Suet.; it. eng. prov. *menda,* cat. *mena), rāmentum* (Lucr., Marc., Plinio; a. it. *ramento) / rāmenta* (Plauto; it. septentr. *armenta, romenta)* "ramujos", *rāpum* (Varrón, Plin., Marc.; rét. *raf, ref) / rāpa* (Scrib. Larg., Colum.; it. *rapa,* log. prov. cat. *raba,* a. fr. *reve,* fr. *rave).* Los dobletes *-um / -a* se extienden como mancha de aceite en el latín popular y tardío y pasan, aunque en parte con una distinción de sentido, al romance (cf. M. Niedermann, en *Emerita* 12, 1944, págs. 41-43 = Niedermann, *Recueil,* págs. 107-110; Löfstedt, *Syntactica* I, págs. 48 ss.; B. Löfstedt, *Zur Lexikographie der mittellateinischen Urkunden,* en ALMA, 29, 1959, 1, págs. 15-28).

216. *a)* Nociones concretas: *folium / folia* (Quirón, Diosc., Orib., Isid., etc.), it. *foglio / foglia,* a. fr. *fueil / fueille,* prov. *folh / folha,* cat. *full / fulla,* port. *folho / folha; lignum* (rum. *lemn,* eng. *lain) / ligna* "leña" (Gloss. Reich.; cf. *ligna, lignorum* "leños"), it. *legno / legna,* esp. *leño / leña; grānum / *grāna,* it. esp. *grano / grana,* fr. *grain / graine,* prov. cat. *gra / grana,* port. *grão/grã; prātum/*prāta* "pastos", a. fr. *pré / pree,* prov. *prat / prada,* eng. *pro/preda;* nombres de frutas: *persicum* (cat. *pressec,* esp. *prisco) / persica* (App. Pr. 149 "*persica,* non *pessica*"), rum. *piersică,* it. *pesca,* fr. *pêche,* prov. *persega; pirum* (rét. *pair, per) / *pira,* rum. *pară,* it. cat. esp. port. *pera,* fr. *poire; pōmum* (a. fr. *pom,* port. *pomo) / *pōma,* rum. *poamă,* fr. *pomme,* cat. a. esp. *poma;*

mēlum (forma posterior de *mālum;* it. dial. *melo,* rum. *măr)* / **mēla,* it. log. *mela.* Hay que distinguir los nombres de árboles frutales originados de masc. en *-us,* it. *melo, pero, pesco,* etc.[2].

217. *b)* Nociones abstractas: *gaudium* (prov. *gaug,* cat. *goig,* esp. *gozo)* / *gaudia* (Greg. Tur.), a. fr. *joi* / *joie; fātum* / *fāta* (inscr., ¿del nombre de la diosa *Fāta?),* log. *fadu* / *fada,* esp. *hado* / *hada,* it. *fata,* fr. *fée,* prov. cat. port. *fada; fortia* pl. n. "rasgos de valor" - sg. f. "fuerza" (¿gram.?, v. Thes. VI, 5, pág. 1160, 44 ss.), it. *forza,* fr. *force,* prov. cat. *forsa,* esp. *fuerza,* port. *força; gesta* pl. n. "hazañas" - sg. f. "historia" (un ej. tardío, Thes. VI, X, pág. 1949, 64), fr. *geste,* prov. *gesta; anxia* ¿n. pl.? - sg. f. "angustia" (Draconcio, s. V), it. cat. esp. *ansia,* log. *ansa,* a. fr. *ainse,* prov. *aisa.*

218. Los neutros griegos en -μα, -ματος tendían en latín a incorporarse a los femeninos de la 1.ª decl.: *cyma (cuma, cima,* § 58) n. en Lucil. y Colum., f. Colum., Plinio; *diademam* (Pompon.), *diadema candida* (Apul.); *cum servili schemā* (Plauto); *Pythagoream dogmam* (Laber.); *chrisma, -ae* (lat. ecles., al lado de *chrisma, -atis),* it. *cresima,* fr. *crème; sagma, -ae* (Veg., Vulg.), it. *salma* y *soma,* fr. *somme,* prov. *sauma,* esp. *soma.*

219. Ocaso y supervivencia del neutro. — Aunque los neutros estaban condenados a pasar al masculino, también es verdad que el neutro, como parte integrante del sistema, ha persistido hasta la víspera de la fase románica y hasta más allá.

220. *a)* En los textos no literarios de los siglos VII-VIII, la mayor parte de los neutros en *-um* aparecen, es cierto, como masculinos en *-us* en el nom. sg., pero en el ac., caso oblicuo, mantienen la final *-um* con mucha mayor tenacidad que los masculinos, que a menudo la

---

[2] W. D. Stempel, *Zur Frage des Geschlechts der romanischen Obstbaumnamen auf «-arius»,* en *ZRPh,* 75 (1959), págs. 234-268.

reemplazan por *-o;* ahora bien, tal distinción prueba que los escribas conservaban al menos la conciencia del neutro (v. B. Löfstedt, págs. 230-233, con estadísticas). Son dignos de ser notados los participios pasados, usados con frecuencia, *auditum, scriptum (est),* etc., que subsisten como neutros, es decir como formas indeclinables, en francés antiguo: *il est escrit* (Rol.), *ce fut escrit* (Joinv.); igualmente, *ce m'est molt grief* (Chrét.).

221. *b)* En estos mismos textos latinos, los neutros de tema consonántico (3.ª decl.) presentan en el singular con mucha frecuencia una forma fija (nom.-ac.) que sirve para el régimen de casos en una medida mucho más amplia que el acusativo de los masculinos: *de uno latus, de alio latus* (Tard.), *ex ipso pignus* (Roth.). Muchas de estas formas han pasado también al romance: *corpus, opus, pectus, tempus* han dado log. *korpus, obus, pettus,* a. fr. *cors, ues, piz, tens,* a. prov. *cors, peitz, tems,* a. cat. *cos, ops, pits, temps,* a. esp. *cuerpos, pechos, uebos*. Ha llegado hasta a darse usurpación del masculino por el neutro: los neutros *fundus* (cf. pl. *fundora,* más abajo), **femus* (por *fimus,* como *stercus)* son supuestos por a. fr. *fonz, fiens,* prov. *fons, fem(p)s; *pulvus* (por *pulvis),* por prov. *pous,* cat. *pols,* a. esp. *polvos*.

222. *c)* Por fin, se mantiene y hasta gana terreno el plural neutro colectivo en *-a*. No es fortuito el que para *balneum / balneus, dorsum / dorsus, vāsum / vāsus, vīnum / vīnus,* etc. (más arriba), no se conozcan plurales en *-ī, -ōs*. — Pero conviene examinar aparte el plural neutro.

223. El plural colectivo en -a (y en **-ora).** — Este plural neutro subsiste en rumano, italiano, francés antiguo y provenzal antiguo: *bracchium - bracchia* > rum. *braţ - braţe,* it. *braccio - braccia,* a. fr. *braz - brace,* a. prov. *bratz - brasa; ossum* (por *os) - ossa* > rum. *os - oase,* it. *osso - ossa*. Hasta se extiende a algunos masculinos: *carrus - carra* (Bell. Hisp., Itala, etc.), a. fr. pl. *charre; digitus - digita* (Roth.) > rum. *deget - degete,* it. *dito - dita,* a. fr. *doit - doie; frūctus - frūcta*

(Tard.) > it. *frutto - frutta; granum - *grana,* fr. *graine;* asimismo: it. *gomito - gomita, corno - corna, membro - membra, muro - mura, grido - grida,* etc.; sin embargo, subsiste también el plural en *-i* de estos nombres, con sentido diferente: it. *i muri* "los muros", *le mura* "las murallas"; *gli ossi* "los huesos", *le ossa* "las osamentas".

224. Los nombres con plural colectivo presentan en románico una flexión heterogénea: son masculinos en el singular y femeninos en el plural; cf. a. fr. *ambes les brace* "los dos brazos", *doues doie* "dos dedos", etc.; como consecuencia, sg. f. *la brasse, la paire,* etc. Este estado de cosas no ha dejado de aumentar la complejidad de esta clase de nombres y ha resultado un plural nuevo en *-ae,* por analogía con los femeninos en *-a,* fenómeno que ya se había producido en latín: junto al pl. *balnea,* se da *balneae* (Varrón *Ling.* 9, 68 "*publicae balneae,* non *balnea*"); al lado de *bracchia, labra,* se da *bracias, labras (def. tab.).* En italiano, *il dito* tiene los plurales *i diti, le dita, le dite; il legno: i legni, le legna, le legne,* etc. (bien es verdad que las formas en *-e* son más bien dialectales; v. Rohlfs, *Ital. Sprache* II, § 369). — La flexión heterogénea se halla ya bien establecida a partir del s. VI a más tardar. En las traducciones latinas de Oribasios (Italia del Norte, fechadas alrededor del 600), los neutros están tratados de la siguiente manera: 1) en el singular, se han convertido casi todos en masculinos; 2) en plural, el nom.-ac. es siempre en *-a;* 3) el gen. pl. es del femenino: *ovarum (coctarum)* 28 veces, contra *ovorum* (sin epíteto) 2 veces; 4) el epíteto o atributo que se refiere a un neutro plural está casi siempre en femenino: *folia virides teneras, folia molles, folia infusas, grana oppressas, ossa consparsas, ova sorbiles* (H. Mørland, *Die lateinischen Oribasius-Uebersetzungen,* Symbolae Osloenses, fasc. supl. V, Oslo, 1932, págs. 63 ss.). En otros lugares: CIL III 9450, 7 (Dalmacia) *ossa exterae;* Tardif 43 *ricta indicia termenandas* (Pei, pág. 162); Marculf (Galia) 1, 33 *ipsas strumenta* (= *instrumenta) perierunt,* en sg. *instrumentus, monasterius,* etc. (A. Uddholm, *Formulae Marculfi,* págs. 64 ss.); Tjäder, *Papyri* 8, II, 6-7 (Ravena, año 564) *stragula... duo valentes solido uno* "dos mantas que valían un sueldo". El neutro no subsiste, pues, más que en el plural, como expresión colectiva. En cuanto al plural en *-a* tratado como singular femenino, es seguramente efecto de un compromiso entre el colectivo del tipo *folia, gaudia* y el plural al modo de *brachias, labras* de las tablillas de execración (más arriba), de donde resulta una forma híbrida a caballo entre el colectivo y el plural (Leo Spitzer, *Feminización del neutro: rumano* oasele, *italiano* le ossa, *ant. francés* ces brace, *español* las vísceras, en RF Hisp. III, 1941, 1, págs. 339-371).

225. Los plurales neutros en *-ora* sobreviven en rumano: *timp, timpuri* de *tempus, -ora; piept, piepturi* de *pectus, -ora;* por extensión *pămînt* < *pavimentu,* pl. *pămînturi; vînt* < *ventu,* pl. *vînturi;* de igual modo en a. it. pl. *corpora, pratora, luogora,* y todavía hoy en algunos dialectos del Sur (nombres heterogéneos en las dos lenguas). Se constata cierto aumento desde el latín tardío: *armora* = *armī,* pl. de *armus* "lo alto del brazo" (Quirón); *fundora* (Rávena, s. VII), pl. de *fundus,* que se convierte en neutro en latín tardío, cf. a. fr. *fonz; tec- tora, campora, locora, nidora* = *tēcta, campī, locī, nīdī* (textos lombardos del s. VIII). Se trata de una reacción semicultista debida a los falsos puristas, que se ha asentado en el Este de la Romania favorable a las proparoxítonas (P. Aebischer, *Les pluriels analogiques en* -ora *dans les chartes latines de l'Italie,* en ALMA VIII, 1933, págs. 5-76).

226. Cambios y fluctuaciones de género. — Los nombres de árboles femeninos en *-us, -ī* han tomado el género masculino de los demás nombres de esta categoría: *alnus* y *pōpulus* aparecen como masculinos desde el s. IV (Thes., *s. vbus.); fāgus, fraxinus, pīnus* han llegado a serlo en románico.

227. Fluctuación masculino/femenino: *arbor* f., m. desde la Itala; *callis, cinis, finis, fōns, frōns, serpēns,* fluctúan (it. dial. *calle* m. o f., cat. *call* m., esp. *calle* f., it. *fine* m. y f. con distinción de sentido, esp. *fin* m., fr. *fin* f., it. *fonte,* a. fr. *font,* prov. *fon,* cat. *font,* esp. *fuente,* siempre femeninos).

228. Los nombres masculinos abstractos en *-or, -ōris* pasan de vez en cuando al femenino: CIL VI 32808 (Roma, s. II) *dolorem nefandam,* Greg. Tur. *magnam timorem, tanta splendor,* etc. (Bonnet, pág. 504) y esta tendencia llegará al francés y al provenzal (también al italiano del Norte): *la douleur, la dolor,* etc. La causa de esto se halla, por una parte, en la analogía de los abstractos femeninos en *-ūra, -iō, -itūdo* y, por otra, en el cuidado de diferenciar estos abstractos de los concretos del mismo tipo morfológico, como *auctor, cēnsor, suāsor,* etc.

229. Algunos femeninos han adquirido un nuevo sufijo que designa el género femenino siguiendo el modelo de las parejas *gallus - gallīna, rēx - rēgīna,* etc.: para *antistes, coniux, hospes, sacerdōs,* epicenos originariamente, se ha creado los femeninos *antistita* (Plauto, Acc., Varrón, etc.), *coniuga* (Apul., glos., inscr.), *hospita* (Plauto, Ter., Cic., etc.), *sacerdotia* (CIL III 4134), *sacerda* (CIL III 4467, ibid. VIII 3307 y 10575), formas no románicas; *clienta* (Carisio, P. Festo, Plauto), *diacona* (Ambrosiaster, Fortunato), *diaconissa* (Jer., Cod. Teod., etc. con un sufijo que tendrá cierta fortuna, p. e. *abbatissa, prophetissa, Germanissa,* etc. y que sobrevive en romance).

2. LOS TEMAS

230. Temas en *-ē-* (5.ª decl.) que pasan a los temas en *-a-* (1.ª decl.). — El punto de partida fueron los dobletes en *-iē-* y en *-iā-: effigiēs/effigia, māteriēs/māteria, munditiēs/munditia, luxuriēs/luxuria,* de los cuales la forma en *-(i)a* ha terminado por ganar la partida: esp. *madera,* port. *madeira* < *māteria,* it. *mondezza* (fr. *immondices)* < *munditia (immunditiae).* Igualmente *glaçia* por *glaciēs* (glos.), rum. *ghiață,* a. it. *ghiaccia,* fr. *glace,* prov. *glasa* (y *glatz* < *glaciem,* que sobrevive en el fr. *verglas,* ant. *verreglaz); rabia* por *rabiēs* (glos.), it. *rabbia,* fr. *rage,* prov. cat. esp. *rabia,* port. *raiva.* Han persistido *rēs, rem,* log. *reze,* fr. *rien,* prov. *re; fides,* it. *fede,* fr. *foi,* prov. cat. port. *fe; dies,* rum. *zi,* it. *dí,* log. *die,* a. fr. *di* y *die,* prov. *di* y *dia* (m. y f.), pero a. it. cat. esp. port. *dia; facies,* prov. *fatz,* cat. *fas,* esp. *haz,* port. *face,* pero *facia* (Virgilius Gramm.), rum. *față,* it. *faccia,* fr. *face,* prov. *fase.*

231. Temas en *-u-* (4.ª decl.) que pasan a los temas en *-o-* (2.ª decl.). — Desde los orígenes, *domus* anduvo fluctuando entre las dos declinaciones: gen. sg. *domī,* dat.-abl. sg. *domō,* ac. pl. *domōs,* gen. pl. *domōrum,* al lado de *domūs, domuī, domū, domūs, domuum;* los gen. sg. *senāti, quaestī, frūctī,* no son raros desde el comienzo de la tradición literaria; Pompeya 1714 X *passj* = *passūs,* nom. pl.; otras formas tomadas de la 2.ª decl. aparecen en baja época. Neutros: *gelum* (al lado de *gelus,* § 214) por *gelu* (Varrón, Lucr.), *genum* (y *genus*, § 214) por *genu* (Frontón), *cornum* por *cornu* (Varrón, Lucr., Ov.). Por fin, la absorción de los temas en *-u-* por la clase en *-o-* está confirmada por el romance, donde no quedan de ello más que algunos vestigios (pl. *le mano* < *illae manus* en a. it. y en it. dial.; Rohlfs, *Ital. Sprache* II, § 367).

232. Los femeninos *socrus* "suegra", *nurus* "nuera", *neptis* "nieta", "sobrina", *strix* "bruja", que tenían aspecto de anomalías, han sido transformados, con cambio de declinación, en *socra* (App. Pr. 170, inscr. ; a. fr. *suire, suegre,* prov. cat. port. *sogra,* esp. *suegra)* y *socera* (formado sobre *socer, socerī* "suegro", Greg. Tur., inscr.; it. *suocera);* en *nura* (App. Pr., inscr.; log. *nura;* it. *nuora,* prov. cat. port. *nora* < **nora,* por acercamiento a *socra);* en *nepta* (Greg. Tur., inscr.; log. *netta,* prov. *nepta,* cat. *neta,* esp. *nieta,* port. *neta), nepōta* (inscr.; rum. *nepoată), nepotia* (rum. *nepoață), neptia* (inscr.; rét. *ñetse,* fr. *nièce), neptic(u)la* (App. Pr., no románico); en *striga* (Petr.; rum. *strigă,* it. *strega,* log. *istria,* a. fr. *estrie,* port. *estria).* Igualmente: *fulica* (Cic., Virg., Plin., it. *fòlaga,* a. prov. *folca,* de donde el fr. *foul-*

que) por *fulix; *pūlica* (esp. port. *pulga)* por *pūlex, pūlice* > fr. *puce* (Leuman - Szantyr, § 171, III).

233. Temas consonánticos imparisílabos (del tipo *mōns,* gen. *montis)* colocados entre los temas parisílabos *(canis,* gen. *canis)* con un nom. sg. analógico en *-is: mentis* por *mēns* (Enn.), *carnis* por *caro* (Livio Andr.), *bovis* por *bōs* (Varrón, Petr.), *discordis* por *discors* (Pompon.), *concordis* por *concors* (Prisc.: "antiquissimi"), *lacte* por *lac* (Plauto, Petr.); App. Pr. 21 "*pecten,* non *pectinis*", 115 "*glis,* non *gliris*", 128 "*grus,* non *gruis*", y, a la inversa, 74 "*orbis,* non *orbs*", 96 "*nubes,* non *nubs*". En baja época: *calcis* por *calx* "talón" (Isid.), *nivis* por *nix* (Oribas.), *curtis* (= *cōrtis, cohortis)* por *cōrs, cohors* "corte" (Grom., Symm., Greg. Tur., Roth., etc.), *sanguem* (inscr. republ.) ac. de *sanguis,* n. *sanguen* (Ennio, Catón, Lucr., Petr.)[3]. — Las lenguas románicas, aun aquellas que han conservado la oposición caso sujeto - caso régimen, a saber, el francés antiguo, el provenzal antiguo y, en parte, el rético, no tienen rastros del nom. sg. del tipo *mōns:* cf. a. fr. caso sujeto sg. *monz* < **montis*. Por el contrario, los temas con acento móvil: *sermo, -ōnis, dolor, -ōris, ratio, -ōnis, cīvitās, -ātis,* etc., generalmente se resisten a la unificación del tema (§ 242) antes de la fase románica; Petr. 45, 4 y 66, 3 *excellente* n., por *excellēns* (en el diálogo; *munus, mel excellente)* es un caso aislado.

234. Temas consonánticos que pasan a la 2.ª decl. — Los nombres y adjetivos en *-r* han adoptado una flexión más común y regular de la 2.ª declinación en *-ro-: Silvestrum* por *Silvestrem* (Pompeya, X 1075 dos veces), *Decembro* por *Decembrī* (CIL III 2307; Prisc. Gramm. 2, 359, 23 a d); *ācer, ācra, ācrum* por *ācer, ācris, ācre* siguiendo a *niger, nigra, nigrum* (App. Pr. 41 "*acre,* non *acrum*", Veg., etc.), *pauper, -era* por *pauper,* gen. *-eris,* siguiendo a *tener, -era, -erum* (App. Pr. 42 "*pauper mulier,* non *paupera mulier*", Ior-

[3] Leumann-Szantyr, págs. 433 y 451.

dan. *gens paupera);* it. *agro* (junto a *acre), pòvero, pòvera* (frente al esp. *pobre* m. y f.). — Neutros: *ossum* por *os* (Ag. *Doctr. christ.* 3, 3), it. *osso,* log. *ossu,* esp. *hueso,* port. *osso; vāsum* (y *vāsus,* § 214) por *vās* (Plauto, Catón, Vitr., inscr.), it. esp. port. *vaso; cochlearium* por *cochleare* (App. Pr.), it. *cucchiaio,* fr. *cuiller,* prov. *culher.* — Nom. pl. en *-ī* por *-ēs: successori* (Marculfo), *abbati* (Capit. de Pipino, año 744, MGH Capit. 1, 29, 25), *sapienti* (Gloss. Cassel); decenas de ejemplos en los documentos lombardos y en otros de Italia (B. Löfstedt, *o. c.,* págs. 44-46, a base de los apuntados por R. L. Politzer). Estos plurales prefiguran el caso suj. pl. a. fr. *li chien, li mont* (análogo al esquema *li mur < illi muri,* por oposición al caso régimen *les chiens, les monz,* etc. *< illos canes,* etc.) y puede ser que el it. *i cani, i monti* (donde, sin embargo, la evolución fonética *-es* > *-i* no puede ser excluida; discusión de las distintas teorías, v. B. Löfstedt, págs. 42-47).

235. Temas consonánticos que pasan a la 1.ª declinación: **tempesta* por *tempestas,* brotado de un antiguo adjetivo *tempestus,* it. prov. cat. *tempesta,* fr. *tempête; iuventa,* a. fr. *jovente,* y *senecta,* it. dial. *seneta,* al lado de *iuventus* y *senectus.* — Nombres griegos en -ις, -ιδος tomados de formas populares derivadas del ac. gr. en -ιδα: *absida* por *absis* (Ag., Greg. Tur., etc.); *lampada* por *lampas* (Vulg., Jer.), it. esp. port. *lámpada,* fr. *lampe,* prov. *lampeza; buxida* por *pyxida* (Prisc.) *pyxis,* it. *bùssola, bòssolo,* fr. *boîte,* a. prov. *boisseza.*

236. Temas en *-ī-* que pasan a la 2.ª o a la 1.ª declinación. — Pocos ejemplos: App. Pr. 99 "*palumbes,* non *palumbus*" (también Colum. y Marc.), rum. *porumb,* it. *palombo,* esp. *palomo,* port. *pombo* (prov. *palomba,* cat. *paloma* f. siguiendo a *columba);* adjetivos: App. Pr. 56 "*tristis,* non *tristus*", rum. *trist, tristă,* friul. *trist, triste* "malhechor", it. *tristo* "malhechor" (al lado de *triste* "triste"), log. *tristu* (pero esp. port. *triste); sublīmus* por *sublīmis* (Enn., Lucr., postclás.), cf. *imbēcillus* junto a *imbēcillis* (v. DEL, *s. v.).*

3. LAS DECLINACIONES

237. Temas en *-ā-*. — La forma vulgar del gen. sg. en *-aes, -ēs,* compromiso entre el *-ae* del latín y el -ης del griego, es muy frecuente en las inscripciones, sobre todo para los nombres propios: Pompeya 5782 *Benniaes Sabinaes,* 2233 *Januariaes,* 8259 *coponiaes,* CIL III (Panonia) 4136 *Romes,* 10716 *Secundes,* etc.

238. El nom. pl. en *-ās* es uno de los vulgarismos que, barridos de la literatura propiamente dicha, emerge en latín antiguo en dos fragmentos de atelanas de alrededor del año 100 a. C. y se extiende rápidamente durante el Imperio en inscripciones de diversas procedencias y en los textos tardíos. Pompeya 7863 (cartel electoral) *C. Lollium Fuscum II vir(um) Asellīnas rogant* "los criados de (la cabaretera) Aselina (?) proponen a C. Lollius Fuscus como duumvir", CIL III (Dalmacia) 2386 *liberti libertasque ponantur,* ibid. V 5078 (Italia del Noroeste) *bene quiescant reliquias,* etc. En el Oribasio latino (hacia el 600, Italia del Norte), la forma en *-ās* es mucho más frecuente que la forma en *-ae;* en los diplomas merovingios ha suplantado casi por entero a esta última. Por fin el nom. pl. en *-ās* ha pasado al a. fr. y al a. prov.; los femeninos del tipo *porta* no tienen más que una forma en el plural, caso sujeto y caso régimen, *les portes* < *illās portās,* frente a los masculinos del tipo *mūrus,* cuyo plural es *li mur* < *illī mūrī* en el caso sujeto, y *les murs* < *illōs mūrōs* en el caso régimen. Igualmente, la forma en *-ās,* mejor que la en *-ae,* parece estar en la base del pl. it. en *-e,* y también del rum., sin duda (v. R. L. Politzer, *On the origin of the Italian plurals,* en *RoR* 43, 1952, págs. 272-281; P. Aebischer, *La finale* -e *du féminin pluriel italien, Étude de stratigraphie linguistique,* en *Studi Linguistici Italiani* I, 1960, 1, págs. 5-48). Esto está de acuerdo, además, con el resultado en italiano de la velar sorda delante de vocal final: *amica* - pl. *amiche* < *amīcās,* pero *amico* - pl. *amici* < *amīcī* (§ 242). No puede tratarse aquí de un fenómeno sintáctico, o sea de un acusativo por un nominativo, siendo como son estos dos casos cuidadosamente distinguidos hasta en los textos más tardíos (§ 254). Con mucha probabilidad, no hay que excluir la analogía del nom. sing. *filia* - ac. *filia(m)* y del plural de la 3.ª declinación nom.-ac. *mātrēs*. Pero la analogía sola no bastaría para explicar la fortuna de esta forma. Nos hallamos más bien delante de un provincialismo extendido como el aceite, brotado del contacto con las hablas itálicas que habían conservado el nom. pl. indo-europeo en *-ās;* cf. osco *scriftas,* umbr. *urtas* "ortae" (Löfstedt, *Syntactica* II, págs. 329-335; Norberg, *Synt. Forschungen,* págs. 27-31; B. Gerola, *Il nominativo plurale in* -as *nel latino e il plurale romanzo,* Symbolae philologicae Gotoburgenses, 1950, págs. 327-354; P. Aebischer, artículo citado).

239. Declinación en *-a, -ānis* (y *-ē, -ēnis).* — Bajo la influencia de la distinción que, al hablar de personas, se hacía entre el caso sujeto y el caso régimen, la flexión de los temas en nasal del tipo *latro, -ōnis, Otho, -ōnis* se ha extendido a los temas en *-a* (y en *-ē,* nombres griegos): CIL X (Pozzuoli) 2965 *mamani,* ibid. 3646 (Misenum) *tatani,* ibid. 6402 *Barbanem* (Tarento) ac. de *Barba,* VIII 383 *Barbani;* Pompeya 5797 y 5859 *Cypareni* dat. de *Cypare* (asimismo CIL VI y X 294); Fredeg. *Berthanem*[4]. Esta declinación sobrevive en a. fr. *ante, antain < amita, -āne* "tía", *none, nonain < nonna, -āne, pute, putain < *pūtta, -āne?* (§ 112)[5], y en los nombres de mujer *Eve, Evain, Berte, Bertain,* etc.; rum. *mamă, tată,* gen.-dat. (ant.) *mămîni, tătîni.*

240. Dobletes en nominativo singular. — En los temas en *-ro-* (2.ª decl.) y en *-ri-* (3.ª decl.), la vocal temática ha sido normalmente

[4] J. Jud, *Recherches sur la genèse et la diffusion des accusatifs en* -ain *et en* -on, tesis de Zurich, 1907; J. Jud hacía intervenir un superestrato germánico, pero esta influencia está excluida, al menos en los casos de *-ē, -ēnis* de Pompeya.

[5] REW 6890 *pūtus, *pūttus;* esta etimología, afianzada por el it. *putto, putta,* nos parece, con mucho, preferible a *pūtidus,* etimología propuesta por W. Foerster y aceptada por Wartburg, FEW, t. 9, pág. 636.

absorbida por la *r,* que ha asimilado la *s* del nominativo y, al convertirse en silábico detrás de consonante, ha desarrollado una *e: ager* de **agros, sacer* de *sacros, imber* de **imbris, ācer* de *ācris,* aunque esta última forma está restablecida para el femenino. Ahora bien, puesto que la final *-rus* se había mantenido por lo regular en los nombres como *umerus (-r-* salida de *-s-), austērus* (después de vocal larga), *ferus* (disílabo), podemos concebir que el habla popular haya tendido a generalizar el final *-us*. De donde los antiguos dobletes *inferus - infer, superus - super* (Catón), *socerus - socer* (Plauto); App. Pr. 138 "*teter* (= *taeter),* non *tetrus*", 139 "*aper,* non *aprus*", y, a la inversa, 36 "*barbarus,* non *barbar*". En los adjetivos *ācer, alacer, celer,* etc., la separación de las formas en *-er, -ris* entre el masculino y el femenino se hallaba turbada desde el latín antiguo (Thes., *s. vbus.).* — Del mismo modo, los temas en *-lo-, -li-* han conocido en el nom. sing. dobletes más cortos, debidos, sin duda, a la influencia dialectal: App. Pr. 32 "*figulus,* non *figel*", "*masculus,* non *mascel*"; *famul* por *famulus, dēbil* por *dēbilis* (Enn.).

241. El nom. sing. de los temas en *-i-* m. y f. era en *-is: cīvis, nāvis, piscis,* etc., a excepción de cierto número de sustantivos con el nom. en *-ēs,* como *caedēs, sēdēs, clādēs,* etc. Pero, como muchos de estos últimos tenían un doblete en *-is,* por ej. *aedēs* y *aedis, famēs* y *famis,* ha resultado una gran confusión de nombres en *-ēs* e *-is,* y hasta de los que tenían final sincopada, por ej. *plēbs, trabs,* lo que dejó mucha tela por cortar a los gramáticos: App. Pr. 90-93: "*cautes,* non *cautis*", "*plebes,* non *plevis*" (cf. ibid. 181 "*plebs,* non *pleps*"), "*vates,* non *vatis*", "*tabes,* non *tavis*", más otros quince parecidos.

4. RUINA DE LA DECLINACIÓN

242. Las lenguas románicas no han conservado, en conjunto, más que los acusativos del singular y del plural. Es verdad que persisten residuos dispersos del nominativo, por ej. fr. *pâtre* < *pastor,* *prêtre < presbyter, sœur < soror;* esp. *Dios < deus, prestre < presbyter;* it. *uomo < homo, moglie < mulier, ladro < latro, sarto* (a. fr. *sartre) < sartor;* se trata, sin duda, de nominativos-vocativos que había interés en distinguir al hablar de personas. Asimismo algunas formas pronominales representan nominativos latinos (§ 269 ss.). Pero sólo el rumano, el francés antiguo, el provenzal y, en alguna medida, el rético antiguo, han conservado vestigios de la declinación: el rumano conserva el dativo-genitivo *doamne < dominae* (nom. *doamnă)* y el vocativo *doamne < domine, Petre < Petre* (nom. *domn, Petru);* en a. fr. y en prov., una forma del caso sujeto se opone a otra del caso régimen. Esta forma del caso sujeto se limita generalmente a los masculinos y se regula por el esquema del tipo *mūrus - mūrum,* plur. *mūrī - mūrōs:* a. fr. *murs - mur, mur - murs;* por extensión, *pains - pain,* etc., *charbons - charbon, serpenz - serpent* (cuyo caso sujeto no se remonta al nom. lat. *carbo, serpēns,* sino que representa más bien el acus. *carbōne, serpente + s);* algunos femeninos del tipo *tors - tor < turris, turre; citez - citet < cīvitāte + s - cīvitāte.* Escapan a este esquema muchos imparisílabos que designan personas, tales *lere - larron < latro - latrōne,* y los antiguos neutros en *-s* que permanecen indeclinables: *cors, piz, tens < corpus, pectus, tempus* (§ 221). — Para los plurales italianos y rumanos del tipo *capre,* brotados, sin duda, de *caprās,* v. § 238; por el contrario, el nom. sing. de los masc. it. *cavalli,* rum. *cai* parece remontarse al nom. pl. lat. *caballī*[6].

243. El deterioro de la declinación latina es el resultado de la acción conjugada de diversos factores. La tendencia a reducir el número de los casos caracteriza al latín desde el comienzo de la tradición literaria: en el sing., el instrumental y, algo más tarde, el locativo se han confundido con otros casos (ablativo y genitivo), y el residuo del vo-

---

[6] Cf. Rohlfs, *Ital. Sprache* II, § 364; una tentativa de relacionar it. *cavalli* al dat.-abl. *-īs* ha sido llevada a cabo por R. L. Politzer, en *Romanic Review,* 43 (1952), págs. 272-281; cf. B. Löfstedt, págs. 237 ss., Fr. Sabatini, *Sull'origine dei plurali italiani: il tipo in «-i»,* en *Studi linguistici italiani,* V (1965), págs. 5-39 (establece las relaciones entre los tipos *cavalli* y *cani),* y P. A. Gaeng, *A study of nominal inflexion,* págs. 152 ss.

cativo (en los nombres masc. en *-us)* tendía a ser absorbido por el nominativo; en el plural, una única forma servía para el dativo y el ablativo, para el instrumental y el locativo. "Otros casos, como el genitivo y el acusativo, no tienen valor definido y preciso, y tienen usos incoherentes y a veces contradictorios... A lo largo de la evolución del latín se manifiesta también con nitidez cada vez mayor la tendencia a precisar el valor de los casos con ayuda de preposiciones; por eso los casos se van haciendo cada vez menos importantes y necesarios" (Ernout, *Morphologie,* § 6, págs. 9-10).

244. El vocativo se confunde con el nominativo, sobre todo en la aposición: Plauto *Amph.* 857 *abin hinc a me, dignus domino servus?,* Pompeya 5399 *Acti, dominus scaenicorum, va(le);* interpelación directa: Pompeya 8783 *amicus, vale,* etc. (Löfstedt, *Syntactica* I, págs. 92 ss.; Väänänen, *Lat. vulg. des inscr. pomp.,* pág. 115). Restos aislados entre los nombres de persona: sardo *Antoni, Benedicte, Estave,* etc. (M. L. Wagner, en *L'Italia dialettale,* 14, 1938, pág. 107). — El rumano posee un vocativo en *-e: barbate! Doamne!* cuyo origen latino no es seguro.

245. El acusativo se va encaminando hacia la función de caso régimen universal. Al principio, después de un período antiguo, se encontraba con otros casos, sobre todo con el ablativo, para expresar relaciones de distancia, duración, precio, lugar. César escribe ora: *milibus passuum sex a Caesaris castris... consedit (Gall.* 1, 48, 1), ora: *consedisse milia passuum ab ipsius castris octo* (ibid. 1, 21, 1; Ernout, *Morphologie,* § 133). En la época imperial, el acusativo disputa el terreno también al ablativo de precio: primeramente se trata de un pronombre indefinido que se encuentra en acusativo: Petr. 43, 4 *vendidit enim vinum, quantum ipse voluit* "vendió el vino al precio que quiso"; más tarde, en la baja época, se emplea también el sustantivo que designa el precio: Lex Alamann. A 62 *Iumentum tres solidos adpraetiat* "valora la yegua en tres sueldos"; cf. fr. *payer un cheval dix mille francs,* etc. (Norberg, *Synt. Forschungen,* págs. 103-107).

Entre las nociones "¿cuánto tiempo?", a la que correspondía el acusativo, y "¿en cuánto tiempo?" o "¿durante cuánto tiempo?", que pedía ablativo, la distinción era demasiado sutil para subsistir, sobre todo en la lengua hablada. Ha resultado de ello, entre otras confusiones, la fórmula heteróclita usada en los epitafios de la época imperial para indicar la edad del difunto: los años están en ablativo, los meses y los días en acusativo, por razones de armonía (Ernout-Thomas, § 133 s.; Löfstedt, *Syntactica* II, pág. 60). Con los verbos que significan "poner", "colocar": *ponere, locare, collocare, condere, inferre,* etc., el complemento está de ordinario señalado por *in* + abl., pero se impone el acusativo cuando se quiere insistir en el movimiento o en el carácter de infectum del verbo (§ 299), por ej. Plaut. *Aul.* 347 *in puteum condite,* pero Plaut. *Pseud.* 941 *in pectore condita sunt.* Como consecuencia, se ensancha el campo de la noción de término; por una parte, acompaña más especialmente al verbo *esse:* Petr. 42, 2 *fui enim hodie in funus,* Peregr. 20, 2 *fui ad ecclesiam,* ibid. 23, 1 *fui ad episcopum,* giros que no dejan de traer al recuerdo los de tipo español *fui a la iglesia,* frente a *estuve en la iglesia* (comparables al fr. *j'ai été... = je suis allé...*); por otra parte, la distinción entre las ideas de permanencia y de dirección tiende a borrarse: Pompeya 3494 *foras rixsatis = foris rixamini* "peleaos fuera", Petr. 30, 3 *C. noster foras cenat.* Apul. *Metam.* 9, 39 *ubi ducis asinum istum?* Flavius Caper *(Gramm.,* VII, pág. 92) "Haec via quo ducit" dicimus, non "ubi". Interrogamus "quo die" vel "qua hora"; "solet ire foras" et "esse foris" (Löfstedt, *Komm.,* págs. 171-174; O. J. Tallgren (Tuulio), *De sermone vulgari quisquiliae I: fui = "ivi, me contuli"*, Ann. Acad. Scient. Fenn. B, XI, 4, Helsinki, 1919-1921).

246. Desde el latín antiguo, el acusativo tiende también a sustituir al ablativo como complemento directo de los deponentes *uti* "usar", *frui* "gozar", *fungi* "desempeñar", *potiri* "apoderarse de"; al dativo como complemento de *parcere, persuadere, studere,* y en época postclásica *nocere* y *servire* y hasta de *satisfacere, succedere, maledicere* (Petr.), *benedicere* (Tert.) (v. B. Löfstedt, págs. 217-225).

247. Después de preposición, el acusativo va ganando terreno poco a poco sobre todo al ablativo: Pompeya 2155 *a pulvinar,* 8976 *cum iumentum,* 221 *cum sodales,* 275 *cum discentes,* 698 *cum discentes suos.* Son éstos los más antiguos ejemplos conocidos de un uso que se irá extendiendo a continuación y que hará del acusativo el caso preposicional por excelencia; ostracon de Egipto (s. I / II) *de unum ventrem* (más abajo, pág. 295); CIL I² 588 (78 a. C.) *sine tributa.*

248. Por otra parte, los giros preposicionales van sustituyendo, por exigencias de la claridad, a las formas casuales puras y simples. Desde los orígenes, usos tales como el acusativo de movimiento y el ablativo de separación necesitaban el apoyo de una preposición, a excepción de algunas formas supervivientes: ac. *domum, rus, Romam, Athenas,* abl. *domo, rure, Romā, Athenis,* etc.; pero *eo in urbem, in Italiam, venio ex urbe, ex Italia, de arce,* etc. Por consiguiente, sobre todo el dominio del ablativo sin preposición se ha ido estrechando más y más. Así, el ablativo de medio se expresa con la ayuda de las preposiciones *cum* y *de:* Cic. *Epist.* 7, 29, 2 *duos parietes de eadem fidelia dealbare* (proverbio) "blanquear dos paredes con el mismo caldero de cal" (= "matar dos pájaros de un tiro"); más libremente en baja época, por ej. Vulg. 2 *Esdr.* 4, 30 *caedebat regem de sinistra manu;* CIL III 14469 *cum pecunia sua fecit,* Quirón 411 *cum lacte conspersa, cum medicamento ungeto;* Pompeya 3864 *equa... cum semuncis ⟨h⟩onerata* "yegua con media carga". La preposición *per* + acus. con valor instrumental se emplea primero cuando se trata de personas, pero ya en Cic. la encontramos también a propósito de objetos: *Phil.* 2, 102 *consuluisti me per litteras;* consiguientemente, a partir de los siglos IV-V, aparece *ad* + acus.: Oros. *Apol.* 1, 2 *ostentare ad digitum,* Veg. *Mil.,* 2, 15 *ad fundas vel fustibulos lapides iaciebant.* El ablativo complemento del comparativo es reforzado asimismo con preposiciones, cf. ya Ov. *Epist.* 16, 98 *nec Priamost a te dignior ulla nurus* "ninguna es más digna de ser nuera de Príamo"; en baja época, con *ab* y con *de* frecuentemente, por ej. Ces. Arel. *Serm.* pág. 520, 5 *melior de aliquo* "mejor que alguno", cf. it. *miglior di al-*

cuno, Vitae Patr. 5, 16, 16 *plus facitis de nobis* "hacéis más que nosotros" (Blaise, *Dict., s. v. de).* Lo mismo pasa con el ablativo de "punto de vista": Plauto, *Truc.* 4, 3, 59 *ab ingenio improbus,* Cic. *Att.* 5, 18, 2 *locus copiosus a frumento,* CIL III 7266 (Epidauro) *sanus ab auriculis;* Tert. *Apol.* 9 *solum patris filium de crudelitate* "hijo único de su padre por su crueldad" (Blaise, *l. c.;* Beckmann, *o. c.,* págs. 25 ss.).

249. El dativo de atribución y el genitivo de posesión han corrido una suerte especial que desembocaría en su eliminación (menos en rumano, § 242). El dativo alternaba, desde Plauto, en función de complemento indirecto, con el giro *ad* + acus., al principio con diferentes valores: en vez de la construcción normal *dare alicui,* se lee, por ej., en Plauto *Capt.* 1019 *hunc ad carneficem dabo* "entregaré a este hombre al verdugo", *Epid.* 38 *ad hostis exuvias dabit* "abandonará los despojos al enemigo" (donde no hay, ciertamente, idea de movimiento); con los verbos "decir", "anunciar", etc.: Cic. *Verr.* 3, 101 *cum haec ad eum adferrentur,* Hor. *Sat.* 2, 6, 90 *tandem urbanus ad hunc... inquit.* Por fin, la diferencia entre las dos construcciones se esfuma por entero en latín tardío: Greg. Tur. *Franc.* 10, 9 *miserat ad eum obviam... clericos;* ibid. 2, 3 *ad episcopum aiebat* (Ernout-Thomas, § 86 s.; Norberg, *Synt. Forschungen,* pág. 20; B. Löfstedt, págs. 224 s.)[7].

Además, el giro preposicional era un cómodo expediente cuando se trataba de nombres propios exóticos (indeclinables), como sucedía mucho con los nombres bíblicos, lo cual ha tenido que favorecer el uso de la expresión analítica: *dixit ergo ad Ioseph, locutus est Deus ad Noe,* etc. (Cf. Mohrmann, *Études sur le latin des chrétiens,* pág. 40).

[7] El genitivo y el dativo no ceden más que en defensa propia y no sin hacerse la competencia en el plano sintáctico, sobre todo en la lengua popular y tardía; v. Hofmann-Szantyr, § 67, y sobre todo Löfstedt, *Late Latin,* págs. 126-129; H. Solin, *Pompeiana,* en *Epigraphica,* XXX (1968), 1-4, págs. 105-125, reúne abundantes ejemplos de dat. simpatético.

250. El proceso de evicción del genitivo es más complejo. Lo que le hacía la competencia era, sobre todo, el giro con la preposición *de,* con la que, por otra parte, competían las preposiciones *ex* y *ab*. Los usos que señalaban la noción partitiva y la de relación fueron los primeros en ceder a la perífrasis preposicional. Desde el latín antiguo, los genitivos partitivos como *unus multorum, cuius generis, dimidia pars virium* concurren con los giros preposicionales *unus e* (o *de) multis, quo de genere, dimidium de praeda,* donde todavía aflora la idea de proveniencia o de detracción, sentido primario de la preposición. Lo mismo pasa con expresiones como Catón *Agr.* 96, 1 *faecem de vino bono* "heces (provenientes) de buen vino", Varrón *Rust.* 1, 41, 5 *grana de fico* "granos (caídos) de higo". Es también antiguo el giro preposicional equivalente al genitivo de relación: Ter. *Haut.* 424 *admiratio de filio* "admiración por el propio hijo", Sal. *Catil.* 35, 2 *ex nulla conscientia de culpa* (cf. Liv. 3, 69, 10 *conscientia culpae).* Desde tales posiciones, el giro con *de* gana terreno a expensas del genitivo durante la época postclásica y sobre todo tardía: Greg. Tur. *Hist. Franc.* 21 *parietes de cellola in qua Ioseph tenebatur,* Long. 267 (Luca, año 768) *in vinea de suprascripta ecclesia,* Ven. Fort. *Mart.* 2, 369 *et manus alma pedes de peccatore luebat* (variación estilística: en la misma estrofa suena *alterius... hospitis atque novi vestigia, aquam manibus tribuens venientibus),* Roth. 352 *si quis porcario de homine libero battederit* "cualquiera que golpee al porquero de un hombre libre", *venditio de villa (campo, areã, servo),* por ej. en Marculfo, passim (Uddholm, pág. 120). Sin embargo, sigue subsistiendo el antiguo genitivo, y la construcción preposicional como única para expresar la posesión es rara aun en los textos más bárbaros. Es la necesidad de claridad o de relieve lo que hace que surja salteadamente: Liutpr. 104, 1 (año 724) *in presentia de domino servi; vinea de filiis Alatei, terra de filii Garisindi,* etc., fórmulas corrientes en los diplomas lombardos.

251. Otra construcción preposicional que sucede esporádicamente al genitivo de posesión, sobre todo cuando se trata de personas, es con *ad:* CIL XIII 2483 (Lionesado, ¿s. VII?) *Hic requiiscunt menbra ad duus fratres Gallo et Ficencio qui foerunt fili Magno cl(arissimo?),* Form. And. 28 *terra ad illo homine,* Ahist. 15, 6 (año 755) *servi ipsi tradantur in manus ad mundoald* "que estos siervos sean entregados en manos de su amo" (variantes: *de, e mundoald,* así como *mundoald* sin preposición). Esta perífrasis hay que colocarla junto al uso, todavía vivo, que hace la lengua popular, desde la época antigua, del dativo para expresar la relación de posesión (Löfstedt, *Syntactica* I, págs. 209-224; Norberg, *Synt. Forschungen,* pág. 43). En baja época, el dativo de posesión es reemplazado por el caso oblicuo, uso bien documentado, sobre todo en Galia, por fórmulas como *tempora bone memorie germano nostro Chlodovio condam rige;* en Italia, por ej. Liutpr. (fin) *Explicit edictum domno Liutprand* (cf. también los dos ejemplos precedentes). He aquí algo que anuncia la sintaxis del nombre en francés antiguo y en provenzal, donde subsisten, codo con codo, el giro perifrástico: *le duel de nostre ami* (Alexis), *la mort de Rollant; frere al rei Marsiliun* (Rol.), *la nef a cel saint ome* (Alexis), y el caso régimen puro y simple: en función de genitivo, *por amor Alexis* (Alexis), *la mort Rollant* (Rol.), *li niés Marsilie* (ibid.); en función de dativo, *Ne ben ne mal ne respunt sun nevuld* "a su sobrino" (ibid.); más raramente en italiano: *in mano a...* (giro consagrado, cf. el ej. más arriba)[8].

5. EL ACUSATIVO Y EL NOMINATIVO

252. El acusativo ha terminado por sustituir hasta al nominativo, que no sobrevive más que en francés antiguo y en provenzal antiguo

[8] Cf. Hofmann-Szantyr, págs. 58 ss.; Sas, págs. 108 ss. y 209 ss.; Pei, págs. 218-221; V. Väänänen, *Sur la préposition latine* de *marquant la notion partitive, Arctos,* Acta philologica Fennica, nueva serie, I, 1954, págs. 192-198; ídem, *La préposition latine* de *et le génitif. Une mise au point,* en *RLiR* XX, 1956, págs. 1-20. Los dos artículos están refundidos en *La préposition latine «de» et le génitif,* en *Recherches et récréations latino-romanes,* 4. — Para el antiguo italiano, v. Rohlfs, *Ital. Sprache* II, § 630 ss.

(§ 242). Es el resultado de un largo proceso cuyas peripecias no son simples ni lineales (v. en última instancia Norberg, *Syntaktische Forschungen,* págs. 26 ss., 75-81, 87-102, y *Beiträge zur spätlat. Syntax;* págs. 21-32).

253. Desde el latín antiguo, el nominativo y el acusativo se encontraban en las frases nominales: exclamaciones, enumeraciones, exhortaciones, etiquetas, rúbricas, etc.[9]. Plauto escribe unas veces *nugae! (Bacch.* 638), y otras *nugas! (Most.* 1087) "bagatelas"; Hor. *Sat.* 1, 1, 4 *o fortunati mercatores!,* al lado de Virg. *Georg.* 2, 458 *o fortunatos nimium... agricolas!;* Pompeya 844 *lares propitios,* 3525 *Puteolos, Antium, Tegeanum, Pompeios: hae sunt verae coloniae* (donde hay que hacer notar la reasunción del discurso por una proposición "intelectual" *hae sunt...*); 5380 *pane* (14 veces), *pisciculum II, cepas V, palmas I* "pan, pececitos 2, cebollas 5, dátiles 1", Della Corte, *Herc.* n.º 700 (pág. 290) *pane factum* (dos veces), Pompeya 6886 *palos acutos DCCCXI qui non acuti CDLX* (Väänänen, *Le Lat. vulg. des inscr. pomp.,* pág. 116 s.). Como base de tales giros hay, sin duda, una vaga representación de un verbo transitivo, pero no es preciso suplir verbo alguno. Son abundantes los acusativos de este género en los escritos técnicos (rúbricas, recetas; Svennung, *Untersuchungen zu Palladius,* etc., págs. 173 s., 186 ss.; Norberg, *Synt. Forschungen,* pág. 93 ss.); ya Catón *Agr.* 121 *Mustaceos sic facito...: anesum, cuminum, adipis p. II, casei libram, et de virga lauri deradito, eodem addito* "modo de hacer los pastelillos de boda: (tomar) anís, comino, 2 libras de manteca, una libra de queso; rallar un poco de hoja de laurel y añadirlo"; ibid. 42 *Ficos et oleas altero modo.* El uso se va haciendo más libre en baja época: Quirón 822, 12 *Potionem ad eos qui sanguinem meient* (cf. ibid. 821 *Potio ad eos qui sanguinem eiciunt);* Cartae Senon. 2 (pág. 186, 4) *Vindictione de res,* Tard. n.º 20 *Cessione domenica de Saucito.* Este giro, en esta forma, podía también ir

[9] Véase Hélène Vairel-Carron, *Exclamation, ordre et défense. Analyse de deux systèmes syntaxiques en latin,* París, 1975.

acompañado de un verbo de permanencia o de un verbo análogo, referido al sustantivo de una manera vaga: Pompeya 5279 y 5282 *tu mortus es, tu nugas es* "tú eres un hombre muerto, eres un pillo", Quirón 526 *totam curationem haec est,* ibid. 516 *nascitur ei genuorum contractionem et claudicationem.* Se encuentra asimismo el acusativo después del giro *id est* (Norberg, *o. c.,* pág. 95 ss.), lo mismo que al lado de un verbo en pasiva, por anacoluto o por confusión de las nociones activa y pasiva: Peregr. 25, 3 *Primum aguntur gratiae Deo, et sic fit o r a t i o n e m pro omnibus;* Greg. Tur. *Iul.* 4 *de senibus quos... fortitudini pristinae fuerint restituti.*

254. El nominativo y el acusativo, fuera de usos de esta clase, están, en general, estrictamente separados hasta en los documentos merovingios y en otros textos de la baja latinidad. No sucede lo mismo con los textos de Italia, donde la confusión de ambos casos aparece muy avanzada en la misma época [10].

[10] Norberg, *Synt. Forschungen,* págs. 26 ss. — El acusativo en lugar del sujeto en la inscripción de África, CIL VIII 7467, citada por Bourciez, § 214 b, se explica, a nuestro parecer, por el acercamiento a un acusativo absoluto, giro muy extendido en baja época (v. *La frase, §* 384): *Filios et nepotes salvos memoria patri posuerunt* «los hijos y los nietos vivos erigieron esta tumba a su padre». Cf. J. Herman, *Recherches sur l'évolution grammaticale du latin vulgaire: les emplois «fautifs» du nominatif,* en *Acta Classica Univ. Scienc. Debrecen,* II (1966), págs. 109-112: en las inscripciones de la época imperial, el nominativo tiende a convertirse en una especie de forma básica, sobre todo en los nombres propios, una vez que la cohesión de los grupos nominales no exigen ya el acuerdo de los componentes. Para un resumen de los estudios sobre este tema, véase A. P. Orbán, *Die Frage der Akkusativ- oder Nominativform* sing. *als Herkunft der romanischen Substantive...,* en *Revue roum. de ling.,* XVII (1972), 6, págs. 521-529 (en pág. 526, n. 30, suprimir los dos ej. de Pompeya con *lateres,* de *later* y no de *latus)* y, en última instancia, R. A. Hall, Jr., *The gradual decline of case in Romance substantives* (Contrib. to historical linguistics, issues and materials, ed. F. van Coetsem y Linda R. Waugh, Cornell University), Leiden, 1980, págs. 261-269.

255. El caso oblicuo o régimen universal. — La cuestión del origen del caso régimen en francés antiguo y en provenzal antiguo y la de la forma única nominal en las demás lenguas románicas es una de las más debatidas: ¿es el acusativo el único que se ha conservado así, o no se trata más que de una forma salida de la fusión del acusativo, del dativo y del ablativo latinos?[11].

256. El acusativo como origen del régimen románico no es dudoso para el plural, donde, por otra parte, ha sido confundido con el nominativo de los nombres de la 1.ª y de la 3.ª declinación. En el singular militan también muchos hechos a favor del acusativo: 1) los monosílabos fr. *rien, mon, ton, son,* esp. *quien,* etc.; 2) el logudorés, que distingue las finales *-o* y *-u (otto, amo* frente a *kentu, kantamus),* presenta *-u* en los nombres de la 2.ª declinación: *oru, kelu, duru;* 3) los descendientes de los imparisílabos del tipo *corpus, opus, pectus, tempus,* se remontan con toda nitidez al nom.-ac. (a excepción del prov. del Este *pitre < pectore);* asimismo, rum. *fiere, miere,* it. *fiele, miele* (los abl. *felle, melle* están fonéticamente excluidos), it. *germe, lume, nome,* esp. *leñame, letame, saín* (< *germen, lumen, nomen, lignamen, laetamen, *sagimen).* En cambio, esp. *lumbre, nombre, estiércol* parecen reivindicar los abl. *lumine, nomine* (cf. *hombre < hominem), stercore.*

257. Sea de ello lo que sea, el común denominador de las formas del régimen singular proporcionadas por los textos de los siglos VII-VIII, allí donde las antiguas desinencias casuales han sido abandonadas, es un caso oblicuo sincrético, respectivamente en *-a, -o, -e* y cero (neutros con tema consonántico), con las variantes (¿gráficas?) *-am, -um, -em, -i.* El punto de partida es, pues, el acusativo, en competencia, sin embargo, con el ablativo en los casos en que las dos formas no coinciden. En resumen, se trata, en primer lugar, de un desarrollo

[11] La discusión ha sido reanudada por M. Pei, que sostiene la teoría de la fusión casual, en *Romanic Review* 28, 1937, págs. 241-267.

sintáctico, que no excluye, sin embargo, el concurso de factores fonéticos, como la caída de la *-m* final y la fusión de ciertas vocales en posición final.

6. FORMAS CASUALES FIJADAS

258. Sucede que un nombre que toma una forma dada de una manera más o menos constante, queda fijado en esta forma (Löfstedt, *Late Latin,* págs. 131-138). Así, algunos títulos o epítetos se presentan invariables: Cod. dipl. long. I, pág. 136, 1 (año 726/727) *regnante dominus Leoprando, viro excellentissimo rege in Italia;* el adjetivo *vetus* (amenazado, por cierto, por *vetulus* y *veclus,* §§ 68 y 162) es tratado como indeclinable en baja época[12], *in Urbevetus, Urbemvetus* (textos de Italia del s. VI), de donde Orvieto; Quirón 535 *vini vetus* = *vini veteris;* a. it. *vieto,* a. fr. *viez.* Hay locativos perpetuados en *Cervèteri* < *Caere Vetere, Brìndisi* < *Brundisī, Firenze* < *Flōrentiae, Rìmini* < *Arīminī,* etc. El nombre de París, originariamente el de la tribu de los *Parisii,* se ha estabilizado, desde Gregorio de Tours y Venancio Fortunato, bajo la forma *Parisius,* brotada con toda probabilidad del acusativo de término *Parisiōs;* igualmente *Remus* "Reims", *Turonus* "Tours". La fijación de ciertas formas torcidas se explica por la omisión de un determinado fácil de suplir: Bened. reg. 13 *sabbatorum* = *sabbatorum* (en el sentido de "semana") *die; martyrorum* (inscr. y Peregr. por *martyrum,* se sobrent. *dies, tempus* o *festum)* > prov. *martror, *paschorum* > prov. *pascor* "primavera", **calendarum* > prov. *calendar* "el último día del mes", rum. *cărindar* "enero", **candelarum* > (con cambio de declinación) fr. *chandeleur,* prov. *candelor.*

---

[12] Cf. B. Löfstedt, *Unflektiertes vetus,* en *Acta classica,* 19 (1976), págs. 133 ss.

7. EL COMPARATIVO Y EL SUPERLATIVO

259. El comparativo se expresa primitivamente por el sufijo *-yos-: fortis,* comp. *fortior* m. y f., *fortius* n., gen. sing. *fortiōris* < **fortiōsis;* el superlativo tanto relativo, "el más fuerte (de todos, de nosotros, etc.)", como absoluto, "muy fuerte", "el más fuerte posible", etc., por el sufijo *-mo-: prīmus, summus,* ordinariamente alargado en *-so-mo-: *acer-somo- > acerrimus, *humil-somo- > humillimus,* y sobre todo en *-is-so-mo-: fortissimus, altissimus,* etc. Además de este modo de formarlos, existían un comparativo y un superlativo perifrásticos, construidos con la ayuda de los adverbios *magis* o *plūs* y *māximē*. El comparativo y el superlativo con adverbio servían para reemplazar las formas sintéticas de los adjetivos en *-eus, -ius, -uus,* por ej. *magis, māximē arduus, dubius, idōneus*. Se usaban además, desde el latín antiguo, para señalar una oposición o simplemente un poner de relieve: Ter. *Eun.* 227 *hoc nemo fuit minus ineptus, magis severus quisquam nec magis continens;* Enn. *Ann.* 97 *muro fretus magis quam de manus vi* "más confiado en el muro que en la fuerza de sus hombres", Cic. *Att.* 10, 1, 4 *disertus magis quam sapiens,* expresión en concurrencia con la del tipo *libentius quam verius* (Cic. *Mil.* 78) "con más gusto que verdad"; además, *magis lubenter = lubentius* (Pl. *Most.* 157), *magis argutum* (Pl. *Trin.* 200), Vitr. 10, 4, 4 *magis altis locis, plus miser* (Enn. *Sc.* 308), *plus lubens* (Plaut. *Aul.* 420), etc. Sólo en la época imperial, sobre todo a partir de Tertuliano, entra *plūs* dentro de este uso.

260. La Romania se divide entre los dos comparativos analíticos, puesto que mientras la periferia conserva la construcción con *magis,* las regiones centrales han optado por *plūs:* rum. *mai foarte,* esp. *más fuerte,* port. *mais forte,* cat. *mes fort,* frente al it. *più forte,* log. *prus forte,* eng. *plus fort,* fr. prov. *plus fort.* Se han dado, sin embargo, algunos encabalgamientos: así, por ej., las lenguas antiguas de la península ibérica han conocido representantes del latín *plūs* (Maurer, pág. 103 s.). Sobrevive un corto número de comparativos sintéticos: *maior, minor, minus* (que no era un comparativo propiamente dicho), *melior, melius, peior, peius* que dan en a. fr. *maire - maour, moindre, moins, mieldre - meilleur, mieux, pire - peour, pis;* it. *maggiore, minore, meno, migliore, meglio, peggiore, peggio,* etc.

261. La lengua popular confunde a menudo el superlativo y el comparativo: cf. Gloss. Reich. *optimos* : *meliores*. Tampoco las lenguas románicas tienen una forma especial para el superlativo: it. *la cosa più cara,* esp. *la cosa más cara,* a. fr. *la riens plus chiere* (fr. mod. *la chose la plus chère,* innovación), rum. *lucrul cel mai drag.*

262. El latín familiar y popular, para expresar el superlativo absoluto, se valía, además de la forma en *-issimus* (que ha sido reintroducida en italiano, español y portugués), de muchos adverbios tales como *sānē, valdē, vehementer, fortiter, bene, multum,* de los cuales una parte sobrevive en romance: it. *molto bello, ben pochi,* a. fr. *moult bel,* fr. *bien peu,* etc.; lo mismo *per* aislado por tmesis del prefijo *per-* que reforzaba el sentido del adjetivo en *permagnus, perpauci, pertristis,* etc.: por ej. Cic. *Att.* 1, 4, 3 *per mihi gratum est,* ibid. 10, 1, 1 *per enim magni aestimo...,* a. fr. *par est granz,* etc. También es antigua la repetición (cf. en fr. *ce n'est pas joli joli)* como expresión de un grado eminente: Audollent 247 *iam iam, cito cito,* Hor. *Sat.* 2, 7, 92 *liber, liber sum,* Petr. 37, 3 *Et modo modo quid fuit?* (cf. Hofmann, *Lat. Umgangssprache,* §§ 70-72, Löfstedt, *Syntactica* II, págs. 401 ss. y *Kommentar,* págs. 84 ss.).

8. NOMBRES DE LOS NÚMEROS

263. Formas y usos especiales. — *ūnus, ūna, ūnum* se regula como los adjetivos en *-ūs, -a, -um,* y tiende a normalizar las formas desviadas del gen. *ūnīus,* y del dat. *ūnī,* en *ūnī, ūnae, ūnī* y *ūnō, ūnae,* *ūnō*. El plural, aunque raro, es antiguo: Plauto *Trin.* 129 *ruri dum sum ego unos sex dies,* Ter. *Eun.* 367 *in unis aedibus,* usos a los que corresponden en a. fr. *unes levres, unes botes,* esp. *unos seis días,* etc. En la lengua popular y familiar, *ūnus* toma también el sentido de "un cierto", "un cualquiera", próximo al artículo indefinido: Plaut. *Truc.* 250 *est huic unus servos indolentissimus;* Cic. *De or.* 1, 132 *sicut unus pater familias his de rebus loquor.* Este uso se hace más claro en bajo latín, Vulg. *Matth.* 26, 69 *accessit ad eum una ancilla.*

264. *duo, duae, duo* desarrolla un nom. m. *duī* (vagamente atestiguado en los gramáticos tardíos), de donde el it. *due,* a. fr. *dui* o *doi,* caso sujeto, frente a *dous, deux,* caso régimen.

265. *quattuor > quattor (*quattro?)* (§ 80), *quīnque > cīnque* (§ 93), *duōdecim > dōdecim* (§ 79).

266. Los números expresados por sustracción *duodēvīgintī* 18, *ūndēvīgintī* 19, ceden ante las formas adicionales *decem (et) octo, decem (et) novem,* que, a su vez, dan también nacimiento a *decem (et) septem, decem (et) sex,* etc.: CIL III 2283 *dece septe;* fr. *dix-sept, dix-huit, dix-neuf,* esp. *diez y seis* 16, *diez y siete* 17, *diez y ocho* 18, *diez y nueve* 19, it. *diciassette < decem ac septem, diciotto < decem ac octo, diciannove < decem ac novem.*

267. Los nombres de las decenas presentan anomalías de pronunciación debidas a un modo de hablar más o menos rápido: *vīgintī (vígintī?) > vinti* (CIL VI 19007, VIII 8573), it. *venti,* log. *vinti,* a. fr. prov. cat. *vint,* esp. *veinte,* port. *vinte; trīginta > trienta* (CIL XII 5399), it. *trenta,* log. *trinta,* fr. *trente,* prov. cat. *trenta,* esp. *treinta,* port. *trinta; quadrāginta > quarranta* (CIL 7645), it. *quaranta,* fr. *quarante,* etc.; *quīnquāginta > cīnquāginta* (CIL V 8587) (cf. *cīnque),* it. *cinquanta,* fr. *cinquante,* etc. Asimismo: *sexāginta > *sexanta,* it. *sessanta,* fr. *soixante,* etc., *sept(u)aginta > *septanta, octōginta > *octanta* (por analogía con *quaranta,* etc.), *nōnāginta > nōnanta* (CIL VIII 27984).

9. LOS PRONOMBRES

268. Instrumentos gramaticales muy frecuentes, los pronombres han conservado hasta en romance diversas formas flexionales que habían ya perdido los sustantivos y los adjetivos, al mismo tiempo que sus funciones habían ya sufrido numerosos desplazamientos.

269. Demostrativos. — Según la división clásica, *hic, haec, hoc* se refiere a un objeto presente o que concierne al sujeto que habla; *iste, ista, istud* a un objeto que se refiere al interlocutor; *ille, illa, illud* a un objeto alejado y, secundariamente, a una persona u objeto conocidos y notorios. Hay que añadir *is, ea, id,* pronombre anafórico o de referencia: *is qui... is homo qui...* "el que", "el hombre que"; *īdem, eadem, idem,* pronombre de identidad, "el mismo"; *ipse* (e *ipsus), ipsa, ipsum,* pronombre adversativo, "él mismo" (y no otro). Pero todas estas distinciones no han tardado en irse borrando en la lengua hablada.

270. El más débil era *is* (sobre todo los nom. *is, ea, iī, eae)* a causa de su brevedad; no subsiste en romance más que el it. *desso* < *id ipsum.* El puesto de *is* lo ocupará *hic:* Pompeya 3702 *Bruttium Balbum iivir(um)... Hic aerarium conservabit; hoc est* "es decir", en el mismo Cicerón; y sobre todo *ille:* Pompeya 8259 *Successus textor amat coponiaes ancilla... quae quidem illum non curat, sed ille rogat, illa comiseretur* "el tejedor Suceso ama a la sierva de la tabernera que no le hace caso, pero él ruega y ella se apiada".

271. Por su parte, *hic* cede ante *iste:* Iuv. 4, 67 *iste dies* "el día de hoy", Peregr. 46, 6 *per istas septem septimanas* "durante estas últimas siete semanas". No queda en romance más que el neutro *hoc;* prov. *oc,* a. fr. *o je, o il* > *oïl, oui;* it. *però* < *per hoc;* forma reforzada (más abajo) *ecce hoc* > a. fr. *ço, ce,* it. *ciò.*

272. *Ipse, ipsus* pierde también su valor especial y se utiliza como demostrativo anafórico (o determinativo) en concurrencia con *iste* e *ille,* frecuentemente en Peregr., por ej. 2, 3 *placuit, ut... per mediam vallem ipsam, qua iacet in longo, rediremus ad iter cum hominibus Dei, qui nobis singula loca, quae scripta sunt, per ipsam vallem ostendebant* (cf. Löfstedt, *Kommentar,* págs. 64-66). Además, *ipse* reemplaza a *īdem,* sobre todo hacia el fin del siglo II d. C., partiendo de los compuestos *hic ipse, ille ipse, iste ipse* (este último subsiste, por cierto, en it. *stesso);* sobrevive en it. *esso,* log. *issu,* a. fr. *es,* prov. *eis,* cat. *eix,* esp. *ese,* port. *êsse,* que corresponden en cuanto al sentido al lat. cl. *iste;* este último sobrevive con la función de *hic:* rum. *ăst,* a. it. *esto,* esp. *este,* port. *êste,* a. fr. *ist* (forma rara, atestiguada en Juramento de Estrasburgo).

273. *Ille* es antiguo y popular como pronombre y adjetivo anafórico y correlativo. Los dos usos se afirman en el latín imperial y sobreviven en romance (más abajo).

274. La reestructuración que ha sufrido el sistema de los demostrativos puede ser reducida al siguiente esquema (la contera de la flecha designa el pronombre que tiende a ocupar el puesto de aquel hacia el que se dirige la punta de la flecha; el asterisco señala las formas que no han sobrevivido en romance; hay que tener en cuenta, además, que la mayor parte de los demostrativos conservados están dotados del prefijo *ecce-, eccu-,* v. más abajo):

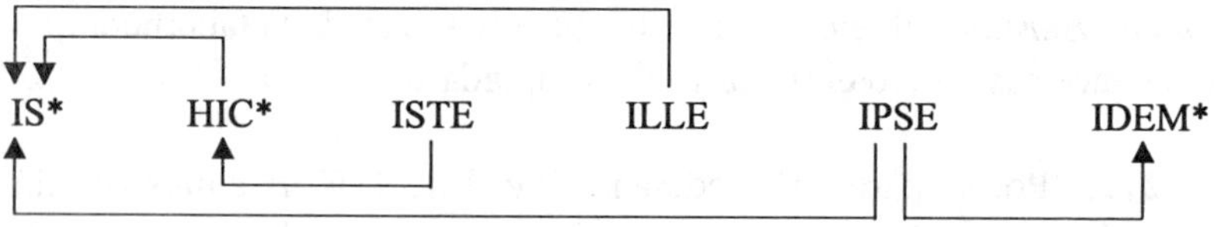

Sin embargo, la evolución ha distado mucho de ser lineal, y resulta extremadamente difícil establecer la situación lingüística de un período dado, teniendo en cuenta que los textos a nuestra disposición no reflejan sino muy incompletamente la lengua hablada. Así, *is* (al menos las formas oblicuas de más de una sílaba) e *hic* parecen conservar sus posiciones en la mayor parte de los textos tardíos, aun siendo suplantados a menudo por *ille*[13] durante toda la latinidad, y por *ipse* al menos después del siglo I d. C. (v. en última instancia B. Löfstedt, págs. 254-270).

275. Esbozos de artículos. — El latín no tenía artículo. Pero las lenguas románicas poseen uno que se remonta precisamente al demostrativo *ille,* menos el sardo y una parte de las hablas gasconas y catalanas, que tienen *ipse (ipsus).* Si es verdad que la creación de un artículo propiamente dicho, es decir, de un determinante que acompaña obligatoriamente al sustantivo, pertenece a la fase románica, no es menos verdad que está ya preanunciada desde el latín por ciertos usos debilitados de los demostrativos (Ernout-Thomas, § 217 s.; Löfstedt, *Syntactica* I, págs. 358-382; P. Aebischer, *Contribution à la protohistoire des articles* ille *et* ipse *dans les langues romanes,* en *Cultura Neolatina* 8, 1948, págs. 181-203; S. Löfstedt, págs. 265-270). Desde muy temprano, *ille* e *ipse* han servido para poner de relieve una palabra, para oponerla a otra o para clasificarla: Plaut. *Mil.* 819 *Sorbet dormiens. — Quid, sorbet? — Illud* "*stertit*" *volui dicere* "sorbe cuando duerme. — ¿Que sorbe? — Ha sido que ronca (literalmente: "Es la palabra ronca *-stertit,...*") lo que he querido decir" (sustantivación frecuente por los neutros *illud* e *ipsum); Trin.* 493 s. *aequo mendicus atque ille opulentissimus censetur censu* "se coloca en la misma clase al mendigo y al ricachón"; en latín tardío: Anth. 84 *mela bene matura in arbore, quae dulcia sunt; nam illa acida non sunt congrua* "...porque las ácidas no son buenas" (el francés antiguo habría dudado entre los determinantes *les* y *celes;* esp. *las ácidas,* it. *quelle àcide);* Vitae Patr. 6, 3, 4 *Macarius ille Aegyptius,* expresión que halla otras paralelas en diversas lenguas. Por fin, *ille* e *ipse* anafó-

[13] En las cartas de Claudius Terentianus, *ille* (31 veces) ha suplantado prácticamente a *is* (4 veces; Adams, *o. c.*, pág. 44).

ricos se hacen tan frecuentes en baja época que se puede hablar de un "articuloide" (Aebischer, *l. c.),* por ej. Peregr. 15, 1 *Requivisi de eo, quam longe esset ipse locus. Tunc ait ille sanctus presbyter...* El verdadero artículo aparece en la Parodia de la *Lex Salica,* de la segunda mitad del s. VIII: *Et ipsa cuppa frangant la tota, ab illo botiliario frangant lo cabo, at illo scanciono tollant lis potionis* (V. Antología, más abajo, págs. 306 y 336).

276. Las formas de los demostrativos. — *Iste, ille* e *ipse* generalizan, partiendo de *illum, illō, illam, illa,* etc., las formas que pertenecen a los temas en *-o-* y en *-a-:* dat. f. *istae, illae* (Plaut.), *ipsae (issae,* Pompeya); dat. m. *istō, illō* (Apul.); *ipsus* aparece junto al nom. *ipse* (Plauto). Sin embargo, ha sobrevivido el dat. *illī* como pronombre enclítico, a. fr. *li,* esp. *le,* rum. *i,* mientras que *illae* ha dado it. *le* y esp. *le.* Por otra parte, el relativo interrogativo *quī, quae, quod* ha impuesto a los demostrativos formas analógicas: nom. sing. m. *istī, illī* (Greg. Tur., diplomas merovingios), de donde el fr. *il* (por metafonía de *-i),* it. *egli;* gen. m. *-uius: ipsuius* (CIL III 2377, X 5939), y dat. en *-ui: illui* (CIL X 2564), de donde it. *lui,* fr. *lui,* rum. *lui* (gen.-dat. del art. m.); gen. f. *ill(a)eius* (CIL VI 14484), dat. *illaei* (contaminación entre *illī* e *illae* CIL VI 14 y 484), de donde it. *lei* "ella", a. fr. **liei* > *li,* rum. *ei* "de ella" y "a ella".

En el plural, el genitivo, sobre todo *illōrum* (que termina por eliminar al f. *illārum),* permanece con vida y concurre con el dativo, siguiendo el uso popular que confunde a menudo ambos casos, por ej. Fredeg. 3, 51 *qui eorum auxiliare presumpserat,* Chron. Salern. 141 *viriliter illorum resistens* (Norberg, *Beiträge,* págs. 34-42). El gen. pl. tiende, además, a reemplazar a *suus* como posesivo (§ 284). *Illōrum* sobrevive con sus funciones en romance, exceptuando la mayor parte de las hablas de la Península Ibérica: rum. *lor,* it. *loro,* fr. *leur;* igualmente, rum. *acestor,* it. *costoro* < *eccum-istōrum,* mientras que el dat. *illīs* está representado por el esp. *les* y el it. *gli,* complementos indirectos plurales. Hay, por fin, huellas aisladas del neutro: esp. *eso, esto* (frente al m. *ese, este),* a. fr. *icest* (frente al m. *icist-icest).*

277. Desde muy antiguo aparece, en lugar de *ab, ex, dē* + pronombre demostrativo, la partícula de punto de partida *inde* (así como *hinc* y *unde,* § 287): Liv. 2, 30, 7 *legiones decem effectae; ternae inde datae consulibus* "se crearon diez legiones; tres de ellas les fueron dadas a cada uno de los cónsules". Este uso prolifera en baja época y se practica hasta hablando de personas: Ag. *Civ.* 8, 13 *inde nunc quaestio est* "de eso se trata ahora"; Cypr. *Eccl. un.* 20 *Nec quisquam miretur... etiam de confessoribus quosdam ad ista procedere, inde quoque aliquos tam nefanda quam gravia peccare...* "algunos de entre ellos". Es éste el origen del adverbio pronominal en las lenguas románicas, a. esp. port. *ende,* a. it. *(i)nde,* it. mod. *ne,* prov. cat. *en, ne,* fr. *en.*

278. Formas reforzadas. — La lengua conversacional reforzaba de buena gana los demostrativos *iste* e *ille* con la partícula antepuesta o prefijada *ecce* (y *eccum):* Plaut. *Merc.* 434 *eccillum video, Curc.* 455 y 615 *eccistam video;* en baja época: Peregr. 14, 3 *ecce ista via, quam videtis...*; ibid. 15, 1 *tunc ait ille sanctus presbyter: "Ecce hic est in ducentis passibus..."*. De ahí el a. fr. *(i)cist, -ceste, -cil, -cele,* etc., fr. mod. *ce (livre), cet (homme), celui, celle,* etc.; a. fr. *ço, ce* < *ecce hoc,* fr. *ci, ici* < *ecce hīc ; eccu(m) + iste, ille* > it. *questo, quello,* rum. *acest, acel,* prov. cat. *aquest, aquel.*

279. El pronombre de identidad se empleaba, por énfasis, en el superlativo: *ipsimus, -a* (Petr. 4 veces, en el sentido de "amo", "ama"). Además, *ipse* acompañaba a menudo al pronombre personal, al que se añadía el sufijo *-met: egomet ipse* (rechazado por Donato, Gramm. I^2, pág. 484). Este elemento *-met* termina por soldarse a *ipse: *metipse,* exigido por el prov. *medeis, meteis,* cat. *mateix,* y **metipsimus* > it. *medesimo,* a. prov. *medesme,* esp. *mismo,* a. fr. *meesme, meïsme,* fr. mod. *même.*

280. Pronombres personales. — Los cuatro pronombres personales *ego, tū, nōs, vōs,* y el reflexivo de la 3.ª pers. sing. y pl. *sē* acus. y ablat., *sibi* dat., han llegado hasta las lenguas románicas, perdiendo, sin embargo, el genitivo objetivo *meī, tuī, nostrī, vestrī, suī,* así como el dat.-abl. pl. *nōbīs, vōbīs* (a excepción del log. *nois, bois* y del rum. *nouă, vouă),* cf. App. Pr. 220 s. "*nobiscum,* non *noscum*", "*vobiscum,* non *voscum*"; a. it. *nosco* "con nosotros", *vosco* "con vosotros". El dat. *mihi* > *mī* (§ 74) arrastra *tī, sī:* Grom. vet. 329, 12 *pos si* por *post se* (Bourciez § 101); estas formas pasan al español y al portugués como complementos directos: esp. *mí, ti, sí,* port. *mi,* después *mim,* etc. Para *ego,* las formas románicas suponen una forma reducida **eo:* log. *eo,* it. *io,* rum. *eu,* esp. *yo,* port. *eu,* prov. *ieu,* a. fr. *gié* y *jo, je.*

Nota. En la 3.ª pers. no reflexiva, los demostrativos *is* e *ille* suplían al pronombre personal (cf. más arriba).

281. El pronombre personal, como sujeto de una frase, no se expresa en latín literario más que por razones de énfasis (y generalmente reforzado por los sufijos *-met, -ne,* o la partícula *quidem):* Plaut. *Merc.* 761 *egone istuc dixi tibi?* "¿he sido yo el que te ha dicho eso?". La lengua hablada, por el contrario, tendía a generalizar el uso del pronombre personal sujeto por el deseo de expresividad; como consecuencia, el pronombre sujeto se expresa sin ningún matiz particular y tiende a ser fijo su puesto delante del verbo: CIL VI 18349 *ego do meis libertis,* Greg. Tur. *Hist. Fr.* 2, 32 *cum ad eum accessero, ego faciam.*

282. El pronombre reflexivo en giros del tipo sibi (se) vadere. — Un pronombre reflexivo pleonástico, al modo del fr. *prends-moi le bon parti,* puede acompañar, en baja época, a algunos verbos transitivos o intransitivos: Peregr. 4, 8 *gustavimus nobis* "nos comimos", donde el reflexivo hace las veces de un dativo de interés; cf. Cic. *Fam.* 6, 15 *mihi gaudeo.* Después, por extensión: Peregr. 36, 1 *sedete vobis,* ibid. 25, 7 *recipit se episcopus et vadent se unusquisque ad hospitium suum (vadent* = *vadunt;* ¿*v. se* influenciado por *recipit se?).*

Quirón, 681 *remitte: statim fugiet sibi.* Estos giros anuncian las construcciones romances del estilo del a. fr. *soi aler, soi seoir, soi fuir, soi morir,* fr. mod. *s'en aller, s'enfuir, se mourir,* etc., esp. *irse, huirse, morirse,* it. *andarsi, fuggirsi, sedersi,* etc. (Löfstedt, *Komm.,* págs. 140-143; idem, *Syntactica* II, págs. 387-396).

283. Reciprocidad. — El latín disponía de diversos medios para expresar la reciprocidad: por medio de un verbo reflexivo acompañado de *ipse;* por uno de los indefinidos *alter, uterque* o *alius* repetido; en fin, por la locución *inter nos, inter vos, inter se: inter se amant* "se aman mutuamente", *prodesse inter se sapientes possunt* (Sén. *Epist.* 109, 13) "los sabios pueden ayudarse unos a otros". Es este último giro el que dará nacimiento al fr. *s'entr'aimer, s'entre-tuer,* etc., sin duda por la interferencia de los compuestos, como *interiungere, intermiscere,* etc.; cf., en bajo latín, Form. Sal. Merc. 16 *inter nos interdonare* (B. Löfstedt, pág. 287).

284. Adjetivos posesivos. — Los adjetivos posesivos *meus, tuus, suus* siguen el modelo (exceptuando el vocativo *mī,* de *meus) bonus;* y *noster, vester* (antiguamente *voster,* en Plauto por ej.; luego otra vez, bajo la influencia de *noster,* en bajo latín) el modelo *pulcher*. Corresponden a los pronombres personales: así, *suus* era originariamente el posesivo reflexivo de la tercera persona sing. y pl.; para otro poseedor se utilizaba el genitivo de los demostrativos. El uso tardío confunde a menudo, sin embargo, *suus,* por una parte, y *eius, illius, eōrum, illōrum,* por otra; Jer. *Vita Hil.* 34 *illuc quoque sua fama pervenerat;* Lact. *Inst.* 2, 2, 9 *verentur ne omnis illorum religio inanis sit* "temen que toda su religión no les sirva de nada". En romance, *suus* es reemplazado en parte por *illōrum* en plural, a saber, en rumano y galorrománico, de donde parece haber penetrado en el italiano literario (Rohlfs, *Ital. Sprache* II, § 427, pág. 127). Las formas *meus, mea,* etc., actúan sobre *tuus, suus:* CIL XII 5692 (Arlés) *cum marito seo,* cf. port. *teu, teua,* y *seu, seua.* Por otra parte, *suus* desemboca por lo regular en *sus* (§ 81), lo que origina toda una serie de formas reducidas: *mus, mi, mum, tus, ti, tum,* etc., atestiguadas por el gramático Virgilius *(Epist.* 6, pág. 47, 12; s. vii); cf. fr. *mon, ton, son, ma, ta, sa, mes, tes, ses.*

285. Relativos e interrogativos. — El relativo *quī, quae, quod* y el interrogativo *quis (quī), quis, quid* no diferían más que en el nom. sing. La lengua popular ha completado la fusión, eliminando el nom. sing. m. y f. *quis* en provecho del m. *quī* y del f. *quae* y confundiendo el neutro *quid* y *quod.* Este desarrollo se debe en parte a la fonética sintáctica, puesto que una sucesión de palabras como *quis vocat* pasa a *quī vocat* (cf. **dis-vertere > dīvertere).* Se explica, por otra parte, por la afinidad de las proposiciones relativas e interrogativas (§ 376).

Las principales etapas que ha sufrido la evolución del paradigma del relativo son:

1) la extensión al femenino de las formas masculinas *qui, quem:* Pompeya 2188 *futuit quem voluit,* Thylander A 210 (epitafio de Ostia, ¿s. ii?) *Primae Florentiae filiae carissimae... qui ab Orfeu maritu in Tiberi decepta est* "...que pereció en el Tíber por obra de su marido Orfeo", CIL V 5933 (epitafio de Milán) *Olympias filiam quem reliquit,* Peregr. 5, 5 *ad quem petram iratus fregit tabulas;*

2) la paulatina usurpación por parte de *qui, quem* de las funciones de los neutros *quod* y *quae,* desde la Mulomedicina Chironis: *stentinum qui* (Vegecio, que reelabora a Quirón: *intestinum quod), iumentu quem* (la verdad es que el género de los nombres en *-um* era indeciso, cf. 214), *cetera omnia qui;*

3) *quod,* pl. *quae* en relación con un antecedente inanimado, como *res,* desde Pl. *Aul.* 769 ss. *Ego te, Euclio, de alia re rescivisse censui, quod ad me attinet* "yo te creía, Euclión, al corriente de otro negocio que me concierne", lo mismo que giros como *ea omnia quod factum erit;* uso más libre en latín tardío: Mulom. Chir. *de malagma ficurnea, quod sic compones* "sobre el ungüento de higos, (cosa) que se compone así"; en Gregorio de Tours, *quod* remite ca. 40 veces a un nombre m. o f., sing. o pl.

4) Por fin, sobre todo en los textos de la Galia merovingia, el n. pl. *quae* se tomará la revancha sobre *quod* para representar a todos los géneros, s. y pl. y hasta los distintos casos: Gregorio de Tours, *id quae, hoc totum quae; fovea quae fratri tuo parabis;* diplomas y cartas: *monasterio quae est..., in loco quae est...* (así en los diplomas longobardos). Este *quae,* escrito también *que,* se confunde con *quem:* incr. fun. (Diehl): *cum quem* (24 veces), *cum que* (5 veces); Form. Andec. *pro furta quem feci* y otras por el estilo. Este *que,* pronunciado [*ke*]? es sin duda idéntico a la conjunción *que* (§ 375*).* Esporádicamente se encuentra *quid* en su lugar, sobre todo en Italia y en España.

286. La aparente confusión que reina en los textos tardíos respecto al relativo deja ver un movimiento desde la identidad hacia la generalidad. En efecto, el "conjuntivo" prescinde de especificación gracias a la referencia a un antecedente. El resultado es un relativo "universal", *que,* el cual, sin embargo, no ha extirpado por completo o en todas partes al representante de "lo animado" *qui* y *quem,* ni al dativo (caso oblicuo) *cui* que hace la competencia a *quem:* Form. Senon. add. 3 *cui amas, per omnia eius facis opera;* Leg. Alam. 12 *episcopum de cui parrochia fuit;* esta forma se conserva en todas partes, salvo en iberorromance[14].

287. Lo mismo que *inde* en el orden de los demostrativos (§ 277*), unde* (y, más raramente, *ubi)* desempeña el papel de pronombre relativo, equivalente a *a (ex, de) quo, qua, quibus:* ya Catón, *Agr.* 5, 3 *(vilicus) duas aut tres familias habeat, unde utenda roget et quibus det* "el granjero debe tener dos o tres familias a las que pedir y dar préstamos"; término jurídico *(ille) unde petitur* "el defensor" (desde Catón); expresión corriente es también *habere unde (vivere, solvere,*

[14] Herman, *La formation...*, págs. 127 ss.; V. Väänänen, *Sur la protohistoire de «Qui» / «Que» pronom relatif,* en *Actes du XIII*[e] *Congrès internat. de Linguistique et Philologie Romanes,* I, Quebec, 1976, págs. 267-275.

etc.; Nepote, Petr., etc.) "tener de que (vivir, pagar, etc.)"; uso más extendido en baja época, por ej. Ag. C. *litt. Petil.* 2, 23, 53 *de baptismo sanguinis, unde te iactas* "del bautismo de sangre de que te jactas". Las lenguas románicas han heredado *unde (de unde)* con sus funciones: it. *onde, donde,* a. fr. *ont,* fr. *dont,* prov. *on,* cat. *hon,* esp. *donde,* port. *onda,* rum. *unde.*

288. En la Romania, la repartición de las formas del relativo-interrogativo presenta divergencias: en Italia, *quī* > it. *chi* está reservado para el interrogativo y para el relativo sin antecedente, mientras que en galorrománico, y, hasta el siglo XIV, también en iberorromance, se mantiene como relativo-interrogativo en el caso sujeto; el acusativo *quem* ha dado el relativo-interrogativo personal esp. *quien (quién),* port. *quem,* log. *ken,* rum. *cine;* por fin, el invariable *que* tiende a generalizarse, sobre todo en Italia y en España; el régimen personal *cui* sobrevive en todas partes, menos en iberorromance.

289. Indefinidos. — Los indefinidos experimentan numerosas pérdidas: *quidam, quisnam, quispiam, quivis, -libet, uterque,* etc., que en los textos tardíos presentan un gran desarrollo, son reemplazados por nuevas adquisiciones y por arreglos. Así, *quidam* debe sufrir la competencia de *certus,* ya en Cic. *Pro Marc.* 16 *insolentia certorum hominum;* de *aliquis,* del que no quedan en romance más que algunas formas aisladas: esp. *alguien,* port. *alguem* < *aliquem,* esp. port. *algo,* a. fr. prov. *alques* < *aliquod;* del compuesto **alicunus* que está supuesto por el it. *alcuno,* esp. *alguno,* fr. *aucun,* etc.; *quisque,* de *cata,* tomado sin duda por el latín eclesiástico de la preposición griega κατά (§ 170) con sentido distributivo "siguiendo a", "con ocasión de": Peregr. 24, 1 *cata singulos ymnos vel antiphonas orationes dicunt* "a cada himno...", ibid. 7, 2 *ut cata mansiones monasteria sint cum militibus* "en cada etapa hay puestos militares", Vulg. *Ez.* 46, 14 y 15 *cata mane mane* "cada mañana". De preposición, *cata* se convierte en pronombre indeclinable, que subsiste en cat. esp. port. *cada;* se halla compuesto con *unus* en a. it. *cad(a)-uno,* esp. *cada uno,* a. fr.

cadhuna (f., Juramento de Estrasburgo), *cheün* (de donde, por cruce con un descendiente de *quisque:* a. fr. *chascun,* fr. *chacun,* it. *ciascuno).*

290. *Omnis* aparece frecuentemente en los documentos merovingios y lombardos bajo la forma fija de *omnia,* por ej. Cod. dipl. Long. 27 (año 720*) cum homnia ris (= res) mea,* ibid. 82 *vestimento meo omnia* (Norberg, *Beiträge,* págs. 55 ss.). Es el punto de partida del a. it. *ogna* (al lado de *onne;* it. mod. *ogni,* contaminación de las dos formas, o de *omne* delante de vocal, cf. *ognuno, ognora).* Por lo demás, *omnis* cede ante *tōtus* en el singular y en plural: son corrientes desde el latín antiguo expresiones como *totis horis* (Plauto), *totis noctibus* (Cic.); Apul. *Met.* 7, 12 *totos istos hostes tuos.* Los plurales *tanti, quanti, aliquanti* se disputan el terreno con *tot, quot* (y *quam multi), aliquot;* en romance: it. *tanti, quanti,* esp. *tantos, cuantos,* a. fr. *tanz, quanz,* etc.

291. El bajo latín emplea *dīversī,* en lugar de *nonnulli, complures:* Lact. *Inst.* 4, 27, 17 *per diversas regiones,* Jer. *Mat.* 1 *(praef.) a diversis auctoribus edita. Alius* es eliminado (aparte un neutro *alid, *ale* supuesto por a. fr. prov. *al, el)* en beneficio de *alter* que ensancha su sentido originario “uno de los dos”.

292. Los indefinidos negativos *nullus* y *nemo* (que queda en rum. *nime,* a. it. *nimo,* log. *nemos)* soportan la competencia de *nec unus, neque unus,* por ej. Peregr. 8, 1 *ita ut nec unam habitationem habeat;* de donde it. *niuno,* rum. *niciun,* esp. *ninguno,* cat. *ningun,* prov. *negun,* port. *nenhum; nec ullus, -a* > a. fr. *neüls* (Juram. de Estrasburgo), *niule* (Eul.). *Nemo* y *nihil,* de las construcciones más expresivas *nemo natus* y *res nata,* ya Plauto *Most.* 447 *natus nemo in aedibus servat,* Ter. *Ad.* 295 *e re nata melius fieri haud potuit* (cf. fr. *pas une âme qui vive);* después, por elipsis, *natus, nata* a secas, que origina esp. *nadie, nada;* Gloss. Reich. *nihil: ne mica,* que está representado en rum. *nimic, nimică,* cf. fr. *ne... mie;* en lugar de *nihil* se encuentra también *nulla* (pl. n., o = *nulla res?):* Commod. 1, 17, 17 *maiestas... illorum nulla locuta est;* cf. it. *nulla* "nada".

C. EL VERBO

1. LAS VOCES.—TRANSITIVIDAD E INTRANSITIVIDAD [15]

293. La gramática tradicional distingue tres "voces" o aspectos del verbo según que el sujeto realice la acción (voz activa), la soporte (voz pasiva) o esté interesado en ella (voz media). En latín, la voz llamada pasiva es en realidad mediopasiva, ya que sirve para expresar al mismo tiempo la pasiva propiamente dicha y la media: *cingor* significa "soy ceñido" y "me ciño", *moveor* "soy movido" y "me muevo", *vehor* "soy llevado" y "me hago llevar", *videor* "soy visto" y "parezco" (sentido neutro). El valor medio era expresado, fuera de la pasiva, por la forma reflexiva: *se dedere* "entregarse", *se exercere* "ejercitarse", *se vertere* "volverse", etc., con un cierto matiz activo, en principio, con relación a la medio-pasiva. Pero esta mínima diferencia entre las dos medias se ha ido difuminando: cf. Quirón 44 *cum cicatrices se clauserint* "cuando se cerraron las cicatrices"; Plin. *Nat.* 5, 121 *Myrina quae Sebastopolim se vocat;* Peregr. 27, 3 *Haec ergo dum aguntur, facit se hora quinta* "con estas ceremonias se alcanza la hora quinta". En estos dos últimos ejemplos, *se vocat* y *facit se* son perfectamente sinónimos de los pasivos *vocatur, fit,* y anuncian por ello los giros románicos, it. *si chiama, si fa (notte, sera,* etc.), esp. *se llama, se hace (tarde, de noche),* fr. *s'appelle, il se fait (tard, nuit).*

294. Grupo aparte, representante de antiguas formas medias, era el de los deponentes o verbos con sentido activo, pero con desinencias pasivas: *hortari* "exhortar", *loqui* "hablar", *luctari* "luchar", *sequi* "se-

[15] G. Reichenkron, *Passivum, Medium und Reflexivum in den romanischen Sprachen,* Jena-Leipzig, 1933.

guir", etc. Como esta categoría no tenía valor semántico propio, la lengua popular no ha tardado en tratar a los deponentes como a verbos activos: Plauto escribe *hortare, luctare, partire* por *hortari, luctari, partiri,* Catón *nascere* por *nasci;* Pompeya 3494 *rixsatis* por *rixamini,* 4456 *tutat* por *tutatur*. Finalmente, datos tardíos confirman el carácter de supervivencia artificial del deponente [16].

295. Por otra parte, algunos verbos transitivos son tomados sin más con el sentido medio: *male res vertunt* "las cosas se ponen mal". Esta evolución ha sido preparada por el antiguo uso de asignar el participio de presente tanto a la medio-pasiva como a la activa, por ej. *volventibus annis* "a medida que van pasando los años". En el fondo se trata de un fenómeno universal donde la brevedad concurre a la expresividad; así, *trahere* "durar", Celso 2, 8, 24 *si quis etiam in eo morbo diutius traxerit; coagulare* "cuajar(se)", *coquere* "cocer" (transitivo e intransitivo), *frangere* "romper(se)" (tratados médicos tardíos; Niedermann *Recueil,* pág. 52); asimismo *mutare* "cambiar" (transit. e intransit.), *movere* "mover" y "moverse", *reficere* "rehacerse, tomar la comida": Ben. *Reg. si... fratres reficiunt sexta hora* (cf. *vires cibo reficere,* Liv.).

296. En baja época se desenvuelve el uso impersonal de *habet* "hay" y de *continet* "está escrito", acompañados de un complemento de objeto: Anthim. 33 *avis (illa) bona est, sed puto hic non habere* "...pero creo que aquí no las hay"; Vopisc. Tac. 8, 1 *habet in bibliotheca Ulpia librum elephantinum;* Peregr. 1, 2 *Habebat autem de eo loco ad montem Dei forsitan quattuor milia,* igualmente ibid. 23, 2; de donde en a. fr. *(il y) a,* fr. *il y a,* esp. *hay; sicut superius continet* (Anth. et Compos. Luc.; Svennung, *Compos. Luc.,* pág. 156); *iuxta quod in ista petitione continet, quantumque in ipsa donatione continet,* etc. (fórmulas merovingias, Uddholm, *Formulae Marculfi,* pág. 161; cf. B. Löfstedt, pág. 272). Compárese *dicit* "se dice" (más abajo) [17].

---

[16] P. Flobert, *Les verbes déponents latins des origines à Charlemagne,* París, 1975.

[17] Cf. E. Coseriu, «que ki contene», en *Festschrift W. v. Wartburg,* Tubinga, 1968, págs. 333-342.

2. LA PASIVA

297. La pasiva impersonal. — La pasiva impersonal de los verbos transitivos o intransitivos, es decir una simple idea verbal independiente de cualquier sujeto, se expresa: a) de ordinario, en 3.ª pers. sing. de la pasiva: *bibitur* "se debe", *fertur* "se lleva", *itur* "se va", *ventum est* "se vino"; b) en casos determinados, con la 3.ª pers. pl. de la activa: *dīcunt, aiunt, ferunt, narrant;* semejante es el esp. *dicen,* it. *dicono;* cf. *Ils disent donc que la bête est une machine* (La Fontaine; con un matiz especial); c) con la 2.ª pers. sing. de la activa, sobre todo en el potencial: *videas* "podéis ver", *diceres* "se diría"; d) con la 3.ª pers. sing. de la activa, uso primitivo del que persisten casos aislados: *inquit* (Cic., Sén.) "se dice", *dicit,* giro extendido sobre todo en latín eclesiástico con el sentido de "se ha dicho", "se trata de"; asimismo *debet* "se debe", *potest* "se puede" (Löfstedt, *Vermischte Studien,* págs. 130-142); cf. a. fr. *ço dit* (Rol.) "se dice así"; análogo es *continet, habet* "hay" (§ 296*);* e) con el sujeto indeterminado *homo,* vagamente apuntado en bajo latín, por ej. Peregr. 13, 1 *ubi homo desiderium suum compleri videt* "cuando se ven realizados los propios deseos" ("cuando el hombre ve cumplidos..."), Vitae Patr. 7, 26, 1 *Quomodo potest se homo mortificare? Dixit ei senex: Nisi qui arbitratus fuerit...* Este giro, particular del francés, no resulta tampoco extraño en italiano antiguo (v. en última instancia S. Kärde, *Quelques manières d'exprimer l'idée d'un sujet indéterminé ou général en espagnol,* tesis de Upsala, 1943); B. Löfstedt, *Die subjektlose 3. Person im Lateinischen,* en *Kungl. Humanistiska Vetenskaps-Samfundet i Uppsala,* Årsbok, 1965-1966, págs. 80-107; P. Beneš, *Phrases à agents indéterminés dans le Nouveau Testament,* Brno, 1974.

298. La pasiva personal. — Sólo los verbos transitivos disponen de voz pasiva personal: *laudor* "soy alabado" o "se me alaba" *(discipulus) laudatur (a magistro)* "él (el alumno) es alabado (por el maestro)". Tal construcción no es ciertamente propia de la lengua popular, como lo prueba, por ej., el uso plautino (A. Ernout, *Recherches sur l'emploi du passif latin,* tesis de París, 1909; Löfstedt, *Syntactica* II, pág. 71). Se ha producido también en el sistema de la pasiva un desplazamiento de los tiempos que ha dado por resultado final la eliminación de las formas sintéticas de esta voz verbal. El punto de partida lo ofrecía el doble sentido de expresiones como *domus clausa est:* 1) "fue cerrada la casa" (hecho pasado) y 2) "está (actualmente) cerrada la casa" (resultado adquirido). Este último modo de entender la frase trae al presente el hecho de que se trata, y el participio tiene un valor atributivo, igual que el adjetivo en *domus parva est.* Las dos formas de la pasiva, simple y compuesta, se encuentran también en las expresiones de relación de lugar, como las de Liv. 44, 46, 7 *(arx) divisa est intermurali amni,* Cic. *Dom.* 102 *domus... Ciceronis cum domo Fulvii Flacci coniuncta esse,* por una parte, y, por otra, Cés. *Gall.* 3, 1, 6, *cum (vicus) in duas partes flumine divideretur,* ibid. 3, 112, 2 *insula... cum oppido coniungitur.* Al mismo tiempo, las demás formas del auxiliar comienzan a indicar los tiempos correspondientes de la pasiva, con el participio pasivo utilizado como eje, lo cual hace desaparecer algunos valores especiales, como el del tiempo compuesto *domus clausa fuit* que indicaba primitivamente un resultado adquirido después de una determinada duración de la acción pasada, o la anterioridad en relación con un verbo en pasado:

	I	II
PRESENTE	*laudor*	*laudātus sum*
PERFECTO	*laudātus sum*	*laudātus fui*
IMPERFECTO	*laudābar*	*laudātus eram*
PLUSCUAMPERFECTO	*laudātus eram*	*laudātus fueram*

Def. tab. (Jeanneret 146) *Paulina aversa sit et deficsa sit = P. avertatur et defigatur* "que Paulina sea separada y maldita"; Iust. 13, 7, 1 *Cyrene autem condita fuit ab Aristaeo* "Cirene fue fundada por Aristeo", Iord. *Get.* 186 *proelia quae... fuerant concitata* "las batallas que habían sido provocadas". El hecho de que la pasiva sintética ha caído en desuso en baja época está probado por hipercorrecciones del tipo de la que aparece en una carta del rey Childeberto (Lauer-Samaran, 19; año 697): *curte... que ponetur in pago Camiliacinse* "la propiedad real situada en el pueblo de Chambli", donde *ponetur* (= *ponitur)* se usa en lugar de *(po)sita est* por el cuidado de escribir finamente, sabedor el escriba de que el habla popular usaba la forma simple del presente por la forma compuesta de la pasiva (cf. M. Pei, págs. 259 y 535; Moignet, *Essai sur le mode subjonctif* I, pág. 146). — Otro sucedáneo de la pasiva era la construcción reflexiva, que se perpetúa en muchas lenguas románicas (§ 293).

3. LOS TIEMPOS DE LA ACTIVA

299. Infectum y perfectum. — En su origen, las formas temporales del indicativo y del subjuntivo se caracterizaban por la oposición de dos series en relación con el aspecto verbal; de ellas, una, la del *infectum* o acción no acabada, indicaba la acción en su desenvolvimiento sin consideración del tiempo, mientras que la otra era la del *perfectum* o acción terminada:

		INDICATIVO	SUBJUNTIVO
Infectum	presente:	*canto, dīco*	*cantem, dīcam*
	imperfecto:	*cantābam, dīcēbam*	*cantārem, dīcerem*
	futuro I:	*cantābo, dīcam*	
Perfectum	perfecto:	*cantāvi, dīxī*	*cantāverim, dīxerim*
	pluscuamperfecto:	*cantāveram, dīxeram*	*cantā(vi)ssem, dīxissem*
	futuro II:	*cantāvero, dīxero*	

Sin embargo, la distinción de las dos series por el aspecto se vio turbada sobre todo por la preocupación de expresar las relaciones de tiempo. A este respecto se han producido muchas innovaciones que conciernen tanto al lenguaje popular y familiar como al romance común.

300. El perfecto designa propiamente el resultado actual de un acto que se ha desarrollado en un pasado inmediato o lejano ("presente de memoria"): *dixi* "he dicho" = "he terminado de hablar", *vixerunt* "han vivido" = "ya no viven". Además, el perfecto ha adquirido un valor secundario de pretérito (pret. indefinido) que expresa un hecho que ha tenido lugar en un momento dado, pero que se cuenta o se constata sin más, a diferencia del imperfecto que es su descripción: *Caesar proelium commisit* "César trabó el combate". Una vez que el pretérito venció el primitivo valor del perfecto, se acudió, para indicar el aspecto de estado adquirido, a la perífrasis a base de *habeo* + participio pasivo en acusativo. Combinaciones como *cognitum habeo, perspectum habeo, deliberatum habeo, scriptum habeo,* eran corrientes en el período preclásico; sólo que el participio y el verbo *habeo* conservaban allí todavía su autonomía. A continuación, los dos elementos se convertirán en uno solo: Ag. *Serm.* 37, 17 *metuo enim, ne ibi vos habeam fatigatos* "pues temo haberos cansado", Greg. Tur. *Vit. patr.* 3, 1 *episcopum invitatum habes* "has invitado al obispo", Oribas. *Syn.* 7, 48 *omnia probatum habemus* (nótese la falta de concordancia entre el part. y el complemento). Estamos asistiendo al nacimiento del nuevo perfecto compuesto, del que serán herederas todas las lenguas románicas (v. Ph. Thielmann, Habere *mit dem Part. Perf. Pass.,* en ALLG 2 (1885), págs. 372-423 y 509-549).

301. El pluscuamperfecto indica una acción realizada en el pasado con anterioridad a otra acción situada igualmente en el pasado. En la lengua popular y tardía, el pluscuamperfecto tiene a menudo el valor de imperfecto: Plaut. *Capt.* 17 *fugitivos ille, ut dixeram ante, huius patri... vendidit* "...como decía (como venía diciendo)..." (frecuente en incisos, como, por ej., en Peregr.); CLE 1559, 15 (epitafio) *Quod fueram, non sum* "lo que era, ya no lo soy"; con el valor de irreal de presente: Greg. Tur. *Franc. praef. nec pater dici potuerat, nisi haberet filium;* Gloss. Reich. 18, 24 *suggerat: dixerat, ortaret* (= *hortaretur).* Las lenguas románicas antiguas presentan huellas del pluscuamperfecto latino con valor de imperfecto: a. fr. *auret, furet, pouret, voldret, roveret (Séquence de Sainte Eulalie* y algunos ejemplos aislados en otros textos; v. Fouché, *Le Verbe français,* pág. 329; v. también Ronconi, *Il verbo latino,* págs. 98-103). Por el contrario, en español y en portugués, el pluscuamperfecto ha tomado el valor de potencial: esp. port. *cantara*[18]; en rumano, la 3.ª pers. pl. del perfecto toma la forma del pluscuamperfecto: *cîntară* "cantaron".

302. Paralelo al perfecto compuesto se va desarrollando un pluscuamperfecto perifrástico, a veces con el imperfecto de *habere:* Diplom. pág. 49, 10 (= Pardessus 400, año 682) *quod... de fisco nostro comparatum habebat* (Thielmann, *l. c.,* pág. 545); otras veces con el perfecto del mismo verbo: Acta Andreae 36, 6 *Matthaeum quem ante te ibi missum habui.* Esta última construcción prevalecería en francés antiguo hasta el siglo XIII.

303. La constitución de un futuro perifrástico ofrece un largo proceso, debido, sobre todo, a factores morfo-sintácticos. En principio, el futuro latino carecía de unidad: por una parte existía *amabo, -is, delebo, -is,* y, por otra parte, *dicam, -es, audiam, -ies* (también *audibo, -is);* la 1.ª pers. de este tipo se confundía, además, con el presente de subjuntivo, lo mismo que las formas del futuro II, exceptuando la 1.ª pers. sing., coincidían con el perfecto de subjuntivo. Por otra parte, el latín carecía de un futuro pasado o de un potencial. Por fin, habían de contribuir también al ocaso del antiguo futuro accidentes fonéticos, a saber, la confusión de *amabit* con *amavit,* de *dices, dicet* con *dicis, dicit.* Las construcciones perifrásticas en competencia eran muchas. Además de construcciones como Petr. 45, 4 *habituri sumus mu-*

---

[18] Lo mismo en provenzal y en italiano dialectal (E. Gamillscheg, *Studien zur Vorgeschichte einer romanischen Tempuslehre,* Viena, 1913).

nus = habebimus..., muy frecuentes en el bajo latín: Filastr. 82, 18 *qui baptizandi sunt = qui baptizabuntur,* etc., es preciso fijarse especialmente en las que toman el futuro como cosa deseada o impuesta por el destino, a saber, la unión de un infinitivo con los verbos *habeo, debeo, volo* (cf. ingl. *I shall sing, he will sing):* Tert. *Scorp.* 11 *aliter praedicantur, quam evenire habent* "lo que se predice, sucederá (debe suceder) de otra manera", donde *habeo* está casi desprovisto del valor de obligación que tiene en el giro clásico *scribere habeo* "tengo que escribir"; asimismo, Ag. *In evang. Ioh.* 4, 1, 2 *Tempestas illa tollere habet totam paleam* "esa tempestad se llevará..."; Ps.-Ag. *Serm.* 253, 4 *sanare te habebat Deus per indulgentiam, si fatereris* "Dios te sanaría...". Se conoce un ejemplo prerrománico con ambos elementos soldados: Fredeg. 85, 27 *Et illo* (el rey de los Persas) *respondebat: Non dabo. Iustinianus dicebat: Daras*[19]. Es el prototipo del fut. it. *canterò,* esp./port. *cantaré* (con posibilidad, en port. y en esp. a., de separar las dos partes: port. *dar-me-as, dir-vos-emos),* prov. *cantarai,* fr. *chanterai;* en el pasado, *cantare habebam,* de donde it. *canterei,* esp. prov. port. *cantaría,* fr. *chanterais.* — Con *debeo:* Eugipp. *Vit.* 31, 4 *oppida in quibus debent ordinari* "...donde serán colocados". Esta construcción sobrevive en sardo: *depo kantare.* — *Volo* (concurriendo con *incipio):* Coripp. *Ioh.* 6, 84 *iam (Maurae) servire volunt* "...servirán"; rum. *voi cînta* y *cînta-voi,* de *cantare volo* (cf. Löfstedt, *Syntactica* II, págs. 63-73; Moignet, *Essai sur le mode subjonctif* I, págs. 150-154). — Solamente el futuro sintético de *esse: ero, eris,* etc., llegará hasta las lenguas románicas.

304. El futuro II, muy frecuente todavía en el bajo latín, substituye con frecuencia al futuro I. Con este valor ha sobrevivido en Dalmacia.

---

[19] Este precursor del futuro románico ha sido debido a un juego de palabras. Después de haber vencido al rey de los Persas, le pide Justiniano la devolución de las provincias. Aquél se niega: *«Non dabo».* Entonces responde Justiniano: *«Daras».* Este *Daras,* dice Fredegario, ha quedado como nombre de la ciudad en que tuvo lugar la entrevista.

305. Finalmente, en el habla familiar y afectiva, una acción futura que ha de tener lugar con certeza, puede expresarse por el presente de indicativo: Petr. 26, 4 *apud quem cubitum ponitis* "con el que te sientas a la mesa (esta tarde)", ibid. 30, 3 III *et pridie kalendas Ianuarias C. noster foras cenat* (V. Väänänen, *Egérie,* pág. 59).

4. EL SUBJUNTIVO

306. El subjuntivo latino era, ante todo, el modo de la subordinación. En la frase independiente servía sobre todo para indicar la voluntad y el deseo, así como la eventualidad. Durante el período postclásico y tardío, el subjuntivo ha sufrido un fuerte retroceso, sobre todo en la oración subordinada (v. *La frase,* § 372*)*. Desde el punto de vista de las formas temporales, hay que hacer notar pérdidas y desplazamientos de uso.

307. Frente al indicativo, que lleva consigo tres planos, presente, pasado y futuro, el subjuntivo es el modo "del tiempo amorfo, de la duración indiferenciada" (Moignet, *Essai sur le mode subjonctif* I, págs. 77 y 99). Por eso los distintos tiempos del subjuntivo latino estaban lejos de corresponder a otras tantas diferencias temporales y ofrecían más de una opción de orden estilístico. El perfecto no tiene valor alguno de perfectum en las expresiones de afirmación atenuada del tipo de *dixerit quispiam* "alguien podría decir", *non negaverim* "yo no diría que no", lo mismo que en la prohibición *ne feceris* (más abajo). El pluscuamperfecto de subjuntivo va ocupando, a su vez, el terreno del imperfecto, para expresar bien un hecho querido, bien el potencial en pasado, y esto desde Cicerón: *Sest.* 20, 45 *Unum etiam mihi restabat illud, quod forsitan non nemo vir fortis et acris animi... dixerit: resistisses, repugnasses, mortem pugnans appetisses* "...debieras haber resistido"; *Quinct.* 11, 38 *Quis tam dissolutus in re familiari fuisset?* "¿Quién habría podido ser tan pródigo...?". Resulta de ello que el pluscuamperfecto de subjuntivo tiende a ocupar el puesto del imperfecto y del perfecto, que en la pronunciación podían ser confundidos: *cantarem, -es,* etc., y *canta(ve)rim, -is,* etc.: Petr. 76, 11 *Putasses illum semper mecum habitasse* "habrías creído..." (cf. ibid. 76, 3 *putares me hoc iussisse).* Puede hallársele, en sentido de irreal de presente, a partir de Vitrubio, sobre todo *fuissem, habuissem* y *potuissem* (Moignet, *Essai sur le mode subjonctif* I, pág. 156). En la subordinada reemplaza al imperfecto de subjuntivo en el bajo latín: Greg. Tur. *Mart.* 19 *ita caput elisit ut vix vivens erigi potuisset;* Cartons des Rois (pág. 203) *Si servus erat, tunc coniurare debebat quod servus fuisset.* En romance, el pluscuamperfecto latino presenta por todas partes el valor de imperfecto. El antiguo imperfecto de subjuntivo no ha dejado más que algunos restos en sardo, mientras que el perfecto se ha confundido con el futuro II y subsiste en español *cantare, -ares,* etc., en port. *cantar, -ares,* etc. y en a. rum. *cîntare, -ari,* etc.

5. EL IMPERATIVO

308. De los dos imperativos que poseía el latín, el imperativo II o futuro tenía el aspecto de un superviviente desde la época clásica, no siendo usado más que en las fórmulas jurídicas o consagradas. No queda rastro de él en las lenguas románicas. El imperativo, sobre todo en el plano del futuro, ha sufrido en todo tiempo la competencia del presente de subjuntivo, otro modo de voluntad. Tal es en concreto el caso de algunos verbos muy usuales, como *esse, habere, tenere, scire.* Por eso, una parte de estos verbos presenta en romance formas de imperativo que se remontan al subjuntivo: fr. *sois, soyez* (a. fr. *seies, seiiez), aies, ayez, veuille* (a. fr. *vueilles), veuillez, sache* (a. fr. *saches), sachez.* En las terceras personas, que no tienen imperativo, esta función la realiza el subjuntivo. Una prescripción más bien categórica, una orden, un mandato pueden expresarse también, tanto en latín como en otras lenguas, por el futuro de indicativo: Cic. *Epist.* 15, 12, 10 *tu interea non cessabis;* en baja época, es éste un giro favorito de los preceptos técnicos y eclesiásticos: Vulg. *Matth.* 6, 5 *cum oratis,* *non eritis sicut hypocritae;* en el decálogo: *Non occides* "no matarás", etc. Por fin, el habla familiar tiende a reemplazar el imperativo por el presente de indicativo cuando se espera la ejecución inmediata de la orden: Pompeya 3494^{i} *itis, foras rixsatis* "salid, reñid fuera", 3442^{a} *facitis vobis suaviter, ego canto* "divertíos..."; Ven. Fort. *Carm.* 5, 6, 33 *rumpite lora iugis et sumitis arma diei* (la variación de los imperativos responde a necesidades métricas). Es el pres. de indic. latino lo que representan los imperativos pl. fr. *chantez,* prov. *cantatz* y rum. *cîntaţi* (frente al esp. *cantad,* port. *cantai* < *cantate).*

309. La prosa clásica utiliza, como imperativo de prohibición, tanto *ne* + perfecto de subjuntivo, más raramente el presente, como las perífrasis *noli facere, cave facias,* mientras que los giros *ne* (o más vulgarmente *non)* + imperativo o subjuntivo pertenecen al lenguaje popular y poético.

310. En la época postclásica aparece el uso del presente de infinitivo en función de imperativo y en función de prohibición en la 2.ª pers. sing. con *ne (non):* Val. Fl. 3, 412 *tu socios adhibere sacris;* para indicar una advertencia sin negación entre bambalinas: CIL XIII 10017, 32 *uti felix* (vasija de barro; otras veces *utere felix).* Esta construcción es sólo un tanto frecuente en los preceptos y recetas, por ej. Quirón 138 sg. *ordeum dato, non simpliciter dare* "...pero no lo deis en bruto", ibid. 129 *non tangere* "no lo toquéis". — La prohibición *non* + subjuntivo se ha conservado en español y en portugués: esp. *no cantes,* port. *não cantes,* mientras que el rético, el rumano y el italiano favorecen, en el sing., al infinitivo de prohibición: rum. *nu cînta,* it. *non cantare;* igualmente a. fr. *ne te haster, nel dire ja,* etc.

6. LOS TEMAS DEL INFECTUM

311. La división tradicional de los verbos latinos en cuatro conjugaciones se basa en la vocal final del tema del presente-infectum:

I[a] en *-ā-: amō* (de **ama-ō), amā-s,* etc., *amā-re;* II[a] en *-ē-: mone-ō, monē-s, monē-re;* III[a] en consonante o en *-u-: leg-ō, leg-is, leg-e-re* (con *e* temática, es decir que sirve de lazo entre el tema y el sufijo), *minu-ō, minu-is, minu-e-re;* subdivisión: tema en *-i-: capi-ō, cap-is, cap-e-re;* IV[a] en *-i-: audi-ō, audī-s, audī-re.* Por el contrario, en el perfecto-perfectum el latín no tenía una forma única para cada conjugación, aunque hay constancia en algunas correspondencias: *-āre* ~ *-āvī, -ēre* ~ *-ēvī* y *-uī, -īre* ~ *-īvī.* No cabían en esta clasificación los verbos *esse, velle, ferre, dare, fierī,* de formación anómala. Las más fecundas y las más estables son las conjugaciones en *-āre* e *-īre.* Son también casi las únicas que son productivas y que se prestan a la derivación (§ 190), las únicas también que permanecen vivas en las lenguas románicas (los verbos en *-īre* adoptan, sin embargo, la conjugación incohativa; v. más abajo). — La acción analógica de las categorías más numerosas o más regulares y la tendencia a la nivelación han provocado saltos de una conjugación a otra.

312. Los verbos en *-ĭ- (-ĕre),* que formaban un grupo muy restringido, son, pues, absorbidos por los temas en *-ī- (-īre),* con los que tenían muchas formas en común *(-iō, -it, -iam, -iēbam, -iēns,* etc.): *aggredīrī* por *aggredī, effodīrī* por *effodī, morīrī* por *morī* (Plauto), *cupīmus* (final de hexámetro en Pompeya 2995), *fugīre* (reprobado por el gramático Probus) por *fugere;* a. fr. *covir,* prov. *cobir,* log. *kubir* < *cupīre,* it. *fuggire,* esp. *huir,* fr. *fuir* < *fugīre,* etc.

313. Como consecuencia de la confusión fonética de *-eo* e *-io* (§ 76), algunos verbos en *-ēre* han pasado a la conjugación en *-īre: florīre* (Greg. Tur.), it. *fiorire,* rum. *înflori,* prov. cat. *florir,* fr. *fleurir;* it. *languire,* fr. *languir* < **languīre* por *languere;* fr. *pourrir,* prov. *poirir,* cat. esp. *pudrir* < **putrīre* por *putrēre.*

314. Por lo que concierne a los temas en *-ēre y -ĕre,* ha habido vacilación, desde el período antiguo, entre las dos conjugaciones, para algunos verbos como *fervere, fulgere* y *tergere.* Consiguientemente, algunas analogías han provocado cambios de conjugación, sobre todo a favor de la clase *-ĕre:* latín tardío *misco, miscam, miscunt,* it. *méscere; mordere,* it. *mòrdere,* fr. *mordre; respondere,* Peregr. 24, 1 *responduntur* (por otra parte, *dicent, descendent, vadent,* § 317), it. *rispóndere,* rum. *răspunde,* prov. *respondre,* fr. *répondre; ridere* (anatematizado por el gramático Probus), it. *rìdere,* rum. *râde,* fr. prov. *rire; tondere* (inscr.), rum. *tunde,* it. *tóndere,* fr. prov. cat. *tondre.* A la inversa, *cadēre* (Quirón *cadebit;* ¿siguiendo a *iacēre?),* it. *cadere,* fr. *choir,* prov. *cazer; *sapēre* (según la ecuación *habui: habēre = sapui: x),* it. *sapere,* fr. *savoir,* prov. cat. *saber.*

315. Los presentes anómalos *possum, potes,* de *posse,* y *volo, vīs,* de *velle,* se transforman, partiendo del perfecto *potuī, voluī* y del participio de presente *potēns, volēns,* en *poteo* (Virgilius, Gramm. 59, 16*), potetis* (papyrus, CPL n:o 245), *potebat* (Itala, *Luc.* 19, 3), *potebas* (Fredeg.), **potere,* it. *potere,* rum. *putea,* prov. cat. esp. port. *poder,* a. fr. *podeir, pooir,* fr. *pouvoir,* y en **voleo, *volēre:* Gloss. Reich. 551 *si vis: si voles,* it. *volere,* rum. *vrea,* prov. cat. *voler,* fr. *vouloir.* Finalmente, los infinitivos *esse, offerre* y *sufferre* se normalizan en romance: **essere*[20], it. log. *èssere,* prov. cat. *esser,* fr. *être; *offerrere* (sardo) u **offerīre,* it. *offrire,* fr. *offrir; *sufferīre,* it. *soffrire,* rum. *suferi,* fr. *souffrir,* prov. *sofrir,* cat. esp. *sufrir,* port. *soffrer;* pres. indic. 2.ª pers. pl. *potetis,* carta sobre papiro, CPL n.° 245; Cugusi, *Le più antiche lettere papiracee latine,* 4*;* del mismo período que la carta de Paconius a Macedón (más adelante, pág. 294).

---

[20] Atestiguado en un texto visigótico (s. VII?) y en la *Lex Romana Curiensis (Rhetia,* 1.ª mitad del s. VIII), B. Löfstedt, *Zum spanischen Mittellatein,* en *Glotta,* LIV (1976) 1/2, págs. 117-157, pág. 131.

7. LA CONJUGACIÓN INCOATIVA

316. Los temas formados con ayuda del sufijo *-sc-* daban origen sobre todo a verbos incoativos: *(in)veterāscere* (de *vetus)* "envejecer", *quiēscere* (de *quiēs)* "descansar", *obdormīscere* (de *dormīre)* "dormirse". Gracias a su expresividad y a su unidad de acentuación en el presente, esta formación ha conocido una suerte próspera. Por una parte, esta categoría, que al principio no comprendía más que intransitivos, se ha extendido a los transitivos: *assuēscere, īnsuēscere* "acostumbrarse" y "acostumbrar" desde el latín antiguo; en bajo latín, *augēscere* "aumentar" (= *augēre), innotēscere* "dar a conocer". Por otra parte, se ha disipado el valor incoativo: entre *flōrēre* "estar en flor" y *flōrēscere* "florecer", por ejemplo, la diferencia de sentido podía parecer despreciable en casos concretos, cf. Plin. *Epist.* 5, 11, 2 *patria nostra florescit* "nuestra ciudad se engalana" o "florece"; el incoativo tiene totalmente el sentido del simple en Val. Fl. 7, 363 *in mediis florescunt ignibus herbae Caucasei floris,* Itala, *Is.* 27, 6 *germinabit et florescet Israel* (Vulg. *florebit).* El hecho de que los dos verbos tuviesen un perfecto común *flōruī,* etc., ha tenido que contribuir a su mutuo intercambio. Cf. una vez más Gramm. suppl. 152, 12 *calesco non est caleo, sed calere incipio.* Las lenguas románicas presentan una división de las dos formas de incoativos, en *-ēscere:* esp. port. *florecer, parecer,* esp. *amanecer,* port. *amanhecer,* etc., y en *-īscere* en la mayor parte del resto de la Romania, en la que este grupo ha absorbido la mayor parte de los verbos en *-īre* adoptando una conjugación mixta: it. *finire,* pres. indic. *finisco, finisci, finisce, finiamo, finite, finiscono;* a. prov. *finir,* pres. indic. *finisc* o *-is, finisses, finis, finem, finetz, finisson* o *-iscon;* fr. *finir,* pres. indic. con el sufijo incoativo en todas las personas; rum. *luci* "lucir", pres. indic. *lucesc, luceşti, luceşte, lucim, luciţi, lucesc.*

8. LAS FORMAS PERSONALES DEL INFECTUM

317. Además de los cambios de conjugación (v. más arriba) se halla, dentro de textos poco literarios de diversas épocas, en el indic. 2.ª y 3.ª pers. sing. *-es, -et* por *-is, -it* (confusión frecuente en Pompeya, donde se trata de un caso de pronunciación o de un "dialectalismo", § 55). En baja época, por ej. en la Peregr., estos cambios, a los que hay que añadir la 3.ª pers. pl. *-ent* por *-unt,* pueden también denotar una tendencia unificadora. De todos modos, una gran porción de la Romania —el iberorromance, el gascón, el sardo y algunos dialectos de Italia del Sur— ha generalizado la 3.ª pers. pl. *-ent* en todas las conjugaciones, menos la clase en *-āre,* mientras que en italiano del Centro y en rético es *-unt* el que ha vencido; por ej. esp. *ven, dicen, duermen,* it. *védono, dícono, dòrmono.* En la 1.ª y 2.ª p. pl. de la 3.ª conjugación, las desinencias átonas *-imus, -itis* han sido reemplazadas en todas partes, menos en rumano, por las desinencias acentuadas *-ēmus, -ētis,* según *amāmus, amātis* y *vidēmus, vidētis,* por ej. esp. port. *vendemos, vendéis* (el fr., que se ha decidido por *-ons, -om, -omes,* brotado de *sumus,* y *-ez,* de *-ātis,* forma caso aparte; no obstante, hay que hacer una excepción para a. fr. *faimes, faites, dimes, dites* e it. *fate, dite).*

318. En el subjuntivo se mantienen los dos tipos *amem, amēs,* de un lado, y *habeam, habeās, dīcam, dīcās, audiam, audiās,* de otro, menos en italiano, en que *-em, -ēs* se ven reemplazados por *-im, -īs,* ya desde los textos lombardos del siglo VIII.

319. Los temas en -i- y en -e-. — Como consecuencia del tratamiento de la misma clase a que se someten *i* y *e* en hiato (§ 76), las series indic. *-io,* subj. *-iam,* etc., y *-eo, -eam,* etc., desembocan una y otra en *-yo, -yam,* etc. Más tarde estos presentes se verán muy reducidos en número por la extensión de la conjugación incohativa, por un lado (v. arriba), y, por otro, por la acción analógica del tipo *vendo, vendam,* según la ecuación *vendis, -it : vendo, vendam = sentis, -it : *sento, *sentam;* así, it. *sento, dormo, vedo; senta, dorma, veda;* esp. *siento, duermo, veo; sienta, duerma, vea;* a. fr. *sent, dorm, vei, voi; sente, dorme, veie, voie,* etc. Pero esta unificación no alcanza más que a ciertos verbos muy usados, como *capio, sapio, placeo, taceo,* etc.

320. Anomalías. — *esse (*essere).* — Las formas del singular del pres. de indicativo *sum, es, est* se conservan generalmente. En la 1.ª pers. del pl. aparece esporádicamente *simus* junto a *sumus* (CIL IX 3473, 14; Suet. *Aug.* 87, donde esta forma se atribuye al emperador Augusto); sobrevive en it. ant. y dialectal *semo* y en a. rum. *sem* que arrastra a la 2.ª pers. pl. *seți.* En el subjuntivo, *sim, sīs,* etc., cederán su puesto a *siam, siās,* etc., apoyadas, sin duda, por las antiguas formas *siem, siēs, siet,* señaladas por Cic. *Orat.* 47, 157, como equivalentes de *sim,* etc.: it. *sia,* a. fr. *seie,* prov. *sia (seia),* etc. Por otra parte, *esse* es eliminado en parte, en rumano por *fieri,* y en iberorromance por *sedēre,* cf. ya Peregr. 5, 1 *illa valle..., ubi sederant filii Israel,* en gascón por *stāre* (cf. § 208). — *posse (*potēre)* y *velle (*volēre)* toman la conjugación en *-eo, -ēs, -et,* etc., pero además de *poteo, *potio,* las lenguas románicas presentan una variedad de formas concurrentes.

321. Algunas formas verbales se hallan sujetas a desgaste, es decir, su frecuencia relativamente importante en la conversación va royendo su aspecto fónico de manera anormal (caso parecido a los pronombres reducidos, como fr. *le, la < illum, illam,* la fórmula de apelación prov. *en, na < dominus, domina,* fr. *sire < se(n)ior, monsieur < meum seniōrem,* etc.). Son, pues, exigidas por las lenguas románicas las siguientes formas abreviadas: de *habeo:* indic. sing. **haio* y **hao,* etc., subj. **haiam,* etc.; de *facio:* inf. **fāre,* indic. sing. **faco* y **fao,* etc., formado bien sobre el imper. sing. *fac,* reducido a *fa* (CIL XV 6754); bien sobre *dare,* cf. CIL III 3551 *facunt = faciunt;* de *vādo* (que ocupa en parte el lugar de *eo,* cf. § 141): **vao,* etc., cf. imper. *va = vāde* (CIL XV 6258).

322. Las formas del imperfecto de indicativo. — Para los verbos en *-īre,* la terminación *-ība-,* rara en literatura, pero siempre viva, termina por ganar la partida a *–iēba-;* del verbo *īre* no se encuentra más que el imperfecto *ībam.* Sin embargo, en bajo latín se descubren imperfectos como *refugebat* (Greg. Tur.), *custodebat* (Fredeg.) por *-iebat,* desarrollo fonético normal (§ 79). Mientras que *-āba-* > *-āva-* se mantiene por lo general, *-ēba-* > *-ēva-* e *-ība-* > *-īva-* tienden a contraerse en *-ēa-, -īa-,* supuestos por todas las lenguas románicas, incluido el italiano antiguo y dialectal (Rohlfs, *Ital. Sprache* II, págs. 333 ss.), sin duda partiendo de *habe(b)am, dēbē(b)am,* reducidos por disimilación.

9. LAS FORMAS NO PERSONALES DEL INFECTUM

323. Infinitivo presente. — El infinitivo presente es un antiguo sustantivo, tanto en activa como en pasiva: *legere* "el hecho de leer", *legī* "el hecho de ser leído". Pero el latín ha metido el infinitivo dentro del sistema de la conjugación con tiempos diferentes en ambas voces: *legere, lēgisse, lēctūrum esse; legī, lēctum esse, lēctum īrī.* Mas los distintos infinitivos eran de frecuencia muy desigual; en romance no han quedado más que el infinitivo presente activo y el infinitivo perfecto pasivo, que ha tomado el valor de presente (§ 79). En cambio, se ha ensanchado mucho el uso del infinitivo presente activo; sobre todo ha desarrollado el valor de sustantivo verbal, en detrimento de otras formas nominales, sobre todo del supino y del gerundivo, que en la lengua clásica servían de casos oblicuos del infinitivo: Cic. *Leg:* 1, 60 *quae virtus ex providendo est appellata prudentia* "esta virtud se llama prudencia partiendo del verbo *prever*". El infinitivo sustantivado es propio de la lengua ordinaria tanto como del lenguaje culto: Petr. 52, 3 *meum intellegere... nulla pecunia vendo* "no vendo mi saber por dinero"; Cic. *Brut.* 140 *ipsum Latine loqui* "el hecho mismo de hablar (bien) latín", Plin. *Epist.* 8, 9, 1 *illud... iucundum nihil agere* "el agradable no hacer nada (dolce far niente)".

324. En todo tiempo el infinitivo ha servido de complemento a los verbos de voluntad, poder, obligación, etc.; por extensión, hacía la competencia al genitivo del gerundivo como complemento de locuciones compuestas de un sustantivo o de un adjetivo + el verbo "ser", cuyo sentido estaba cerca del de un verbo construido habitualmente con el infinitivo: *tempus est abire* (= *abeundi);* por fin, como complemento de adjetivos como *cupidus, contentus, dignus, facilis, idoneus, paratus, validus* (en lugar del gerundivo en genitivo o ablativo o de una oración final o de relativo). Este uso se extiende en baja época: Jer. *Mat.* 1, 10, 7 *potestatem infirmos curare* "el poder de curar a los enfermos"; Ag. *Bapt.* 2, 7, 12 *consuetudinem corrigere* "el hábito de corregir".

325. Desde la época antigua, el infinitivo señala el fin después del verbo *dare: dare bibere* "dar de beber", así como después de los verbos de movimiento (en concurrencia con el supino en *-tum):* Plaut. *Cas.* 855 s. *eximus... ludos visere* "salimos... para ver los juegos", ibid. 688 *hunc missa sum ludere* "se me envió a jugársela". Esta construcción, que anuncia el fr. *aller chercher* y *envoyer chercher,* se esparce en bajo latín, por ej. Vulg. *Ex.* 32, 6 *sedit manducare* "se sentó a comer", Tert. *Marc.* 1, 17 *erumpunt dicere* "rompen a decir". Se encuentra también el infinitivo precedido de la preposición *ad:* Itala *Ioh.* 6, 52 (cod. Verc.) *dare ad manducare,* construcción creada bien por influencia del griego, bien por contaminación de los dos giros en concurso *aggredior dicere* y *aggredior ad dicendum* (Bourciez, § 120; Ernout-Thomas, § 280); cf. fr. *donner à boire,* it. *dare a bere,* etc.

326. La construcción *facere* + infinitivo u oración de infinitivo en el sentido de "hacer que alguien haga algo", en lugar del latín clásico *faciendum curare* o *facere, efficere ut...,* o también *iubere* + oración de infinitivo, es conocida desde el período preclásico y clásico, por ej. Virg. *Aen.* 2, 538 s. *qui nati coram me cernere letum / fecisti* "tú que has hecho a un padre testigo del asesinato de su hijo"; se hace de uso corriente en latín tardío: CIL III 4796 (Noricum, año 311) *a* *novo restitui fecit* (= *restituendum curavit),* ibid. 9532 (Dalmacia) *tesella imfigi fecit* "hizo clavar la tesela"; Itala *Matth.* 10, 21 *mori eos facient* (Vulg. *morte eos efficient);* Vulg. *Ioh.* 6, 10 *facite homines discumbere* "haced que se sienten". Parece que nos hallamos ante un precursor del giro fr. "faire faire quelque chose à quelqu'un" en Petr. 51, 2 *Admissus ergo Caesarem est cum suo munere, deinde fecit reporrigere Caesari et illam in pavimentum proiecit* "rogó a César que se la devolviese..." (Perrochat, pág. 81 s.). Esta construcción, que comparten otras lenguas románicas, es frecuente en latín tardío, por ej. Vitae Patr. 5, 10, 28 *ut faciam ei... invenire mercedem*[21]. — *habeo* + infinitivo: v. § 303.

327. Participio de presente. — El participio de presente señala una relación de concomitancia, sea temporal, sea modal, y ocupa el lugar de una oración circunstancial: *Cotta pugnans occiditur* "C. fue muerto luchando (en lucha)", *flens abiit* "se marchó llorando". Aunque con valor activo de ordinario, puede también acercarse a los verbos medio-pasivos: *exercens* "el que se ejercita", *vertens, volvens* "el que (se) vuelve", *neglegens* "el que pasa por alto" o "el pasado por alto"; de aquí, en baja época, *amantissimus* "amadísimo", *desiderantissimus* "muy echado de menos (llorado)", etc., confusión a la que ha podido contribuir la caducidad de la nasal implosiva (§ 120; cf. B. Löfstedt, pág. 124). Los participios de presente, cuyo carácter verbal está más o menos acusado, se emplean también ordinariamente como adjetivos. Aparte las perífrasis con valor temporal del a. fr. *Charles qui est as porz passanz,* es el único valor que conservan en romance (aunque son desconocidos en rum. y existen como formas cultas en las demás lenguas románicas), habiendo pasado la función propiamente participial al gerundivo (v. abajo).

---

[21] Se trata del primer ejemplo cronológicamente, citado por D. Norberg, «Faire faire quelque chose à quelqu'un». *Recherches sur l'origine latine de la construction romane* (extracto de *Språkvetenskapliga Sällskapets i Uppsala Förhandlingar,* 1943-1945, págs. 64-106), pág. 88.

328. El gerundivo.—El latín poseía un adjetivo verbal o participio de futuro pasivo en *-ndo-,* que expresaba la idea de acción tanto activa como pasiva: *in patria defendenda* "en la defensa de la patria" (= *in defensione patriae), nunc est bibendum* "ahora hay que beber". Aunque de uso todavía muy extendido en el bajo latín (entre otras funciones, como sucedáneo del futuro pasivo, § 303), el adjetivo verbal no ha sobrevivido en romance. No pasa así con el gerundivo, que tiene el mismo sufijo. El gerundivo proporciona al infinitivo los casos oblicuos: *amare - ars amandi* "el arte de amar", *docēre - docendo discimus* "enseñando, aprendemos". Este último uso de ablativo-instrumental modal está cerca del participio circunstancial y concurre con él: Plaut. *Truc.* 916 *ita hic exspectando obduruit;* Vitr. 2, 8, 20 *Cum enim linuntur (craticii), recipientes umorem turgescunt, deinde siccescendo contrahuntur* "cuando las paredes son revocadas, se hinchan al humedecerse, pero luego se contraen al secarse" (nótese la equivalencia de *recipientes umorem* y *siccescendo);* Peregr. 15, 5 *redirent mature ad candelas cum clericis et monachis dicendo psalmos vel antiphonas,* donde *dicendo* equivale a *dicentes* con simple valor de concomitancia (Löfstedt, *Komm.* pág. 159); Ammian. 24, 3, 7 *moriar stando* "moriré en pie" (a. fr. *morrai estant,* it. *morrò stando in piedi).* El ablativo del gerundivo podía ir acompañado de la preposición *in* desde el período antiguo: Pl. *Trin.* 224 *multum in cogitando dolorem indipiscor* "reflexionando..."; nuevamente en latín posterior: Vulg. *Ps.* 9, 4 *in convertendo inimicum meum retroversum;* cf. fr. *en chantant,* etc. Todavía más tarde aparece el giro nominal correspondiente a un sustantivo + atributo en ablativo absoluto: Isid. *Sent.* 3, 7, 26 *Multi orantes non exaudiuntur, providendo illis Deus meliora quam petunt* "las oraciones de muchos no son escuchadas, porque Dios provee para ellos bienes mejores que los que ellos piden".

329. Estos usos anuncian las construcciones romances: a. fr. *morons combatant* o *en combatant,* rum. *mîncă tăcînd* "come callando" (en fr. y en rum., generalización de la final de la 1.ª conjugación *-ando);* it. *studiando s'impara* "estudiando se aprende": *la gentil donna,* *parlando Anichino, li riguardava* (Boccaccio) "cuando A. hablaba, la noble señora le miraba" (giros análogos en español y portugués); cf. *Dieu aidant, on réussira,* etc.

10. LAS FORMAS PERSONALES DEL PERFECTUM

330. El perfecto de indicativo. — El perfecto se caracteriza por las desinencias propias (acompañadas generalmente por un sufijo o por una alternancia del radical) *-ī, -istī, -it, -imus, -istis, -ĕrunt* o *-ērunt* o *-ēre.* De las tres formas de la 3.ª pers. pl., atestiguadas todas en el latín antiguo (la cantidad de la *-e-* se deduce por la prosodia), la en *-ĕrunt* era la más frecuente en la lengua común, testigos las síncopas *dedro, dedrot* (CIL I^2 378 y 379 = *ded(e)runt),* así como las contracciones del tipo *amārunt, nōrunt* de *amāverunt, nōverunt,* y, en fin, los resultados en romance: it. *díssero,* a. fr. *distrent,* etc. < *dīxĕrunt.*

331. Por su formación, se distingue 1) el perfecto llamado débil, es decir acentuado en la vocal temática o en la desinencia en todas las personas, y caracterizado por el sufijo *-v-: amāvī, dēlēvī, audīvī;* 2) el perfecto fuerte, es decir acentuado en el radical en las pers. 1.ª y 3.ª del sing. y 3.ª del pl.: a) *-uī* (que no es otro que el sufijo *-w-* de *-avi,* etc., con contracción de la vocal breve del radical y de la semivocal), por ej. *monuī* < **moniwī;* b) *-sī* (llamado perfecto sigmático o aoristo), por ej. *clausī* < **claud-sī, dīxī* < **dic-sī;* c) sin sufijo, generalmente con simple alternancia de la vocal del radical respecto al presente: *lego - lēgī, video - vīdī, venio - vēnī, facio - fēcī, frango* (presente con infijo nasal) *-frēgī;* y 3) perfecto con reduplicación, por ej. *cado - cecidī, curro - cucurrī, do - dedī, sto - stetī* (sólo estas dos últimas formas subsisten en romance).

332. Los perfectos débiles en *-āvī, -īvī* corresponden en general a las dos principales conjugaciones *-āre, -īre;* también son los más frecuentes y los más vivos. Como consecuencia de la pérdida de *-w-*

entre vocales homorgánicas (§ 90), el perfecto en *-īvī* experimenta una contracción: 2 sing. *-īstī,* 2 pl. *-īstis,* inf. *-īsse,* pluscuamperf. subj. *-īssem,* etc. ; 3 pl. *-ierunt,* pluscuamperf. *-ieram,* etc., perf. subj. *-ierim* y fut. II *-iero* desde una forma preliteraria *audīvis-,* convertida en *audiis-,* luego *audier-* (Ernout, *Morphologie,* § 293). En cambio, en la 1 sing. *-iī,* 3 sing. *-iit* y 1 pl. *-iīmus,* la contracción se ve obstaculizada por el cuidado de distinguir estas formas del imperativo *audī* y del pres. indic. *audit, audīmus.* Las formas contractas *audīt, petīt* aparecen, sin embargo, esporádicamente en poesía; Prisc. Gramm. II, 130 las señala como acentuadas en la última sílaba. Las formas plenas en *-īvī-* no se extenderían en la lengua usual; Quintiliano *(Inst.* 1, 6, 17) las califica de pedantes[22].

333. La analogía de las formas reducidas del perfecto en *-īvī* > *-iī* ha arrastrado consigo contracciones paralelas en el perfecto en *-āvī* y en *-ēvī,* sobre todo la 2 sing. *amāstī* (forma preferida por la lengua hablada, Varrón, *Ling.,* ed. Goetz-Schoell, pág. 241), 2 pl. *amāstis,* 3 pl. *amārunt,* inf. *amāsse,* pluscuamperf. subj. *amāssem,* etc., *dēlēsti, dēlēstis,* etc.[23]. Pertenecen a la lengua popular las formas contractas 1 sing. *-ai: probai, calcai* censuradas por Probus, Gramm. 4, 160, 14 y 182, 11; 3 sing. *-ait:* CIL VIII 5667 *dedicait,* ibid. X 216 *laborait; -aut* (por síncopa, § 72): Pompeya 8938 *aberaut,* 1691 *pedicaut,* CIL III 1270 *curaut,* ibid. VI 24481 *donaut;* igualmente *-at,* atestiguado apenas: Lucr. *inritat, disturbat.* La 3.ª pers. pl. *-ārunt* ha llevado consigo *-īrunt,* exigido por las lenguas románicas, pero no atestiguado directamente; asimismo 3 sing. *-iut* como *-aut:* CIL II 6302, III 2208, 14322, XI 3541 *posiut,* VI 36377 *petiut,* XI 1074 *serviut.*

---

[22] Cf. Cic. *Or.* 157: las primeras formas de las parejas *nōvisse-nōsse, iūdicāvisse-iūdicāsse,* son correctas, las segundas son usuales *(«plenum verbum recte dici, imminutum usitate»).*

[23] La forma contracta *posit, posivit* estaba extendida en Panonia, v. J. Herman, *Posit (= posuit) et quelques questions connexes dans les inscriptions ponnoniennes (Acta antiqua Academiae scientiarum Hungaricae,* t. IX, fasc. 3-4), Budapest, 1961, págs. 321-331.

334. Las formas de los perfectos débiles que debían pasar a las lenguas románicas, casi todas establecidas o al menos esbozadas en el latín corriente, presentan el siguiente cuadro:

-aī	*-ā(vi)mus*	*-iī (-ī)*	*-iīmus (-īmus)*
-āstī	*-āstis*	*-īstī*	*-īstis*
-ait, -aut, -at	*-ārunt*	*-iit (-īt)*	**-īrunt*

335. Entre las formas que concurren en la 3.ª pers. sing., *-ait* subsiste en sardo y en algunos dialectos españoles; *-aut* en a. it. *cantao,* it. mod. *cantò,* en esp. *cantó* y en port. *cantou; -at* en fr. *chanta* y en cat. *cantá; -iit* se encuentra por todas partes, menos en las lenguas de la Península Ibérica y en Italia del Sur, donde ha prevalecido *-iut,* que se ha extendido a los verbos en *-ere:* a. esp. *partío,* esp. mod. *partió,* port. *partiu.*

336. Ha brotado un nuevo perfecto débil de los compuestos de *dare,* cuyo perfecto con reduplicación *(condidī, crēdidī, trādidī, vendidī,* etc.) se extendió a otros verbos en *-dere,* por ej. *descendidi* ya Valerius Antias (siglo I a. C.), *abscondidi* Prisciano y Nonius (que lo rechazan en favor de *abscondi).* Tabl. Albertini, *respondiderunt, spopondidi.* En baja época, esta forma hace fortuna sobre todo en Galia y en Italia, al mismo tiempo que experimenta la recomposición (§ 205) que, en vez de la porción final, usa el perfecto del simple *dare, dedi,* con el acento en la sílaba *-de-:* Tabl. Albertini, *bendedimus* (= *vendidimus),* Peregr. *prandiderint,* CIL III 8447 *perdedi,* ibid. V 6464 *reddedit;* Lex Sal. 16, 1 cod. 2 *incendederit,* incluso ibid. 35, 4 cod. 5 *battederit.* Finalmente, por analogía del perfecto *-ai, -asti,* etc., o por disimilación, tenemos *-dei, -desti, -dedit, -demus, -destis, -derunt,* que son supuestos por it. *vendei, vendesti, vendè, vendemmo, vendeste, vendèrono;* prov. *vendei, vendest, vendet, vendem, vendetz, venderon;* a. fr. 3 sing. *vendiet,* 3 pl. *vendierent.*

337. Asimismo, el perfecto fuerte *-uī* tiende a hacerse débil, tendencia que cuaja en romance. Tomando como modelo el perfecto de *esse, fuī* —pronunciado *fūī* (cf. *cui, illui,* § 276)—, este paradigma se convierte a su vez en débil, testigos el a. rum. *tăcuiu, tăcuşi, tăcú, tăcumu, tăcutu, tăcura;* a. fr. *parui, parus, parut, parumes, parustes, parurent,* etc. (temas en *-l-* y *-r-).* Quedan, como perfectos fuertes en *-ui, habuī, dēbuī, potuī, voluī:* a. fr. *oi, oüs, ot, oümes, oüstes, orent,* etc., con una reducción que sin duda ha salido de *fūī: *fūsti, *fūt, *fūmus, *fūstis* (CIL VI 7470), *fūrent,* a. fr. *fui, fus, fut, fumes, fustes, furent* (cf. Lausberg, III, § 905).

338. La única categoría de perfecto fuerte representada claramente en las lenguas románicas es la del perfecto sigmático: *dīxī, mīsī, (re)mānsī* > it. *dissi, misi, rimasi,* esp. *dije, mise,* a. fr. *dis, mis, (re)mes,* etc. Hasta ha llegado a conocer algunas ganancias, suscitadas sobre todo por la presencia del participio pasado en *-sus* (cf. *mānsum - mānsī, clausus - clausī, rāsus - rāsī,* etc.): *absconsi* por *abscondi, sorbsi* por *sorbui,* formas condenadas por Caper Gramm. 7, pág. 94; cf. it. *ascosi, nascosi,* rum. *ascusi,* a. fr. *escos; occisit* Fest. 178 (b) 21, rehecho sobre *occisus,* it. *uccise,* a. fr. *occist; *cursi* por *(cu)curri, *morsi* por *momordi, *prensi* por *prendi, *responsi* por *respondi* están exigidos por las lenguas románicas (it. *corsi, morsi, presi, risposi,* a. fr. *cors, mors, pris, respons,* etc.)[24].

339. Los demás tiempos del perfectum se regulan por el perfecto de indicativo: pluscuamperf. indic. *cantā(ve)ram, audī(v)eram* y *audīram, vendideram;* pluscuamperf. subj. *cantā(vi)ssem, audī(vi)ssem, vendidissem;* fut. II *cantā(ve)ro, dormī(ve)ro,* etc.

[24] La formación del perfecto «fuerte» en romance es un problema muy complejo; remitimos a la obra antes citada de R. de Dardel, *Le parfait fort en roman commun.*

11. LAS FORMAS NO PERSONALES DEL PERFECTUM

340. Infinitivo perfecto. — Si el infinitivo activo del perfectum *cantā(vi)sse, audī(vi)sse, dīxisse, fuisse,* etc., figura todavía en los textos del siglo VII, su uso es raro y se convierte en un lujo propio del estilo administrativo a medida que va decayendo la proposición de infinitivo (Moignet, *Essai sur le mode subjonctif* I, pág. 146 s.). No ha dejado huella en romance. Por el contrario, el infinitivo pasivo *amātum esse,* etc., que ocupa el lugar del infinitivo de presente pasivo *amārī* (v. más arriba), ha permanecido vivo.

341. Participio pasado. — La función del participio pasado recae en latín sobre el adjetivo verbal en *-to-,* que tiende a ligarse con el tema del perfectum. También los verbos con perfecto débil *-āvī, -ēvī, -īvī* tienen un participio pasado del tipo débil, es decir con vocal larga: *amāvī - amātus, audīvī - audītus, quaesīvī - quaesītus;* del mismo modo, los verbos en *-uo, -vo,* perf. *-uī, -vī: statuo - statuī - statūtus, solvo - solvī - solūtus, sequor - secūtus.* Tienen el participio pasado fuerte en *-(ĭ)tus* los verbos de todas las conjugaciones que tienen el perfecto en *-uī,* o cualquier otro perfecto fuerte: *habuī - habitus, docuī - doctus, dīxī - dictus, clausī - clausus* (< **claud-tos), fēcī - factus, mīsī - missus,* etc. En el participio pasado, como en el perfecto personal, tienden a prevalecer las formas acentuadas en la terminación, por ej. *implicata* por *implicita* (Hor. *Epod.* 5, 15), *domatus* por *domitus* (Petr. 74, 14 y autores tardíos), *praestatus* por *praestitus* (Plin. *Nat.* 25, 25), *secatum* por *sectum* (inscr. y autores tardíos). Se conserva cierto número de participios pasados fuertes: *arsus, clausus, dictus, ductus, factus, lectus, morsus, pre(he)nsus, punctus, risus, tensus, tonsus, tortus, visus;* el infijo nasal se extiende al participio pasado en *finctus* por *fictus* (Comodiano), *pinctus* por *pictus* (Not. Tir.), it. *finto, pinto,* fr. *feint, peint, *franctus* > rum. *frînt,* it. *franto,* a. fr.

fraint; sobre *tollere* se forma en baja época *tollitus* y *tultus* por *sublātus* (glos.), sobre *offero, offertus* por *oblātus* (glos.): it. *tolto, offerto,* a. fr. *tolt,* fr. *offert,* prov. *tolt, ofert;* perf. *abscōnsī* (v. más arriba) da a luz el part. *abscōnsus,* rum. *ascuns,* a. it. *ascoso,* prov. *escos,* a. fr. *ascons.* De manera general, el participio fuerte *-(ĭ)tus* no está ciertamente representado más que en sardo; en otras partes entra en competencia con la forma en *-ūtus,* que ha conocido un considerable desarrollo en las lenguas románicas, junto con el perfecto (fuerte) en *-ūī* (v. más arriba). Sin embargo, este participio está apenas atestiguado fuera de los temas en *-u-* (v. más arriba): CIL VIII 1700 *reddutus = redditus,* Lex Sal. 75, cod. 8 *incenduta = incēnsa, molutus = molitus* Marcell. *Med.* (ed. Niedermann, pág. 294*),* Lex Rib. 81 B *pendutus = pensus;* cf. los cognomina CIL VIII 15811 y 15840 *Creduta,* ibid. 9212 *Aur(elius) Venutus* (cf. ibid. 17225 *Cornelius Adventus,* CIL II 2102 *Septimia Adventa);* las lenguas románicas presentan además: rum. *bắut, crezut, avut, vîndut;* it. *bevuto, dovuto, creduto, avuto, venduto;* a. fr. *beü, creü, deü, eü, vendu;* a. esp. *metudo, perdudo, tenudo.*

342. El adjetivo verbal en -to-. — Originariamente, este adjetivo, que en latín sirve de participio pasado, atribuye al sujeto la cualidad expresada por el verbo, tanto en sentido activo como en sentido pasivo. Esta dualidad persiste en algunos participios pasados: *iuratus* "(que ha) jurado", *homo (in)consideratus* "un hombre (in)considerado", *homo desperatus* "un hombre desesperado", *potus, pransus, cenatus* "el que ha bebido, comido, cenado". De aquí el doble uso del adjetivo en *-to-*: como participio pasado de los verbos activos, *amatus* "amado", *occisus* "matado", y como participio pasado con sentido activo de los deponentes y de los verbos llamados semi-deponentes, *secutus sum* "he seguido" (lit. "yo soy el que ha seguido"), *ausus sum* "me atreví" (cf. it. *oso,* a. fr. *os* "osado, atrevido"). Estas últimas construcciones han servido como modelo a los verbos intransitivos activos, cuyas formas perifrásticas activas están, sin embargo, poco documentadas: CIL VI 17633 *sorores una* *die obitae sunt* = *obierunt,* siguiendo a *mortuae sunt (obitus* "muerto" con frecuencia en los epitafios, v. Dessau, *Ind.* pág. 864, y Diehl, *Ind.* pág. 561), Itala, *Luc.* 1, 7 (alg. mss.) *processi erant;* Agnellus 30 (s. vi) *cum deventi essent in loco, ubi superius audistis,* ibid. 95 *in Pannonia deventi sunt.*

QUINTA PARTE

LA FRASE

A. LA FRASE SIMPLE

1. LA CONCORDANCIA

343. Complemento de aposición.—Por una disyunción que equivale a una fórmula de unión como “es decir”, “que es”, o de una pausa que nosotros señalamos con dos puntos, la aposición puede, en lugar de concordar con su antecedente, seguirlo sin flexión, es decir en nominativo: CIL III 6612 *O. Valerio, tribunus militum* (= *tribuno militum,* o *qui fuit tribunus militum),* CIL XII 2955 *coniugi rarissimae, defuncta annorum XXII,* Lib. Hist. Franc. A 36 (MGH Mer. II, pág. 306, 3) *interfeceruntque maxima parte* (= *maximam partem) de hoste* (“ejército”) *illo, innumerabilis multitudo, maximus valde exercitus;* Greg. M. *Epist.* 8, 12 *te Candidum abbatem monasterii sancti Andrae apostoli, positum in hac urbe Romana;* Vulg. *Marc.* 3, 16 *inposuit Simoni nomen Petrus* “impuso a Simón el nombre de Pedro” (= *nomen Petrum* o, por atracción, *nomen Petro).* Igualmente en antiguo francés y provenzal: Auc. y Nic. 1, 1 *de deus biax enfans petis, Nicholete et Aucassins,* Bertran de Born 18, 42 *al comte qu'a nom n'Ugos.* Esta última construcción recuerda el giro con un verbo de apelación: Peregr. 30, 1 *in septimana paschale, quam hic appellant septimana maior;* así como, menos directamente, el atributo en nominativo con *se praebere, se ostendere, se probare,* etc.: Acta Andr. et Matth. pág. 132, 13 *praebens se (Christus) deus cum mira faceret, ostendit se homo portando dedecus* “habiéndose revelado Dios por sus milagros, se manifestó como hombre sufriendo la ignominia"; cf. Rol. 1651 *cil d'Espaigne s'en claiment tuit dolent* (cf. Löfstedt, *Syntactica* I, págs. 76-86; Norberg, *Synt. Forschungen,* págs. 46-74).

344. Pronombre relativo o demostrativo en relación con un sustantivo atributo.—El pronombre toma, de ordinario, el género y el número del sustantivo: *Haec est vera amicitia* "ésta es verdadera amistad", *animal quem vocamus hominem* "ese animal al que llamamos hombre". Sin embargo, puede imponerse la idea neutra del pronombre sujeto, sobre todo del interrogativo: se decía *Quid est veritas?* tanto como *Quae est veritas?* "¿qué es la verdad?". Asimismo, a partir de la época imperial, Virg. *Aen.* 3, 173 *nec sopor illud erat* "aquello no era un sueño", Liv. 2, 38, 5 *si hoc profectio et non fuga est* "si es que podemos llamar a esto una partida y no una fuga"; más libremente en baja época: Greg. Tur. *Franc.* 2, 37 *et hoc herba est* "y esto es hierba" (Ernout-Thomas, § 151).

345. El predicado y el sujeto.—Dos sujetos ligados por *cum* forman una unidad hasta el punto de atraer el verbo al plural: Ter. *Haut.* 473 *Syrus cum illo vestro consusurrant* "Siro y el vuestro están de cháchara"; muchos ejemplos de Pompeya, 5358 *Secundus cum Primigenia conveniunt;* cf. La Fontaine: *Le singe avec le léopard / Gagnoient de l'argent à la foire.*

346. Algunos verbos y locuciones verbales, sobre todo al comienzo de la frase, tienden a fijarse en forma impersonal, particularmente hablando de medidas: Catón *Agr.* 135, 4 *In commissura abibit pedes III, reliquum erit pedes XLVI* "para el nudo (de la cuerda) harán falta 3 pies y sobrarán 46 pies"; ibid. 144, 5 *accedit oleae salsae modi V* "se añaden 5 medidas de aceite salado" (Löfstedt, *Syntactica* I, pág. 1 ss.).

347. Participio pasado neutro sin concordar con el sujeto o el complemento: Acta Andr. et Matth. pág. 67, 18 *omnia que audivi a* *patre meo notum feci vobis* "os he dado a conocer cuanto oí a mi padre"; Oribas. *Syn.* 7, 48 *haec omnia probatum habemus.* Este giro, facilitado por la idea de un neutro que hace de antecedente, estaba anunciado desde el latín antiguo, por ej. Plaut. *Poen.* 542 *per iocum itidem dictum habeto, quae nos tibi respondimus* "bien, toma por una broma la respuesta que te hemos dado". Autores muy tardíos introducen diferentes sujetos para *factum est* o para un congénere: Passio Bartholomaei 9 *factum est autem timor et tremor super omnes incredulos* "prodújose temor y temblor en todos los incrédulos" (Löfstedt, *Syntactica* I, págs. 1-9). — Volvemos a encontrar en romance la alternativa de concordancia y no concordancia del participio pasado: a. fr. *Cil a ceint o ceinte l'espee* (pero, en general, *Cil a l'espee ceinte);* it. *Ho scritto* o (más raro) *scritta la lettera* (cf. § 300).

2. LA INTERROGACIÓN

348. La interrogación que engloba lo afirmado considerado como un todo se señala, por lo general, con uno de los dos medios siguientes: 1.º, por la simple elevación de la voz: Plaut. *Aul.* 773 *dic bona fide: tu id aurum non surripuisti?* "dime sinceramente: ¿no has robado tú el oro?"; Ter. *Phorm.* 858 *Tu quoque aderas, Phormio?* "¿también tú estabas allí, Formio?"; 2.º, por medio de una partícula interrogativa: *-ne* (sufijo apocopado a menudo en *-n), an, nonne, num,* en sentido propio "ahora, entonces" *(nunc* es la misma palabra reforzada). Esta última partícula, que hace prever una respuesta negativa, es reemplazada en la lengua familiar y tardía por el compuesto *numquid,* por ej. Plaut. *Pseud.* 1329 *numquid iratus es?* "¿estás enojado, por ventura?". — En baja época, la conjunción *si* puede introducir una interrogación directa (§ 378), por ej. Peregr. 45, 3 *singulariter interrogat episcopus... dicens: "Si bonae vitae est hic, si parentibus deferet, si ebriacus non est aut vanus?"* "el obispo va preguntando a cada uno... diciendo: ¿Lleva una vida honesta? ¿Respeta a sus padres? ¿No es borracho o mentiroso?".

3. "SI" Y "NO" EN LAS RESPUESTAS

349. La respuesta afirmativa o negativa consistía de ordinario en repetir el término sobre el que recaía la interrogación: Plaut. *Rud.* 1054 *tuus hic servust? —meus est* "¿es tuyo este esclavo? —Sí (es mío)", Plaut. *Asin.* 638 *iam dedit argentum? —non dedit* "¿ha dado ya el dinero? —No (no lo ha dado)". A menudo, la palabra o palabras repetidas se reforzaban con un adverbio: *certe, plane, immo, verum, ita, sic, etiam.* Ahora bien, puede suceder, desde el latín antiguo, que el adverbio por sí solo sea suficiente para una respuesta afirmativa: Plaut. *Capt.* 262 *captus est? —ita* "¿se le ha hecho prisionero? —Sí". Ter. *Phorm.* 813 *illa maneat? —sic* "¿se queda aquélla? —Sí". La partícula *sic* terminaría por imponerse a sus sinónimas: sobrevive, en efecto, como partícula afirmativa en italiano, en sardo, en iberorromance, así como en francés cuando se responde a una pregunta negativa. Igualmente, para la negación, se podía responder por *non* solamente: Ter. *Eun.* 713 *vidistine fratrem Chaeream? —non* "¿has visto a mi hermano Chaerea? —No"[1].

4. LA NEGACIÓN

350. El latín disponía principalmente de dos partículas negativas, *non* y *nĕ̄*. La segunda, reservada para las enunciaciones que significan prohibición o concesión, se encuentra bien pronto amenazada por *non:* Ter. *An.* 787 *non te credas Davom ludere* "no te creas que es a Davo a quien engañas"; Petr. 75, 6 *et me non facias ringentem* "no me hagas rechinar los dientes" (§ 310).

---

[1] V. H. Thesleff, *Yes and No in Plautus and Terence* (Societas Scientiarum Fennica, Commentationes Humanarum Litterarum XXVI, 3), Helsinki, 1960.

351. La negación copulativa correspondiente a *non* posee dos formas, *neque* y *nec.* La forma breve, aunque proscrita por el buen uso delante de inicial vocálica, ha terminado, sin embargo, por suplantar a la forma plena: los textos tardíos, como Mulomedicina Chironis, apenas si conocen otra que *nec.* Es también *nec* la exigida por las lenguas románicas: it. *nè,* esp. cat. *ni,* a. fr. *ne* y *ni;* sólo el rum. *nici* < *neque.* En cuanto a su sentido, la partícula negativa copulativa toma a veces el valor de *non* reforzado, sobre todo en algunas combinaciones como *nec sine* (una decena de veces en Pompeya) "no sin", *nec unus, nec ullus* = *nullus,* por ej. Tert. *De test. an.* 5 *mendicabat sermo, opinor, immo nec ullus esse poterat* "era un sermón muy pobre, a mi juicio, y apenas si era un sermón". Puede ponerse en relación con esto rum. *niciun,* prov. *negun,* cat. *ningun,* esp. *ninguno,* it. *niuno,* port. *nenhum,* a. fr. *neül, neün* "ninguno" (§ 292). — Además, *nec* sustituye a *ne-quidem* "ni siquiera": León M. *Serm.* 21 *nemo mundus, nec infans* "nadie es puro, ni siquiera un niño".

352. *Minus* ocupa el lugar de *non* para una negación atenuada: Ter. *Eun.* 4, 5, 11 *quod intellexi minus* "que yo, en verdad, no he comprendido"; Cic. *Div.* 1, 14, 24 *nonnumquam ea quae praedicta sunt, minus eveniunt* "...no ocurre"; *si minus* es de uso común: Cic. *Att.* 13, 22, 5 *epistulam Caesaris misi, si minus legisses* "te he mandado la carta de César por si no la habías leído". Este uso persiste en italiano, por ej. *Non so se viene o meno* "No sé si viene o no" (cf. § 198).

353. Doble negación.—Contrariamente al lenguaje cuidado, en que dos negaciones equivalen a una afirmación, el habla familiar refuerza la negación por reduplicación: Plaut. *Mil.* 1411 *iura te non nociturum... nemini* "jura que no harás mal a nadie"; Petr. 42, 7 *neminem nihil boni facere oportet* "nadie debería hacer nada bueno"; *def. tab.* Jeanneret 150 (Galia, s. II) *sic nec advocati eorum e(os de)fendere non possint* "que ni sus abogados puedan defenderlos"; cf. it. *non dice niente,* a. fr. *ne dit neient,* esp. *no tiene ningún amigo,* etc.

Por otra parte, la lengua hablada refuerza la negación simple haciéndola acompañar por expresiones que designan cosas de poco valor, y que no dejan de traer a la mente fr. *ne... pas, point, mie, goutte,* etc.: Plaut. *Pseud.* 397 *quoi neque paratast gutta certi consili* "que no tienes ni asomos de un propósito firme"; Cic. *Ac.* 2, 58 *non licet transversum digitum discedere* "no puede uno apartarse ni lo negro de una uña (lit. "ni un dedo atravesado"); en baja época: Form. Sen. add. 4, 70 *Non vales uno coco* (= *unum coccum)* "no vales un pito".

5. EL ORDEN DE LAS PALABRAS

354. El verbo, el sujeto y los complementos.—Gracias a la flexión que basta para señalar la función del nombre y del verbo, el orden de las palabras es libre en latín, o sea que no tiene ninguna importancia sintáctica. Esto se echa de ver de manera chocante si establecemos una comparación con el francés: a la frase francesa *Pierre appelle Paul,* de disposición fija, corresponden en latín, teóricamente, seis disposiciones: *Petrus Paulum appellat, Paulum Petrus appellat,* etc.; y el equivalente latino de la enunciación *Paul me donne le livre,* fijo asimismo en francés, *Paulus mihi librum dat,* es susceptible de 24 disposiciones diferentes de los cuatro términos que componen la frase. Esta libertad permite, sobre todo en el estilo literario, la disyunción de los grupos sintácticos, uno de los caracteres distintivos del latín con relación a las lenguas románicas: *Maxima enim inter duos fratres exorta dissensio erat; augebat familiaritas inimicitiam, deque ea re Romani legati certiores facti futurae diffidebant societati* "había surgido una grave discordia entre los dos hermanos y los lazos familiares no servían más que para agravar su enemistad. Por eso, la embajada Romana, enterada de ello, desesperaba del porvenir de la alianza". Esto no quiere decir que la posición de las palabras en latín sea indiferente, ni mucho menos: está regulada, por una parte, por ciertas costumbres y preferencias, y, por otra parte, por consideraciones de sentido, de estilo o de ritmo[2]. Particularmente, la posición final estaba de ordinario reservada para el verbo precedido de sus complementos, mientras que el sujeto se colocaba preferentemente al principio de la frase. Se abandonaba esta costumbre sólo para poner de relieve un elemento de la frase o para obtener una serie de palabras en correspondencia con las necesidades de eufonía o de expresividad.

355. La posición interior del verbo, en conformidad sin duda con el uso cotidiano, es usada, sin embargo, desde los primeros monumentos. En efecto, en la fíbula de Preneste, la más antigua inscripción latina conocida (h. 600 a. C.), se lee, CIL I^2, 3: *Manios med fhefhaked Numasioi* "Manius me hizo para Numerius". Esta tendencia se va afirmando en los textos tardíos, por ej. Peregr. 5, 4 *Nos etiam, quemadmodum ibamus, de contra videbamus summitatem montis, que inspiciebat super ipsa valle tota, de quo loco sanctus Moyses vidit filios Israel habentes choros his diebus, qua fecerant vitulum*[3].

356. Lugar del determinante con relación al determinado.— Por regla general, el adjetivo epíteto precede o sigue al nombre al que acompaña, según que le sirva de calificativo unido más o menos estrechamente a él o tenga un valor determinativo o discriminador que equivale a un atributo: *fortis animus, iusta causa, pulchra domus, magnum opus; domus sumptuosa, genus humanum, regio maritima, vir bonus* (opuesto a *vir malus)*. La inversión del orden usual, sobre todo la anteposición de un adjetivo de carácter determinativo, confiere al epíteto un relieve con valor bien enunciativo, bien afectivo: *pura mens, egregius consul, virides ripae;* Cic. *Att.* 14, 91 *O Socrates et*

---

[2] V. J. Marouzeau, *L'ordre des mots dans la phrase latine,* I: *Les groupes nominaux,* París, 1922; II: *Le verbe,* ibid., 1938; III: *Les articulations de l'énoncé,* ibid., 1949; *Volume complémentaire avec exercices d'application et bibliographie,* ibid., 1953.

[3] Cf. Élise Richter, *Zur Entwicklung der romanischen Wortstellung aus dem Latein,* Halle, 1903; Adams, *The Vulgar Latin of the letters...,* págs. 66 ss., y *The text and language...,* págs. 135 ss.

Socratici viri; Sal. *Hist.* 4, 61, 1 *Cottam, Romanum ducem, apud Chalcedona fugi* (así a menudo *Romanus* y *Graecus,* antepuestos como laudativos o como despectivos). El uso ha cambiado, sin duda, de manera sensible de una escala o de un grupo social a otro y de una época a otra. Parece ser que, en el habla familiar y en los textos posteriores, la anteposición de los adjetivos determinativos por su naturaleza ha sido más frecuente que en prosa clásica, como consecuencia de una devaluación[4]. — En la Romania se distinguen por usos particulares algunas regiones conservadoras: tal es el caso del sardo, que se ha atenido a la posposición del posesivo, y del rumano, donde el demostrativo *ille* pospuesto con valor enfático subsiste como artículo: *omul < homo ille, cîinele < cani(s) ille.*

6. COMPLEMENTOS DE ATRIBUTO Y DE APOSICIÓN

357. Numerosos verbos que expresan un estado o la acción de poner en un estado van acompañados de un complemento que constituye un todo con el verbo, mientras que éste solo no tiene sentido completo: *Fabius dictator fuit* "Fabio fue dictador", *Cicero consul factus est* "Cicerón llegó a ser cónsul" o "fue elegido cónsul"; *facere, reddere aliquem felicem* "hacer feliz a alguien"; *creare, eligere, appellare aliquem regem* "elegir, reconocer a alguien por rey"; *habere aliquem collegam* "tener a alguien por colega"; *aliquo amico uti* "encontrar un amigo en alguien"; *aliquam uxorem ducere, dare* "tomar, dar a alguien por esposa". Por otra parte, el atributo —para el que, bajo este aspecto, proponemos la denominación de aposición circunstancial— puede no servir más que de complemento de estado accesorio del verbo: Cic. *Mur.* 6, 13 *nemo saltat sobrius* "nadie baila (mientras está) sobrio". Liv. 10, 1, 9 *C. Iunius aedem Salutis, quem consul*

---

[4] Cf. K. Wydler, *Zur Stellung des attributiven Adjektivs vom Latein bis zum Neufranzösischen* (Romanica Helvetica, 53, Berna, 1956), págs. 204-213. — Está por hacer un estudio de conjunto sobre el orden de las palabras en latín tardío.

voverat, censor locaverat, dictator dedicavit “el templo de la Salud, que, cónsul, había hecho voto de construir y, censor, había levantado, lo dedicó C. Iunius de dictador (siendo dictador)”.

358. El complemento de atributo y de aposición puede ser introducido por una partícula que precisa la circunstancia de que se trata: *pro hoste haberi* “pasar por enemigo”, *se pro cive gerere* “comportarse como ciudadano romano” (lit., “en lugar de...”, “a manera de...”); Liv. 2, 7, 3 *Abiere, Romani ut victores, Etrusci pro victis* “se marcharon, los Romanos como vencedores, los Etruscos como vencidos”. Sin embargo, los valores exactos de las partículas apositivas *pro, ut, quasi, tamquam* fueron borrándose en el latín postclásico: Hilar. Frgm. CSEL 65, pág. 117, 13 *et tamen eum, qui nec esset presbyter, nunc pro episcopo produxerunt* “a quien ni siquiera era presbítero, lo presentaron ahora como obispo”; Cipr. *Epist.* 13, 4 *Non iam quasi christianus, sed quasi nocens pereat* “que muera no por cristiano, sino por culpable”. En romance, *ut, quasi, tamquam* en función apositiva son generalmente representadas por *quomodo* > it. *come,* esp. port. *como,* cat. *com,* a. fr. prov. *com, come.* Pero la verdad es que no conocemos más que un ejemplo de este empleo de *quomodo:* Vulg. *Lev.* 26, 19 *Ponam caelum vobis quomodo ferrum, et terram quomodo aeramentum* “voy a haceros un cielo de hierro y una tierra de bronce”.

359. La preposición *in* con acusativo tenía, desde el latín antiguo, un valor final en giros como *aliquid in praedam cedere, in praemium dare* “entregar al saqueo”, “dar en recompensa”. El empleo atributivo de *in* (y *ad)* con acusativo toma gran auge en latín tardío, sustituyendo, sobre todo por necesidades de expresividad, a muchos complementos de atributo sin preposición: desde entonces tomaron carta de naturaleza locuciones como *in mulierem dare* (Itala), *in filium adoptare, in uxorem accipere, in regem eligere* (Jer.), *in uxorem ducere* (Fulg., Oros.), etc.; igualmente *ad mulierem habere, ad uxorem tollere, ad testem advocare* (textos tardíos de Galia; Bourciez, § 236 b). Por otra parte, *in* con ablativo adquiere el sentido especial "bajo el aspecto (la figura) de", "en el puesto de": Ov. *Met.* 15, 670 *in serpente deus praenuntia sibila misit* "bajo forma de serpiente, el dios hizo oir silbidos premonitores"; Apul. *Met.* 6, 29 *quodsi vere Iuppiter mugivit in bove, potest in asino meo latere aliqui vel vultus hominis vel facies deorum* "y si, en verdad, Júpiter ha mugido en forma de buey, bien puede suceder que en mi asno se esconda o el rostro de un hombre o la figura de un dios" *(in asino meo* representa un estadio intermedio entre la relación local y la relación cuasi-apositiva); CIL VII 759 (s. III) *militans praefectus in tribuno* "el prefecto que lucha como tribuno". El acusativo puede tomar el lugar del ablativo: Petr. 57, 11 *in ingenuum nasci* "nacer libre", ibid. 62, 10 *in larvam intravi* "entré como un cadáver"; Ag. *Civ.* 20, 19 *sicut dicimus "sedet in amicum", id est velut amicus (in amicum* "como amigo", locución ordinaria, explicada por el sinónimo literario *velut amicus);* Schol. Iuv. 2, 147 *Nero et ipse pugnavit in gladiatorem et cantavit in scaena* "Nerón mismo luchó como gladiador...". Este uso de *in,* tanto con acusativo como, más frecuentemente, con el ablativo, se multiplica después, sobre todo para designar un fingimiento. Es el origen del giro fr. *agir en soldat, parler en ami,* propagado sin duda, por la jerga teatral[5].

360. Giro análogo a los precedentes es el del tipo *se virum bonum praebere* o *praestare* "conducirse como hombre honrado"; Plaut. *Amph.* 123 *Ita versipellem se facit (Iuppiter), quando lubet* "cuando quiere, cambia de piel (Júpiter)". Pero el habla familiar, así como el estilo retórico, conocen una expresión más concisa, donde el término que designa un aspecto, un papel, etc., se une al verbo como complemento directo: Ter. *Phorm.* 476 *tum Phormio... strenuom hominem praebuit* "F. ha mostrado entonces su celo", Plaut. *Most.* 890 *ferocem facis, quia te erus amat* "te haces el valiente porque eres el favorito

[5] V. Väänänen, *«Il est venu comme ambassadeur», «il agit en soldat» et locutions analogues en latin, français, italien et espagnol* (Annales Academiae Scientiarum Fennicae, B, 731), Helsinki, 1951; Löfstedt, *Late Latin,* págs. 34-38.

del amo"; usos más libres en latín tardío: Ag. *Serm.* 152, 2 *Herodes... praefert supplicem, concogitat hostem* "Herodes finge suplicar, pero por dentro es enemigo" (lit., "H. se hace pasar por un suplicante, pero en su pensamiento es enemigo"); asimismo *simulare* "pasar por (hacerse pasar)", *dissimulare, mentiri (iuvenem,* Marc.) "tomar la apariencia de". Son de notar particularmente los giros con *facere* y *agere* "representar, tener el papel de": Tert. *Praescr.* 13 *agere Iesum Christum* "hacer de Jesucristo". Es el prototipo de las expresiones fr. *faire le brave, faire le grand seigneur,* antiguamente también *contrefaire le mort,* etc.; it. *far lo stoico, far la gatta morta,* etc. (Löfstedt, *Syntactica* I, pág. 244 s. V. Väänänen, "*Faire le malin*" *et tours congénères, Étude sémantique et syntactique,* en *RLiR,* XXXI (1967), págs. 341-364).

361. El nombre apuesto en concurrencia con el complemento en genitivo. — Un nombre apuesto sin declinar tiende a ocupar el puesto del genitivo explicativo: App. Pr. 134 "*vico Capitis Africae,* non *vico Caput Africae*" (nombre de calle), Pompeya 4853 *domus Lupercus* = *domus Luperci.* A la inversa, el giro antiguo y clásico *urbs Roma* soportará la concurrencia, desde finales de la época republicana, de *urbs Romae;* Bell. Afr. 36, 2 *ex oppido Tysdrae,* Vulg. *Marc.* 1, 5 *in Iordanis flumine;* asimismo, Colum. 5, 11, 4 *arbor fici* "higuera", Peregr. 8, 3 *arbor sicomori* "sicómoro"; por el contrario, el genitivo era antiguo en grupos como *vox patriae* "el nombre de patria", *virtus continentiae* "la virtud del desinterés". Este doble uso prepara el empleo romance: por una parte, la construcción del tipo fr. *Mont Cenis, Place Vendôme, la maison Tellier;* por otra, el sintagma fr. *la ville de Rome, le fleuve de Tibre, la montagne de Sinaï, fleur de lis*. Un proceso semejante se produce a propósito del complemento calificativo o partitivo. En lugar de la fórmula consagrada *aves omnium generum* "aves de toda clase" u *omnia genera avium* "toda clase de aves", se halla Cat. *Agr.* 8, 2 *hortus omne genus* "todo tipo de jardín", Peregr. 25, 8 *ministerium omne genus* "toda clase de oficio"; Pompeya 5666 (vaso) *caru* (= *garum) flos* "flor de salmuera" (lit.

"salmuera flor"; cf. ibid. 5663 *gari flos),* ibid. 5738 (vaso) *lomentum flos* "flor de jabón". Igualmente: Pl. *Capt.* 232 *maxima pars homines* "la mayor parte de los hombres", Pompeya 2070 *axungia pondo CC, aliu manuplos CCL* "200 libras de manteca de cerdo, 250 ristras de ajo", ibid. 1291 *da fridam* (= *frigidam,* sobrent. *aquam) pusillum* "da un poco de agua fría".

362. Adjetivo epíteto, complemento en genitivo y complemento preposicional. — Desde la época antigua se expresaba la relación de pertenencia o por un sustantivo en genitivo o por un adjetivo correspondiente: *regia domus* y *regis domus* eran sinónimos casi sin matiz diferencial[6]. El adjetivo epíteto prevalece cuando se trata de nombres de divinidades o de personajes importantes: *Campus Martius, virgo Vestalis, via Appia, domus Tiberiana,* etc. (pero *aedes Martis, aedes Vestae,* etc.), así como los nombres que designan un estado familiar o social: *patria domus* "domicilio paterno", *terra hostilis* "tierra del enemigo", *vinum dominicum* "el vino del señor"; en la lengua de los cristianos: *dominica passio* "la pasión de Cristo", *dominicum convivium* "la Eucaristía", *dies dominica* "el domingo"; como en fr. *palais royal, vie monacale, visite présidentielle.*

363. Partiendo de la personificación de una palabra abstracta del género de *scelus* = *scelestus homo* "un criminal" (propiamente "el crimen personificado"), *lutum* = *lutulentus homo* "infame" (propiamente "lodo"), *pestis* = "peste", "hombre nefasto", el habla familiar ha creado el giro que hallamos en romance, sobre todo en francés: *scelus viri* (Plaut. *Curc.* 614 y passim, Cic. *Att.* 11, 9, 2) "bribón", *flagitium hominis* (Plaut. *As.* 473) "infame" (lit. "calamidad de hombre"), *monstrum mulieris* (Plaut. *Poen.* 273) "un monstruo de mujer", *pestes hominum* (Cic. *Epist.* 5, 8, 2) "peste de hombres", *deliciae*

---

[6] E. Benveniste, *Génitif et adjectif en latin,* en *Studii clasice,* 1960, págs. 65 ss.; A.Traina, *Arbor ficus an arbor fici?,* en *Latinitas,* 1965, págs. 282-287.

pueri (Plaut. *Persa* 204) “una delicia de niño”, *scitum filum mulieris* (Plaut. *Merc.* 755) “una buena moza”.

364. El calificativo que indica la proveniencia, la especie, la sustancia, se encuentra desde bien temprano en concurrencia con la construcción a base de la preposición *de:* Virg. *Aen.* 4, 457 y 6, 69 *de marmore templum* “templo de mármol” (pero *Aen.* 4, 392 *marmoreo thalamo,* uso clásico), Vitr. 3, 3, 5 *de materia trabes* “viga de madera” (el adjetivo *materiarius* era muy poco usado). En bajo latín, el giro con preposición venía bien unas veces como variante estilística y otras como expediente cómodo en caso de nombres propios o de nombres de materias exóticas: Tert. *Nat.* 2, 16 *cerasium de Ponto* “cereza del Ponto”. Vitae Patr. 5, 10, 76 *stramentum de papyro* “cubierta de papel”; con valor especial, es decir, de circunstancia distintiva o concomitante: Compos. Luc. R 27 *in fornace de vitriario,* ibid. C 22 *fornacem de bitriarium* “horno de vidriero”, Lex. Sal. 27, 3 (ed. Hessels-Kern) *pedica de caballo* “traba de caballo”; Casae Litt. 312, 26 (Josephson pág. 186) *casa de littera suprascripta* “la finca designada con la letra antes mencionada”; Tabl. Albertini XXI, 6 (h. 500) *via de camellos* “la ruta de los camellos” (cf. § 250).

7. COMPLEMENTO DE ADVERBIO

365. Algunas relaciones de circunstancias se expresan, además de por los adverbios propiamente dichos, por acusativos de adjetivos neutros, de los que algunos se fijan en verdaderos adverbios: *multum, plus, plurimum, ceterum, primum, facile.* Por analogía con adjetivos neutros en función de complemento de objeto, como Ter. *Phorm.* 411 *num iniquom postulo?* “¿es que pido algo fuera de lugar?”, se ha podido decir, por ej., Plaut. *Mil.* 822 *magnum clamat* “grita mucho”, *longum dicere, breve dicere* (o *facere)* “ser pesado”, “ser breve” (desde Horacio). Tales casos, sin embargo, son raros antes de la baja época, y hasta es posible que estén calcados del griego. Servius,

Gramm. IV pág. 446 (s. IV-V) llama "solecismos" a los giros *torvum clamat* "lanza gritos de amenaza", *pulchrum legit* "lee bien", *delicatum loquitur* "habla dulcemente"; Gesta Francorum 14, 38 *carum emere* "comprar caro". Este modo de expresarse se ha desarrollado más o menos en todas las lenguas románicas: fr. *parler haut, crier fort, tenir bon, boire sec;* it. *parlar forte, andar piano, veder chiaro, sudar freddo;* esp. *saber cierto, sonreír hermoso,* etc. (cf. Löfstedt, *Syntactica* II, págs. 418-420; M. Sandmann, *Remarques sur la genèse d'adjectifs en fonction d'adverbes,* en *RLiR* XIV, 1938, págs. 257-278).

366. Un adjetivo atributo (cf. § 355) puede equivaler a un adverbio de modo: se decía *libens fecit = libenter fecit* "lo hizo de buena gana", *miser vixit* "vivió en la miseria", *utere felix* (inscripción en los vasos) "usadlo felizmente"; eran particularmente empleados los adjetivos *primus, princeps, prior* "el primero", *postremus* "el último", *solus, totus, nullus* (en Plauto y Terencio a menudo en sentido de *non).* Sucede también que un adjetivo atributo se fija bajo la forma de nom. sing. masc.: Peregr. 29, 6 *Revertuntur ergo omnes ad civitatem rectus ad Anastase* "vuelven, pues, todos a la ciudad, derechos a Anastase", ibid. 24, 8 *antecessus veniunt et ibi sedent* "llegan antes y cogen sitio"; Acta Andr. et Matth. pág. 39, 11 (ed. Blatt) *etenim prior pertranseunt tres dies, quam...* "habían pasado tres días antes que...". Compárese con a. fr. *premiers* < *primarius* "en primer lugar", fr. *volontiers* < *voluntarius.* (Por otra parte, es éste el modo de explicar los adverbios *(ad)versus, prorsus, rursus* < *pro-, reversus;* Löfstedt, *Syntactica* I, págs. 86-90, y II, págs. 368-371).

367. Un adjetivo puede sustituir a un adverbio por atracción del adjetivo régimen: CIL VI 18086 *quia nimius erat blandus ad illam,* XIII 2279 *dum nimia pia fuit (nimius, nimia* por *nimium,* lo mismo pasa en textos tardíos); Anthim. 67 *cocliar* (= *cochlear) bonum plenum* "una cuchara bien llena", "una buena cucharada", cf. fr. *un verre tout plein, une cruche toute pleine, une fenêtre grande ouverte, des roses fraîches cueillies,* etc. (cf. Löfstedt, *Syntactica* II, págs. 11-113).

B. LA FRASE COMPLEJA

1. COORDINACIÓN Y SUBORDINACIÓN

368. En general, el habla primitiva y la cotidiana prefieren las frases no ligadas entre sí, mientras que el lenguaje cuidado y literario trata de reunir en períodos complejos las enunciaciones que tienen entre sí alguna relación de dependencia. La prosa latina clásica ha desarrollado en medida considerable un sistema de subordinación, mientras que el habla familiar y popular, aun sin ignorar la sintaxis de la subordinación, ha hecho de ella un uso relativamente reducido y poco variado, sobre todo por cuanto se refiere a las oraciones completivas y circunstanciales; y, por supuesto, queda al margen de la complicadísima máquina de la concordancia de tiempos que caracteriza al latín clásico. Hasta en la lengua literaria misma subsisten ciertos giros asindéticos primitivos, como las frases de expresión de voluntad asindéticas del tipo de *volo facias* "quiero que hagas" (lit. "yo lo quiero, hazlo"), *cave cadas* "ten cuidado de no caer". — He aquí dos ejemplos de sintaxis relajada propia de la lengua hablada: Pompeya 1951 *Sarra, non belle facis, solum me relinquis* "Sarra, no eres fino conmigo; me dejas solo"; Plaut. *Amph.* 293 s. *mi in mentem venit: illic homo ⟨hodie⟩ hoc denuo volt pallium detexere* "me está pareciendo que ese hombre quiere tejer de nuevo mi manto"; Dessau 9453 (mesa de juego) *vincis : gaudes, perdis : ploras* "ganas, y estás contento; pierdes, y lloras"; Petr. 77, 6 *Credite mihi: assem habeas, assem valeas: habes, habeberis* "hacedme caso: si tenéis un cuarto, un cuarto valéis; tened algo y seréis algo"; ejemplo de brevedad "publicitaria": CIL 8244 (termas, Mauritania) *Bene labes oze* (= *hodie), a(ssem) des; cras gratis* "báñate hoy bien, cuesta un cuarto; mañana, gratis" (cf. Hofmann, *Lat. Umgangssprache,* págs. 105-119).

2. TÉRMINOS DE COORDINACIÓN

369. Las conjunciones y partículas utilizadas como nexos estaban poco desarrolladas en la lengua ordinaria. Entre las copulativas, *et* ha sido casi la única que ha subsistido. La partícula enclítica *-que* parece desaparecer de la lengua hablada desde el comienzo de la época imperial; *atque, ac,* raras en Vitrubio, Comodiano, Quirón, Peregrinatio, tienden a especializarse en combinaciones estables tales como *ac si* = *quasi* (Bell. Hisp., Peregr., etc.) y *ac sic* "(y) así", por ej. Peregr. 4, 7 *Ac sic ergo perdescenso monte Dei pervenimus ad rubum* "y así, después de bajar de la montaña de Dios, llegamos a la zarza"; de donde esp. *así,* port. *assim,* prov. *aissi,* a. fr. *eissi.* En *ac sic* y *et sic,* la partícula *sic,* despojada de su sentido demostrativo, tomaba un valor temporal, con tendencia al estado de simple nexo: Ambr. *Psalm.* 118, 17, 10 *prius propheta legatur et apostolus et sic evangelium* "que se lea primero al profeta y al apóstol, y luego el evangelio"; Peregr. 43, 6 *Cum autem hoc factum fuerit, benedicuntur cathecumini, sic fideles, et hora iam nona descenditur inde* "hecho esto, se bendice a los catecúmenos, después a los fieles..."; CIL III 13739 (Mesia Inf.) *Memoria Nepotiani Principalis, vixit annis XXX, si(c) Victor fil(ius), vix(it) ann(is) II, Iulina filia* "Tumba de Nepociano Principalis, que vivió treinta años, y de su hijo Víctor, que vivió dos años, (erigida) por su hija Julina". De aquí a. fr. *-(et) si,* rum. *şi* "y". Otro empleo debilitado de *sic,* propio del latín tardío, y que conocía el a. fr. *si* (cf. al. *so),* es el de introductor de una oración principal que sigue a una oración temporal o condicional: Quirón 452 *cum avide bibit* (sic) *pleno ventre aqua, sic dolorem patiuntur* "por beber agua con avidez y con el vientre lleno, sienten dolor" (cf. Veg. *cum aquam frigidam avidissime biberint, dolorem ventris animalia patiuntur);* Peregr. 37, 4 *At ubi autem sexta hora se fecerit, sic itur ante Crucem* "pero cuando llega la hora sexta, se va delante de la Cruz"; frecuente en los textos jurídicos, por ej. Chlodovechi regis capitula (años 500-511), MGH,

Leg. II, pág. 4. *Et si venerit qui corpus cognuscit occisi, sic parentibus in noticia ponatur* "y si llega alguno que reconoce el cuerpo de la persona matada, que se avise a los padres".

370. De todas las disyuntivas, *vel, sive (seu), an, aut,* será esta última la única que quede: rum. *au,* it. esp. cat. prov. *o,* log. *a,* port. *ou,* fr. *ou*. De las adversativas, explicativas y conclusivas *(sed, verum, at, immo, quin, enim, nam, ergo, itaque,* etc.), ninguna sobreviviría en romance. En cambio, la partícula *quare* "por qué" se desliza a la categoría de las conjunciones causales y dará en fr. prov. cat. *car,* partiendo de contextos como Suet. *Tib.* 59 *non es eques; quare? non sunt tibi milia centum* "no eres caballero; ¿por qué? Porque no tienes cien mil sestercios". El primer ejemplo cronológicamente de *quare* "porque" es de Pompeya 2421 *Rufa, ita vale, quare bene felas;* CIL IX 3473 (epitafio, Abruzos) *ita tu qui legis, bona vita vive, sodalis, quare post obitum nec risus nec lusus nec ulla voluptas erit* "tú, amigo, que me lees, date buena vida, porque después de la muerte, etc..." (cf. Adams, *The text and language...*, págs. 76 ss.).

3. LA ORACIÓN DE RELATIVO

371. El antecedente *is* puede faltar, y no solamente cuando está en el mismo caso que el relativo: *Errat qui ita censet* "se equivoca quien así piense", sino también cuando no hay concordancia de casos: Cic. *Tusc.* 5, 20 *Xerxes... praemium posuit qui (= ei qui) invenissent novam voluptatem* "Jerjes estableció un premio para el que encontrase un nuevo placer"; lo mismo cuando la oración de relativo equivale a una oración circunstancial: Plaut. *As.* 323 *ista virtus est... quì malum fert fortiter* "el valor consiste en soportar valientemente la desgracia"; sobre todo en bajo latín: Greg. Tur. *Franc.* 4, 5 *Ego non parvam censeo gratiam, qui hoc meruit* "no lo tengo por don despreciable si se ha merecido". Esta construcción anacolútica ha pasado al romance, por ej. fr. *tout vient à point qui sait attendre* (arreglado posteriormente en... *à qui sait attendre).*

372. Por atracción, el antecedente puede tomar el caso del relativo y quedar en suspenso delante de él: Pl. *Asin.* 621 *patronus qui vobis fuit futurus, perdidistis* "el amo que debierais haber tenido lo habéis perdido" (en lugar de *patronum...*); Petr. 134, 8 *hunc adulescentem quem vides, malo astro natus est* "este muchacho que ves ha nacido con mala estrella" (por *hic adulescens...*); Pompeya (inscripción sobre la tumba de Vesonio, en el cementerio de la Puerta de Nuceria; inédito) *Amicum hunc quem speraveram mi esse, ab eo mihi accusatores subiecti et iudicia instaurata* "este hombre a quien había esperado tener por amigo es el que ha sobornado a los acusadores y ha intentado acción judicial contra mí"; Peregr. 13, 4 *in summitatem ipsius* (sobrent. *colliculi) fabricam quam vides, ecclesia est* "la construcción que ves en la cumbre es una iglesia". Este fenómeno se encuentra en a. fr., por ej. R. de Clari 2 *chiaus que nous avons chi nommés, li plus rike homme estoient (chiaus = ceux,* caso régimen, en lugar de *cil,* caso sujeto) (Löfstedt, *Syntactica* II, págs. 114-116; Norberg, *Synt. Forschungen,* págs. 75-80).

373. Por anacoluto, y sobre todo como consecuencia del nacimiento de una forma oblicua poco determinada del relativo (§ 255 ss.), éste va acompañado a veces de un demostrativo: CIL IX 10 (tablillas de bronce, Calabria, año 341 d. C.) *...M. Sal. Balerio viro splendido, cui iam dudum secundum bocis* (= *voces) eiusdem populi et boluntatem onorem* (sic) *patronatus ei oblatum est;* Diosc. 11 s. *quem maxime ipsi eum assidue uti solent;* Form. And. 48 *Hominem quem ego beneficium ei feci* "el hombre al que he hecho un favor" (cf. fr. popul. *l'homme que je lui ai causé);* Form. Sen. add. 2, 8 *de Grimaldo, quem ei sustulisti sua uxore* "de Grimaldo, al que has quitado la esposa" (cf. Bourciez, § 252 b; Niedermann, *Recueil,* pág. 34).

4. ORACIONES COMPLETIVAS

374. La oración completiva, que proporciona a la principal un complemento necesario (introducido en francés por *que),* adopta en latín tres formas: 1) oración introducida por la conjunción *quod,* originariamente nom.-acus. neutro del relativo, "el hecho de que", "por lo que concierne al hecho de": *praetereo quod* "paso por alto el hecho de que", *accedit quod* "hay que añadir además", *(bene, male) accidit quod* "sucede (favorable o desfavorablemente) que", *bene, male facis quod* "haces bien o mal en", *gaudeo, doleo, miror quod* "me alegro, lamento, me admiro de que" (también después de otros verbos de sentimiento); 2) oración introducida por *ut,* partícula interrogativa-indefinida primitivamente, "cómo", "en cierto modo", "como", después, con un subjuntivo de conjetura, de posibilidad o de intención, conjunción final y consecutiva, "a fin de que" y "de suerte que", después de verbos que significan esfuerzo, anhelo, eventualidad, con el apéndice negativo *ne;* ejemplos: *rogo ut / ne venias* "te ruego que vengas / que no vengas", *accidit ut* "sucedió que", *fieri potest ut* "puede suceder que", etc.; 3) oración de infinitivo, después de los verbos que expresan una declaración, una opinión, una percepción, un sentimiento: *iubeo te exire* "te mando salir (que salgas)", *narrat hostem venire* "dice que viene el enemigo", donde el nombre en acusativo forma un grupo con el infinitivo del que es sujeto. Ahora bien, los límites entre las oraciones con *quod* y *ut* y las oraciones de infinitivo no eran claros. De ello resulta que la construcción con *quod,* que desde el principio era también usada junto a las oraciones de infinitivo detrás de verbos de sentimiento: *gaudeo, miror, laudo, vitupero,* etc., ha ido ganando popularidad, y siempre con ventaja sobre *ut* por su mayor volumen. Además, como la oración completiva está emparentada con la causal, *quod* —conjunción completiva y causal— ha arrastrado a *quia* (y a *cum)* al terreno de las completivas: Cicerón escribe unas veces *laudo quod,* y otras, *laudo quia.* Esta evolución ha contribuido al predominio de la completiva con *quod* y *quia* sobre la oración de infinitivo, aun después de verbos declarativos. En la lengua cotidiana, este proceso debe de arrancar de muy lejos; se conoce un primer ejemplo en Plaut. *Asin.* 52 s. *equidem scio iam, filius quod amet meus istanc meretricem* "la verdad es que sé que mi hijo está enamorado de esta ramera"; Bell. Hisp. 36, 1 *legati renuntiaverunt, quod Pompeium in potestate haberent* "los mensajeros trajeron la noticia de que tenían a Pompeyo en sus manos"; Petr. 71, 9 *scis quod epulum dedi* "sabes que he dado un banquete", ibid. 41, 10 *subolfacio quia epulum daturus est* "me estoy oliendo que va a dar un banquete", ibid. 131, 7 *vides quod aliis leporem excitavi* "ya te das cuenta de que he levantado la liebre para otros". En los autores cristianos y otros de baja época, la construcción con *quod* y *quia* (más raramente *quoniam* y *quomodo)* se hace de uso corriente, no sin una ulterior influencia del gr.: Vulg. *Ioh.* 9, 20 *Scimus quia hic est filius noster.* Desde el comienzo del siglo III, *quia* va ganando terreno, menos en la Galia merovingia, donde prevalece *quod,* que sustituye también al *ut* consecutivo y final: *Gesta Francorum* 39, 116 *a tantilla gente Christianorum, quod in pugillo potest claudi* "por un número tan reducido de cristianos que cabían en un puño"; es antiguo en los giros comparativos tales como *similiter quod* (clás. *s. ac)* y, sobre todo, temporales, sin duda por influjo de *iam diu est quod* y de otros parecidos: se trata de un subordinante comodín[7].

375. En el latín merovingio aparece, desde el s. VI, un elemento nuevo escrito *que* (a veces *quae, quem;* pronunciado */ke/*?), alternando con *quod,* el completivo "normal": Form. Sen. 24 *Omnibus non habetur incognitum, que ego... solidos tantos... in manu tua praestiti* (la misma fórmula también con *quae, quem* y *quod,* ibid.); de igual manera: *taliter que* / *taliter quod* "de suerte que"; Form. Andec. *post-*

[7] Según las observaciones de H. Mihăescu, § 222, las tres conjunciones completivas se presentan, en las inscripciones y los textos provenientes de las provincias danubianas, en la siguiente proporción: *quia* 24, *quod* 6, *ut* 1.

eaque, variante de *post(ea)quod* (clás. *postquam).* La conjunción *que* se encuentra también esporádicamente en Italia del Norte y raramente en la Península Ibérica. Evidentemente es idéntica al relativo "universal" *que* (§ 286). Los fenómenos bajolatinos se oponen a la hipótesis según la cual el fr. *que,* etc., se remontaría a *quia:* es *quod* y no *quia* el que da el relevo en los textos merovingios y en otros al "vulgarismo" *que* (Herman, *o. c.,* págs. 125-129).

Por otra parte, en port., en a. esp. y sobre todo en los dialectos meridionales y centrales de Italia, la conjunción *ca,* usada en oraciones completivas y causales (así como comparativas, en el Norte de Italia), parece remontarse a *quia,* en convergencia con *quam.* Esta última ha dado, a su vez, el rum. *ca,* partícula comparativa. Por fin, *quod* sobrevive en el rum. *ča* "que" (pero Herman, *o. c.,* pág. 166, no excluye a *quod* como étimo de *că),* así como en Italia meridional bajo la forma de *ko* o *ku* conocido desde el *placito* de Capua del año 960: *Sao ko kelle terre... trenta anni le possette parte sancti Benedicti* (algunos prefieren remontar el it. *co* a un *quomodo* apocopado; más abajo).

376. *Quando,* adverbio y conjunción, conserva por todas partes los valores interrogativo, relativo y temporal. Reemplaza a *cum* en época temprana: Pl. *Men.* 430 *auferto (pallam) tecum, quando abibis* "te llevarás (el manto) cuando te marches"; lo mismo *tum - quando* = *tum - cum.*

Quomodo (acortado en el habla popular en *quomo, como,* § 86; panrománico), partícula interrogativa y comparativa en un principio con el sinónimo menos viable *quemadmodum* "a la manera que", "como", sustituye a *ut, velut:* Petr. *quomodo dicunt* (4 veces) "según se dice", 38, 15 *Solebat sic cenare, quomodo rex* "su mesa estaba servida como la de un rey" (= *ita... ut);* usos más libres en bajo latín (en parte bajo la influencia del gr. ὡς) para *quam, qualis,* etc.: Ag. *Bapt.* 6, 37, 73 *nihil ostendere conatus est quomodo sit veritas* "no ha pretendido ni mucho menos mostrar (qué es) la verdad"; sentido causal: Bernab. (s. II-III) 17 *non intelligetis, quomodo in parabolis posita sunt multa* "no lo entenderéis, porque muchas cosas están expresadas en parábolas"; temporal: Itala, *Act.* 5, 24 (cod. h) *quomodo audierunt verba ista* (Vulg. ut) "cuando oyeron estas palabras". En muchos de los usos indicados, *quomodo* se encuentra con *quod* (§ 374).

377. Locuciones conjuntivas. Como sucede en francés con *que,* usado en las locuciones conj. *de ce que, parce que, bien que,* etc., en latín son conocidas, sobre todo en la baja época, locuciones parecidas con *quod: eo quod,* causal, reemplaza a *quod* y a *quoniam* y pronto se hace explicativo y hasta completivo; reforzado *pro eo quod.* A partir del s. VI: *post quod, ante quod* (cl. *-quam), per quod* (= *per id quod),* cf. a. fr. *por que, por quei,* esp. *porque.*

5. LA INTERROGACIÓN INDIRECTA

378. En la oración interrogativa se indica la subordinación por el modo subjuntivo: *Quaero quis sit* "Pregunto que quién es", frente a la interrogación directa *Quis est?* "¿Quién es?". El empleo del subjuntivo tiene su origen en los giros cuyo sentido lo imponía, como Pl. *Amph.* 1056 *quid agam, nescio* "no sé qué hacer", propiamente "¿qué haría? No lo sé". El indicativo es muy normal cuando la oración interrogativa conserva una cierta autonomía: Plaut. *Trin.* 562 *Dic sodes mihi, quid hic est locutus tecum?* "Dime, por favor, de qué ha charlado contigo". Después, en tono familiar, Cic. *Att.* 1, 1, 4 *vides... in quo cursu sumus* "ya ves en qué carrera me he metido". Este empleo se generaliza en baja época: Tert. *Apol.* 42 *quomodo infructuosi videmur non scio* "no veo por qué se nos mira como a inútiles" (Blaise, *Manuel du latin chrétien,* § 270). Por otra parte, el interrogativo se confunde fácilmente con el relativo: en efecto, no hay diferencia alguna de sentido entre *dicam quod sentio* y *dicam quid sentiam* "diré lo que pienso". De aquí se originan confusiones como la de Plaut. *Capt.* 206 *scimus nos nostrum officium quod sit* "nosotros sabemos bien lo que tenemos que hacer"; a la inversa, Petr. 50, 7 *ignoscetis mihi quid* (algunos editores corrigen *quod) dixero* "perdonadme lo que voy a decir"; ibid. 76, 11 *tantum quod mihi non dixerat, quid pridie cenaveram* "...no me había dicho lo que yo había cenado la víspera"; Diom. Gramm. I, 395, 16 (s. IV) *imperitia lapsi... dicunt 'nescio quid facis'* "los ignorantes dicen *nescio quid facis*" (por *nescio quid facias* "no sé lo que haces"). En los traductores y los autores cristianos, el lenguaje popular y la influencia del griego obran en el mismo sentido hacia la generalización del indicativo.

De la contaminación entre *nescio quid dicam* y *nescio dicere* ha brotado el giro *nescio quid dicere* "no sé qué decir" (Ag.) ; Vitae Patr. 3, 14 y *non habeo quid bibere;* Coripp. Ioh. (año 549/550) 1, 273 *nescit quo flectere puppem* "no sabe dónde poner la cabeza" (Hofmann-Szantyr, pág. 539; Löfstedt, *Syntactica* II, págs. 171 ss.; Norberg, *Synt. Forschungen,* págs. 259 ss.; B. Löfstedt, *Zum spanischen Mittellatein,* en *Glotta,* LIV (1976), 1-2, págs. 117-157, pág. 141).

379. "Si" interrogativo. — A falta de un pronombre interrogativo *quis, qui, qualis, quantus, quot,* o de un adverbio como *quo, ubi, unde, quam, quomodo,* etc., la interrogación subordinada era indicada de ordinario por una de las partículas *-ne, num, nonne, an, utrum... an* (cf. § 346). En lugar de ellas, el habla cotidiana ha adoptado la conjunción *si.* El punto de partida se halla en los casos en que *si* poseía, después de verbos de espera, un sentido de eventualidad "en caso de que"; "si por casualidad": Plaut. *Trin.* 98 *expecto, si quid dicas* "estoy esperando a ver si dices algo"; Cic. *S. Rosc.* 56 *canes aluntur in Capitolio ut significent si fures venerint* "se mantiene a los perros en el Capitolio para que avisen si entran ladrones"; igualmente después de *videre, visere:* Ter. *Eun.* 545 *visam si domist* "voy a ver si está en casa". Con la ayuda del modelo griego εἰ se propaga el *si* interrogativo en el latín de los cristianos, en las oraciones con verbo declarativo: Sulp. Sev. *Dial.* 2, 11, 3 *dic mihi, si umquam in bello fuisti* "dime si has estado alguna vez en la guerra"; CIL III 4483 *ad superos dicite, si merui.*

6. LA FRASE CONDICIONAL

380. El latín distinguía tres clases de frase condicional según la naturaleza de la condición: 1) reales, cuyo modo es el indicativo, tanto en presente: *si vales, bene est* "si estás bien, me alegro", como en futuro: *si hunc librum leges* o *legeris, laetabor* "si lees este libro, me alegraré"; 2) potenciales, y 3) irreales, expresadas con subjuntivo: *si habeam, dem* "si tengo (si llego a tener), daré" (potencial); *si haberem, darem* "si tuviera (pero no tengo), daría" (irreal de presente); *si habuissem, dedissem* "si hubiera tenido (pero no tenía), hubiera dado". Tal esquema, que el latín literario mismo está lejos de haber observado rigurosamente, ha sido mucho menos observado por la lengua cotidiana. El bajo latín deja entrever algunas tendencias que anuncian la sintaxis románica. Desde Vitrubio y Columela, es fórmula corriente del potencial *si fuerit-erit/est* (fut. II-fut. I o pres. indic.), que gana la partida a *si fuit-est, si sit-est/erit, si erit-est,* etc., y que persiste hasta el período de transición, sobre todo en los textos legales: Lex Salica, Lex Ribuarica, Edictum Rothari, etc. También la forma del futuro II se ha mantenido como elemento del período hipotético en una parte de la Romania, sobre todo en iberorromance; esp. *si el tiempo fuere bueno, iremos a pasear,* port. *se chover esta noite não saio* "si llueve esta noche, no salgo" (H. Blase, *Zur Geschichte der Futura und des Konjunktivs des Perfekts im Lateinischen,* en ALLG, 10, 1898, págs. 313-343; v. págs. 317-320; Bourciez, §§ 211 c, 257 a y 394 a).

381. En las irreales, el hecho principal es la sustitución del imperfecto de subjuntivo por el pluscuamperfecto (§ 307), que se extiende hasta a las potenciales, por ej. Arnob. 1, 33 (s. v) *ipsa denique hiscere si animantia muta potuissent..., si arbores... vocis sonitum quirent et verborum articulos integrare* "por fin, si las mismas bestias mudas pudiesen hablar, si los árboles pudiesen reproducir el sonido de la voz y las sílabas de las palabras" (nótese la oposición *potuissent* = *possent,* verbo de uso corriente, que tiene la forma de la lengua hablada, y de *quirent,* término libresco y construido en conformidad con la sintaxis literaria). El tipo *si habuissem, dedissem* (pasado o presente) se ha conservado en italiano del Sur, en rético y en francés antiguo. Por otra parte, el indicativo va ganando terreno, sobre todo en la principal, partiendo de giros como Cic. *Epist.* 12, 10, 3 *praeclare viceramus, nisi... Lepidus recepisset Antonium* "hubiéramos obtenido (lit. "habíamos vencido") una victoria aplastante si Lépido no hubiese recibido a Antonio" (el indicativo pone de relieve la realidad del hecho); Val. Fl. 7, 440 *si timuissem..., occideras* "si hubiese tenido miedo, te habrías muerto", tipo corriente en el bajo latín y que se encuentra en la Edad Media en provenzal, en italiano y en español. Por fin, en el latín merovingio, *si* aparece seguido del imperfecto de indicativo: Fredeg. 80, 11 *Si iubebas, accederemus ad prilium* "si lo mandases, iríamos a la batalla" (Bourciez, § 257 b; para la génesis del condicional perifrástico, cf. más arriba § 303).

C. CONSTRUCCIONES ABSOLUTAS

382. El ablativo absoluto. — Desarrollado sobre todo durante el período clásico, el ablativo absoluto corresponde, en pocas palabras, a varias oraciones circunstanciales según el contexto: *C. Licinio praetore* "(siendo) C. Licinio pretor", "bajo la pretura de C. Licinio", *me puero* "cuando yo era niño", *salva lege* "sin transgredir la ley", fr. arc. "sauve la loi". Especialmente usado es el ablativo absoluto con un participio como predicado: *Bello confecto domum rediit* "terminada la guerra, se volvió a su casa", *Appropinquantibus hostibus cives arcem muniverunt* "al acercarse los enemigos, los ciudadanos fortificaron la ciudadela". Pero todos estos giros eran, sobre todo, propios de la lengua literaria. En efecto, el ablativo absoluto parece ser que no era empleado por los autores poco cultos a partir del siglo

II de nuestra era, lo que se pone de manifiesto si comparamos la versión bíblica llamada *Afra vetus*[8] con la Vulgata: a casi todos los ablativos de la Vulgata corresponde en la *Afra* una oración (subordinada o coordinada), o un participio atributo, por ej. Matth. 2, 11 Vulg. *et apertis thesauris suis obtulerunt ei munera,* Afra *et aperuerunt thensauros suos et obtulerunt ei dona;* Matth. 8, 34 Vulg. *et viso eo rogabant, ut transiret a finibus eorum,* Afra *et cum vidissent eum, obsecraverunt, ut se transferret a finibus eorum;* Marc. 15, 37 Vulg. *Iesus autem emissa voce magna exspiravit,* Afra (cod. *k) Iesus autem emisit vocem magnam et exspiravit;* asimismo: Veg. 2, 21 *quo facto* frente a Quirón 84 *cum hoc feceris,* etc. (v. E. Flinck-Linkomies, *De ablativo absoluto quaestiones,* Ann. Acad. Scient. Fenn. B XX 1, Helsinki, 1929, págs. 254-256; Ernout-Thomas, § 126 ss.

383. En baja época, el ablativo absoluto vegeta en expresiones más o menos formularias y más o menos ligadas al cuerpo de la frase. Así, el sujeto de la construcción absoluta puede identificarse con el sujeto u objeto de la frase, cosa que los antiguos evitaban generalmente; sin embargo, escribe César, por necesidades de expresividad, *Gall.* 1, 40, 1 *Haec cum animadvertisset, convocato consilio omniumque ordinum ad id consilium adhibitis centurionibus vehementer eos incusavit* "reunió al consejo y convocó a los centuriones de todas las cohortes y les hizo severos reproches"; ibid. 7, 4, 1 *Vercingetorix..., convocatis suis clientibus, facile incendit* (sobrent. *eos)* "V. convocó a sus clientes y no le costó mucho enardecerlos" (= *clientes suos convocatos* o *clientes suos, quos convocaverat, f. i);* giros más libres en autores tardíos: Vulg. *Matth.* 8, 23 *et ascendente eo in naviculam, secuti sunt eum* "subió a la barca y le siguieron"; Casiod. *Var.* 7, 26 *qui se possunt monitore compelli* "los que, (aunque) vigilantes, se dejan arrastrar" (nótese el singular *monitore;* la lengua clásica se hubiera servido de un atributo: *qui, (quamquam) monitores, possunt*

[8] Ed. H. de Soden, *Das lateinische Neue testament in Afrika,* Leipzig, 1909 (Texte und Untersuchungen, ed. Harnack y Schmidt, 33).

compelli). Locuciones consagradas, equivalentes a participios o adjetivos atributos, y usadas en latín antiguo: *me (te, illo,* etc.) *lubente, invito, praesente, absente;* Plaut. *Stich.* 132 *vosne ego patiar cum mendicis nuptas, me vivo, viris?* "¿podría soportaros, cuando, estando yo vivo, os habéis casado con mendigos?"; Cic. *Epist.* 10, 4, 6 *si vera sunt, ignosces; si falsa, me libente eripies mihi hunc errorem* "si es verdad, perdóname; si es falso, te agradecería que me sacaras de este error" (= *eripies mihi libenti h. e.).*

Nota. Hasta qué punto las fórmulas parecidas se habían convertido en estereotipadas lo demuestran las inscripciones funerarias, donde *se vivo* puede referirse hasta a un sujeto femenino o plural: CIL VI 15423 (Roma) *Claudia et Muria et Claudius fecerunt se vivo sibi et suis* "Claudia, Muria y Claudius han erigido en vida...". Por otra parte, existen variantes: CIL VI 8455 (Roma) *me vivus feci mihi et ...coniugi* (cruzamiento entre *me vivo* y *vivus);* CIL III 7454 (Mesia Inf.). *Marcianus et ...coniux carissima vivo suo sibi fecerunt* (contaminación entre *se vivo* e *in vita sua;* cf. fr. *de son vivant, en son vivant);* CIL VI (Roma) *Cucumio et Victoria se vivos fecerunt* (acusativo absoluto, v. a continuación).

384. El acusativo absoluto. — El participio pasado impersonal en ablativo es fórmula que se remonta al latín antiguo: *auspicato* "recibidos los auspicios" (= con felices auspicios), *satis dato* "entregada la fianza", *excepto (quod)* (desde Horacio). En baja época, estos participios se emplean como preposiciones, sobre todo *excepto,* que rigen acusativo (más raramente ablativo): Vulg. *Act.* 4, 13 *comperto quod homines essent sine litteris et idiotae* "dándose cuenta de que se trataba de gente ignorante y sin cultura" ; Tjäder, Papyri 16, 5 y 20, 49 *excluso omnium legum beneficia;* Itin. Anton. Plac. 11 *completo matutinas* "después de maitines"; Roth. 35 *excepto plagas et feritas* "menos los golpes y heridas"; Lex Visigoth. 2, 1, 11 *excepto talem librum*[9]. Se trata de un uso establecido a caballo sobre el antiguo abla-

[9] *Excepto* se convierte en una especie de preposición (Hofmann-Szantyr, pág. 445; Norberg, *Synt. Forschungen,* pág. 234; B. Löfstedt, art. c. más arriba, § 377, págs. 136 ss.). — Un caso análogo es Peregr. 3, 6 *Lecto ergo ipso loco omnia de libro Moysi*

tivo absoluto y el acusativo absoluto, que sucederá a este último en latín tardío. Esta sustitución va aneja a la preponderancia que fue tomando el acusativo como caso oblicuo por excelencia (§ 255 ss.); estaba preparada, además, por el empleo de este caso en la oración nominal (§ 252); ejemplos: CIL VIII 4551 (epitafio, Numidia, ¿año 290? cf. Sittl., en ALLG, pág. 565) *C. digno innocenti viro qui impleta tempora cessit* "...cumplidos sus días, falleció"; fórmulas parecidas en otras inscripciones funerarias y en los autores cristianos. Hay que hacer notar que el participio de presente en acusativo absoluto es mucho más raro que el participio pasado (cf. más abajo); en Iord. *Rom.* 350 *regina... neminem scientem subterfugit* "la reina se escapó sin que nadie lo supiera", por ejemplo, puede haber confusión de los dos casos. En cambio, en época de transición se asiste a la multiplicación de construcciones absolutas descriptivas, sin duda alguna de conformidad con el uso popular: Visio Baronti 1 (s. VII; MG Mer. V, pág. 378, 8) *Sed ille frater, manus suas ad latum suum extensas, oculos clusos, coepit semivivus iacere* "pero su hermano, con las manos caídas a lo largo del cuerpo y los ojos cerrados, yacía medio muerto". Es éste el prototipo de la construcción absoluta romance (a la que los manuales de romanismo hacen mal en negar sus antecedentes latinos), tal como la de Rol. 710 s. *Paien chevalchent... Halbercs vestuz..., Healmes lacez e ceintes lur espees* (cf. Norberg, *Synt. Forschungen,* págs. 87-92; estudios de conjunto: Fr. Horn, *Zur Geschichte der absoluten Partizipial - Konstruktionen,* Lund - Leipzig, 1918; Y. M. Biese, *Der spätlateinische Akkusativus absolutus und Verwandtes, eine Untersuchung auf dem Gebiete der lateinischen und der vergleichenden Syntax,* Ann. Acad. Scient. Fenn., B. XXII, Helsinki, 1928).

«una vez leído en el mismo sitio todo el pasaje correspondiente de Moisés» (algunos autores corrigen *omnia* en *omni;* cf. O. Prinz, aparato crítico); *omnia,* adjetivo estabilizado, es conocido por las fórmulas y leyes merovingias y longobardas (Norberg, *Beiträge,* pág. 55). En suma, *lecto... omnia* está aliado con los *comperto quod..., excluso beneficia* (más arriba).

385. El nominativo absoluto. — Lo mismo que el participio pasado, el participio de presente (de un verbo intransitivo) en ablativo absoluto tendió desde bien temprano a fijarse en el singular, con la diferencia, sin embargo, de que iba acompañado por un sujeto en ablativo: Ter. *Eun.* 649 *absente nobis* "durante nuestra (= mi) ausencia" (el "plural mayestático" hace menos chocante la falta de concordancia en cuanto al número) ; CIL V 895 (epitafio, Aquileya) *Aurelius Flavinus... posuit titulum de suo astante civibus suis* "A. F. puso esta lápida a su costa en presencia de sus conciudadanos". En baja época, el término sujeto se fija en el nominativo (cf. el acus. junto al part. pasado): Tablettes Albertini III, 2 *bendentibus* (= *vendentibus) Iulius et Coia iugalis eius* "siendo los vendedores Julio y su esposa Coya" (tipo casi constante); Greg. Tur. *Franc.* 190, 19 *quae* (sobrent. *bella civilia) cessante, rursum quasi ex humo surrexit* "al terminar las guerras civiles, se levantó como brotado de la tierra"[10]; igualmente: *sol ruente* "a la puesta del sol", *nascente vulnus* "al asomar la herida". Estamos ante un término intermedio entre el ablativo absoluto y el nominativo absoluto, que, a su vez, parece remontarse al latín antiguo: *Calp. Hist.* 27 *hi contemnentes eum, assurgere ei nemo voluit* "por desprecio, no quiso levantarse nadie ante él"; pero no se hace un poco frecuente más que a partir de la Peregrinatio, por ej. 16, 7 *benedicens nos episcopus profecti sumus* "recibida la bendición del obispo, nos marchamos" (Ernout-Thomas, § 15; expresiones parecidas en Gregorio de Tours, v. Bonnet, pág. 565 ss.); con un sujeto no explícito o indeterminado: Peregr. 9, 6 *proficiscentes* (sobrent. *nos) ergo de Tathnis, ambulans per iter iam notum perveni Pelusio* "después de salir de Tathnis, yendo por camino ya conocido, llegué a Pelusa"; Gloss. Med. pág. 41, 14 s. *maxime fit haec passio* (sobrent. *mania) multum litteras studentes* "esta enfermedad (la locura) es provocada

[10] Bonnet, pág. 525, toma *quae* por un acus., equivocándose, sin duda alguna: las construcciones mixtas como Greg. Tur. *Franc.* 3, 35 *hunc surgente,* son, en efecto, más bien excepciones; cf. E. Flinck (-Linkomies), en NM, 25, 1924, pág. 219; Niedermann, *o. c.,* pág. 120.

sobre todo por el exceso de estudio" (Niedermann, *Recueil,* pág. 120; cf. Biese, *o. c.,* págs. 72-84). Se observará que el sujeto del participio de presente es diferente del de la frase de que forma parte. Por otra parte, en la lengua cotidiana, el participio de presente absoluto hubo de sufrir la competencia, sin duda victoriosa, del ablativo de gerundivo en la misma función (§ 328).

ANTOLOGÍA DE TEXTOS LATINOS CON VULGARISMOS

I. INSCRIPCIONES

Ediciones y colecciones: CIL (vol. IV: Pompeya), CLE, Audollent, Della Corte, *Herc.;* Dessau, Diehl, *P.* = *Pompejanische Wandinschriften und Verwandtes, V.* = *Vulgärlateinische Inschriften, C.* = *Inscriptiones Latinae christianae veteres;* Thylander (v. más arriba, pág. 17); NSA = *Notizie degli Scavi di Antichità, Atti dell'Accademia Nazionale dei Lincei,* Roma; ICV = *Sylloge inscriptionum christianarum veterum Musei Vaticani* ediderunt commentariisque instruxerunt Sodales, Instituti Romani Finlandiae curante H. Zilliacus *(Acta Instituti Romani Finlandiae,* I: 1 y 2 [1], Helsinki, 1963.

Obras de consulta: P. Battle Huguet, *Epigrafía latina,* Barcelona, 1956, 2.ª ed. offset 1963 (con muestras de diversas clases de inscripciones y bibliografía); R. Bloch, *L'épigraphie latine* ("Que sais-je?", 534), 1952.

Nota preliminar. Se pondrán entre corchetes [ ] las restituciones de palabras o de letras borradas; entre paréntesis ( ), los desarrollos de siglas y de abreviaturas (no se desarrollarán las abreviaturas usuales: *C.* = *Gaius, P., Publius,* y otros nombres; *cos.* = *consul (-es, -ibus), f.* = *filius, filia, K., Kal.* = *Kalendas, b. m.* = *benemerenti,* etc.). El cambio de línea se indica con una barra vertical. El acento sobre una vocal designa la vocal larga; *ī* está señalada a veces por la *I longa.*

---

[1] Han aparecido ulteriormente: *Graffiti del Palatino,* bajo la dirección de V. Väänänen, I. *Paedagogium,* por H. Solin y Marja Itkonen-Kaila (Acta I. R. F. III), Helsinki, 1966; II. *Domus Tiberiana,* por P. Castrén y H. Lilius (Acta I. R F. IV), Helsinki, 1970. — *Le iscrizioni della Necropoli dell'autoparco vaticano,* ed. bajo la dir. de V. Väänänen, por P. Castrén, A. Helttula, R. Pahtakari, R. Pitkäranta, M. Steinby, V. Väänänen y V. Väätäjä (Acta I. R. F. VI), Roma, 1973.

A. INSCRIPCIONES MURALES (GRAFFITI)

1. *CIL IV 1241. Diehl, P. 531.*

Secundus quoservis | proficisces salutem | libes

2. *CIL IV Suppl. 8227. Diehl, P. 1041.*

Coelius cum Rufio | et Eburiolo et Fausto | [fr]atrabiliter. Eburiolus Marinae | et Valeria[e sal. ?]. Eburiolus Fausto | amico et Coelio | Faustiani (servo salutem)

3. *CIL IV 1679 add. págs. 210, 463, 704. Diehl, P. 34.*

Invicte Castrese, | habeas propiteos | deos tuos tres, | ite et qui leges

4. *CIL IV 4356. Dessau 5142[d]. Diehl, P. 276.*

Tr(ax) | Celadus reti(arius). Cresces | puparru domnus [...]

5. *CIL IV 3442. Diehl, P. 722. Pintada sobre un fresco que representa un festín.*

Facitis vobis suaviter, ego canto. | Est ita, valea[s]

6. *Della Corte, Herc. 826. En las termas marítimas donde hay muchas actas de presencia del mismo género.*

Duo sodales hic fuerunt, et cum diu malum | ministrum in omnia haberent | nomine Epaphroditum, vix tarde | eum foras exigerunt; | consumpserunt persuavissime cum futuere HS CV S

7. *CIL VI 3069. Diehl, P. 219. En el cuerpo de guardia de la VII cohorte de los guardias del Trastévere, donde se ha descubierto un centenar de graffiti trazados por las patrullas de ronda. Fecha: 221 d. C.*

Imperatores Antonino et Al[e]ssanro, | Grato et Se(leuco) cos. K. Iunis | Celius Saturninus sebaciaria | fecit, | stependiorum III Celso adiutore (centurionis, | option(e) Gargilium Rogatianum, | sub tribuno Sereniano, centuri|one Patroilo. Feliciter | Felici(ter)

8. *CIL IV 1173. CLE 946. Diehl, P. 594.*

Quisquis | ama, valia, | peria qui n|osci amare! |
bis [t]anti pe|ria quisqu|is amare | vota

9. *CLE 940. Diehl, P. 589. En el palacio de Tiberio, Palatino.*

Omnia formonsis cupio donare puellis, |
set mihi de populo nulla | puella placet[2]

B. TABELLAE DEFIXIONUM

1. *CIL VIII 12505. Audollent 228. Diehl, V. 860. Cartago, s. II o III.*

a) Te rogo qui infer|nales partes tenes, con|mendo tibi Iulia Faustil|la, Marii filia, ut eam cele|rius abducas et ibi in num|erum tu a[b]ias

b) *La misma execración; faltan las palabras* Marii filia; *después de* abducas, *se lee al final:* infernalis partibus in numeru tu abias

2. *Audollent 219. Cartago, s. II o III.*

Indico ilu quiq[?ue i]mitati | facias ilos muttos adversu Atlosam; | ac ligo o[b]ligo lingu|as illoro medias | extremas novissi|mas, ne quit possin|t respondere cont|ra; facias illos mut|uos muturungallos | mutulos Crispu m|arinis et Marinem | parinis ; [oblig]o ligua|s iloro, isulcas ilo[s...

3. *Audollent 104. Aquae Sulis (Bath), Bretaña, s. II/III.*

qihim mateliu tiualo | ni cistauqilo[1] mocauqa | lle at[.]m in q mae tiua | ul[..] anniuleu suere pu | sxe sunaire sunireu | es sil at sugasinaiti | moc sunainimsutac | llinamreg anivoi

---

[2] Véase P. Castrén, *Graffiti del Palatino,* II (Acta I. R. F. IV, 1970), pág. 110.

K. Zangemeister y E. Huebner se han dado cuenta de que, exceptuando la palabra clave ma(n)teliu(m), *véase más abajo, y acaso el primero de los nombres propios,* Anniu(s), *cada palabra está escrita sinistrorsum; el texto se lee, pues, de esta manera:*

Q(ui) mihi mateliu in[v]olavit, sic liquat como[3] aqua ell[a] m[u?]-ta, ni q(ui) eam [sa]lvavit : Anniu(s) [*o* Vinna ?] vel Exsupereus, [V]erianus, Severinus Agustalis, Comitianus, Catusminianus, Germanill[a], Iovina

C. INSCRIPCIONES FUNERARIAS

1. *Thylander B 87.*

D. M. C. Iulio Dryanti | Iulia Secunda tatae, | Naevia Sperata con|iugi b. m. fecerunt, | 5cum quen vix(it) a. XXVIII

2. *Ibid. A. 210.*

Restutus Piscinesis | et Prima Restuta Primae | Florentiae filiae carissimae | fecerunt, qui ab Orfeu maritu in | 5Tiberi decepta est. December cognatu(s) posuit. Q(uae) vix(it) ann(is) XVI S

3. *CIL XII 874. CLE 1851. Diehl, V. 614. Arlés.*

Iacet sub hoc signino dulcissima Secundilla, | que rapta parentibus reliquit dolorem, | ut tan dulcis erat tanquam aromata, | desiderando semper mellea vita. | 5Que vixit annis III men(sibus) VI die(bus) XVI. ἀρωμάτι ταῦτα.

4. *Catálogo monumental de España, Provincia de León, por M. Gómez-Moreno, Madrid, 1925, pág. 45. Batlle Huguet, o. c., pág. 217, n.º 89. Argovejo, España.*

[3] Audollent (según Zangemeister y Huebner) lee *c,* signo adventicio. Ahora bien, leyendo *o,* admisible paleográficamente, se integra este signo en el texto.

(hoja de hiedra) | D. M. | Turenno | Boddegun | Boddi f. Vad(iniensi), an(nis) | XXX, posit | Doiderus pa|tri suo pien|tissumo | s(ito) h(oc) s(epulcro) | *(caballo y árbol)*

5. *CIL X 3148. CLE 1826. Diehl, V. 281. Puteoli.*

[Annos] | dece menses sep[te dies]|que sedece plenos [tu]|lit, mater cavo fecit [fil]|iu minserino Urbica C[ur]|tia cum suo piente mar[ito] | c(arissimo) s(ibi ?)

6. *ICV 143. Catacumbas de Santa Inés, Roma.*

Flabius Saturus coiugi | benemerenti, que fecit mecu | ani(s) XVIIII m(enses) V, qui bixit anis XL|I. Deposita in pace XI Kal. Oct.

7. *Ibid. 277. Catacumbas de Santa Ciriaca, Roma.*

Victori beneme|renti, qui vixit ann|us XX et cum cogiugi | fecit mesis II, decessit | IIIIX *(error del lapicida por XIIII)* Kal. Aug. Amico dul|cissimo fecit Ursul|us. Victor in pace | ☧

II. PAPYRI Y OSTRACA

Principales ediciones: *Papyri greci e latini I-XIV,* Florencia, 1912-57; CLA = *Chartae Latinae antiquiores. Facsimile-edition of the Latin Charters prior to the ninth Century,* I-III, por A. Bruckner y R. Marichal, Olten y Lausana, 1954-63; CPL = R. Cavenaile, *Corpus papyrorum Latinarum,* Wiesbaden, 1958. — En su gran mayoría, los papiros latinos, en número de algo más de 300, provienen de Egipto, así como los millares de papiros griegos.

1. *C. Wessely, Die ältesten lateinischen und griechischen Papyri Wiens, Leipzig, 1914, Pl. VII, pág. 2 s. CPL 114. En un conjunto de cartas que forma un* volumen litterarum acceptarum, *recibidas por un tal Macedo. Proveniencia desconocida. Fecha: 17-14 a. C. o 21-18 a. C.* Véase Cugusi, *l. c.,* pág. 661.

P|aconiu[s] Macedoni suo | salutem. | Dissimulare nón potuI, ut tibI | nón scrIberem té valdissime | decrIminatum apud [I]ucundum | et [.] DIdom a maledico illo, [at]que | mI fráter, dá operam, ut | valenter satisfacias illIs. | NIreo quoque conlIbertó suó multa | sc[e]lera de té scrIpsit, quI, ut | suspicor, credidit eI, et té nón mediocriter | lacerat. Contubernálés meI té | salutant. E[go] tuos salutes rogó. | Ama nos ut instituistI. | Vale. | XIIII K. Aug. επειφ κζ

2. *Museo de El Cairo, Registro de entrada nn. 85939 y 85940. O. Guéraud, Ostraca grecs et latins de l'Wâdi Fawâkhir, en Bull. de l'Institut français d'Archéologie orientale, 41 (1942), págs. 153-160. CPL 303 y 304. Dos de cinco cartas de Rustius Barbarus, soldado*

romano, acuartelado en el Wâdi Fawâkhir, Egipto, a su amigo Pompeyo. S. I/II.

a) Rustius Barbarus Pompeio fratri | salutem. | Quid est quod mi non rescripsisti, | si panes percepisti? Misi tibi per | Popilium et Dutuporim panes XV, | item per Draconem amaxitem | panes XV et vasu (?), explesti IIII matia. Mi|si tibe per Thiadicem equitem pa|nes VI, quod dixit se posse tollere. | Rogo te, frater, ut facias mi in m[e]||os usos pondera quan formosa, | et scribe mi, ut pretium aeo|rum quit vis: panem tibi faciam | aut aes tibi mitam? Scito enim | me uxorem ducerem. | Quam mox duxero, con|tinuo tibi scribam, | ut venias. Vale, | saluta [...]lium.

b) Rustius Barbarus Pompeio fratri suo salutem. [?] | Opto deos, ut bene valeas, que mea vota sunt. | Quid mi tan invidiose scribes, aut tan levem | me iudicas ? Si tan cito virdia mi non mittes, | stati amicitiam tuam obliscere debio ? | Non sum talis aut tan levis. Ego te non | tanquam amicum habio, set tanqua | fratrem gemellum, qui de unum | ventrem exiut. Hun[c ver?]bum sepi|us tibi scribo, set tu [ali ?]as me | iudicas. Accepi fasco coliclos et | unum casium. Misi tibe per Arri|anum equitem chiloma; entro ha|[b]et collyram I et in lintiolo | [ ] alligatum, quod rogo te, ut | ema[s] mi matium salem et | [mi]ttas mi celerius, qui|a pane volo facere. Vale, frater | k[a]rissime.

Traducción (sobre la francesa de Guéraud): a) Rustio Bárbaro a su hermano Pompeyo, salud. ¿A qué viene el que no me hayas respondido habiendo recibido los panes? Te he enviado por Popilio y Dutuporis 15 panes, así como 15 panes y un vaso (?) por el carretero Dracón; has consumido 4 *matia*. Por el caballero Thiadices te he enviado 6 panes que me dijo podía llevar. Te ruego, hermano, que, para mi uso personal, hagas los pesos tan corridos como puedas y escríbeme sobre lo que prefieres en pago: o que te haga pan o que te envíe el dinero. Te comunico que voy a casarme. En cuanto esté casado, te escribiré para que vengas. Que te vaya bien. Saluda [...]lio.

b) R. B. a su hermano P., salud. [Ante todo?] pido a los dioses que te conserven sano que es lo que yo deseo. ¿Por qué me escribes con tanta mala idea o me crees tan ligero? Si no me envías cuanto antes verduras (?) ¿voy a tener que olvidar tu amistad? Yo no soy de esta calaña ni tan ligero. Yo no te trato como a un amigo, sino como a un hermano gemelo, salido del mismo vientre. Es un nombre (?) que te doy de continuo en mis cartas. Pero tú tienes otra manera (?) de juzgarme. He recibido las cubas de berza y un queso. Por el caballero Arriano te he enviado una caja que lleva dentro un bizcocho y [ ] sujeto en un trapo: es para que me compres un *matium* de sal y me lo envíes en seguida, porque quiero hacer pan. Que te vaya bien, hermano mío muy querido.

3. *P. Mich. 468 = CPL 251. Edición comentada: G. B. Pighi, Lettere latine d'un soldato di Traiano (Studi pubblicati dall'Istituto di Filologia Classica, XIV), Bolonia, 1964, V. Análisis lingüístico: J. N. Adams, The Vulgar Latin of the letters of Claudius Terentianus, Manchester, 1977.*

Es la más importante de las catorce cartas pertenecientes a la familia de Claudio Tiberiano, de las que seis están en latín, que se hallaban entre la masa de papiros griegos descubiertos en Karanis, en el Alto Egipto, durante las excavaciones llevadas a cabo por la Universidad de Michigan en 1923-24. Estas piezas constituyen un documento único del latín no literario del primer cuarto del s. II d. C. (una de las cartas alude a los acontecimientos del año 115) y son, por consiguiente, documentos poco posteriores a las inscripciones de Pompeya.

Soldado de marina en Alejandría, Terenciano escribe a su padre, Claudio Tiberiano, viejo legionario que tenía el cargo de *speculator* (correo) en Karanis. Su estilo, acorde con sus preocupaciones a ras de tierra, es tosco y deslabazado, en frases cortadas y llenas de incisos, con mezcla de fórmulas consagradas y de elementos de la lengua hablada por el pueblo bajo.

Terenciano acusa recibo de un paquete enviado por su padre. Le comunica haberle enviado, a su vez, otro paquete con muchas prendas de vestir y de ropa blanca que había comprado y una parte de las cuales le había sido robada mientras estaba enfermo. Además, su padre recibirá una cesta de mimbre con cristalería, material de escritura y veinte panes de Alejandría: ¡Ojalá todo ello le dé un alegrón! Y eso —le dice— a pesar de haber estado enfermo. Esperaba poder hacer un envío más importante y sigue esperando poder conseguirlo, caso de vivir. A cambio, su padre ¿encontrará el medio de hacerle llegar de Karanis un par de sandalias y de borceguíes? Pero que no sean de esos botines de botones que son una ridiculez... Además, necesitaría una zapa nueva, porque el ayudante se ha hecho dueño de la que había recibido anteriormente. ¡Que su padre siga mandándole noticias suyas! Por su parte, espera obtener, si tiene salud, su cambio en la legión. “Con todo, aquí nada se hace si no es por medio de propinas; las cartas de recomendación no sirven para nada, a menos que se engrasen las ruedas”. Muchos saludos.

Claudius Terentianus Claud[i]o Tiberi[ano pa]|tri suo ed domino plur[i]mam sal[utem]. | Ante omnia opto te bene [v]alere, que m[ihi ma]xime vota [su]nt. Scia[s me, p]ater, a[ccepise] | res quas mi misisti per ....ium Th..[....] | vetranum et per Numesianum .[...] | et palliolum, et ago tibi gratias quod me dign[um], | habuisti ed sequrum fecisti. Misi t[i]bi, pater, per | Martialem imboluclum concosu[tu]m, in quo | habes amicla par unu, amictoria [pa]r unu, saba|na par unu, saccos par unu, gla[b]alum ligni. | Emeram aute illuc con culcitam et pulbin[o], | et me iacentem in liburna sublata mi s[unt]. | Et abes in imboluclum amictorium singla|re, hunc tibi mater mea misit. Et accipias | caveam gallinaria, in qua ha[bes] sunthe[seis] | uitriae et phialas quinarias p[ar u]nu et ca|lices paria sex et chartas *sch*[ola]*res* d*u*as, | et in charta atramentum et calamos *q*[u]*i*[nq]*ue,* | et panes Alexandrinos viginti. Rogo te, [p]a[t]er, | ud contentus sis ista. Modo si non iac*u*[i]sse ! | Speraba me pluriam tibi missiturum, *ed* | itarum spero si vixero. Rogo te, pater, si *ti*|bi videbitur, ut mittas mihi inde caligas cori | subtalare ed udones par. Caligae autem nucl*ea*|tae nugae sunt, bis me im mensem calcio. | Et rogo ut mi mittas dalabram : ea q[u]am | mi misisti optionem illan mi ab[s]tu|lisse. Sed gratias illi ag[o ..] .....e.*al*|.*a* mi praestat. Ed praeterea *oro* [et] | [rogo] te, p[ater, u]t contin[uo mih]i | [resc]rib[as de] salutem t[ua]m, | *te ha*[b]ere b*o*na re *a*ccept[am. S]ol|licitus sum autem de *vic*[e] *in* do, | nese mihi rescribas. Et si deus | uolueret, spero me frugaliter | [v]i*ci*turum et in cohortem | [tra]nsferri. Hic a[ut]em sene aer[e] | [ni]hil fiet, neque epistulae com|mandaticiae nihil valunt, nesi | si qui sibi aiutaveret. Rogo, pater, | ud continuo mihi rescribas. | Ed [sci]as Carpum hic errasse, ed | *inv*[e]*n*tus est Dios in legione, | et a[cce]pisse me *pro il*lo X VI. | Sal[u]tat te mater mea ed pater | *ed* fratres mei. Et scias domo per|b[e]ne omnia recte esse. Sal[u]ta | Aprodisia *et* Isituchen. Sal[ut]a Ar|rium centurionem con suis ed | Saturninum scriba con suis | et Capitonem centurione con | [s]u[i]s et Cassium optionem con suis | [et T]urranium optionem con suis | [et Sal]lustium con [s]*u*is, et Teren|*ti*um gubernatorem [e]t Frontone | *c*on suis, et Sempronium Hita|*li*cum et Puplicium et Seuerinu | et Mar[c]ellu collega tuum et | *L*ucium. Saluta Serenum scriba | c[o]n suis. Saluta omnes contu|bernales nostrous. | Vale mihi. | Bene valere te opto multis annis | felicissime im perpetuo. ual(e). | Claudius] Terentian*us* Clau*dio* *Tib*[eriano |]... Terentianus. |

[Tr]*ad*[e] *C*[l]*a*[ud]*io* *T*[iberian]*o* p[at]*ri* | a Claudio Terentiano *filio*.

III. PETRONII SATIRICON: CENA TRIMALCHIONIS

Se trata del más importante extracto del *Satiricón,* "la primera novela occidental", cuyo autor se identifica con C. Petronius Arbiter, consejero y familiar de Nerón, condenado a muerte por éste. Existen muchas ediciones del *Satiricón* y de la *Cena* (conservada aisladamente en un precioso manuscrito del s. xv, el *Traguriensis);* véase la bibliografía de Stefenelli. Aquí se sigue principalmente la de A. Ernout, 4.ª ed., 1958. Para el lenguaje, consúltese sobre todo P. Perrochat, *Pétrone, Le festin de Trimalcion;* A. Stefenelli, *Die Volkssprache im Werk des Petron im Hinblick auf die romanischen Sprachen;* I. Segebade y E. Lommatzsch, *Lexicon Petronianum,* Hildesheim, 1962. La *Cena* se sitúa en una colonia romana de Italia del Sur. Para juzgar los "vulgarismos" que salpican las ocurrencias de los libertos comensales de Trimalción —de capital importancia para el conocimiento del latín popular y para la prehistoria del romanismo— es necesario no olvidar que se trata de una obra de arte en la que estos hechos lingüísticos sirven a determinados fines estilísticos.

N. B.—En los extractos que siguen, las correcciones frente al manuscrito que sirve de base son indicadas de la siguiente manera:
entre < >, letras o palabras añadidas,
entre { }, letras o palabras que hay que suprimir,
en *itálica,* letras o palabras cambiadas.

41. [9]Ab hoc ferculo Trimalchio ad lasanum surrexit. Nos libertatem sine tyranno nacti coepimus invitare convivarum sermones.

[10]Dama itaque primus cum pataracina poposcisset: "Dies, inquit, nihil est. Dum versas te, nox fit. Itaque nihil est melius quam de cubiculo recta in triclinium ire. [11]Et mundum frigus habuimus. Vix me balneus calfecit. Tamen calda potio vestiarius est. [12]Staminatas duxi, et plane matus sum. Vinus mihi in cerebrum abiit."

42. [1]Excepit Seleucus fabulae partem et: "Ego, inquit, non cotidie lavor; baliscus enim fullo est: aqua dentes habet, et cor nostrum cotidie liquescit. [2]Sed cum mulsi pultarium obduxi, frigori laecasin dico. Nec sane lavare potui; fui enim hodie in funus. [3]Homo bellus, tam bonus Chrysanthus animam ebulliit. Modo modo me appellavit. [4]Videor mihi cum illo loqui. Heu, eheu! utres inflati ambulamus. Minoris quam muscae sumus, <muscae> tamen aliquam virtutem habent, nos non pluris sumus quam bullae. [5]Et quid si non abstinax fuisset! Quinque dies aquam in os suum non coniecit, non micam panis. Tamen abiit ad plures. Medici illum perdiderunt, immo magis malus fatus; medicus enim nihil aliud est quam animi consolatio. [6]Tamen bene elatus est, vitali lecto, stragulis bonis. Planctus est optime —manu misit aliquot— etiam si maligne illum ploravit uxor. [7]Quid si non illam optime accepisset? Sed mulier quae mulier, milvinum genus. Neminem nihil boni facere oportet; aeque est enim ac si in puteum conicias. Sed antiquus amor cancer est."

46. [*Habla incansable Equión, el trapero:*] [1]"Videris mihi, Agamemnon, dicere: 'Quid iste argutat molestus?' Quia tu, qui potes loquere, non loquis. Non es nostrae fasciae, et ideo pauperorum verba derides. Scimus te prae litteras fatuum esse. [2]Quid ergo est? Aliqua die te persuadeam, ut ad villam venias et videas casulas nostras. Inveniemus quod manducemus, pullum, ova: belle erit, etiam si omnia hoc anno tempestas dispare pallavit. Inveniemus ergo unde saturi fiamus. [3]Et iam tibi discipulus crescit cicaro meus. Iam quattuor partis dicit; si vixerit, habebis ad latus servulum. Nam quicquid illi vacat, caput de tabula non tollit. Ingeniosus est et bono filo, etiam si in aves morbosus est. [4]Ego illi iam tres cardeles occidi, et dixi quia mustela comedit. Invenit tamen alias nenias, et libentissime pingit. [5]Ceterum iam Graeculis calcem impingit et Latinas coepit non male appetere, etiam si magister eius sibi placens sit. Nec uno loco consistit, sed venit... dem litteras, sed non vult laborare. [6]Est et alter non quidem doctus, sed curiosus, qui plus docet quam scit. Itaque feriatis diebus solet domum venire, et quicquid dederis, contentus est. [7]Emi ergo nunc puero aliquot libra rubricata, quia volo illum ad domusionem aliquid de iure gustare. Habet haec res panem. Nam litteris satis inquinatus est. Quod si resilierit, destinavi illum artificii docere, aut tonstreinum aut praeconem aut certe causidicum, quod illi auferre non possit nisi Orcus. [8]Ideo illi cotidie clamo: 'Primigeni, crede mihi, quicquid discis, tibi discis. Vides Phileronem causidicum: si non didicisset, hodie famem a labris non abigeret. Modo modo collo suo circumferebat onera venalia; nunc etiam adversus Norbanum se extendit. Litterae thesaurum est, et artificium nunquam moritur'."

57. [1]Ceterum Ascyltos, intemperantis licentiae, cum omnia sublatis manibus eluderet et usque ad lacrimas rideret, unus ex conlibertis Trimalchionis excanduit, is ipse qui supra me discumbebat, et: "Quid rides, inquit, berbex? [2]An tibi non placent lautitiae domini mei? Tu enim beatior es et convivare melius soles. Ita tutelam huius loci habeam propitiam, ut ego si secundum illum discumberem, iam illi balatum duxissem. [3]Bellum pomum, qui rideatur alios; larifuga nescio quis, nocturnus, qui non valet lotium suum. Ad summam, si circumminxero illum, nesciet qua fugiat. Non mehercules soleo cito fervere, sed in molle carne vermes nascuntur. Ridet. [4]Quid habet quod rideat? Numquid pater fetum emit lamna? Eques Romanus es? Et ego regis filius. 'Quare ergo servivisti?' Quia ipse me dedi in servitutem et malui civis Romanus esse quam tributarius. Et nunc spero me sic vivere, ut nemini iocus sim. [5]Homo inter homines sum, capite aperto ambulo; assem aerarium nemini debeo; constitutum habui nunquam; nemo mihi in foro dixit: 'Redde quod debes.' [6]Glebulas emi, lamellulas paravi; viginti ventres pasco et canem; contubernalem meam redemi, ne quis in illius < sinu > manus tergeret; mille denarios pro capite solvi ; sevir gratis factus sum; spero, sic moriar, ut mortuus non erubescam. [7]Tu autem tam laboriosus es, ut post te non respicias? In alio peduclum vides, in te ricinum non vides. [8]Tibi soli ridiclei videmur; ecce magister tuus, homo maior natus: placemus illi. Tu lacticulosus, nec mu nec ma argutas, vasus fictilis, immo lorus in aqua, lentior, non melior. [9]Tu beatior es: bis prande, bis cena. Ego fidem meam malo quam thesauros. Ad summam, quisquam me bis poposcit? Annis quadraginta servivi; nemo tamen scit, utrum servus essem an liber. Et puer capillatus in hanc coloniam veni; adhuc basilica non erat facta. [10]Dedi tamen operam, ut domino satis facerem, homini maiiesto et dignitosso, cuius pluris erat unguis, quam tu totus es. Et habebam in domo, qui mihi pedem opponerent hac illac; tamen —genio illius gratias!— enatavi. [11]Haec sunt vera athla; nam in ingenuum nasci tam facile est quam 'Accede istoc'. Quid nunc stupes tanquam hircus in ervilia?"

63. [3][*Estamos en el momento de las historias fantásticas; he aquí la de Trimalción:*] "...Cum adhuc capillatus essem, nam a puero vitam Chiam gessi, ipsimi nostri delicatus decessit, mehercules margaritum, caccitus (?) et omnium numerum. [4]Cum ergo illum mater misella plangeret et nos tum plures in tristimonio essemus, subito < stridere > strigae coeperunt; putares canem leporem persequi. [5]Habebamus tunc hominem Cappadocem, longum, valde audaculum et qui valebat: poterat bovem iratum tollere. [6]Hic audacter stricto gladio extra ostium procucurrit, involuta sinistra manu curiose, et mulierem tanquam hoc loco —salvum sit, quod tango— mediam traiecit. Audimus genitum, et —plane non mentiar— ipsas non vidimus. [7]Baro autem noster introversus se proiecit in lectum, et corpus totum lividum habebat quasi fiagellis caesus, quia scilicet illum tetigerat mala manus. [8]Nos cluso ostio redimus iterum ad officium, sed dum mater amplexaret corpus filii sui, tangit et videt manuciolum de stramentis factum. Non cor habebat, non intestina, non quicquam: scilicet iam puerum strigae involaverant et supposuerant stramenticium vavatonem. [9]Rogo vos, oportet credatis, sunt mulieres plussciae, sunt nocturnae, et quod sursum est, deorsum faciunt. [10]Ceterum baro ille longus post hoc factum nunquam coloris sui fuit, immo post paucos dies freneticus periit."

41. [9]Después de este servicio, Trimalción se levantó y se fue al excusado. Viéndonos así liberados de nuestro déspota, tratamos de animar la conversación entre los invitados. [10]Dama fue el primero en tomar la palabra después de reclamar una copa de mayor tamaño: "Un día —dice— no es nada. Mientras das media vuelta se hace de noche. Por eso, lo mejor es ir directamente de la cama a la mesa. [11]¡Bonito día de frío hemos tenido! Apenas me hizo entrar en calor el baño. Desde luego, beber caliente es el mejor abrigo. [12]Yo he bebido a jarros y estoy borracho perdido. El vino se me ha subido a la cabeza."

42. Seleuco interviene en la conversación y dice: "Yo no me baño a diario, pues el baño consume como el batán, el agua tiene dientes y nuestro corazón se disuelve un poco cada día bajo sus efectos. [2]En cambio, cuando me tomo un trago de vino con miel, me río del frío a mis anchas. Por lo demás, tampoco me fue posible bañarme: hoy tuve que ir a un entierro. [3]Una excelente persona, el bueno de Crisantemo, ha rendido el alma. Ayer, todavía ayer, dialogó conmigo. Aún me parece que le estoy hablando. [4]¡Ay, ay! Andamos por el mundo como globos hinchados. Somos menos que las moscas; ellas, al menos, tienen cierto poder; pero nosotros no somos más que burbujas. Y ¿qué le hubiera pasado si no se hubiera atenido a un régimen? [5]Estuvo cinco días sin llevar a la boca ni una gota de agua ni una migaja de pan. Con todo, se ha ido a donde iremos todos. Son los médicos quienes lo echaron a perder, o, mejor dicho, fue su fatal destino, pues el médico no es más que un consuelo moral. [6]Lo cierto es que tuvo buen entierro: le sirvió de féretro el lecho que utilizó en vida, con sus buenas mantas. Se le lloró muy bien (había manumitido a cierto número de esclavos), aunque su esposa le haya escatimado las lágrimas. [7]¿Qué hubiera pasado si él no la hubiera tratado tan bien? Pero la mujer... ¡qué ave de rapiña es la mujer! Nadie debiera tener condescendencia con una mujer: es como echar agua al pozo. Pero un viejo amor es como un cáncer."

46. Me figuro, Agamenón, que te estoy oyendo decir: "¿Qué es lo que nos cuenta este pesado?" La culpa es tuya, pues tú, que sabes hablar, no hablas. No eres de nuestra peña y por eso te ríes de lo que dicen estos pobres hombres. Sabemos que estás muy engreído de tu cultura. [2]Pero ¿qué? Algún buen día te convenceré para que te acerques a la finca y visites nuestras barracas. Encontraremos qué comer: un pollo, huevos; lo pasaremos bien, aunque este año el mal tiempo lo ha estropeado todo en mayor o menor grado. Como quiera que sea, no faltarán comestibles para atracarnos. [3]Además, allí se cría un chiquillo (la niña de mis ojos) que ha de ser tu discípulo. Ya sabe las cuatro reglas; si vive, tendrás a tu lado un esclavo fiel. Pues en cuanto dispone de un momento libre, no levanta la cabeza de su mesa de trabajo. Es inteligente y de buena pasta, aunque tiene debilidad por los pajaritos. [4]Ya le maté tres jilgueros y le dije que se los había comido la comadreja. Ha encontrado, no obstante, otros entretenimientos y, sobre todo, le gusta la pintura. [5]Por otra parte, ya le pega bien al griego y ahora no le hinca mal el diente al latín, aunque su maestro sea un pedante y no sepa atenerse a su oficio. Viene cuando le parece; es culto, pero no quiere trabajar. [6]Hay otro profesor menos preparado, pero muy concienzudo, y que enseña más de lo que sabe. Tanto es así que hasta los días festivos suele venir a casa, y por poco que le des, se queda satisfecho. [7]Ahora he comprado, pues, al chiquillo unos libros de leyes, y quiero inculcarle cierta afición al Derecho con miras a la administración de la casa. Con ello se asegura el pan. Pues su barniz de literatura es ya más que suficiente. Y si se le ocurriera rechistar, ya lo tengo decidido: le enseñaría un oficio (barbero, pregonero o, por lo menos, abogado), algo que sólo el Orco pueda quitarle de las manos. [8]Por eso le estoy chillando a diario: 'Primigenio, hazme caso; lo que aprendes, para ti lo aprendes. Mira al abogado Filemón: si no hubiera estudiado, hoy no podría espantar el hambre de sus labios. Hace todavía poco tiempo, muy poco, andaba por ahí, con fardos a cuestas, como vendedor ambulante; ahora se las mide hasta con Norbano. La cultura es un tesoro, y un talento nunca se muere de hambre'."

57. Entretanto, Ascilto, intemperante y descarado, con los brazos en alto, se burlaba de todos esos chistes y hasta lloraba de risa: con ello desató el furor de un coliberto de Trimalción, precisamente el que estaba a mi lado en la mesa: "¿De qué te ríes, borrego? —le pregunta—. [2]¿No te gustan las lindezas de mi señor? Lo pasas mejor y haces mejores fiestas en tu casa, ¿verdad? Lo juro por la Diosa Tutelar de esta casa: si estuviera a su lado, ya le hubiera tapado la boca con sus berridos. [3]¡Buena pieza para reírse del prójimo, un indefinido y nocherniego vagabundo como él, más vil que las inmundas aguas que salen del cuerpo! Si yo me pusiera a rociarlo con las que salen del mío, él no sabría por dónde tirar, os lo aseguro. Por Hércules, no suelo calentarme fácilmente, pero los gusanos se crían en la carne fresca. ¡Se ríe! [4]¿Qué es lo que le da risa? ¿Ha comprado tu padre su vástago a peso de oro? ¿Eres caballero romano? Pues yo soy hijo de un rey: 'Entonces, ¿por qué has padecido la esclavitud?', me replicarás. Porque yo mismo me he entregado como esclavo, prefiriendo ser ciudadano romano que rey tributario. Y ahora espero vivir de tal modo que nadie pueda reírse de mí. [5]Soy un hombre entre los hombres, ando con la cabeza bien alta; no debo un chavo a nadie, nunca he sido demandado; nadie me ha dicho en el foro: 'Devuélveme lo que me debes'. [6]He comprado unos palmos de terreno, he hecho algún dinerillo; doy de comer a veinte bocas, sin contar la del perro; he rescatado a mi compañera, para que nadie tuviera derecho a tomar su seno por una toalla; pagué mil denarios por mi libertad; se me nombró gratuitamente magistrado séviro; y espero morir sin tener que avergonzarme después de muerto. [7]Pero tú, ¿tan atareado estás que no puedes echar una mirada a tu pasado? ¡Ves el piojo en el vecino y no ves la garrapata que llevas encima de ti? [8]Sólo a ti te parecemos dar risa; ahí está tu maestro, con sus avanzados años: se encuentra a gusto con nosotros. Tú necesitas biberón, no sabes decir ni ma... ma, eres una frágil pieza de barro, o, mejor dicho, una correa ablandada en agua: aunque es más suave, no por ello es mejor. [9]Yo prefiero mi crédito a cualquier tesoro. Para acabar: ¿quién me ha reclamado lo suyo dos veces? Fui esclavo cuarenta años; no obstante, nadie supo nunca si yo era esclavo u hombre libre. Aún llevaba melena cuando vine a esta colonia: la basílica todavía no existía. [10]Hice lo posible por dar satisfacción a mi amo, hombre honrado y digno: una sola uña suya valía más que toda tu persona. Y había en casa quienes procuraban ponerme la zancadilla por un lado y por otro; sin embargo (gracias a su Genio Tutelar) salí a flote. [11]He ahí verdaderos trofeos; pues nacer libre es tan fácil como decir: 'Ven acá'. ¿Por qué te quedas atontado como un chivo en garbanzal?"

63. [3]"...Cuando yo tenía todavía mi melena rizada (pues ya de niño llevaba una vida de verdadero sibarita), se le murió a mi amo el esclavito que hacía sus delicias; por Hércules, una auténtica perla, la suma de todas las perfecciones. [4]La pobre madre del chiquillo lo estaba llorando y éramos muchos los que compartíamos allí su tristeza: de pronto las Estrigas empezaron a silbar; parecía aquello un galgo persiguiendo a una liebre. [5]Estaba con nosotros un capadocio, corpulento, muy valiente y fuerte de veras: podía con un toro embravecido. [6]Este hombre echa mano a su espada, se lanza decidido a la calle, con su mano izquierda debidamente protegida, y traspasa a una de esas furias por aquí (¡el cielo guarde lo que toco!), en pleno estómago. Oímos un gemido, aunque, a decir verdad, a ellas no las vimos. [7]Nuestro héroe, volviendo dentro, se dejó caer en una cama: tenía el cuerpo todo morado, como herido a latigazos: evidentemente una mano maligna había caído sobre él. [8]Nosotros, cerrando la puerta, volvemos a velar el muerto; pero al tocar la madre a su hijo para abrazarlo, se encuentra con un manojo de paja. No tenía corazón, ni intestinos, ni nada: evidentemente las Estrigas habían robado al niño y habían puesto en su lugar un muñeco de paja. [9]Os lo aseguro, debéis creerme: hay mujeres con dotes extraordinarias, hay brujas nocturnas que trastornan todo lo habido y por haber. [10]En cuanto a nuestro fornido gigante, ya nunca más recobró su color natural, y pocos días después se murió de un ataque epiléptico."

IV. VETUS LATINA Y VULGATA

Las primeras traducciones latinas de la Biblia se remontan a la segunda mitad del siglo II. Del conjunto de las versiones anteriores a San Jerónimo, que se ha convenido en designar con el nombre de *Itala,* o, mejor, *Vetus Latina,* se destaca una versión "africana", la *Afra,* del Nuevo Testamento, conservada especialmente en los manuscritos *Bobbiensis* (k) y *Palatinus* (e); véase A. Jülicher, *Itala. Das neue Testament in altlateinischer Überlieferung,* I. *Matthäus-Evangelium,* II. *Markus-Evangelium,* IV. *Johannes-Evangelium* (revisado y publicado por W. Matzkow y K. Aland), Berlín, 1938, 1940 y 1963.

Reproducimos a la izquierda el texto establecido por Jülicher, IV, de la *Itala* (I), y a la derecha el de la *Afra* (A) según el Palatinus, seguidos del texto de la Vulgata (V).

Ioh. 2, 13-25.

I. 13 Et in proximo erat pascha
Iudaeorum et ascendit in Hiero-
solymis. 14 Et invenit in templo
vendentes boves et oves et co-
lumbas et nummularios sedentes.
15 Et fecit quasi flagellum de resti-
bus et omnes eiecit de templo
oves quoque et boves et nummu-

A. 13 Et in proximum fuit pas-
cha Iudaeorum et Iesus ascendit
Hierosolyma. 14 Et invenit in tem-
plo eos, qui vendebant et eme-
bant vobes et oves et columbas et
nummularios sedentes ad men-
sas. 15 Et fecit quasi fragellum Ie-
sus de resticulis et eiciebat om-

lariorum effudit aes et mensas
eorum evertit. [16]Et dixit venden-
tibus columbas: Tollite ista hinc
et nolite facere domum patris mei
domum negotiationis. [17]Rememo-
rati sunt discipuli eius, quia scrip-
tum est: Zelus domus tuae come-
dit me. [18]Responderunt ei Iudaei
et dixerunt: Quod signum osten-
dis nobis, quod haec facis? Re-
spondit Iesus et dixit eis: Solvite
templum hoc et in tribus diebus
suscitabo illud. [20]Dixerunt ergo
Iudaei: Quadraginta et sex annis
aedificatum est templum hoc et
tu in tribus diebus suscitabis illud?
[21]Ille autem dicebat de templo
corporis sui. [22]Cum ergo resurre-
xisset a mortuis, rememorati sunt
discipuli eius, quia hoc dicebat,
et crediderunt scripturae et ser-
moni, quem dixit Iesus. [23]Cum au-
tem esset in Hierosolymis in diem
festum paschae, multi crediderunt
in nomine eius videntes signa,
quae faciebat. [24]Ipse autem Iesus
non credebat se eis, eo quod ipse
nosset omnes [25]et quia non nece-
sse habuit, ut aliquis testimonium
perhiberet de homine; ipse enim
sciebat, quid esset in homine.

nes de templo qui vobes et oves
vindebant, et nummulariorum sub-
vertit mensas. [16]Et eis, qui co-
lumbas vindebant, ait: Auferte is-
tas hinc et nolite facere domum
patris mei domum commercato-
rum. [17]Et continuo commonefacti
sunt discipuli eius, quoniam scri-
ptum est: Gelus domus tuae co-
medit me. [18]Et Iudaei responde-
runt dicentes ei: Quod signum
ostendes nobis, quoniam ista fa-
cis? [19]Et Iesus ait illis: Solvite
templum istut et in tribus diebus
restaurabo illud. [20]Et Iudaei dixe-
runt XL et VI annis aedificatum
est templum istut et tu in triduo
restauras illud? [21]Ille autem dice-
bat de templo de corpore suo.
[22]Cum ergo resurrexit a mortuis,
commonefacti sunt discipuli eius,
quoniam hoc dicebat, et credide-
runt scripturae et sermoni, quem
dixit Iesus. [23]Cum ergo esset in
Hierosolymis in die festo pas-
chae, multi crediderunt in nomi-
ne eius, cum viderent signa, quae
faciebat in eos, qui infirmi erant.
[24]Ipse autem Iesus non credebat
se illis, quia ipse sciebat omnes
[25]et quoniam non necesse habe-
bat, quis testes esset de homine;
ipse enim sciebat, quid esset in
hominem.

V. [13]Et prope erat pascha Iudaeorum et ascendit Hierosolyma Ie-
sus. [14]Et invenit in templo vendentes boves et oves et columbas et
nummularios sedentes. [15]Et cum fecisset quasi flagellum de funiculis,
omnes eiecit de templo, oves quoque et boves, et nummulariorum
effudit aes et mensas subvertit. [16]Et his qui columbas vendebant dixit:
Auferte ista hinc et nolite facere domum patris mei domum negotia-
tionis. [17]Recordati vero sunt discipuli eius, quia scriptum est: Ze-
lus domus tuae comedit me. [18]Responderunt ergo Iudaei et dixerunt
ei: Quod signum ostendis nobis quia haec facis? [19]Respondit Iesus et
dixit eis: Solvite templum hoc, et in tribus diebus excitabo illud.
[20]Dixerunt ergo Iudaei: Quadraginta et sex annis aedificatum est tem-
plum hoc, et tu tribus diebus excitabis illud? [21]Ille autem dicebat de
templo corporis sui. [22]Cum ergo resurrexisset a mortuis, recordati sunt
discipuli eius, quia hoc dicebat, et crediderunt scripturae et sermoni
quem dixit Iesus. [23]Cum autem esset Hierosolymis in pascha in die
festo, multi crediderunt in nomine eius videntes signa eius, quae fa-
ciebat. [24]Ipse autem Iesus non credebat semet ipsum eis, eo quod ipse
nosset omnes, [25]et quia opus ei non erat, ut quis testimonium perhibe-
ret de homine; ipse enim sciebat, quid esset in homine.

V. MULOMEDICINAE CHIRONIS ET P. VEGETI RENATI

Chiro Centaurus —seudónimo, sin duda alguna— pasa por autor de un tratado veterinario conocido en primer lugar gracias al arreglo que de él hizo P. Vegetius Renatus hacia el año 400: su propósito es, dice, exponer la doctrina veterinaria íntegramente, compendiada y con claridad, poniendo a punto cuanto Quirón o Apsyrtus (veterinario griego) han tratado, es verdad, con detalle, pero también han estropeado por la sequedad de su estilo y hasta por el vulgarismo de su lenguaje *(diligentius cuncta rimati eloquentiae inopia ac sermonis ipsius vilitate sordescunt).* Por una feliz casualidad, la *Mulomedicina Chironis* fue descubierta en 1885 por Wilhelm Meyer en un manuscrito del siglo XV conservado en Munich. Apareció que Vegecio había retocado los seis primeros de los diez libros que contenía el códice Monacensis. Puesto que Quirón utilizó a Apsyrtus, que escribió después del 334 d. C., tenemos ya las fechas extremas del tratado que lleva su nombre. Se trata de la obra de un hombre práctico poco cultivado, cuyo lenguaje lleva sabor de su terruño, mientras que su retocador tiene veleidades y pujos literarios.

Edición de Quirón: E. ODER, Bibliotheca Teubneriana, Leipzig, 1901; extractos: M. NIEDERMANN, *Proben aus der sogenannten Mulomedicina Chironis* (libros II y III), Samml. vulgärlat. Texte, Heidelberg, 1910; de Vegecio: E. LOMMATZSCH, Bibl. Teubn., 1903. Estudios: H. AHLQVIST, *Studien zur spätlateinischen Mulomedicina Chironis,* tesis de Upsala, 1909; S. GREVANDER, *Untersuchungen zur Sprache der Mulomedicina Chironis,* tesis de Lund, 1926.

Los extractos que siguen están sacados de las ediciones de Niedermann y de Lommatzsch respectivamente.

Chironis liber II.

110. Quodcumque iumentum marmur in genibus habuerit, ex quo validius clodice<t> et genua flectere vix possit. Post ustionis curam oportet et post fervuram malagma cubresina inponere et vulnera medicamento curare. Hac re sani fiunt, ita ut sine dolore calcet. Deformitas tamen et cinesis cause perauferri non potest.

111. Si mallone in genibus fecerit. Quod fieri solet et ad profluvio sanguinis aut a contusione genuorum. Sic intelligis. Ipsa genua contra extumi<di>ora fient et tumor flactius erit et tractibilis sine dolore, ex quo nec clodice<t>. Sed {de} ea causa si non in recencia auferatur, † macidas faciet, et simili causa marmoris nutriuntur...

Liber III.

249. Quascumque valitudines aterapeutae *sunt* et cronia, cura sua curari oportet. Eas ciclo curari oportet. {Et} cui aut<em> ciclus cure adhibendus erit, sic curabis. Abstinebis eum ab hordeo

Vegetii liber II.

XLVIII. *De flegmone et marmore sive mallonibus.*

9. Si vero marmor habuerit, ex quo validius claudicet et vix flectat articulos, inurendus est leviter. Cui post fervuram malagma, quae cupressina appellatur, oportet imponi. Ex qua curatione sanitas redditur et deformitas permanet.

10. Si autem mallon in genibus vel articulis excreverit, continuo curam adhiberi oportet, ne neglecta passione deformitatem tumor augeat vel obduratione diuturna convertatur in marmor.

VI. *Qua observatione curentur cyclo animalia.*

1. Memin eris autem omnes valetudines capitis, praecipue veteres periculosas, cyclo oportere curari. Cui hae observantia et ordo est adhibendus. Triduo ab hordeo abstinebitur animal, tempe-

triduo, mollibus cibis eum temperabis. Tercia die sanguinem ei detrahes dextra sinistra de collo quod satis fuerit, prout ipsa etas animalis dictaverit. Post sanguinis detractionem eum triduo viridi cibo temperabis colliculo vel lactuca; quantum satis est, pro modo dabis.

250. Post tercium diem cibo abstinebis eum <et> ab aqua. Nono die colliculos madefactos offabis cum li*qu*amine et oleo optimo. Dabis ei offas non minus XX. Cibum dabis lactucam. Hoc per triduo facies. A secundo tamen die adaquabis ita, ut siciat. Cum ventrem senseris solutum esse, desines collic<ul>orum offas, dare debebis furfurem et pal<e>am, alio die nichil aliud nisi bibere. Altero die ducis eum in balnea et mittis eum in cellam caldarem et fac ut desudet.

rabitur etiam mollibus cibis; post diem tertiam de dextra ac sinistra, prout aetas aut vires vel valitudo permiserint, de matrice sanguis auferetur. Quo facto per triduum viridi cauliculorum ac lactucarum sustentabitur cibo et post uno die a cibo eum abstinebis et aqua, nono autem die offas caulium cum liquamine et oleo optimo temperatas non minus XX digeras, cui nihilominus lactucam dabis in cibo ter in die; post potionem bibere semper incipiat. Si vero venter vehementer solvi coeperit, caulium offas dare desistes et dabis paleas et furfures, ita ut sequenti die penitus nihil manducet, sed solam aquam percipiat ad bibendum, ac postero die inducatur in cellam balnei calidam et sudet.

VI. ITINERARIUM (PEREGRINATIO) EGERIAE

En 1884, I. Fr. Gamurrini descubrió un manuscrito, copiado en el siglo XI en Monte Casino, que contenía la relación (incompleta: faltan sobre todo el principio y el final) de una peregrinación a Tierra Santa. Esta pieza no tardó en suscitar el más vivo interés entre historiadores y filólogos. Después de la *editio princeps,* debida al mismo Gamurrini, de 1887, han visto la luz trece ediciones; importantes, las de W. Heraeus, 4.ª ed. en 1939, la de Otto Prinz, 5.ª ed., Heidelberg, 1960 (Sammlung Vulgärlateinischer Texte); la de P. Maraval, París, 1983, con amplio comentario, y la de Hélène Pétré, París, 1948, van acompañadas de una traducción al francés. Muy meritorio también S. Janeras, *Egèria, Pelegrinatge. Introducció, text, traducció i notes,* I-II, Barcelona, Fundació Bernat Metge, Escriptors cristians, 1986. Hay numerosos estudios y comentarios; dignos de nota, sobre todo E. LÖFSTEDT, *Kommentar,* obra clásica; L. SPITZER, *The Epic Style of the Pilgrim Aetheria,* en *Comparative Literature,* 1 (1949), págs. 225-258; H.-W. KLEIN, *Zur Latinität des Itinerarium Egeriae. Stand der Forschung und neue Erkenntnismöglichkeiten,* en *Romanica, Festschrift für G. Rohlfs,* Halle (S.), 1958, págs. 243-258 (véase la bibliografía de la edición de Maraval); O. PRINZ, *Bemerkungen zu einer Neuausgabe des Itinerarium Egeriae,* en ALMA, 30, 2-3 (1960), págs. 142-153; Väänänen, *Le journal-épître d'Egérie.* Para el vocabulario: W. VAN OORDE, *Lexicon Aetherianum,* tesis de Amsterdam, 1929.

Se da ya por establecido que el autor de este *Itinerarium,* compuesto alrededor del año 400, es Egeria, la piadosa dama nombrada por el eremita gallego Valerio (s. VII). Era natural del sur de Francia o, más probablemente, del noroeste de España; tal vez era la superiora de una congregación; poseía una modesta cultura. Su lengua manifiesta escasa voluntad de estilo, estando plagada de elementos populares, lo cual la hace más preciosa.

Seguimos la edición de Prinz.

I. 1. ...Interea ambulantes pervenimus ad quendam locum, ubi se tamen montes illi, inter quos ibamus, aperiebant et faciebant vallem infinitam, ingens, planissima et valde pulchram, et trans vallem apparebat mons sanctus Dei Syna. Hic autem locus, ubi se montes aperiebant, iunctus est cum eo loco, quo sunt memoriae concupiscentiae. 2. In eo ergo loco cum venitur, ut tamen commonuerunt deductores sancti illi, qui nobiscum erant, dicentes: "Consuetudo est, ut fiat hic oratio ab his, qui veniunt, quando de eo loco primitus videtur mons Dei"; sicut et nos fecimus. Habebat autem de eo loco ad montem Dei forsitan quattuor milia totum per valle illa, quam dixi ingens.

II. 1. Vallis autem ipsa ingens est valde, iacens subter latus montis Dei, quae habet forsitan, quantum potuimus videntes estimare aut ipsi dicebant, in longo milia passos forsitan sedecim, in lato autem quattuor milia esse appellabant. Ipsam ergo vallem nos trauersare habebamus, ut possimus montem ingredi. 2. Haec est autem vallis ingens et planissima, in qua filii Israhel commorati sunt his diebus, quod sanctus Moyses ascendit in montem Domini et fuit ibi quadraginta diebus et quadraginta noctibus. Haec est autem vallis, in qua factus est vitulus, qui locus usque in hodie ostenditur; nam lapis grandis ibi fixus stat in ipso loco. Haec ergo vallis ipsa est, in cuius capite ille locus est, ubi sanctus Moyses, cum pasceret pecora soceri sui, iterum locutus est ei Deus de rubo in igne. 3. Et quoniam nobis ita erat iter, ut prius montem Dei ascenderemus, quia hac parte, unde veniebamus, melior ascensus erat, et illinc denuo ad illud caput vallis descenderemus, id est ubi rubus erat, quia melior descensus montis Dei erat inde: itaque ergo hoc placuit, ut visis omnibus, quae desiderabamus, descendentes a monte Dei, ubi est rubus, veniremus, et inde totum per mediam vallem ipsam, qua iacet in longo, rediremus ad iter cum hominibus Dei, qui nobis singula loca, quae scripta sunt, per ipsam vallem ostendebant, sicut et factum est. 4. Nobis ergo euntibus ab eo loco, ubi venientes a Faran feceramus orationem, iter sic fuit, ut per medium transversaremus caput ipsius vallis et sic plecaremus nos ad montem Dei. 5. Mons autem ipse per giro quidem unus esse videtur; intus autem quod ingrederis, plures sunt, sed totum mons Dei appellatur, specialis autem ille, in cuius summitate est hic locus, ubi descendit maiestas Dei, sicut scriptum est, in medio illorum omnium est. 6. Et cum hi omnes, qui per girum sunt, tam excelsi sint quam nunquam me puto vidisse, tamen ipse ille medianus, in quo descendit maiestas Dei, tanto altior est omnibus illis, ut, cum subissemus in illo, prorsus toti illi montes, quos excelsos videramus, ita infra nos essent, ac si colliculi permodici essent. 7. Illud sane satis admirabile est et sine Dei gratia puto illud non esse, ut, cum omnibus altior sit ille medianus, qui specialis Syna dicitur, id est in quo descendit maiestas Domini, tamen videri non possit, nisi ad propriam radicem illius veneris, ante tamen quam eum subeas; nam posteaquam completo desiderio descenderis inde, et de contra illum vides, quod antequam subeas, facere non potest. Hoc autem, antequam perveniremus ad montem Dei, iam referentibus fratribus cognoveram, et postquam ibi perveni, ita esse manifeste cognovi.

III. 1. Nos ergo sabbato sera ingressi sumus montem et pervenientes ad monasteria quedam susceperunt nos ibi satis humane monachi, qui ibi commorabantur, praebentes nobis omnem humanitatem; nam et aecclesia ibi est cum presbytero. Ibi ergo mansimus in ea nocte, et inde maturius die dominica cum ipso presbytero et monachis, qui ibi commorabantur, cepimus ascendere montes singulos. Qui montes cum infinito labore ascenduntur, quoniam non eos subis lente et lente per girum, ut dicimus in coclea, sed totum ad directum subis ac si per parietem et ad directum descendi necesse est singulos ipsos montes, donec pervenias ad radicem propriam illius mediani, qui est specialis Syna. 2. Hac sic ergo iubente Christo Deo nostro adiuta orationibus sanctorum, qui comitabantur, et sic cum grandi labore, quia pedibus me ascendere necesse erat, quia prorsus nec in sella ascendi poterat, tamen ipse labor non sentiebatur (ex ea parte autem non sentiebatur labor, quia desiderium, quod habebam, iubente Deo videbam compleri): hora ergo quarta pervenimus in summitatem illam montis Dei sancti Syna, ubi data est lex, in eo id est locum, ubi descendit maiestas Domini in ea die, qua mons fumigabat. 3. In eo ergo loco est nunc eclesia non grandis, quoniam et ipse locus, id est summitas montis, non satis grandis est, quae tamen aecclesia habet de se gratiam grandem. 4. Cum ergo iubente Deo persubissemus in ipsa summitate et pervenissemus ad hostium ipsius ecclesiae, ecce et occurrit presbyter veniens de monasterio suo, qui ipsi ecclesie deputabatur, senex integer et monachus a prima uita et, ut hic dicunt, ascitis et (quid plura?) qualis dignus est esse in eo loco. Occurrerunt etiam et alii presbyteri nec non etiam et omnes monachi, qui ibi commorabantur iuxta montem illum, id est qui tamen aut etate aut inbeccilitate non fuerunt impediti. 5. Verum autem in ipsa summitate montis illius mediani nullus commanet; nichil enim est ibi aliud nisi sola ecclesia et spelunca, ubi fuit sanctus Moyses. 6. Lecto ergo ipso loco omnia de libro Moysi et facta oblatione ordine suo, hac sic communicantibus nobis, iam ut exiremus de aecclesia, dederunt nobis presbyteri loci ipsius eulogias, id est de pomis, quae in ipso monte nascuntur. Nam cum ipse mons sanctus Syna totus petrinus sit, ita ut nec fruticem habeat, tamen deorsum prope radicem montium ipsorum, id est seu circa illius, qui medianus est, seu circa illorum, qui per giro sunt, modica *t*errola est; statim sancti monachi pro diligentia sua arbusculas ponunt et pomariola instituunt uel *a*rationes, et iuxta sibi monasteria, quasi ex ipsius montis terra aliquos fructus capiant, quos tamen manibus suis elaborasse videantur.

XXXVI. 1. Ac sic ergo cum ceperit esse pullorum cantus, descenditur de Imbomon cum ymnis et acceditur eodem loco, ubi oravit Dominus, sicut scriptum est in evangelio: *Et accessit quantum iactum lapidis et oravit* et cetera. In eo enim loco ecclesia est elegans. Ingreditur ibi episcopus et omnis populus, dicitur ibi oratio apta loco et diei, dicitur etiam unus ymnus aptus et legitur ipse locus de evangelio, ubi dixit discipulis suis: *Vigilate, ne intretis in temptationem.* Et omnis ipse locus perlegitur ibi et fit denuo oratio. 2. Et iam inde cum ymnis usque ad minimus infans in Gessamani pedibus cum episcopo descendent, ubi prae tam magna turba multitudinis et fatigati de uigiliis et ieiuniis cotidianis lassi, quia tam magnum montem necesse habent descendere, lente et lente cum ymnis venitur in Gessamani. Candelae autem ecclesiasticae super ducente paratae sunt propter lumen omni populo. 3. Cum ergo perventum fuerit in Gessamani, fit primum oratio apta, sic dicitur ymnus; item legitur ille locus de evangelio, ubi comprehensus est Dominus. Qui locus ad quod lectus fuerit, tantus rugitus et mugitus totius populi est cum fletu, ut forsitan porro ad civitatem gemitus populi omnis auditus sit. Et iam ex illa hora hitur ad civitatem pedibus cum ymnis, pervenitur ad portam ea hora, qua incipit quasi homo hominem cognoscere; inde totum per mediam civitatem omnes usque ad unum, maiores atque minores, divites, pauperes, toti ibi parati, specialiter illa die nullus recedit a vigiliis usque in mane. Sic deducitur episcopus a Gessemani usque ad portam et inde per totam civitate usque ad Crucem. 4. Ante Crucem autem at ubi ventum fuerit, iam lux quasi clara incipit esse. Ibi denuo legitur ille locus de evangelio, ubi adducitur Dominus ad Pilatum, et omnia, quaecumque scripta sunt Pilatum ad Dominum dixisse aut ad Iudeos, totum legitur. 5. Postmodum autem alloquitur episcopus populum confortans eos, quoniam et tota nocte laboraverint et adhuc laboraturi sint ipsa die, ut non lassentur, sed habeant spem in Deo, qui eis pro eo labore maiorem mercedem redditurus sit. Et sic confortans eos, ut potest ipse, alloquens dicit eis: "Ite interim nunc unusquisque ad domumcellas vestras, sedete uobis et modico, et ad horam prope secundam diei omnes parati estote hic, ut de ea hora usque ad sextam sanctum lignum crucis possitis videre ad salutem sibi unusquisque nostrum credens profuturum. De hora enim sexta denuo necesse habemus hic omnes convenire in isto loco, id est ante Crucem, ut lectionibus et orationibus usque ad noctem operam demus."

VII. GREGORIO DE TOURS

Georgius Florentius, llamado más tarde Gregorius como su abuelo materno, obispo de Langres, nació en Clermont-Ferrand hacia el 538 de familia senatorial; sucedió en el 573 al obispo de Tours, Euphronius, su primo, y murió en Tours en el 594. Mezclado en las querellas de los reyes merovingios, negoció con ellos y defendió los derechos de la Iglesia. Se atrevió a sostener al obispo Pretextato, acusado de lesa majestad. La más importante de sus obras es la *Historia Francorum,* crónica en diez libros, esencial para el conocimiento de la sociedad en la alta Edad Media merovingia. Escribió, además, libros de hagiografía: los milagros de San Martín, su ilustre predecesor, y una serie de vidas de santos, *Vitae Patrum* y *De gloria confessorum.*

Gregorio de Tours encarna esa "edad tenebrosa" en que hasta el alto clero había perdido el uso coherente del latín. El santo obispo de Tours es un testigo de ello: vulgarismos de todo género inundan su idioma, cosa que es el primero en lamentar. Con ello, su obra es una fuente de primera importancia para el latín merovingio.

Ediciones: W. Arndt - Br. Krusch, *Gregorii Turonensis opera,* MGH, *Script. rerum Merovingicarum* I, 1885, reeditadas en 1937-42; H. Morf, *Auswahl aus den Werken Gregor von Tours* (Samml. vulgärlat. Texte), Heidelberg, 1922; W. Giesebrecht - R. Buchner, *Gregorius Turonensis, Zehn Bücher Geschichten — Historiarum libri X, 1-2* (Ausgew. Quellen zur deutschen Geschichte des Mittelalters, 2-3), Berlín, 1956.

Estudio: M. Bonnet, *Le latin de Grégoire de Tours,* 1890, obra capital que dio el impulso inicial a las investigaciones sobre el latín tardío:

Seguimos el texto establecido por W. Arndt con las variantes del *codex Bruxellensis* núm. 9403 (el B 2 de Arndt), manuscrito de la época merovingia, o, en todo caso, de tradición merovingia[4].

Historia Francorum VIII, 31.

Dum haec agerentur, et Fredegundis apud Rothomagensem urbem commoraretur[1], verba amaritudinis cum Pretextato pontifice habuit, dicens venturum esse tempus, quando exilia, in qua detentus fuerat, reviseret[2]. Et ille[3]: "Ego semper et in exilio et extra exilium episcopus fui, sum et ero, nam tu non semper regalem potentiam perfrueres. Nos ab exilio provehimur, tribuente Deo, in regnum; tu vero ab hoc regno demergeris[4] in abyssum. Rectius enim erat tibi, ut, relecta stultitia adque malitia, iam te ad meliora converteres et ab hac iactantia, qua semper ferves, abstraheris[5], ut et tu vitam adipisceris[6] aeternam et parvolum, quem genuisti, perducere ad legitimam possis aetatem." Haec effatus, cum verba illius mulier graviter acciperit, se a conspectu eius felle fervens abstraxit. Advenientem autem dominicae resurrectionis[7] diae, cum sacerdos[8] ad implenda aecclesiastica officia ad aecclesiam maturius properasset, antefonas[9] iuxta consuetudinem incipere per ordinem coepit. Cumque inter psallendum[10] formole decumberet, crudelis adfuit homicida, qui episcopum super formolam quiescentem, extracto baltei cultro, sub ascella percutit. Ille vero vocem emittens, ut clerici qui aderant adiuvarent, nullius ope de tantis adstantibus[11] est adiutus. At ille plenas sanguine manus super altarium extendens, ora-

1 *Var*. cummoraretur.
2 *Var*. reverterit.
3 *Var*. illi.
4 *Var*. demergeres.
5 *Var*. abstraheres.
6 *Var*. adipisceres.
7 *Var*. resurreccionis.
8 *Var*. sacerdus.
9 *Var*. antefanas.
10 *Var*. sallendum.
11 *Var*. tantes stantibus.

---

4 Véase Arndt, *o. c.*, pág. 25, y Morf, *o. c.*, pág. V.

tionem fundens et Deo gratias agens, in cubiculo suo inter manus fidelium deportatus et in suo lectulo collocatus est. Statimque Fredegundis cum Beppoleno duce et Ansovaldo[12] adfuit, dicens: "Non oportuerat haec nobis ac reliquae plebi tuae, o sancte sacerdos[13], ut ista tuo cultui evenirent[14]. Sed utinam indicaretur[15], qui talia ausus est perpetrare, ut digna pro hoc scelere subplicia sustenerent." Sciens autem ea sacerdos haec dolose proferre, ait: "Et quis haec fecit, nisi his qui reges[16] interemit, qui saepius sanguinem innocentem effudit, qui diversa in hoc regno mala commisit?" Respondit mulier: "Sunt aput nos[17] peritissimi medici, qui hunc vulnere medere[18] possint. Permitte, ut accedant ad te." Et ille: "Iam, inquid, me Deus praecepit de hoc mundum vocare. Nam tu, qui his sceleribus princeps inventa es, eris maledicta in saeculo, et erit Deus ultur sanguinis mei de capite tuo." Cumque illa discederit, pontifex, ordinata domo sua, spiritum exalavit. Ad quem sepeliendum Romacharius, Constantinae urbis[19] episcopus, advenit. Magnus tunc omnes Rothomagensis[20] cives, et praesertim seniores loci illius Francos[21] moeror obsedit. Ex quibus unus senior ad Fredegundem veniens, ait: "Multa enim mala in hoc saeculo perpetrasti, sed adhuc peius non feceras, quam ut sacerdotem Dei iuberes interficere[22]. Sit Deus ultur sanguinis innocentes velociter. Nam et omnes nos erimus inquisitores[23] mali huius, ut tibi diucius non liceat tam crudelia exercere." Cum autem haec dicens discederet a conspectu reginae, misit illa qui eum ad convivium provocaret. Quo renuente rogat, ut, si convivium eius uti non vellit, saltim vel pocu-

[12] *Var.* Ansoaldo.
[13] *Var.* sacerdus.
[14] *Var.* evenerent.
[15] *Var.* indecaretur.
[16] *Var.* regis.
[17] *Var.* nus.
[18] *Var.* medire.
[19] *Var.* Constancie orbis.
[20] *Var.* Rothomaginsis.
[21] *Var.* Francus.
[22] *Var.* interfecere.
[23] *Var.* nus eremus inquesitores.

lum auriat[24], ne ieiunus a regale domo discedat. Quo expectante, accepto poculo, bibit absentium[25] cum vino et melle mixtum, ut mos barbarorum habet; sed hoc potum venenum inbutum erat. Statim autem ut bibit[26], sensit pectorem suum[27] dolorem validum inminere, et quasi se incideretur intrinsecus, exclamat suis, dicens: "Fugite, o miseri, fugite malum hoc, ne mecum[28] pariter periamini[29]" Illis quoque non bibentibus sed festinantibus abire, hic protinus excaecatus, ascensoque aequo, in tertio ab hoc loco stadio cecidit et mortuus est. Post haec Leudovaldus[30] episcopus epistolas per omnes sacerdotes direxit, et accepto consilio, eclesias Rothomagensis[31] clausit, ut in his populus solemnia divina non expectaret, donec indagatione communi repperiretur[32] huius auctur sceleris[33]. Sed et aliquos adpraehendit[34], quibus supplicio subditos[35] veritatem extorsit, qualiter per consilium Fredegundis haec acta fuerant[36]. Sed et, ea defensante, ulciscere non potuit.

[24] *Var.* aureat.
[25] *Var.* absencium.
[26] *Var.* bibat.
[27] *Var.* pectore suo.
[28] *Var.* micum.
[29] *Var.* pariamini.
[30] *Var.* Leovaldus.
[31] *Var.* Rothomaginsis.
[32] *Var.* indignacione cummuni reperiretur.
[33] *Var.* sceleres.
[34] *Var.* adprehindit.
[35] *Var.* subditus.
[36] *Var.* fuerat.

VIII. LEX SALICA

La ley sálica, colección de leyes de los antiguos Francos Salios, consiste en reglas de derecho civil, de procedimiento y sobre todo de derecho penal bajo forma de tasas de composición. Se halla consignada en varias redacciones sucesivas, de las que la más antigua, llamada *Pactus Legis Salicae,* se remonta a la época de Clodoveo. Las redacciones carolingias, sobre todo la *Lex Salica Karolina* o de Carlomagno, son continuaciones y mejoras de ella.

Reproducimos algunos extractos del *Pactus Legis Salicae,* de acuerdo con la única edición crítica, por K. A. ECKHARDT, *Pactus Legis Salicae* I y II, 1 y 2; Göttingen, 1954-56 (con glosario e índice)[5]. Véase también, por el mismo autor, *Die Gesetze des Merowingerreiches* 481-714. I. *Pactus Legis Salicae: Recensiones Merovingicae,* 2.ª ed., Berlín, 1955. — Estudio lingüístico (anticuado): FR. SCHRAMM, *Sprachliches zur Lex Salica. Eine vulgärlateinisch-romanische Studie,* Marburg a. L., 1917.

IX. De damnum in messe vel in qualibet clausura inlatum.

§ 1. Si quis animal[1] aut caballum vel quemlibet pecus in messe sua invenerit, penitus eum vastare non debet[2]. Quod si fecerit et hoc confessus fuerit, capitale in loco restituat; ipsum vero

[1] *Var.* animalem. [2] *Var.* debeat.

---

[5] Prescindiremos de las glosas francas llamadas *malbérgicas.*

debilem[3] quem percussit ad se recipiat. Si vero confessus non fuerit et ei fuerit adprobatum, DC denarios qui faciunt solidos XV culpabilis iudicetur excepto capitale et dilatura.

§ 5. Si alicuius[4] porci aut qualibet pecora, ipsum custodientem[5], in messe aliena cucurrerint[6] et illum negantem[7] ei fuerit adprobatum, DC denarios qui faciunt solidos XV culpabilis iudicetur.

XXX. De convitiis.

§ 2. Si quis alterum concagatum[8] clamaverit, sunt CXX denarios qui faciunt solidos III culpabilis iudicetur.

§ 6. Si quis alterum[9] inputaverit, quod scutum[10] suum iactasset, et ei non potuerit adprobare, CXX denarios, *etc*.

XXXIV. De sepibus furatis.

§ 3. Si quis per alienam messem, postquam levaverit, erpice traxerit aut per eam cum carro sine via transierit, XXX denarios, *etc*.

§ 5. Si quis per malum ingenium[11] in curte alterius aut in casa vel ubilibet aliquid de furtum miserit, hoc est nesciente domino cuius[12] domus vel curtis est, et ibidem inventus fuerit, MMD denarios, *etc*.

XXXV. De homicidiis servorum vel expoliationibus.

§ 9. Si quis vassum ad ministerium, puellam ad ministerium aut fabrum ferrarium vel aurifice[13] aut porcario vel vinitorem aut stratorem furaverit aut occiderit, cui fuerit adprobatum, MCC denarios, *etc*.

[3] *Var*. dibilem.
[4] *Var*. alicui.
[5] *Var*. ipsum custodiente, ipso custodiente.
[6] *Var*. currerint, cucurrent.
[7] *Var*. illum necantem, illo negante, ipso negante.
[8] *Var*. concagato.
[9] *Var*. alteri, altero.
[10] *Var*. escutum.
[11] *Var*. per malo ingenio.
[12] *Var*. cui.
[13] *Var*. aurefice.

LVIII. De chrenecruda.

§ 1. Si quis hominem occiderit et, totam facultatem datam, non habuerit, unde conponat, ut tota lege impleat, XII iuratores donet, quod nec super terram nec subtus terram plus de facultatem non habeat, quam iam donavit.

§ 2. Et postea sic debet in casa sua intrare et de quatuor angulos[14] terrae[15] in pugno colligere, et sic postea in duropello, hoc est in limitare, stare debet[16], intus in casa respiciens[17], et sic de sinistra[18] manu de illa terra trans scapulas[19] suas iactare super illum, quem[20] proximiorem parentem habuit.

§ 3. Quod si iam pater et fratres solserunt[21], tunc super suos filius debet illa terra iactare, id est super tres de generatione matris, qui proximiores sunt.

§ 4. Et sic postea[22] in camisa[23] discinctus[24] discalcius[25], palo in manu, sepe sallire[26] debet, ut pro medietatem, quantum de compositionem diger est aut quantum lex addicat, et illi tres solvant; hoc et illi alii, qui de paterna generatione veniunt, similiter facere debent.

[14] *Var.* angulus.
[15] *Var.* terram, terra, de terra illa.
[16] *Var.* debit.
[17] *Var.* intus casa aspicere.
[18] *Var.* senextra.
[19] *Var.* transe escapulas.
[20] *Var.* illo quem, illo qui.
[21] *Var.* solserint, persolverunt.
[22] *Var.* postia.
[23] *Var.* camisia.
[24] *Var.* discintus.
[25] *Var.* discalciatus.
[26] *Var.* sibi psallire.

IX. PARODIA DE LA *LEX SALICA*

A continuación del Epílogo del *Pactus Legis Salicae* (más arriba, pág. 323), el copista del manuscrito de Wolfenbüttel, que data de la segunda mitad del s. VIII, ha escrito un pastiche burlesco —costumbre bastante extendida en la Edad Media— parodiando el estilo jurídico que se prestaba muy bien a ello. Muchas fórmulas están tomadas de la misma Ley Sálica: *si quis... potuerit, si ullus... praesumpserit, mallobergo leodardi solidos... componat, convenit observare, culpabilis iudicetur.* En la primera parte, *narratio* y *dispositio,* los rasgos paródicos se unen a elementos propios de la lengua hablada, mientras que la segunda parte, la *conventio,* es una mezcla curiosa del latín notarial y de ese "romance rústico" que hará acto de presencia oficial medio siglo más tarde en el Concilio de Tours (813)[6], poco antes de la aparición del primer monumento "romance" que son los Juramentos de Estrasburgo (843). Son dignos de especial nota en él la reducción de la flexión nominal a dos casos, así como la aparición del artículo y algunos fenómenos de vocabulario galorrománico[7].

---

[6] El Concilio de Tours ordena a los sacerdotes traducir las homilías a la «lengua romance rústica» o alemana para facilitar su inteligencia: «Visum est unanimitati nostrae..., ut easdem homilias quisque aperte transferre studeat in rusticam Romanam linguam aut theotiscam, quo facilius cuncti possint intelligere quae dicuntur».

[7] Hacia la misma época se sitúa el primer texto que anuncia el nacimiento del italiano y se trata también de una broma de escriba: la Adivinanza de Verona (v. ante todo A. Castellani, *I più antichi testi italiani,* Bolonia, 1973, págs. 13-30).

Reproducimos este texto siguiendo a K. A. Eckhardt, *Pactus Legis Salicae,* II, 2, pág. 410. Ediciones comentadas: G. A. Beckmann, *Aus den letzten Jahrzehnten des Vulgärlateins in Frankreich,* en *ZRPh,* LXXXIX, 3/4 (1963), págs. 305-321; D. S. Avalle, *Latino "circa Romançum" e "rustica Romana lingua",* pág. 24 (bibliografía); idem, *Ancora sulla Parodia della "Lex Salica",* en *Miscellanea... A. Schiaffini,* Roma, 1965, págs. 29-61 (estudio pionero; reproducido en D. S. Avalle, *Protostoria delle lingue romanze,* Corsi universitari, Turín, 1965, págs. 363-414).

Incipit totas malb.

In nomine Dei patris omnipotentis. Si*c* placuit uolumtas Laidobranno & Adono, ut pactum Salicum, de quod titulum non abit, gratenter suplicibus aput gracia Fredono una cum uxore sua & obtimatis eorum, in ipsum pactum titulum unum cum Deo adiuturio pertractare debirent, ut si quis homo aut in casa aut foris casa plena botilia abere potuerint, tam de eorum quam de aliorum, in cuppa non mittant ne gutta.

Se ull*us* hoc facire presumserit, mal. leodardi sol. XV con⟨ponat⟩, & ipsa cuppa frangant la tota, ad illo botiliario frangant lo cabo, at illo scanciono tollant lis potionis. Sic conuinit obseruare, apud staubo bibant & intus suppas faciant. Cum senior bibit duas uicis, sui uassalli la tercia bonum est. Ego qui scribsi mea (?) nomen non hic scripsi. Cul⟨pabilis⟩ iud⟨icetur⟩.

(Traducción)

Comienza(n) aquí todas las (leyes) malbérgicas.

In nomine Dei patris omnipotentis. Tal fue la voluntad de Laidobrando y de Adón: que, visto que en el Pacto Sálico falta un título especial sobre este asunto, ante la petición encendida de Fredón con su esposa y sus optimates en solicitud de esta gracia, se veían obligados a redactar, con la ayuda de Dios, en el citado Pacto, un título que diga que cualquier persona que tenga, en su casa o fuera de su casa, una botella llena, tanto si está en su posesión como en posesión ajena, no deberá echar ni una sola gota en el vaso.

Y, si alguno se atreviera a hacer esto, pagará una multa de quince sueldos y que dicho vaso sea quebrado por completo, que se rompa la cabeza al botellero, que al copero se le quiten las bebidas. Esto es lo que se ha decidido observar: que se beba en una taza y que hagan dentro sopas. Cuando el señor bebe dos veces, es bueno que sus vasallos tomen parte en la tercera. Yo, que he escrito esto, no lo he firmado. ¡Que el culpable sea juzgado!

X. APPENDIX PROBI

La génesis de este "documento básico para el estudio del latín vulgar" ha sido esclarecida últimamente por C. A Robson, *L'*Appendix Probi *et la philologie latine,* en *Le Moyen Âge,* 69 (1963), págs. 37-54. Hacia el 700, unos monjes de Bobbio, fundación de S. Columbano en Emilia, rasparon un pergamino con textos bíblicos de la antigua tradición, para copiar en él un tratado gramatical del seudo-Probus, añadiendo cinco apéndices; el tercero es la lista de correcciones que se ha dado en llamar *Appendix Probi,* y que sería más exacto llamar *Appendix Bobbiensis.* El autor de esta lista es un purista que la toma con las formas consideradas defectuosas o vulgares. Sin embargo, muchas de estas "faltas" figuraban en las antiguas versiones bíblicas. Las correcciones no están siempre de acuerdo con las reglas clásicas y muchas se identifican con formas pertenecientes como propias a la latinidad cristiana africana o visigótica. Robson ha hecho remontar aproximadamente un tercio de las faltas notadas en el *Appendix Probi* a glosas greco-latinas, sobre todo a las *hermeneumata,* pequeños glosarios agrupados según el sentido, cosa que le ha permitido restituir el original verosímil de dos artículos del *Appendix Probi* (nn. 18 y 176) y dar una nueva interpretación a otros (cf. más abajo). El corrector, pues, "sin duda uno de esos *Scoti* cuya curiosidad y cuidado literario causan la admiración de los humanistas modernos" (Robson, *l. c.,* pág. 53), ha debido conocer los glosarios greco-latinos en cuestión, así como la buena tradición bíblica y patrística cultivada fuera de Italia. Al mismo tiempo, la fecha del *Appendix Probi,* que ha pasado por un tratado de los siglos III-IV, será adelantada "a los siglos cristianos, bajo los lombardos": por tanto, ¡después del 568!

Ediciones: W. Foerster, Viena, 1892; W. Heraeus, Leipzig, 1899; W. A. Baehrens, Halle (S.), 1922; estas dos últimas con importantes comentarios. Entre las ediciones comentadas más recientes hemos de señalar la de la Antología de V. Pisani.

Porphireticum marmor non purpureticum marmur.
tolonium non toloneum.
speculum non speclum.
masculus non masclus.
vetulus non veclus.
vitulus non viclus.
vernaculus non vernaclus.
articulus non articlus.
baculus non vaclus.
angulus non anglus.
iugulus non iuglus.
calcostegis non calcosteis.
septizonium non septidonium.
vacua non vaqua.
vacui non vaqui.
cultellum non cuntellum.
marsias non marsuas.
can*ic*lam non cani{a}nus.
hercules non herculens.
columna non colomna.
pecten non pectinis.
aquaeductus non aquiductus.
cithara non citera.
crista non crysta.
formica non furmica.
musivum non museum.
exequ<i>ae non execiae.
gyrus non girus.
avus non aus.
miles non milex.
sobrius non suber.
figulus non figel.
masculus non mascel.
lanius non laneo.
iuvencus non iuvenclus.
barbarus non barbar.
equ<u>s non ecus.
coqu<u>s non cocus.
coquens non cocens.
coqui non coci.
acre non acrum.
pauper mulier non paupera mulier.
carcer non car<car>.
bravium non braveum.
pancarpus non parcarpus.
theofilus non izofilus.
hom<o>fagium non monofagium.
byzacenus non bizacinus.
capsesis non capsessis.
catulus <non cat>ellus.
{catulus non ca<te>llus}.
dolium non doleus.
calida non calda.
frigida non fricda.
vinea non vinia.
tristis non tristus.
tersus non tertus.
umbilicus non imbilicus.
turma non torma.
celebs non celeps.

ostium non osteum.
flavus non flaus.
cavea non cavia.
senatus non sinatus.
brattea non brattia.
cochlea non coclia.
coc<h>leare non cocliarium.
palearium non paliarium.
primipilaris non primipilarius.
alveus non albeus.
globus non glomus.
lancea non lancia.
favilla non failla.
orbis non orbs.
formosus non formunsus.
ansa non asa.
flagellum non fragellum.
calatus non galatus.
digitus non dicitus.
solea non solia.
calceus non calcius.
iecur non iocur.
auris non oricla.
camera non cammara.
pegma non peuma.
cloaca non cluaca.
festuca non fistuca.
ales non alis.
facies non facis.
cautes non cautis.
ple*b*es non plevis.
vates non vatis.
tabes non tavis.
suppellex non superlex.
apes non apis.
nubes non nubs.
suboles non subolis.
vulpes non vulpis.
palumbes non palumbus.
lues non luis.
deses non desis.
reses non resis.
vepres non vepris.
fames non famis.
clades non cladis.
syrtes non syrtis.
aedes non aedis.
sedes non sedis.
proles non prolis.
draco non dracco.
oculus non oclus.
aqua non acqua.
alium non aleum.
lilium non lileum.
glis non gliris.
delirus non delerus.
tinea non <tinia>.
exter non extraneus.
clamis non clamus.
vir non vyr.
virgo non vyrgo.
virga non vyrga.
occasio non occansio.
caligo non calligo.
terebra non telebra.
effeminatus non imfimenatus.
botruus non butro.
grus non gruis.

anser non ansar.
130 tabula non tabla.
puella non poella.
balteus non baltius.
fax non facla.
vico capitis Africae non vico caput Africae.
135 vico tabuli proconsolis non vico tabulu proconsolis.
vico castrorum non vico castrae.
vico strobili non vico strobilu.
teter non tetrus.
aper non aprus.
140 amygdala non amiddula.
faseolus non fasiolus.
stabulum non stablum.
triclinium non triclinu.
dimidius non demidius.
145 turma non torma.
pusillus non pisinnus.
meretrix non menetris.
aries non ariex.
persica non pessica.
150 dysentericus non dysintericus.
opobalsamum non ababalsamum.
tensa non tesa.
raucus non raucus (?).
auctor non autor.
155 auctoritas non autoritas.
<ipse non ipsus?>
linteum non lintium.
a... petre non ...tra.
terrae motus non terrimotium.
160 noxius non noxeus.
coruscus non scoriscus.
tonitru non tonotru.
passer non passar.
anser non ansar.
165 hirundo non harundo.
obstetrix non opsetris.
capitulum non capiclum.
noverca non novarca.
nurus non nura.
170 socrus non socra.
neptis non nepticla.
anus non anucla.
tundeo non detundo.
rivus non rius.
175 imago non <omago?>.
pauo{r} non pao{r}.
coluber non colober.
adipes non alipes.
sibilus non sifilus.
180 frustum non frustrum.
plebs non pleps.
garrulus non garulus.
parentalia non parantalia.
celebs non celeps.
185 poples non poplex.
locuples non locuplex.
robigo non rubigo.
plasta non blasta.
bipennis non bipinnis.
190 ermeneumata non erminomata.
tymum non tumum.
strofa non stropa.
bitumen non butumen.
mergus non mergulus.

myrta non murta.
zizipus non zizupus.
iunipirus non iuniperus.
tolerabilis non toleravilis.
basilica non bassilica.
tribula non tribla.
viridis non virdis.
constabilitus non constabilitus (?).
sirena non serena.
musium vel musivum non museum.
labsus non lapsus.
orilegium non orolegium.
<h>ostiae non {h}ostiae.
februarius non febrarius.
glatri non cracli.
allec non allex.
rabidus non rabiosus.
tintinaculum non tintinabulum.
adon non adonius.
grundio non grunnio.
vapulo non baplo.
necne non necnec.
passim non passi.
numquit non nimquit.
numquam non numqua.
nobiscum non noscum.
vobiscum non voscum.
nescioubi non nesciocube.
pridem non pride.
olim non oli.
adhuc non aduc.
idem non ide.
amfora non ampora.

XI. GLOSAS EMILIANENSES

El convento de San Millán, al oeste de la provincia de Logroño, contiene un manuscrito del siglo x con diversos textos religiosos que datan del siglo IX o X: *exempla* sacados de las *Vitae Patrum,* piezas litúrgicas, sermones atribuidos a San Agustín. Esta colección, así como la poco posterior de Silos de ella dependiente, ha sido dotada, hacia la mitad del siglo x, de glosas (¿provenientes de un glosario preexistente?) marginales y entre líneas que traducen palabras latinas, más un pasaje de prosa continua. Ahora bien, a diferencia de las glosas de Reichenau, las glosas de San Millán y de Silos representan el empleo consciente de la lengua vulgar. Estamos en presencia de un primer ejemplo del "iberorromance", con sus elementos distintivos, tales como la diptongación de *ĕ* y de *ŏ,* reducción de la declinación únicamente al acusativo latino, constitución del artículo definido y del futuro románico; algunas particularidades fonéticas son propias del navarro-aragonés. Sin embargo, al igual que el latín merovingio en Francia, existía en España un latín visigótico que se mantuvo vivo hasta siglo XI por no haber conocido la península ibérica algo parecido a la reforma carolingia[8]. Por eso, es preciso contar con la intervención de hechos pertenecientes a la tradición visigótica allí donde las glosas ofrecen un aspecto netamente latino que no puede ser reducido a una forma románica relatinizada.

---

[8] Véase J. Bastardas Parera, *Particularidades sintácticas del latín medieval (Cartularios españoles de los siglos VIII al XI),* Barcelona-Madrid, 1953; Introducción.

El extracto que sigue está basado en la edición crítica dada por R. Menéndez Pidal, *Orígenes del español,* págs. 1-8; para el comentario ha sido utilizado el rico estudio que Menéndez Pidal consagra a este documento en la misma obra. Las glosas, en **negrita**, son colocadas entre corchetes; las palabras latinas que traducen las glosas van en *itálica.*

Item alius sermo.

Karissimi, quotienscumque ad eclesiam vel ad sollemnitatem martirum conventi fueritis [...], cum Dei adiutorio implere *contendite* [**tenete**] [...] Sunt enim plurime, et *precipue* [**plus, maius**] mulieres, qui in eclesia garriunt [...] *Adtendat unusquisque* [**katet quiscataqui**], ne munera accipiendo alterius causam malam faciat suam penam, si iniuste iudicaverit; accipe pecunie lucrum et *incurrit* [**kaderat**] anime detrimentum. *Non se circumveniat qui talis est* [**non se cuempetet elo uamne en sivi**]; in illo enim impletur quod scriptum est: in quo iudicio iudicaveritis, iudicavimini. *Forsitam* [**alquieras**] quando ista predicamus, aliqui contra nos irascuntur et dicunt: ipsi qui hoc predicant, hoc *implere dissimulant* [**tardarsan por inplire**]; ipsi sacerdotes, presviteres et diacones *talia plura conmittunt* [**tales muitos fazen**]; et quid<d>am, fratres, *alicotiens* [**alquandas beces**] verum est, quod peius est. Nam aliqui clerici et inebriari se solent, et causas iniuste *subvertere* [**transtornare**] et in festivitatibus causas dicere et *litigare non erubescunt* [**non se bergu<n>dian tramare**]. Set *numquid* [**certe**] toti condemnandi sunt? [...] Nos ipsos *pariter* [**aduna**] *arguimus* [**castigemus**]; [...] *admoneo* [**castigo**]; in diem iudicii duppliciter *criminis* [**peccatos**] reus esse timeo; ad mensam cordis vestri *offero* [**dico**] legem divinam, *quasi* [**quomodo**] Domini mei *pecuniam* [**ganato**]. Christus cum venerit sacerdotibus, ipse est *exacturus* [**de la probatione**] *usuram* [**ela legem**] [...] Salvatoris precepta *insinuo* [**io castigo**] [...] qui et nobis tribuat *libenter* [**voluntaria <mientre>**] audire quod predicamus [...] *adiubante domino nostro Ihesu Christo, cui est honor et imperium cum patre et spiritu sancto in secula seculorum*

[cono aiutorio de nuestro dueno, dueno Christo, dueno salbatore, qual dueno get ena honore, e qual duenno tienet ela mandatione cono patre, cono spiritu sancto, enos sieculos delo<s> sieculos. Facanos Deus omnipotes tal serbitio fere ke denante ela sua face gaudioso segamus. Amem.]

COMENTARIOS

I. A.

1.—1. *quoservis:* §§ 91, 121. —2. *proficisces,* 3. *libes:* § 121.

2.—2. y 3. *Eburiolus* = *Ebriolus,* apellido, "un poco ebrio", desconocido fuera de aquí; la anaptisis, rara en latín *(drachuma* < δραχμή), ha sido traída aquí por el grupo *bri̯* (cf. §§ 76, 77); cf. a. fr. *chamberiere* y la pronunciación mod. de *nous aimerions* [*nuzεmərjõ*]. — 3. *fratrabiliter:* § 186.

3.—Para este género de deseo, cf. CIL IV 2183 *Myrtile, habeas propitium Caesare* y, a la inversa, *ibid.* 2390ª *Duodecim deos et Deanam (= Dianam) et Iovem optumum habeat iratos quisquis hic mixerit aut cacarit.* — 1. *Castrese* = *Castrensis* (§ 121), la final, sin duda, como eco del vocativo *invicte* que precede. — 4. *ite* = *item,* § 127.

4.—1. *Tr(ax)* = *Thrax,* § 102. — 2. *retiarius* "gladiador armado con un tridente y una red". — *Cresces:* § 121. — 3. *puparru* = *puparum; pupa* (y *puppa,* las dos sobreviven en dial. it.) "niña", "muñeca". — *domnus:* § 66.

5.—1. *facitis* = *facite,* § 306; *sibi suaviter facere* "darse buena vida", cf. Ag. *Disc.* 5, 5 *bene nobis faciamus hodie, quantum possumus bibamus* (Blaise, *Dict. lat.-fr. des auteurs chrét.,* s. v. *facere).*

6.—1.-2. *malum ministrum in omnia* "un criado bueno para nada", literalmente "un criado malo para todo". — 3. *vix tarde* "finalmente", *vix tandem* en lengua lit. — 4. *foras exigerunt:* pleonasmo, cf. Petr. 28, 7 *foras exierit.* — 5. *persuavissime:* doble superlativo característico de la lengua pop. — *cum* conj. temp. "cuando", seguida por un verbo en indic., construcción arcaica y pop. (Hofmann-Szantyr, § 333). — HS = *sestertios.* — S = *semis* "medio (mitad)".

7.—1. *imperatores Antonino et Al*[e]*ssanro* por *imperatoribus A. et A.,* 6. *option(e) Gargilium Rogatianum* por *o. Gargilio Rogatiano:* cruces entre abl. abs. y acus. abs., § 384. — *Al*[*e*]*ssanro: ss* < *x,* § 128; *nr* por *ndr,* siendo oída la *d* en este grupo como un sonido intercalado, cf. § 115. — 3. *Celius* = *Caelius,* § 59. — 3.-4. *sebaciaria(m) fecit* "ha prestado el servicio de alumbrado (prestado a los vigilantes nocturnos)", de *sebaceus* "vela" (de sebo, *sebum*). — 5. *stependiorum:* § 55. — 6. *optio,* masc., "ayudante escogido por el centurión"; para el paso del sentido abstracto al concreto, cf. *vigilia* "guardia" y fr. *vigie, vedette, recrue,* etc.

8. — El mismo dístico se encuentra también en forma más correcta, CIL IV 4095:

(quis)quis amat, valeat, pereat qui nescit amare!
Bis tanto pereat quisquis amare vetat.

2.-3. *ama, valia, peria:* §§ 76, 130. — 3.-4. *nosci* = *non scit,* §§ 121, 130, por *nescit.* — *bis tanti,* gen. de precio por hipercorrección, por *bis tanto.* — 8. *vota(t),* forma arcaica por *vetat.*

9. — 1. *formonsis:* § 121. — 2. *set:* § 131.

I. B.

1. — *a)* 1.-2., *b) infernales* = *inferas,* únicos ejemplos seguros de esta palabra (Thes.). — 3.-4. *Iulia Faustilla Marii filia:* compl. de objeto, § 127. — 4.-5. *celerius* "de prisa", = *celeriter,* cf. *saepius* "reiteradamente", uso frecuente (Hofmann-Szantyr, pág. 169). — 5.-6. *b) in numeru(m) tu abias* = *in numerum tuum habeas;* de otra manera Audollent, pág. 300: *in numerum* "scilicet defunctorum in Orco versantium", interpretando, pues, el final: *tu habeas,* asimismo Jeanneret, pág. 61; *tu* = *tuum,* §§ 81, 284; *abias* = *habeas,* §§ 76, 101. — *b) infernalis* por *infernalibus,* § 234 (¿confundido con *infernis partibus?* Jeanneret, pág. 73).

2. — 1. *indico il(l)u(m)* [falta el nombre] *quiq*[*ue i*]*mitati* [*sunt eum?*], conjetura de Audollent, pág. 293. — *ilu* = *illum,* § 127. — 2. *muttos* = *mutos,* cf. § 112; la misma palabra es escrita *mutuos,* 8.-9. sin duda evolución inversa, cf. § 79. — 2. *adversu* = *adversum,* § 127. — 3. *ligo o*[*b*]*ligo,* 4.-6. *medias extremas novissimas,* 8.-10. *mutuos muturungallos mutulos:* las series de términos sinónimos o de encarecimiento son características de las execraciones (Jeanneret, págs. 3 y 10 ss.). — 4. *illoro,* 13. *iloro = illorum,* §§ 55, 127. — 6. *quit = quid,* § 130. — 9. *muturungallos:* "barbarismo cabalístico con sentido fuertemente intensivo: 'absolutamente mudos'" (Jeanneret, pág. 102). — 10. *mutulos:* dim. (sobrevive en toscano), en sentido más bien intensivo, § 190. — 10.-12. *marinis, parinis:* ¿palabras mágicas? — 13.-14. *liguas = linguas,* § 119. — El final es ininteligible.

3.—*mateliu=mantelium* (§§ 119, 127) "toalla"-*involavit:* § 148. *liquat* por *liqueat,* hecho fonético (§ 79) o morfológico (§ 314). — *como:* §§ 50, 53. — *ell*[*a*] = *illa,* § 55; *aqua ell*[*a*] *m*[*u*]*ta* "el agua muda", cf. a. fr. *Alde la bele, por Deu lo glorios. — ni q(ui) = nisi quis* "a menos que alguno" (cf. Hofmann-Szantyr, § 367, b). — *eam* ¿por *eam rem?*

I. C.

1.—Gaius Iulius Dryas era el padre de Iulia Secunda y el esposo de Naevia Sperata. — 2. *tata:* § 172. — 5. *cum quen:* §§ 127, 247, 286.

2.—1.-2. *Restutus, Restuta:* haplología, v. Väänänen, *Lat. vulg. des inscr. pomp.,* pág. 46. — *Piscinesis:* § 121. — 4. *Orfeu maritu:* sin duda = *-um,* §§ 127, 247. — 5. *in Tiberi:* § 245. — *decepta est* "ha perecido (arrojada en el Tíber por su marido)"; el punto de partida es el sentido "privar de" del verbo *decipere,* de donde en baja época *deceptus = vitā privatus;* cf. CIL VI 20307 (epitafio de Roma) *Iulio Timotheo... decepto a latronibus cum alumnis n(umero) VII...*; cf. E. Löfstedt, *Spätlat. Studien,* Upsala, 1908, págs. 72 ss.

3.—1. *signino: signinum,* único ejemplo, según parece, de tal dimin. de *signum* "estatua, monumento funerario"; el dimin. usual es *sigillum,* usado igualmente en este sentido (Dessau, pág. 898); para el sufijo dimin. *-inus,* v. M. Niedermann, -īnus *als Diminutiv-suffix im späteren Volkslatein,* en *Festschrift A. Debrunner,* Berna, 1954, págs. 329-342, y B. Hasselrot, *Études sur la formation diminutive dans les langues romanes,* Upsala, 1957, *passim.*— 3. *tan dulcis tanquam:* pleonasmo por *tam d. quam,* o *d. tamquam; tan:* § 127. — 3. *aromata:* símbolo de pureza, Ambr. *De virg.* 12, 69; Paulus Diac. *Carm.* 27, 168 *flores et aromata Christi.* — 4. *desiderando:* § 328. — *mellea vita:* compl. de objeto, § 127; para esta metáfora, cf. CIL IV, supl. III, 8408 *Amantes ut apes vita mellita exigunt;* CIL 21787 *patri dulcissimo me-*

lleo, ibid. 34426ª *filio melleo;* Cic. *Att.* 1, 18, 1 *cum uxore et filiola et mellito Cicerone.*

4.—6. *posit* de *posivit* (hay que suplir: *hoc monumentum),* forma antigua y pop. (cf. Mihăescu, § 162); *posuit* es de formación secundaria. — 8.-9. *pientissumo:* superl. usual de *pius,* siguiendo a *benevolentissimus,* por *piissimus,* raro.

5.—2. *septe,* 3. *sedece:* § 127. — *cavo:* por *cavum* "agujero", "tumba", ¿o se trata de un error del lapídice por *caro?* — 4.-5. *filiu* = *filio.* — *minserino* = *miserino,* evolución inversa, § 121; este diminutivo (cf. más arriba, **3,** 1) vuelve a encontrarse en otros epitafios: CIL 26704 *Spude pusinna miserina,* CIL VIII 12794 *miserina,* Dessau 8492 *fato raptus miserinus;* asimismo el diminutivo más antiguo *misellus* se aplica a los difuntos, por ej. Petr. 65, 10 (cf. Stefenelli, pág. 127). — 6. *piente:* forma rehecha sobre el superlativo *pientissimus,* cf. más arriba, **4,** 8-9.

6.—1. *coiugi* = *coniugi,* forma frecuente, sea por asimilación *n̯i* > *i̯i̯,* sea por extensión de la forma *co-* (delante de voc.) del prefijo. — 2. *que* = *quae,* § 59. — *fecit:* cf. ICV 38 *fecit cum maritum annos duo...,* ibid. 311 *que fecit mecum annos nove...* (cf. Thes., VI, 1, pág. 101). — *mecu:* § 127. — 3. *ani(s)* por *annos,* confusión debida a la concurrencia del abl. y del acus. de duración (Löfstedt, *Synt.* II, pág. 60; Ernout-Thomas, § 133). — *qui* = *quae,* § 285. — *bixit:* § 89. — 4. *deposita* "inhumada", desde Ovidio, sobre todo cristiana.

7.—3.-2. *annus:* cf. ICV 7 *plus minus annus XLV,* 115 *vixit m(inus) annus V,* 116 *vixit annus quinquaginta mensis quattor;* además 118 ejemplos en los textos cristianos de Roma; se trata, más que del acus. pl. por *annos,* de un nom. sg. que precede al número de años, dado en general en cifras redondas (H. Zilliacus-R. Westman, en ICV, 2, págs. 31 ss.). — 3. *cogiugi:* § 95. — 4. *fecit:* cf. más abajo, **6,** 2. — 6. *fecit:* es decir, *hoc monumentum.*

II

1.—Lengua muy correcta; obra interesante por su antigüedad y por la notación, poco consecuente por otra parte, de las vocales largas. — 3.-4. *dissimulare non potui, ut tibi non scriberem* "no he podido dejar de escribirte", literalmente "...el no escribirte"; el giro clásico es *...quin* o *quominus...* — 5. *decriminatum* "reprobado", hapax (Thes.); intensivo sobre el simple *criminare.* — 6. *Didom:* ¿por *Didium?* cf. §§ 55, 87. — 8. *valenter* "valientemente", poético y pop. — 9. *conliberto:* § 113. — 10. *scelera* "infamias". — 16. Fecha, 19 de julio, en latín y en griego.

2.—*a) quid est quod* "por qué razón", lit. "qué es por lo que". — *mi:* § 280. — 4. *si:* § 378. — 6. *amaxitem:* latinización del gr. ἁμαξίτης, de ἅμαξα "carreta de cuatro ruedas". — 7. *vasu:* lectura poco segura, ¿por *vasum* = *vas?*, § 234. — *matia: matium,* μάτιον, medida de capacidad egipcia. *explesti IIII matia:* "Rustius hace panes por cuenta de Pompeyo, y, para que éste sepa dónde llega, le informa que ya ha terminado y consumido cuatro *matia* de trigo o de harina" (hipótesis de Guéraud). — 8. *tibe:* forma antigua conservada por la lengua pop. (Ernout, *Morphologie,* § 149), o bien *-e* < *-i,* § 55. — 9. *quod* = *id quod.* — 11. *usos* = *usus,* § 232. — *quan* (cf. *tan,* más arriba, **I. C, 3,** 3) *formosa* = *quam formosissima,* giro pop. (Hofmann-Szantyr, pág. 590; cf. it. *quanto mai belli).* — 12. *ut pretium* "como precio", "en pago". — 12.-13. *aeorum* = *eorum,* §§ 45, 59. — 13. *quit:* § 130. — *vis:* § 376. — *mit(t)am.* — 15 *ducerem* por *ducere,* repetición del *-em* de *uxorem.* — 16. *quam mox* = *cum primum* "tan pronto como" (Hofmann-Szantyr, § 324; cf. it. *appena sarò sposato, ti scriverò).* — *continuo* "allí mismo", "en seguida", pleonasmo.

b) 2. *opto deos* = *o. per deos,* siguiendo a *rogo, oro,* etc. *deos.* — *que* = *quae,* cf. más arriba. — 3. *quid mi... scribes* "para qué me escribes", "por qué..." — *mi, tan:* cf. más arriba. — *scribes,* 4. *mittes* = *-is,* § 55. — 4. *virdia* = *viridia,* § 64. — 5. *stati:* § 127. — *obliscere:* §§ 90, 294. — *debio:* § 76. — 7. *tanquam amicum* cf. *ut pretium,* más arriba, *a)* 12. — *habio:* § 76. — 13.-14. — *de unum ventrem:* § 247. — *exiut* = *exivit,* § 333. — *hun*[*c ver*]*bum:* § 214. — *sepius* = *saepe* (§ 59), cf. *celerius,* más arriba, **I. B,** 1. — 16. *fasco* = *fascum,* ¿por *fascem?* §§ 55, 127, 234. — *coliclos:* §§ 60, 67, 361. — 17. *casium:* § 76. — *tibe:* cf. más arriba. — 18. *chiloma* = χείλωμα "caja", papiro gr. (Fr. Preisigke, *Wörterbuch der griech. Papyrusurkunden,* s. v.). — *entro* = *intro,* por *intus,* §§ 55, 245. — 18.-19. *ha*[*b*]*et* "hay", § 296. — *collyram* "clase de pan", desde Plauto. — *lintiolo:* § 76; *in lintiolo alligatum:* § 245. — 21. *salem:* §§ 214, 361. — 22. *celerius:* más arriba, **2,** 8.

3.—1.2. Fórmula consagrada, lo mismo que 3. *opto te bene* [*v*]*alere;* cf. **2,** b) *opto deos, ut bene valeas.* — 2. *ed.* 130. — *patri suo ed domino: dominus* como título honorífico aparece bajo el Imperio, sobre todo *dominus (et) frater;* llamar así a su padre pasaba por ser una señal de condición servil (Marc. 1, 81, 2). Entre los cristianos tomaron carta de ciudadanía los apelativos *dominus pater, d. maritus, d. filius* (Diehl, *Inscr. Christ.* III, p. 517; Thes. VI, 1, p. 1925 ss.). — 3. *que = quae,* § 59. — 4. *scias,* § 308. — 6. *vetranum,* § 64. — 7.-8. *ago tibi gratias, quod me dign*[*um*] *habuisti ed sequrum fecisti:* frases convencionales, "te agradezco el que me hayas hecho este favor que me tranquiliza". — *ed:* grafía fonética intempestiva, se pronunciaba [*es se-*]; lo mismo 43, 46, 47. — *sequrum: qu* por *cu,* notación frecuente de acuerdo con *sequor,* etc. — 9. *imboluclum = involucrum* "envoltura"; para *-b-* cf. § 89; *-clum,* cambio de sufijo por asimilación. — *concosu*[*tu*]*m:* lectura restituida por Pighi y con razón, sin duda: *consuo, consutum* era considerado como verbo simple, cf. glos. *cossuo, cuso,* inf. *cusire* (por *consuere)* con tendencia a reemplazar a *suere:* de donde fr. *coudre,* esp. *coser,* it. *cucire* y dial. *cosere.* — 10. *amicla:* pl. de *amic*[*u*]*lum* "capa"; *amicla par unu, amictoria* ("peinadores") [*pa*]*r unu,* etc.: "capa, un par", etc. = *amiculorum par unum,* § 361; cf. Diocl. *Edictum de pretiis* (del año 301): *caligae muliebres par,* junto a *pullorum par unum.* — *unu,* § 127. — 10.-11. *sabana: sabanum* "servilleta". — *gla*[*b*]*alum:* los editores *gla*[*b*]*a(tu)lum,* por *grabatulum* (Apuleyo), dim. de *grabatus* gr. κράβ(β)ατος, de donde el fr. *grabat;* pero *glabalum* podría dar, en resumen, **glabaclum* nacido de **glabat(u)lum,* § 125; *gr- > gl-* por asimilación a distancia. — *ligni:* gen. de materia por el adj. *ligneum,* grecismo o hipercorrección. — 12. *aute = autem,* § 127; sentido suavizado, = *enim.* — *illuc = illu(n)c,* § 119, de *illum + ce,* o = *illud + ce,* al ser el género de *grabatus, -um* indeciso. — *con,* § 127. — *con culcitam et pulbin*[*o*]: "con colchón y almohada"; la diferencia de casos de dos nombres no es más que aparente, al tener ambos el "régimen universal", cf. § 255 ss. — *pulbino = pulvino,* § 89. — 13. *me iacentem:* abl. abs.; *-m* adventicia, § 127; *iacēre* "guardar cama". — *sublata: tollere* "quitar, robar". — 14. *abes = habes,* § 101. — *in imboluclum = in -o,* § 245. — *singlare = singulare,* § 64; "sencillo, no forrado". — 15. *hunc = hoc,* muy frecuente en bajo latín, cf. B. Löfstedt, p. 254 y V. Väänänen, *Tablettes Albertini,* p. 34. — *mater mea:* sin duda "mi tía", cf. más abajo, 1.46. — *accipias:* cf. 1, 4 *scias.* — 16. *caveam gallinaria* "jaula para pollos"; *gallinaria:* cf. 1. 10 *unu,* l. 12 *aute.* — *ha*[*bes*] o *ha*[*bet*] "hay", § 296. — 16.-17. *sunthe*[*seis*] (= συνθέσεις) *vitriae* "cristalería"; *vitriae = -eae,* § 76; caso de ser un adj. que califica a *sunthe*[*seis*] tendríamos un nom. por un ac., *habes* (o *habet)* con idea de existencia (Pighi); caso de ser el gen. del nombre **vitrea,* plural n. sustantivado convertido en f. sing., § 217; cf. 1. 11 *glabalum ligni* y 1. 24 *caligas cori* (Adams, p. 43). Esta última alternativa tendría la ventaja de situar a *sunthe*[*seis*] (o -[*sin*]?) en ac. al igual que los términos coordinados *phialas quinarias, calices,* etc. — 17. *phialas quinarias* "vasos de cinco pulgadas de circunferencia", de más capacidad que *calices.* — *par unu:* cf. 1. 10. — 18. *chartas sch*[*ola*]*res duas* "dos tablillas de escolar", para los niños de la familia. — 19. *atramentum* "tinta" (seca, en un cucurucho, *in charta).* — 21. *ud* = *ut,* cf. 1. 8. *ed.* — *ista:* puede ser = *istā,* e. d. *caveā,* o un n. colectivo, "régimen universal" (Pighi). — *modo si* = *dummodo* "siempre que". — *iacuisse* = *iacuissem,* § 127; para el sentido, cf. 1. 13. — 22. *speraba* = *sperabam.* — *pluriam* = *pluria,* ultracorrección; n. pl. = *plura,* ant. y vulg. — *missiturum* = *missurum,* cf. 1. 37. *viciturum* = *victurum,* participios de fut. rehechos sobre los part. "débiles" en *-itus.* — *ed:* cf. 1. 8. — 23. *itarum* = *iterum,* § 52. — 23.-24. *si tibi videbitur* "si te conviene". — *inde* "de allá abajo". — *caligas cori* "sandalias de cuero", cf. 1. 11. *glabalum ligni.* — 25. *subtalare(s)* "(zapatos) que cubren la planta del pie" *(subtel),* "sandalia"; *subtalaris* o *subtelaris* (Isidoro de Sevilla) ha dado el fr. *soller,* después *soulier.* = *ed.:* cf. -1. 8. — *udones* "botines de piel o de ante". — *caligae nucleatae* "botas de botones". — 26. *nugae* "juguetes, bagatelas". — *im,* § 127; *im mensem:* cf. 1. 14. *in imboluclum.*— *calcio* = *calceo,* § 76; cf. App. Pr. 81 *calceus non calcius.* 27. *dalabram* = *dolabram,* asimilación regresiva, cf. *salvaticus* = *silvaticus* (Antimo, Gl. de Reichenau: fr. *sauvage,* rum. *sălbatic,* etc.), *cucuta* = *cicuta* (Pompeya, rum. *cucută), parantalia* = *parentalia* (App. Pr.), *tolonium* = *telonium* (App. Pr.), **navacula* = *novacula* (esp. *navaja,* port. *navalha);* Adams, p. 15 ss. — 27.-28. *ea* (= *eam) quam... illam* (= *illam,* análisis de *illanc?),* redundancia propia de la lengua hablada. — *optionem* = *optio,* m., "subjefe", "ayudante"; *optionem ab*[*s*]*tulisse:* proposición de infinitivo cuyo predicado *scias* ha sido omitido. — 30. *ed.:* cf. *l.* 8. — 32. *de salutem t*[*ua*]*m:* cf. 1. 12. *con culcitam.*—33. *te ha*[*b*]*ere bona re acceptam* = *te accepisse b. r.?* (cf. § 300) "que te has repuesto"? — 34. *autem:* cf. 1. 12. — *de vic*[*e*] "lo que pasa", cf. Cic. *Fam.* 23 *tuam vicem doleo* "me duele lo que te pasa", Hor. *Epod.* 17, 42 *Helenae offensus vice* "herido por la suerte de E.". — *in do:* apócope fam. de *domo,* cf. Ennio *do* = *domum; in do(mo)* = *domi,* cf. § 258. — 35. *nese,* 40. *nesi* = *nisi.* — 36. *volueret* = *-it.* — 37. *viciturum:* cf. 1. 22. *missiturum.* — [*tra*]*sferri:* por *tralatum iri;* sobre el descrédito del fut. pas., v. Hofmann-Szantyr, p. 358 y Adams, p. 51. — 38 *sene* = *sine,* § 55. — 39. *fiet:* fut. por pres., lo mismo *Compositiones Lucenses,* 12 veces (Adams, p. 51). — 39.-40. *commandaticiae* = *commendaticiae,* § 205. — *valunt:* por *valent,* § 314. — 40.-41. *nesi* (= *nisi) si:* conj., "a no ser que", redundancia que se explica por el valor de adv. de *nisi* "a no ser", "menos" (Hofmann-Szantyr, p. 668, Ernout-Thomas, p. 385). — *aiutaveret* = *adiutaverit*, §§ 55, 95, 160; *alicui adiutare* (Pac., Petr.) "prestar asistencia". — 42. *ud,* 43. *ed:* cf. 1. 8. y 21. — *Carpum hic errasse* "que Carpo (un amigo de la familia) se ha dado una vuelta por aquí"; *hic* por *huc,* § 245. — 43.-44. *ed inv*[*e*]*ntus est Dios in legione* "y resulta que Dios (¿otro pariente?) está en la legión", comunicación de una gran noticia (Dios ha conseguido lo que Terenciano andaba buscando por todos los medios) que suspende la oración de infinitivo. — 45. *et a*[*cce*]*pisse me pro illo X* (= *denarios) VI:* Carpo debía remitir a Dios la suma de seis denarios, pero al estar su unidad fuera de Alejandría se la confía a Terenciano. — 46.-47. *mater, pater, fratres* significan aquí "tía", "tío" y "primos". "Los hermanos del padre son considerados como padres; los hijos de hermanos son *hermanos* entre sí y no primos: cf. *frater consobrinus* distinto de *frater germanus*" (E. Benveniste, *Le vocabulaire des institutions indo-éuropéennes,* París, 1969, t. I, p. 236). *Mater* "tía" parece más raro, Thes. VI, 1, p. 1255. — *domo* por *domi,* cf. 1. 33. *in do(mo);* Adams, p. 38 ss. — 47.-48. *perbene* (262) *omnia recte esse:* giro familiar redundante. — 49. *Aprodisia* = *Aphrodisiam,* 'Αφροδισίαν, § 102. — *Isituchen* = *Isitychen*, 'Ισιτύχην, § 58. — 50, 51, 52, 53, 54, 55, 57 y 61. con *suis:* expresión consagrada; *con* = *cum,* cf. 1. 12. — 52, 60. *scriba:* cf. 1. 16. *caveam gallinaria,* etc.; en este caso la forma sin flexión resulta más natural al tratarse de una aposición. — 57.-58. *Hitalicum:* buen ejemplo de ultracorrección, § 101; *Italicus* es un cognomen muy conocido (I. Kajanto, *The latin cognomina,* Societas Scientiarum Fennica, Comm. Hum. Litt. XXXVI, 2, Helsinki, 1965, p. 180). — 58. *Puplicium* = *Publicium,* grafía muy frecuente (Adams, p. 81). — 62. *nostrous* = *nostros,* grafía grecizante. 63. *vale mihi* "cuídateme". — 64. *bene valere te opto multis annis:* fórmula epistolar que tiene su equivalente en griego. — 65. *im perpetuo:* para *im,* cf. 1. 9. y 26; los giros usuales eran *perpetuo* (cf. *continuo,* 1. 31 y 42) e *in perpetuum.* — 68 [*tr*]*ad*[*e*]: aviso dirigido al correo. (V. Cugusi, *l. c.,* p. 661.)

III

41, 9. *coepimus invitare:* perífrasis frecuente en Petronio, propia del lenguaje fam.; subraya el valor ingresivo del perf., cf. Löfstedt, *Late Latin,* pág. 116. — 10. *pataracina:* hapax, ¿"copa de grandes dimensiones"? ¿de *pate-*

ra? - balneus: § 124. — *calfecit:* § 64. — *calda:* § 66. — 12. *staminatas* (scil. *potiones):* ¿de στάμνος "cántaro"? — *duxi: ducere* "atraer a sí", de donde "beber demasiado". — *matus* "borracho" o "estúpido", glos. *matus* y *mattus.* — *vinus:* § 214.

42, 1. *baliscus:* hapax, ¿*balneum* + el sufijo gr. -ισκος? — 2. *pultarium: pultarius,* sentido propio "sopera" (Pompeya). — *laecasin:* inf. gr. λαικάζειν "prostituirse"; en contra de Perrochat, no creemos que esta palabra tenga función de inf. — *lavare:* el mismo sentido que *lavari;* cf. § 293 ss. — *fui in funus:* § 245. — 3. *bellus:* § 158. — *modo modo:* reduplicación intensiva fam. — 5. *abstinax:* hapax, el mismo sufijo que en *audax, capax,* etc. — *abiit ad plures:* uno de los eufemismos por "morir". — *malus fatus:* § 214. — 6. *vitali lecto:* otro eufemismo, cf. Löfstedt, *Late Latin,* pág. 185. — *ploravit:* § 146. — *mulier quae mulier:* esta locución, que volvemos a encontrar en un fragmento de Varrón, recuerda el a. fr. *femme que femme, vilain que vilain.* (Véase E. Coseriu, *Ein Weib ist ein Weib* —a. fr. *femme que femme,* rum. *femeia ca femeia,* en *Festschrift K. Baldinger,* I, 1979, págs. 266-282; V. Väänänen, "A fr. *nate que nate, femme que femme,* lat. *mulier quae mulier*", en V. Väänänen, *Recherches et récréations latino-romanes,* 16; A. Henry, "Encore ancien français *femme que femme*", en *Romanica Gandensia,* XX (1983), 107-120.) — *neminem nihil:* § 353. — *aeque est:* adv. de modo con *esse,* sacado de la lengua fam.; cf. 46, 2 *belle erit* y 61, 2 *solebas, inquit, suavius esse in convivio.*

46, 1. *argutat* por *argutatur; loquere, loques:* § 294. — *pauperorum:* § 234. — *prae litteras:* cf. § 247. — 2. *te persuadeam:* confusión entre fut. ind. y pres. subj.; la construcción de *persuadeo* con acus. es pre- y postcl. — *ad villam:* la ausencia del posesivo es una característica pop., cf. fr. *passez à la maison.* — *casulas:* dimin. afectivo. — *manducemus:* § 142. — *dispare pallavit:* lectura del ms. H, a la cual hay que atenerse a pesar de ciertas dificultades; puede traerse a colación fr. *éparpiller,* it. *sparpagliare,* esp. *desparpajar* (cf. Bloch-Wartburg, s. v. *éparpiller;* Stefenelli, págs. 96 ss.; por cuanto se refiere a *dispare,* cf. a. fr. *divers* "malhechor, cruel", *dispare pallare,* pues, "sacudir duramente"; cf. Stefenelli: *dispare* "ungleich, in alle Richtungen"). — 3. *cicaro:* término hipocorístico del tema *cic-,* cuyos derivados sobreviven en italiano (A. Maiuri, *La Cena di Trimalchione di Petronio Arbitro,* Nápoles, 1955, pág. 179); cf. *Cicero* (§ 52), cognomen que se hace remontar a *cicer* "garbanzo". — *bono filo* "de buen temple", cf. 1, *nostrae fasciae,* metáforas fam. — *morbosus:* § 186. — *ego:* § 281. — *illi:* § 270.

— *cardeles* = *cardueles,* § 79. — *dixi quia:* § 374; igualmente Petr. 45, 10 *subolfacio quia.* — *Graeculis* (scil. *litteris):* dimin. fam., aquí despectivo. — *calcem impingit* "da una patada", "manda a paseo"; la enseñanza elemental comenzaba por el griego. — *sit:* subj. hipercorrecto. — *venit dem litteras:* sin duda alguna hay una laguna, que se ha tratado de llenar de esta manera: *venit < raro; scit qui>dem litteras.* — *alter:* scil. *magister.* — 7. *libra:* § 214. — *rubricata* "libros de derecho (con los títulos en tinta roja)". — *ad domusionem:* compuesto de cuño pop. = *ad usum domesticum.* — *inquinatus* "emborronado", expresión trivial. — *resilierit:* el perf. en *-iv-* de *salio* y de sus compuestos es postcl. — *artificii docere:* según *doctus* + gen., giro postcl. — *tonstreinum (constreinum* H): *ei* por falso arcaísmo. — *Norbanus:* magistrado antes nombrado, 45, 10. — *Thesaurum:* § 214.

57, 1. *is ipse:* acumulación de demostrativos característica del lenguaje pop. — *berbex* por *vervex,* § 89; es a *berbex* a la que se refieren las formas románicas. — 2. *convivare:* § 294. — *balatum duxissem* "sacar balidos de la garganta"; Ernout corrige *clusissem* "cerrar el pico". — 3. *rideatur:* § 294. — *larifuga:* § 196. — *ad summam:* cliché frecuente en la *Cena.* — *si circumminxero illum:* de *circummingere* no hay testimonio más que en Petronio; se atribuía a este procedimiento efectos mágicos, cf. Petr. 42, 6. — *molle:* confusión entre temas cons. y temas en *-i.* — *fetus* "cría", "cachorro de un animal", "retoño". — *lamna* = *lamina,* § 66; "lámina", "lingote", "pieza de dinero". — *malui civis Romanus esse:* un esclavo podía esperar ser libertado y, con ello, convertirse en ciudadano romano. — *constitutum:* scil. *diem* "asignación". — *contubernalem* "compañero de esclavitud"; el matrimonio entre esclavos se llamaba *contubernium.* — 7. *peduclum:* § 57. — 8. *ridiclei:* § 67; para *–ei,* cf. *tonstreinum.* — *maior natus* = *maior natu,* por acercamiento a *annos tot natus.* — *lacticulosus* "destetado hace poco", formación doblemente pop. — *nec mu nec ma argutas:* cf. *muttire* "decir mu", "murmurar", y *muttum* > fr. *mot,* expresiones pop. y tardías. — *vasus, lorus:* § 214. — 9. *annis:* cf. más arriba, **I. C**, 6. — *scit:* perf. = *scivit,* § 332. — 10. *maiiesto:* corr. de *mali isto* H; éste sería un hapax, forma desprendida de *maiestosus,* cf. § 195. — *dignitosso* = *digno,* vulgar y tardío, cf. § 186. — *enatavi: enatare* "sobrenadar", ya Cic. *Tusc.* V, 31.

63, 3. *ipsimi: ipsimus, -a* "amo", "ama", designados también por *ipse, ipsa;* asimismo 69, 3 y 75, 11; desconocido por lo demás, este superlativo es importante para la formación del pronombre de identidad en romance, § 279. — *margaritum:* neutro raro, por relación al femenino *margarita.* — *cac-*

citus? lectura de H; los editores se pierden haciendo conjeturas. — *omnium numerum* (antiguo gen. pl. usado en algunos términos técnicos) "perfecto"; la expresión ordinaria era *omnibus numeris absolutus.* — *misella:* cf. más arriba, **I. C**, 5. — *plangeret:* § 146. — *tristimonio:* cf. 61, 3 *gaudimonium.* — *stri<dere stri>gae* corr. propuesta por Ernout; *strigae:* § 129. — *valde audaculum:* § 190. — *baro* "zopenco", desde Lucilio, tres veces en Petronio; sin duda debe ser distinguido del tardío *baro* "mercenario", "hombre fuerte", de origen germánico y que sobrevive en romance. — 8. *cluso: cludere,* doblete vulgar de *claudere,* brotado de los compuestos *con-, ex-, includere,* ha dado el it. *chiudere.* — *redimus iterum:* pleonasmo pop., cf. Petr. 33, 7 *foras exierit* y más arriba, **I. A**, 6. — *dum amplexaret* subj. por analogía de las proposiciones con *cum; amplexaret = amplexaretur,* cf. § 294. — *manuciolum* "manada", "puñado de pajas", de *manus:* hapax. — *involaverit:* § 148. — *vavatonem* ¿"muñeca"? hapax. - *plussciae:* § 196.

IV

Ioh. 2, 13 *in proximo* I, *in proximum* A: § 245. — *in Hierosolymis* I: la prep. *in* con nombres de ciudad es propia del latín cristiano (Blaise, *Dict.,* s. v. *in);* para el abl., cf. § 245. — 14. *vobes* A: § 89. — 15. *de resticulis* A: *resticula* "cordón, bramante", dimin. de *restis,* es raro y tardío. — 16. *vindebant* A: *vindere* por *vendere* está muy esparcido en bajo latín, cf. B. Löfstedt, págs. 35 s. — *commercatorum* A: palabra rara, atestiguada además en los glos. — *quia* I y V, *quoniam* A: § 374. — 18. *ostendes* A: por *ostendis,* § 55.— *ista,* 19. *illis, istut* A, frente a *haec, eis, hoc* I y V: §§ 270, 271. — 19. *istut* A: § 130. — 21. *de corpore suo* A, frente a *corporis sui* I y V: § 250. — 22. *cum resurrexit* A: cf. más arriba, **I. A**, 6. — 23. *in diem festum* I: cf. más arriba, 13. *ascendit in Hierosolymis.* — 24. *eo quod ipse nosset* A y V: subj. que proviene del discurso indirecto, cf. *quia ipse sciebat* A. — 25. *non necesse habuit* I, *habebat* A: *necesse habere,* desde Terencio, pertenece sobre todo al latín tardío; cf. *opus ei non erat* V. — *non necesse habebat, quis testes* (por *testis) esset* A: la locución *opus est* y sinónimas seguidas de subj. sin conjunción se encuentran ya en Plinio el Joven, y luego en los autores cristianos (Blaise, *Manuel,* § 257); cf. *non necesse habuit, ut aliquis testimonium perhiberet* I, *opus ei non erat, ut quis t. perhiberet* V. — *quid esset in hominem* A: § 245.

V

110. *marmur* "tumor duro en las articulaciones del caballo"; *-ur* según la serie *ebur, fulgur, robur,* etc. — *validius* "fuertemente"; cf. más arriba **I. B. 1.** — *clodice<t>:* cf. §§ 60, 192. — *ustionis curam* "cauterización", *fervuram* "quemadura". — *malagma* = gr. μάλαγμα "cataplasma emoliente"; para el género, cf. § 218. — *cubresina* = *cupressina,* § 106, "de ciprés". — *sani fiunt:* un sujeto vago en pl., "los animales en tratamiento", ha de ser sobreentendido, ya que en lo que precede no se halla ningún nombre masculino al que pueda referirse; conviene notar que la continuación está en sg. — *cinesis* = gr. κίνησις "movimiento". — *perauferri:* § 204.

III. *mallone(m), mallon* Veg., del gr. μαλλός "tumor en la rodilla de los caballos". — *fecerit:* sujeto no explícito, que representa al neutro "esto", que se refiere a la enfermedad en cuestión. — *ad profluvio:* confusión de *ad* y *a(b),* muy frecuente en Gregorio de Tours, v. Bonnet, pág. 583; cf. G. A. Beckmann, *Die Nachfolgekonstruktionen des instrumentalen Ablativs im Spätlatein und Französischen* (Beih. zur ZRPh, 106), 1963, págs. 206 ss. — *extumi<di>ora: extumidus,* un ej. en Varrón, término propio de Quirón. — *flactius* = *flatius,* evolución inversa, § 123; atributo neutro "cosa (más) hinchada", "hinchazón". — *tractibilis:* leer, sin duda, *tactibilis* (Niedermann). — *nec* = *ne quidem* (Hofmann-Szantyr, pág. 448). — *in recencia* = *in recenti* (Ulpiano) "inmediatamente", cf. *in continentia* Quir. 107 y 506; cf. § 217. — *macidas:* corrompido. — *faciet:* cf. *fecerit* más arriba. — *marmoris* = *marmores* (por *marmora),* § 214. — *nutriuntur* "son cuidados", cf. ingl. *to nurse (a sick knee,* etc.).

III. 249. — *quascunque:* § 238. — *aterapeute:* del gr. ἀθεράπευτος "no cuidado". — *cronia:* del gr. χρόνιος "crónico"; para la forma neutra, cf. II, 111 *fla{c}tia.* — *ciclo* = *cyclo,* § 58, "cura alterna". — *eum:* anafórico indeterminado, que designa al animal en tratamiento. — *temperabis:* cod. *temporabis; curabis, abstinebis, detrahes,* etc.: v. Leena Löfstedt, *Les expressions du commandement et de la défense en latin,* págs. 143 ss. — *dextra sinistra:* asíndeton conocido ya por Catón; cf. el pedante Vegecio: *de dextra ac sinistra.* — *quod satis fuerit* por *quantum s. f.* "lo que haga falta" = "cuanto haga falta". — *viridi cibo... colliculo vel lactuca:* § 361; cf. Vegecio *viridi cauliculorum ac lactucarum cibo* y Quirón, 250 *colliculorum offas.* — *colliculo:*

cf. § 60. — 250. *post tercium* (§ 99) *diem:* Veg. post (adv.) *uno die* "al día subsiguiente". — *offabis: offare* hapax, de *offa* "bolita de pasta", "bocado, tentempié"; cf. Veg. *offas caulium... digeras.* — *ei:* cf. más arriba, 249, *eum.* — *adaquabis: adaquare* "abrevar", "dar agua", en este sentido desde Suetonio. — *mittis:* § 207. — *caldarem:* por *-iam,* por hipercorrección; *cella c.* "estufa", § 175.

VI

N. B. En las notas que siguen no se han tenido en cuenta las grafías particulares del bajo latín: *e* por *ae* y *oe, i* por *y, ci* por *ti* y viceversa, ausencia o notación intempestiva de *h* y de *-m,* etc.

1. — 1. *tamen:* sentido suavizado "por lo demás". — *vallem infinitam, ingens, planissimam et valde pulchram: ingens* indeclinado, sin duda como reacción ante la tendencia de la lengua popular a extender el tema *-nt-* al nom. sg., § 233; cf. sin embargo Löfstedt, *Kommentar,* págs. 35 ss.: *ingens* reforzaría a *planissimam,* como en 19, 6 *ingens simillimam.* — 2. *ab his:* § 270. — *habebat:* § 296. — *totum per valle illa: totum* "en todo", en función de adverbio. — *quam dixi ingens:* § 343.

2. — 1. *ipsa:* § 275. — *passos:* § 232. — *traversare = transversare,* en el sentido del fr. *traverser,* it. *traversare,* esp. *atravesar.* — *traversare habebamus:* § 303. — 2. *his diebus quod:* § 379. — *quadraginta diebus et quadraginta noctibus:* cf. más arriba, **I. C**, 6. — *usque in hodie: in* adventicio, sacado de la construcción *usque in* + nombre de lugar. — *grandis:* § 155. — 3. *nobis ita erat iter:* cf. más arriba, III. 42, 6. *itaque ergo:* cf. § 203. — 4. *iter sic fuit:* cf. 3. *ita erat iter.* — *per medium:* a. fr. *par mi,* igual sentido. — *transversaremus:* cf. *traversare,* II, 1. — *plecaremus = plicaremus,* §§ 55 y 208. — *per gyro:* "todo alrededor", igualmente 19, 10 *per girum* 2, 6, etc., *in giro,* 29, 5, etc., rum. *în jur, pre jur;* de *gyrus,* gr. γῦρος. — 6. *ipse ille:* cf. Petr. 57, 1 *is ipse.* — *medianus* "medio", = *medius;* postcl. — *toti:* § 290. — *ac si = quasi;* partícula poco literaria debida a la influencia de *idem ac, alius ac.* — *permodici:* § 156. — *satis* "muy", sentido del a. fr. *assez,* it. *assai.* — *sane satis, de contra:* § 203. — *facere non potest = fieri n. p.; potest* "es posible", cf. Löfstedt, *Synt.* II, págs. 269 ss.

3. — 1. *sera* "(la) tarde", Peregr. passim, y en Marcellus Empiricus; it. *sera;* sacado sin duda de *dies sera.* — *mansimus:* § 207. — *die dominica:* §§ 85, 168. — *lente et lente:* cinco veces en Peregr.; duplicación intensiva, cf. Hofmann-Szantyr, pág. 809. — *ut dicimus in coclea:* ms. *cocleas,* corr. de Löfstedt; *in cochleam* "en caracol" desde Celso; cf. § 359. — *totum ad directum* "todo derecho". — 2. *ex ea parte = de ea causa.* — 4. *persubissemus:* § 204. — *ascitis:* la única forma de esta palabra, del gr. ἀσκητής, en Peregr., pronunciándose ya en esta época la η por i. — *nec non etiam et:* locución adverbial redundante que se encuentra una docena de veces en Peregr. — 5. *nichil:* notación de la *h* restituida, cf. § 101; se lee también en las Tablettes Albertini. — 6. *lecto omnia:* § 284. — *communicantibus: communicare* "comulgar". — *ut exiremus* "al salir", el modo por analogía de las proposiciones introducidas por *cum.* — *eulogias:* gr. εὐλογία "objeto de bendición", "cosa bendita". — *de pomis:* § 250; cf. 37, 2 *furasse de sancto ligno.* — *petrinus* "rocoso"; *petra* "piedra, roca" cuatro veces en Peregr. — *terrola:* ms. *nerrola;* Heraeus: *areola.* — *arationes:* corr. por *orationes;* "tierra de cultivo"; cf. fr. *labour;* para esta clase de cambio de sentido, v. Löfstedt, *Late Latin,* págs. 144 ss.

36. 1. — *pullorum cantus:* 30, 1 *de pullorum cantu,* 32, 1 y 35, 1 *de pullo primo,* 34, 1 *a pullo primo; pullus* "cría de un animal", especialmente "pollito", desde el s. v; "gallo" (15 veces en este sentido en Peregr., que ignora *gallus);* a. fr. *poul* "gallo". — 2. *usque ad minimus infans: usque ad* empleado como adverbio, "incluido hasta". — *descendent:* § 314. — *fatigati de vigiliis et ieiuniis lassi:* nótese la diferencia de construcción, cf. § 248. — *tam magnum:* § 155. — 3. *Qui locus ad quod lectus fuerit:* para la silepsis del género del pron. rel., v. § 285. — 4. *ventum fuerit:* § 298. — *omnia quaecumque scripta sunt..., totum legitur:* cf. § 347. — 5. *domuncellas:* doble dimin., de *domuncula* (Vitrubio, Prisciano), de *domus;* § 189. — *sedete vobis:* § 282. — *sedete vobis et modico = et s. v. m.,* inversión de la partícula copulativa, v. Löfstedt, *Kommentar,* págs. 313 ss.

VII

1. *Fredegundis:* Fredegunda (545-597), tercera mujer de Chilperico I, rey de Neustria. Impulsó a Chilperico a repudiar a su primera mujer, de la cual era doncella, e hizo estrangular a su segunda mujer, Galswinta, hija de

Atanagildo, rey de los visigodos. La segunda hermana de ésta, Brunequilda, quiso vengarla, pero su esposo Sigeberto fue asesinado por dos emisarios de Fredegunda en el 575. Casada Brunequilda con un hijo de Chilperico, Fredegunda obligó a este último a matarse e hizo desterrar, y más tarde asesinar, al obispo de Ruan, Pretextato, que había bendecido esta unión incestuosa. — 3. *pontifice* "obispo". — 3. *tempus quando:* § 379. — *exilia in qua: exilia* tomado como fem. sing., cf. § 217; sobre este fenómeno en Gregorio, v. Bonnet, págs. 350 ss. (sin embargo *in exilio, extra exilium, ab exilio* a continuación). — 4. *detentus fuerat:* § 298. — Var. *illi = ille,* § 276. — 5. *nam:* sentido adversativo, cf. Hofmann-Szantyr, págs. 505 s. — 6. *regalem potentiam perfrueres* (por *-is):* § 246. — 7. *in regnum:* scil. *Dei.* — *demergeris:* deponente al revés, § 294; a la inversa, *adipisceres.* — 13. *advenientem... diae = adveniente die.* — 15. *maturius:* cf. *celerius,* más arriba, **I. B**, 1. — 16. Var. *antefanas* por *antiphonas,* del gr. ecles. ἀντίφωνα, pl. neutro del adjetivo ἀντίφωνος "que responde a"; *antefana,* alteración por proximidad de *ante,* ¿*-a-* por atracción de *ante-*?; también en San Benito; ha dado el fr. *antienne.* — 16. *incipere... coepit:* puede verse que *coepit* se ha convertido en simple auxiliar, cf. más arriba, III. 41, 9. — 17. var. *sallendum = psallendum,* cf. a. fr. *salme, saume, sautier; inter psallendum:* giro antiguo, frecuente en bajo latín, cf. Hofmann-Szantyr, pág. 233. — *formole: formula* "sede", "grada", "banco", igual que *forma* en Casiod., a. fr. *forme* "banco dividido en sitiales"; *formole decumberet:* empleo del dat. libresco e hipercorrecto, cf. Bonnet, págs. 536 ss. — 19. *ascella* "axila", alteración tardía, por metátesis, de *axilla,* dimin. de *ala.* — 21. Var. *tantes = tantis,* evolución inversa, cf. 30, var. *regis = reges.* — 22. *orationem fundens: fundere = effundere* "exhalar", desde la Vulgata. — 25.-27. *non oportuerat... ut ista... evenirent:* propos. completiva que reemplaza al acus. con inf., § 374; *oportuerat:* plusc. con valor modal, cf. Hofmann-Szantyr, pág. 328. — 26. *plebi tuae* "tus ovejas", cf. it. *pieve* "parroquia" de *plebem.* — 33. *hunc vulnere:* § 213. — *medere = mederi.* — 34. *inquid:* § 130. — *me Deus praecepit de hoc mundum vocare:* cf. más abajo, 43, *sacerdotem iuberes interficere.* — 36. *ultur* (= *ultor) sanguinis mei de capite tuo:* "vengador de mi sangre en tu cabeza", literalmente "respecto a", "con relación a". — 38. *spiritum exalavit: spiritum exhalare* "expirar", cf. *exhaler son dernier soupir;* único empleo de este verbo en Gregorio. — 39. *Constantinae,* var. *Constancie urbis: Coutances.* — 42. *in hoc saeculo* "en este mundo". — 43. *sacerdotem iuberes interfecere = s. i. interfici;* el latín tardío usa igualmente *facio* + inf. act., v. Bonnet, pág. 679, que anuncia giros románicos tales como el fr. *faire bâtir une maison.* — 49. *vellit:* Gregorio confunde *velim, -is, -it* y *vellem, -es, -et;* Bonnet, pág. 435. — *saltim* (= *saltem) vel:* pleonasmo conocido ya por Plauto, cf. Hofmann-Szantyr, pág. 502. — 51. *absentium,* var. *absencium* = *absinthium.* — *cum vino et melle mixtum:* § 248. — *ut mos... habet:* el giro *res ita habet,* junto a *res ita se habet,* remonta a Plauto, Hofmann-Szantyr, pág. 295. — 52. *statim... ut bibit* (var. *bibat): statim ut* "tan pronto como", desde Cic., Hofmann-Szantyr, pág. 637; subj. siguiendo a las propos. con *cum.* — 54. *quasi se* = *quasi si,* redundancia, desde Plauto, Hofmann-Szantyr, pág. 675. — *incideretur:* cf. más arriba, 7, *demergeris.* — *periamini,* var. *pariamini* = *pereatis,* cf. más arriba, *incideretur,* §§ 52 y 76. — 57. *aequo= equo.* — 61. *populus* "el pueblo cristiano", "los fieles". — 63. *veritatem..., qualiter:* construcción descuidada, "la verdad en lo que se refiere a cómo..." — 64. *qualiter... haec acta fuerant* = *...acta essent,* §§ 298 y 376. — 65. *ea defensante: defensare* desde Plauto, sobre todo tardío, cf. § 160.

VIII

IX, § 1. *in messe: messis* "trigal"; *animal* "buey", cf. a. fr. *aumel* "buey", fr. *aumaille* del pl. *animalia.*— *caballum:* § 150. — *quemlibet:* § 286. — *penitus* "de ninguna manera". — *vastare* "destruir", cf. fr. *gâter,* it. *guastare,* esp. *gastar.* — *capitale* "compensación", cf. esp. *caudal,* a. fr. *chetel* "bienes". — *in loco* "en su lugar". — *ipsum debilem quem:* se refiere a *animal aut caballum vel quemlibet pecus.* — *DC denarios:* § 245. — *excepto:* § 384 s. — *dilatura* "daño causado por la tardanza en el pago". — § 2. *ipsum custodientem, illum negantem:* § 384.

XXX. *convitiis* = *conviciis,* § 99. — § 2. *concagatum:* cf. a. fr. *conchiier.* — *clamaverit: clamare* "tratar de (tener por)", cf. Cic. *ac. frg.* 20 *Academicus... ab eis... insanus clamabitur,* sobre todo postcl.; a. fr. *clamer,* it. *chiamare,* esp. *llamar.* — § 6. *iactasset:* § 160. — *alterum imputaverit:* construcción tardía, la lengua clásica usaba el dativo de persona con *imputare.*

XXXIV. *furatis: furare* por el cl. *furari,* muy común en bajo latín, § 294. — § 3. *levaverit: levare* "levantar (hablando del trigo)". — *erpice: (h)irpex* "rastrillo", it. *erpice.* — § 5. *per malum ingenium* "por fraude", cf. a. fr. *engin* "astucia". — *in curte:* § 233.

XXXV, § 9. *vassum: vassus* “criado”, de origen célt., cf. *vassal.* — *vassum, puellam ad ministerium* “criado (-a)”.— *porcarium: porcarius* “porquero”, tardío. — *stratorem: strator* “escudero”, lo mismo.

LVIII. *chrenecruda* “lanzamiento de tierra”, palabra franca. — § 1. *totam facultatem datam:* § 384. — *unde:* § 287. — *donet: donare* “dar”, “producir”. — *iuratores* “testigos que deponen bajo juramento”; *iuratores donet, quod... non habeat:* “que aduzca testigos que juren que no lo tiene”. — *nec... nec... non habeat:* § 353. — § 2. *et... sic:* cf. a. fr. *et si* “y luego”. — *terrae... colligere:* gen. part. libresco, cf. las variantes *terram, de terra,* § 250. — *duropello:* palabra franca, traducida por *limitare* “dintel”, a. fr. *lintel,* cat. *llindar.* — *de sinistra manu:* § 248. — *de illa terra:* cf. más arriba. — *proximiorem = proximum* “el más cercano”. — § 3. *solserunt = solverunt,* cf. § 338. — § 4. *camisa, camisia* “camisa”, desde Jerónimo, panrománico. — *discin(c)tus* “desarmado”, cf. a. fr. *desceindre.* — *discalcius* “descalzo”, esp. *descalzo,* it. *scalzo,* formado sobre *discalceatus.* — *palo (= palum) in manu:* § 384. — *sepe = saepem* “seto”. — *sallire = salire, -ll-* bien por proximidad al gr. ἅλλομαι, bien como notación de *ly,* cf. fr. *saillir.* — *diger* (palabra germ.) *est* “falta”.

IX

1. *Incipit:* forma invariable, cf. *explicit.* — *totas:* ¿se sobreentiende *leges?* Para el nom. pl. *-as,* v. § 238. — *Laidobranno, Adono,* 4. *Fredono:* dat./gen. de *Laidobrannus/-ndus), Ad(d)o Fred(d)o* nombres germánicos; § 239. — *ut Pactum Salicum... in ipsum Pactum...;* anacoluto. — *de quod:* conj. del bajo latín, variante más completa: *de eo quod* y *pro eo quod,* a. fr. *de ce que* “por la razón de que”, § 375. — 3.-4. *titulum non abit* (= *habet,* ultracorrección, § 55) “no hay...”, § 296. — *gratenter* (= *-anter)* “de buena gana”, “voluntariamente”, formación bárbara a partir de *gratus;* también en el Epílogo del PLS y en latín eclesiástico (Blaise, *Dict. lat.-fr. des auteurs chrétiens),* cf. *gradante animo, Form. Merkelianae* (Avalle, *Protostoria,* p. 382). — *suplicibus* (de *supplex* “suplicante”)... *Fredono una cum uxore sua et obtimatis eorum:* abl. abs. — *aput gracia: aput = apud,* § 131; *apud* “con”, a. fr. *od* (a. prov. cat. *ab, amb),* § 33, *gracia,* § 99. — 5. *obtimatis:* abl., por *optimatibus,* § 234 (también en el Epílogo). — 6. *Deo:* caso “régimen universal” en función de gen./dat., frecuente en latín merovingio; cf. Ju-

ramentos de Estrasburgo *pro deo amur.* — *adiuturio: adiutorium,* § 54; "ayuda", "apoyo", desde Séneca y común en latín cristiano. — 6. *pertractare* "deliberar", "tratar", "redactar (un acta)", también en el Epílogo. — *debirent:* para *-i-,* cf. § 54; con valor modal (pleonástico), frecuente en el bajo latín. — 7. *quis homo: qui* y *quis* se confundían a menudo, cosa a la que contribuía la fórmula *si quis.* — *casa:* suplanta a *domus* (20 veces en PLS), anticipándose al uso romance. — *foris casa: foris* y *foras,* prep. desde Apuleyo, cf. a. fr. *fors (de),* it. *fuori (di),* esp. *fuera (de).* — *botilia:* representa la pronunciación [botilya] de *butic(u)la,* cf. 11. *botiliario;* Gl. de Reichenau 906 *flasconem: buticulam;* frecuente en latín carolingio (hay *buttis* y *butticella* en los documentos de Italia desde el s. VI); fr. *bouteille,* a. prov. *botelha* "cántaro", esp. *botija.* — 8. *potuerint:* construcción "ad sensum", al implicar *quis homo* la posibilidad de muchas personas. — *de eorum = de suorum* "suyo", § 284; es inútil suponer una elipsis (Avalle y Beckmann), ya que *eorum / illorum = suus,* § 284; para *de,* v. § 364. — 9. *mittant: mittere* "echar", "verter", ya en Verrio Flaco, después Apicio y Antimo, etc.; cf. el sentido del fr. *mettre,* it. *mettere,* etc.; *non mittant ne guttam:* §§ 350 y 353. — 10. *se = si,* frecuente en latín merovingio; ¿por analogía de *quid > que(d)?* cf. a. fr. *se,* it. *se.* — *facire,* § 55. — *mal(lobergo) leodardi:* glosa "malbérgica" que en el PLS se refiere a daños / intereses. — 11. *frangant:* § 297. — *la tota:* es exactamente la forma románica de aféresis < *illa* del pron. pers. y del art. def., lo mismo que 12. *lo* (< *illum* / *cabo, lis* (< *illas*)/*potionis* y 14. *la tertia;* la posición enclítica es todavía posible en italiano arc., *franganla*[1]; *la tota* retoma a *ipsa cuppa* para resaltarla. — *ab illo botiliario,* 12. *at illo scanciono: ad* en función de dat., § 249; es el dativo "de interés" acompañando a verbos como *adimere, auferre, eripere,* más raramente a *tollere.* — *cabo = caput,* forma claramente en curso, cf. §§ 55 y 104 ss. — *scanciono:* para la desinencia, cf. *Laidobranno, Adono, Fredono* (más arriba); del fráncico **skankjo* (> al. *Schenk,* fr. *échanson*), PLS *scancio,* Gl. de Reichenau *pincerna: scantio.* — *lis potionis: lis* art. f. pl. que volvemos a encontrar en algunos textos franceses arcaicos (Avalle, *o. c.,* p. 394); *¿lis* por *les* por anticipación de la final de *potionis,* por *potiones?* cf. 14. *vicis = vices,* § 54. — 13. *convinit = convēnit,* perf., § 54, mejor que = *convenit,* pres. — *potio* "bebida", > fr. *poison,* ante todo f. y con el mismo sentido hasta comienzos del s. XVII. — *Sic convinit observare, ...bibant... faciant:* consecutiva asindética, conforme al uso del

---

[1] Cf. Dante, *Inf.* III, 40 *caccianli i cieli* (Rohlfs, *Ital. Sprache,* II, § 469).

bajo latín. — *aput staubo:* para el valor de *apud,* cf. *aput gracia,* más arriba; *staubo* < germ. *staup,* latinizado *staupus* "taza", a. fr. *esteu.* — *suppa,* palabra germ., originariamente "papa", "sopas de pan". — *Cum senior bibit duas vicis...*: léxico y sintaxis de la lengua corriente de la época, si prescindimos de la conj. *cum* (a menos que represente el a. fr. *com* < *quomodo).* — *senior:* término feudal opuesto a *vassalli,* lat. merov., de *vassus* "servidor", de origen celta; Jur. de Estrasburgo *sendra,* fr. *sire/seigneur.* — *duas vicis = bis; vice, vices, vicibus* con este sentido desde el s. IV, Gl. de Reichenau *semel: una vice;* fr. *fois,* a. prov. *vetz,* esp. port. *vez.* — *sui vassalli la tercia:* para *tercia = tertia,* § 99; se sobrentiende *vice(m) bibant.* — *bonum est:* fórmula fija, a. fr. *bon est* "es bueno", "es justo", "ya está bien". — "Beber tres veces", e. d., tres copas, se tenía por una buena medida, cf. los proverbios medievales: *Ter bibe, quando bibis. Sic sanus ab aede redibis,* y *Ter potum ferre, lex est et regula terrae*[2]. — 15. *mea:* lectura poco segura; puede ser *meū = meum.* — 16. *Cul(pabilis) iud(icetur):* fórmula de cierre de la petición del fiscal en el PLS.

X

N. B. No haremos caso de los artículos del *Appendix Probi* que son fáciles de identificar con las particularidades tratadas en esta *Introducción,* muchos de los cuales han sido citados en los párrafos correspondientes, tales como la síncopa, §§ 63-72, App. Pr. 3-11, 35, 53, 54, 111, 130, 133, 142, 171, 172, 200, 201, 215; la pérdida de *n* delante de *s,* § 121, App. Pr. 19, 49, 74, 76, 123, 152, etc.

1. Como en muchas de las "correcciones" del App. Pr., la primera de las formas encierra también un vulgarismo, *i* por *y,* § 58; la segunda está rehecha a base de *purpura,* préstamo antiguo, § 102. — 2. *toloneum,* evolución inversa, § 76; *tolonium* presenta el tratamiento *o* de *e* delante de *l* velar, forma

[2] H. Walter, *Proverbia sententiaeque latinitatis medii aevi,* 31324 y 31327. El tema de las tres copas que sólo el soberano tiene el derecho de beber, reaparece en la parte I del *Roman de Renart,* vv. 538-540, ms. de Cangé, ed. Mario Roques; V. Väänänen, *TER BIBERE, Reflets d'une ancienne formule bachique,* en *NM,* LXXV, 3 (1974), págs. 353-356.

perpetuada en el fr. *tonlieu,* al. *Zoll;* préstamo tardío del gr. τελώνιυν. — 13. *septidonium* por disimilación por *-dionium,* § 95. — 16. La forma con disimilación, no atestiguada en ninguna otra parte, sobrevive en cat., it. dial. y sobreselv. — 18. Ms. *cannelam non canianus,* corregido por A. C. Robson, art. citado, pág. 47, prestando fe a la glosa de los *Hermeneumata Monacensia* (CGL, III, 189, 36) *cynarion* ("perro de mar"): *caninum,* cuya interpretación debe de ser "sin duda un descuido del copista" (ibid., pág. 48). Por nuestra parte proponemos ver en ello un diminutivo en *-inus,* cf. más arriba, **I. C**, 3, sinónimo de *cynarion,* κυνάριον "perrillo" o "perrita" *(canicla).* — 22. *aquiductus,* 159. *terrimotium,* por analogía con los compuestos del tipo *causidicus, tubilustrium,* etc. — 26. *musivum* (scil. *opus)* "mosaico", reconstrucción de época imperial; *museum* de μουσεῖον es la forma regular, cf. *oleum* < **oleivom, deus* < *deivos* (junto a *olivus, divus* restituidos partiendo de *olivi, divi,* etc., cf. § 90); *museum* es rechazado por su homónimo con la significación de "templo de las musas", de donde el fr. *musée.* — 30. *milex,* 148. *ariex,* 185. *poplex,* 186. *locuplex,* inversiones, § 123. — 31-33, 36. Hipercorrecciones como reacción a vulgarismos del tipo *pectinis* por *pecten,* App. Pr. 21, *aprus* por *aper,* App. Pr. 139; *suber* supone un **subrus,* cf. it. *ebbro* de **ebrus* por *ebrius,* cf. § 79. — 34. *lanius* ("matarife") desde Plauto, *lanio* o *laneo* (evolución inversa) es tardío, cf. § 187. — 44. *bravium* por *brabium,* de βραβεῖον "premio del combate". — 47. Se trata, sin duda, de *omophagium,* de ὠμοφαγία "acción de comer carne cruda", una y otra forma alteraciones debidas a la etimología popular. — 48. *-enus* pasa por más correcto que *-inus,* cf. it. *saracino,* de *Sarracenus, -inus.* — 50 y 51: ¿la misma glosa, por inadvertencia? *Catulus* y *catellus* traducen en los glosarios a σκύμνος, σκύλαξ y γαλεός "cría (de un perro)" y "perro de mar", "tiburón" (Robson, *l. c.,* pág. 48, quien hace notar que los copistas anglo-irlandeses de los manuscritos bíblicos sustituían *catulus* por *catellus;* admitido sin embargo por Jerónimo). — 57. *tertus,* part. pas. de *tergeo,* desde Catón y Varrón; *tersus* del perf. *tersi* por analogía con *clausus: clausi,* etc. — 58. *imbilicus,* asimilación; sobrevive en port. *embigo,* logud. *imbiligo.* — 71. Las dos palabras son sinón., cf. Prisc. Gramm. II, 170, 2 *globus, quod etiam hoc glomus dicitur; glomus* sobrevive en romance. — 78. *calatus* por *calathus* de κάλαθος. — 83. El único ejemplo de *oricla,* cf. §§ 60 y 67, aquí "verbena (planta)", a la que los antiguos llamaban "oreja de carnero", *auricula vervecina* (Robson, *l. c.,* pág. 49). — 89. *facis,* de *facies* a través de *faces,* cf. §§ 79, 241, forma atestiguada por Paulus Festus; cf. § 231. — 94. *superlex,* recomposición, por etimología pop. — 116. *delerus,* por falsa proximidad a λῆρος "necedad", igual que *delerare* junto a *delirare* (glos.). — 118. — *extraneus* desde Cic. en el sentido de "exterior", en época imperial "extranjero", sentido que antiguamente correspondía a *exter.* — 119. Las dos, alteraciones de *chlamys,* χλαμύς. — 124. *caligo* "niebla", la forma con consonante doble por proximidad de *lolligo, melligo, pulligo.* — 126. Falsa restitución del sufijo, metátesis de *e* e *i* del radical. — 127. *botruus* doblete de *botrus* (cf. *mortuus/mortus),* tardío y raro, de βότρυς "racimo de uvas"; *butro* por *botryo, -io* (cf. §§ 79 y 187), otro doblete tardío, ha dado el logud. *budrone.*—133. *fac(u)la* dimin. de *fax,* ha terminado por reemplazar a esta última, cf. rum. *flacără,* it. *fiaccola* y rum. *fachie,* esp. *hacha,* port. *facha* (para estas dos últimas, cf. Corominas, s. v. *hacha).* — 134-137: § 361; cf. CIL VI 8985 *pueri a Caput Africae; vico* abl. de lugar, cf. § 258; 136. *castrae:* cf. CIL VIII 10937 *castram dedicavit,* cf. § 216; 137. *strobilu(m)* corr. por *strobili.* — 140: § 58; hay asimilación de *cd* en *dd* y sustitución de sufijo, cf. logud. *mendula,* con infijo nasal. — 143. *triclinu(m),* conocido también en las inscr., del gr. τρίκλινον. — 144. *demidius* y *demedius,* atestiguado epigráficamente, de donde el fr. *demi;* por *dimidius* por cambio del prefijo. — 150. La segunda forma debida a aproximación a *inter(nus).* — 153. el ms. *raucus* non [.] *raucus;* se ha querido suplir [*d*]*raucus* "pederasta", suponiendo una inversión de glosas; Pisani, *Testi arc. e volgari,* propone [*g*]*raucus,* contaminación de *raucus* y *gravis.* — 156. Lectura dudosa, cf. § 272. — 161. *scoriscus,* por aproximación a las palabras en *-iscus,* por *scoruscus,* conocido por un ms. de la Itala, variante de *coruscus* "relámpago" de los textos ecles. de muy baja época; San Jerónimo prefiere *fulgor (coruscans)* y *coruscatio* (Robson, *l. c.,* págs. 42 ss.). — 162. *tonotru,* forma con asimilación, desconocida en otras partes. — 165. *harundo* está en la base del it. *rondine* y del fr. *aronde,* todavía en *queue d'aronde.* — 173. *tondeo* y *tundo* se hallan confundidos en bajo latín, cf. § 314; para *detundo,* cf. § 204. — 176. corr. de Robson, *l. c.,* pág. 50, que se refiere a una glosa de los *hermeneumata.* — 178. *adeps,* pl. *adipes,* ha conocido un doblete dial. con *-l-,* cf. *odor/oleo;* logud. *álipe.* — 180. Las dos glosas invertidas; cf. § 136. — 183. cf. dobletes del tipo *varus/Varro,* § 112. — 189. Confusión de *penna* y *pinna,* cf. DEL, s. v. *penna.* — 190. La forma censurada presenta la disimilación de *e* e *i* y la aproximación al gr. -ονόματα. — 191, 192 y 196. Formas alteradas de *thymum, stropha* y *zizyphum.* — 197. Las dos han coexistido, además *giniperus, geniperus* (glos.) por *ieniperus,* §§ 95 y 97, que son supuestos por el

a. fr. *geneivre* y otras formas románicas. — 199. *bassilica* vuelve a encontrarse en Pompeya, v. Väänänen, *Le lat. vulg. des inscr. pomp.*, pág. 60. — 202. Corrompida, hay que leer acaso *stabilitus non instabilitus,* por *(i)stabilitus,* § 83. — 203. *serena,* etimología pop. — 205. Corrección pedante, cf. § 113. — 206. Alteraciones de *horologium* según los compuestos en *-legium.* — 209. *glatri* = *clatri* "barrotes", de donde *cracli* por **cratli,* metátesis recíproca, §§ 68 y 125. — 210 *(h)allec* n. y *(h)allex* f. "salmuera" están atestiguados en los mss. y glos.; sobre los *dolia* de Pompeya se lee *hallex* 2 veces, *hale(x)* 1 vez, *hal(ex)* 1 vez. — 212. Dobletes antiguos. — 213. El gr. conoce un doblete Ἄδων de Ἄδωνις. — 216. *necnec* reduplicación pop. desconocida en otras partes, Hofmann-Szantyr, pág. 465. — 218. Glos. V, 313, 48 y 375, 3 *nimquid: non aliquid; nimquis: non aliquis.* — 222. *-cube* según *alicubi.*

XI

A. Texto latino.

2. *conventi fueritis:* § 342. — 7. *incurrit detrimentum: incurrere* transitivo "incurrir" es tardío. — 8. *se circumveniat: circumvenire* en sentido figurado, "atacar, envolver, rodear" es antiguo y clásico, mientras que *se c.* "engañarse" es raro y tardío (Thes., s. v.; un único ejemplo de Casiano); cf. la glosa correspondiente, poco adecuada (v. más abajo). — 10. *forsitam:* forma frecuente en bajo latín, por aproximación a *tam.* — 12. *dissimulant* "descuidan, dan largas", sentido tardío. — 14. *quid≤d≥am:* Menéndez Pidal conserva *quidam.* — 16. *inebriari:* deponente al revés; cf. § 294. — 18. *numquid* (Menéndez Pidal: *num* **[certe]** *quid):* refuerza a *num* "pero ¿es verdad que?" y tiende a reemplazarlo en época imperial (Hofmann-Szantyr, pág. 463). — *toti:* § 290. — 21. *mensam cordis:* cf. *mensa animae* "tesoro del alma" (Ambrosio, *Tob.* 19, 65; Thes. VIII, V pág. 744 y Blaise, *Dict.,* s. v.). — 25. *insinuo:* "recomiendo, inculco", sentido tardío.

B. Glosas.

3/4. *plus, maius: maius* = *magis,* raro y tardío (Hofmann-Szantyr, pág. 167); ni *plus* ni *maius* son propios del iberorrománico, que se ha decidido por *magis* como morfema del comparativo; *plus,* que se encuentra en varias glosas de San Millán y de Silos, será un eco del latín escrito (Menéndez Pidal, *o. c.,* § 61, 3). — 5. *katet:* subj. de *catar (Poema del Cid)* "mirar", < *captare.* — *quiscataqui* "cada uno", ejemplo único; compárese con *quis cada uno* en el *Poema del Cid;* cf. § 289. — 7. *kaderat:* fut., esp. mod. *caerá.* — 8. *cuempetet* < *computet,* esp. *cuente.* — *elo:* art. def., lo mismo 24, 30 y 33 *ela,* < *illu, illa.* — 9. *uamme* < *homine,* forma dial., cast. *hombre.* — *sivi* < *sibi,* latinismo; cf. § 280. — 10. *alquieras* < **alid quaeras,* que corresponde al cl. *aliudvis;* también en las glosas de Silos; compárese esp. *cualquiera, cuandoquiera,* etc. — 12. *tardarsan:* fut. = *tardar se han,* esp. mod. *se tardarán.* — 14. *muitos* < *multos,* forma dial., cast. *muchos.* — *fazen* < **facent* por *faciunt,* esp. mod. *hacen.* — 15. *alquandas beces* < *aliquantas vices,* con sonorización insólita de *t* después de *n.* — 16. *transtornare:* esp. *trastornar.* — 18. *se bergu≤n ≥dian:* cf. fr. *vergoignier* "avergonzarse". — *certe:* latinismo. — 19. *aduna: ad + una,* cf. § 203. — 23. *ganato* "bienes, posesiones", esp. mod. *ganado,* de *ganar.* — 26. *voluntaria≤mientre≥:* omisión del segundo elemento por distracción; "voluntariamente", cf. § 201. — 28 y 31. *cono* < *cum illo, ena,* 31. *enos* < *in illa, in illos,* formas soldadas dial. — 30. *get* = *yet* < *est,* forma dial. con diptongación, cast. *es.* — 32. *facanos:* **facat* por *faciat,* esp. mod. *haga.* — *fere* < **faire* por *facere,* otra forma dial., esp. *hacer.* — *denante* < *de + inante,* § 203, de donde, por disimilación, esp. *delante.* — 32. *face* < *facie,* esp. mod. *haz,* § 231. — 33. *segamus* = *seyamos* < *sedeamus,* esp. mod. *seamos,* § 320.

ÍNDICES

ÍNDICE DE PALABRAS

(Las cifras corresponden a párrafos, excepto cuando se hace referencia a página y nota)

1. LATÍN

2. LENGUAS ROMANCES

Catalán

Español

Francés

Italiano

Portugués

Provenzal

Rético

Rumano

Sardo

3. GRIEGO

4. OSCO-UMBRO

5. LENGUAS GERMÁNICAS

6. LENGUAS DIVERSAS

ÍNDICE DE AUTORES MODERNOS CITADOS

(Las cifras corresponden a párrafos, excepto cuando se hace referencia a página y nota. Cuando un autor es citado más de una vez en una misma referencia, se indica entre paréntesis).

ÍNDICE GENERAL

TERCERA PARTE

LAS PALABRAS

CUARTA PARTE

LAS FORMAS Y SUS FUNCIONES